普通高等院校经管系列规划教材

国际技术贸易

主 编 陆 蓓

立信会计出版社
LIXIN ACCOUNTING PUBLISHING HOUSE

图书在版编目(CIP)数据

国际技术贸易/陆蓓主编. —上海：立信会计出版社,2010.12

普通高等院校经管系列规划教材

ISBN 978-7-5429-2723-1

Ⅰ.①国… Ⅱ.①陆… Ⅲ.①国际贸易:技术贸易—高等学校—教材 Ⅳ.①F746.17

中国版本图书馆CIP数据核字(2010)第239015号

责任编辑 张巧玲

封面设计 周崇文

国际技术贸易

出版发行 立信会计出版社

地 址 上海市中山西路2230号 邮政编码 200235

电 话 (021)64411389 传 真 (021)64411325

网 址 www.lixinaph.com 电子邮箱 lxaph@sh163.net

网上书店 www.shlx.net 电 话 (021)64411071

经 销 各地新华书店

印 刷 常熟市梅李印刷有限公司

开 本 787毫米×960毫米 1/16

印 张 22.25

字 数 414千字

版 次 2010年12月第1版

印 次 2015年7月第2次

印 数 3 101—5 150

书 号 ISBN 978-7-5429-2723-1/F

定 价 36.00元

前 言

科学技术的突飞猛进和知识经济的蓬勃发展,使得国际竞争越来越表现为技术水平和知识积累的竞争,技术和技术进步对当代的国际贸易已经产生了重大的影响。许多国家高度重视高新技术的研究和开发,竞相发展高新技术产业贸易,货物贸易中高新技术产品所占的份额越来越大,初级产品和劳动密集型产品的价格相对于知识和技术密集型产品的价格不断降低,技术贸易增长迅速。同时,极为发达的通讯手段和便利的交通给现代国际技术转移创造了良好的条件,使技术在国际间的转移更为迅速、便利,交易也日益频繁。

为顺应经济科技全球化和知识经济蓬勃兴起的潮流,加快我国由贸易大国向贸易强国的转变,我国在实施了“大经贸”、“市场多元化”、“以质取胜”三大战略后又提出了“科技兴贸”战略。实施“科技兴贸”战略就是在我国优势技术领域培育一批国际竞争力强、附加值高、出口规模大、有自主知识产权的高技术出口产品和企业,扩大我国高科技产品的出口,提高外贸综合效益。但是,与发达国家相比,我国的科研能力还存在不小的差距。因此,参与国际技术贸易,引进发达国家的先进技术,是迅速增强我国的经济技术实力,缩小与先进国家技术差距的重要渠道。

国际技术贸易的核心问题是知识产权的保护与转让。知识经济时代知识产权的形式从传统的专利、商标、商业秘密、版权等演变出许多其他形式,例如,地理标志、拓扑图等。知识产权的新概念、新规则不断涌现。同时,知识产权战略也成为企业获取与保持市场竞争优势的有力武器。这就要求国际技术贸易课程紧随时代发展,积极引入新的教学内容,实践教学内容创新。本书的编写正是基于此背景,遵循理论和实践、典型研究和典型案例相互结合的原则编撰,内容不仅涵盖了技术贸易与知识产权的基础理论,还结合当前国内外涉及国际技术贸易的热点案例,理论联系实际,进行多角度的分析,拓展学生思维,提高分析解决问题的能力，促进学以致用。

本书是作者在上海交通大学安泰经济与管理学院为本科生和 MBA 授课以及多年研究成果积累的基础上编写而成，面向国际经济与贸易专业的学习和研究，宗旨是突出国际技术贸易作为企业、国家层面的战略活动，是包含技术许可和多种技术贸易形式并与技术创新活动相结合的系统性的知识和技术转移活动，而不仅仅是把技术作为商品交易的一个简单环节。

本书由陆蓓担任主编，并承担了第一章至第七章的撰写；由刘欣承担了第八章和第九章的撰写。

感谢立信会计出版社对本书出版的支持，感谢编辑在出版过程中所做的大量工作，感谢上海交通大学经济与管理学院王惠、王爱民、朱鲁秀等在资料与案例搜集方面给予的协助。在本书的撰写过程中，我们参阅了大量的国内外文献书籍，在此向这些文献书籍的作者致敬。

本书面向国际经济与贸易专业的学习和研究，适合作为有关专业本科生、研究生以及 MBA 学员的教材或者教学参考书，也可以供从事经济管理工作的人士阅读。

鉴于本书涉及多学科领域，加上作者的知识水平有限，教材中肯定有值得商榷之处，作者诚恳希望各位读者提出宝贵意见，以期再版时修正。

编　者

2010 年 12 月

目　录

第一篇　概念与理论

第二篇　知识产权与国际技术贸易

第三篇 技术交易

第四篇 政策与管理

第一篇　概念与理论

第一章 国际技术贸易导论

科学技术的发展对当今世界经济和社会生活产生了巨大的影响，科技进步已经成为推动生产力和社会经济发展水平最重要的决定因素。从经济发展史来看，借助国际经济联系和世界市场，依靠产业和科技革命成果发展国民经济，是一批世界经济强国得以振兴的共同经验。率先开辟海洋新航路的葡萄牙和西班牙成为世界首批经济强国，同时也是军事技术革新的先锋。随后，享有“海上马车夫”美誉的荷兰凭借当时欧洲最发达的水上交通网，依靠商业贸易积累财富，积累了足以让自己强盛起来的竞争技巧和商业体制。英国是世界上第一个建立专利制度和保护知识产权的国家。专利制度保障了发明人的应得权利，从而催生了大量的技术创新，最终导致了工业革命的诞生，使一个小小的岛国最终变成了日不落帝国。在19世纪中叶成为世界头号经济强国。美国和德国则抓住第二次科技革命和统一世界市场的形成机遇，实现了工业化的跳跃式发展，成为后来居上的经济大国。美国独立后即在其《宪法》中明文规定发明人、作者的创作成果应当享有知识产权，并于1790年颁布了《专利法》和《版权法》，时间早于绝大多数其他国家。知识产权制度通过创新激励、资源配置和市场规范竞争三大功能，推动美国经济的快速发展。

近代以来，人类科学技术的革新经历四次突破性飞跃，即四次科学技术革命。第一次革命以蒸汽机的发明和应用为标志，法国、德国、美国与英国成为世界经济四强。第二次革命以电工技术为主，美国和德国的经济得到了跳跃性的发展，落后的日本和俄国也迅速发展。第三次革命是以美国为策源地的信息技术革命，当时发展最快的行业是电气、电子工业等尖端技术行业，美国成为世界经贸中心。目前，已进入了以新能源、新材料、生物技术、信息技术等高技术为标志的第四次技术革命阶段，知识技术在经济发展中的作用与价值越来越突出。未来，国际竞争主要是科技的竞争，在国际贸易领域则表现为：一方面，知识、技术密集型产品、高新技术产品在国际贸易中的比重将不断提高；另一方面，知识、技术密集型产品的竞争将会越来越激烈。科技革命的突飞猛进和知识产权保护制度成为推动世界经济和国际贸易迅速增长的推进器。

第一节 技术和技术商品

一、技术

(一) 技术的概念

技术(Technology)一词出自希腊文 Tekhno(工艺、技能)与 Logos(词、讲话)的组合,意思是对造型艺术和应用技术进行论述。"技术"的含义比较广泛,它的概念随着社会的发展也在不断发展和丰富。在生产力水平低下的古代,人们对技术的理解限于人类在生产经验基础上获得的技巧、技能和操作方法等主观能力,技术几乎全部来源于人类的实践。熟能生巧中的"巧"指的就是技术。随着科学技术的发展,特别是到工业社会的大机器生产时代,机器和工具的作用大大增强,人们把技术的物质手段看作是技术的主要标志,因此出现了技术以来源于科学为主,是劳动手段总和的定义。在当前科学技术一体化的大科学时代,技术概念的内涵又有了新的变化,技术被定义为"人类改变或控制客观环境的手段和方法"。

世界知识产权组织(World Intellectual Property Organization,WIPO)在 1977 年出版的《发展中国家许可贸易指南》对技术下的定义是:

"关于制造产品、实施工艺流程、提供服务的系统知识即为技术,而无论该知识是否体现为发明、外观设计、实用新型植物新品种,或者是否反映在技术信息或技能技巧中,以及抑或是否反映在专家为设计、安装、建立、维持或管理工商企业所提供的服务或协助中。"

这个定义涵盖较广,把任何能够带来经济效益的科学知识都包括在内。例如,商标本身是一种技术产品,商标设计属于技术性的生产活动,商标转让属于技术转让的一部分,商标防伪则属于对专利技术的保护。

实践中,人们常常把"科学"和"技术"的概念混淆,甚至把它们当成一个事物。其实科学和技术是两种有很大区别的人类实践活动。尽管科学和技术同样都是以自然界为对象,但科学研究的目的是为了认识自然,包括认识自然界发生的各种现象,剖析自然界存在的所有物质,揭示主宰自然现象的内在规律和相互联系。而技术研究则侧重于利用自然、向自然索取、改造自然以适应人类越来越复杂、越来越高标准的生活的需要。科学是人类在认识和改造自然中获得的关于自然规律的知识体系,能够借助于数学公式表示并进行严格逻辑推理的,具有精确性概念的真理性知识。与科学不同,技术是人类以取得效果为目标的一种理性活动,它内在地包含着人们根据技术目标评价自然或人工的事物、过程的价值判断，并规定着技术活动的方式、方法、程序、步骤及相应的组织与协作原则。

科学是技术的理论指导，它结合生产实践进行开发研究，能够得出新方法、新材料、新工艺、新品种、新产品等。技术是科学的实际运用，是科学和生产的中介。没有技术，科学对生产就没有实际意义。技术上的进步，总体来说是基于科学的发展，科学上的每一次重大突破，不仅将在一定时间内导致影响人类生活的新技术的出现，而且还会极大地丰富人们进一步认识自然的技术手段；而新技术的发展又促使人们认识自然的实验手段不断增加、不断提高，从而推动科学的进一步发展。

（二）技术的分类

技术可以从不同的角度进行划分。

1. 显性技术与隐性技术

1）显性技术与隐性技术的定义

国际经济合作与发展组织（OECD）从知识经济的应用角度把技术分为四类：

（1）know-what，关于事实与现象的知识，包括我们传统上所说的自然科学知识和社会科学知识，如历史学知识、人口学知识等。

（2）know-why，知道为什么，主要指科学理论与规律方面的知识。这类知识在多数产业中支撑技术的发展及产品和工艺的进步。

（3）know-how，知道怎样做，是关于技能和诀窍方面的知识。

（4）know-who，知道是谁的知识。这类知识包含特定社会关系的形成，即有可能接触有关专家并有效地利用他们的知识。

在以上四类知识中，know-what 和 know-why 属于显性技术，可以转化为信息并进行编码。这种知识一旦创立，人们很容易获得、传播和使用，甚至比创立者用得更好。例如，安培公司和飞利浦公司分别发明了录像磁带技术和光碟技术，而索尼公司、松下公司和其他一些日本公司只不过是将产品重新包装、提炼并将核心技术小型化，从而成为得以统治电子消费业的著名企业。know-how 和 know-who 属于隐性技术，不容易度量和编码。人们可以通过不同的渠道学习以上四类知识，例如，通过读书、听演讲等获得显性类知识，通过实践学习隐性类知识。隐性知识像雾一样，弥漫在人的意识活动中，是人类知识各层次融会贯通、触类旁通的关键。而显性知识则像粒子一样，离散地存在于意识活动中，像网络一样把认识之网提起来。

2）知识转化 SECI 模型

技术创新就是隐性知识和显性知识之间交互作用的一个螺旋式上升过程。两种类型知识的互动构成了日本学者野中郁次郎和竹内广隆提出的知识转化 SECI 模型（见图 1-1）。

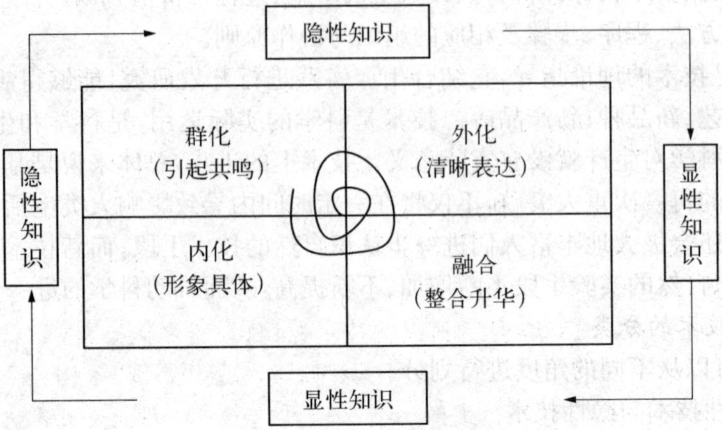

图 1-1 SECI 模型

(1) 群化(Socialization),指隐性知识向隐性知识的转化。它是一个通过共享经历建立隐性知识的过程。获取隐性知识的关键是通过观察、模仿和实践,而不是语言。

(2) 外化(Externalization),指隐性知识向显性知识的转化。它是一个将隐性知识用显性化的概念和语言清晰表达的过程,其转化手法有隐喻、类比、概念和模型等。这是知识创造过程中至关重要的环节。隐性知识的巨大能力只有在显性化以后,才能为更多的人使用和共享。

(3) 融合(Combination),指显性知识和显性知识的组合。不同知识主体通过各种传递、表达和交流等显性化手段,对已获得的各类信息和知识进行分类、综合、分析,使之成为更容易进行共享的显性知识。综合化过程可以产生新的、更加系统化的知识。

(4) 内化(Internalization),指显性知识到隐性知识的转化。它是一个将显性知识形象化和具体化的过程,通过"融合"产生新的显性知识被组织内部员工吸收、消化,并升华成他们自己的隐性知识。这样知识才会变成个体或组织有价值的资产,形成知识的积累和创新。

SECI 知识转化模型准确地揭示了知识生产的起点与终点,即始自高度个人化的隐性知识,通过共享化、概念化和系统化,最终升华成为组织所有成员的隐性知识。按照野中郁次郎和竹内广隆的实证研究结论,只要对任何企业在四种转化模式上所做的努力进行分析,就可以大致评价这家企业在知识管理上所达到的水准了。

2. 公开技术、半公开技术和秘密技术

公开技术是指向社会公开的,可以不受限制地自由传播和无偿使用的技术。

例如，发表于各种大众传媒上的技术信息和在各种学术交流会上宣讲的学术报告等。

半公开技术指专门受法律保护的专利技术。按照专利法的规定，专利技术主要内容应向社会公开，但这种公开并不会使该项技术变为一般的公开技术。一方面，因为专利法同时确认和保护该项技术的产权，在一定地域和一定期限内未经许可不得使用；另一方面，专利技术的所有者为了自身利益，往往并不把该项技术的全部内容公布于众，而是将其最为关键和核心的部分隐藏起来。因此，专利技术既有公开的一面，又有不公开的一面。

秘密技术是指没有取得专利权的技术秘诀、技术诀窍。此项技术依靠保密手段而不是法律手段来保护，一旦泄密或者破译，他人可无偿使用，不用承担任何法律责任。秘密技术相对较为复杂，不易被他人掌握，因而在市场上拥有一定的优势。

3. 核心技术与非核心技术

根据对企业作用和贡献的大小，在生产经营过程中起决定性作用的那部分技术我们称之为核心技术，其余称非核心技术。核心技术往往对产品的核心部件有直接的帮助，主要体现在全新产品的出现、性能的提升、成本的下降等方面。例如，Google 的搜索算法就属于核心技术，该算法使 Google 的检索速度大幅提升，适应了当今互联网的现实需要。在发达国家，一些企业通过长期的研究开发和技术投入后，拥有了企业自身的核心技术，保证了其在全球化市场竞争中的霸主地位。

4. 工业化技术和实验室技术

根据技术是否已经被规模生产所采用，可以把技术分为工业化技术和实验室技术。前者是指业已为规模生产所采用的技术；后者则是指尚未被规模生产采用、尚为试验性的或仅为小批量生产所采用的技术。

5. 传统技术与高新技术

传统技术是已经在生产中得到广泛应用的技术。高新技术是指新出现的、具有新质特征和高附加值的，对人类社会的生产、生活方式和思维方式产生巨大影响的重大技术。高技术的主要特征是知识密集程度高，属于高智力、高投入、高效益、高竞争、高势能、高影响力的技术。新技术是对当代科学技术领域里带有方向性的，最新、最先进的若干技术的总称。目前，国家重点支持的高新技术领域，包括电子信息技术、生物与新医药技术、航空航天技术、新材料技术、高技术服务业、新能源及节能技术、资源与环境技术、高新技术改造传统产业等八大领域。

二、技术商品

技术商品是指可以进行交易的，具有价值和使用价值的科技成果。技术商品是一种特殊的商品，即知识形态商品或包含知识形态实物。技术本身无形性和系统性的特征决定了技术商品的内涵与普通商品有很大的区别。

(一) 技术商品的实体与载体

普通商品没有实体与载体之分，而技术商品有实体与载体之分。技术商品的技术是实体，文字、语言、图形或手势是载体。技术商品在现实生产与生活中使用的就是实体，在使用过程中发生磨损的是载体。例如，一本科技专著，随着使用、保存时间的延长，纸张（载体）会变黄、卷边，但这本专著所包含的知识（实体）不会发生丝毫的变化。普通商品在使用过程中发生磨损的是实体本身。

技术商品不能与载体分离，没有载体的知识产品是不存在的，它既可以用文字、数据、图表、公式和配方等方式记录下来，也可以被汇集和物化在机械设备、仪器或产品之中，还可以是与个人经验和技能有关，难以具体化、共同化，储存在人们头脑中的个人诀窍。

(二) 使用价值的衍生性

普通商品的使用价值一般在其生产过程中就已经确定下来，例如，钢笔用于书写，饮料用于解渴等；而技术商品虽然在生产时也有一定的目的和方向，但是在使用过程中，经过横向流通、纵向渗透以及将现有技术加以系统地组合之后，能够衍生出新的用途，从而获得更多的经济效益。例如，真空技术最初被爱迪生用于制造白炽灯泡，如今被广泛应用于食品的真空包装、起重装卸中的真空吊运、冶金工业中的真空冶炼等。随着真空技术的发展及真空度的提高，真空技术还将广泛应用于航天飞行、核能开发、太阳能利用等多种新型领域。

(三) 使用价值的共享性

普通商品的使用价值具有排他性，消费者获得商品的使用权后，可以任意使用该商品，直到该产品被全部消磨掉。而技术商品的使用价值具有共享性，一定存量的技术资源可以被反复共享使用的次数越多，共享效益就越大。它主要表现在两个方面：一方面，正常情况下一件技术商品可以有多个使用者，并且每一个使用者都可以得到完整的技术商品，共享性不会使该项产品的使用价值数量减少；另一方面，技术商品使用价值的质量不会降低，每一个使用者得到的使用价值的质量和一人独享时完全一样。

(四) 交易的多次性

技术商品在交易中一般不发生所有权的转移，即卖方不失去对技术的所有权，买方只获得技术的使用权。技术商品是一次投资，多次转让。一项技术可以被成千上万的人共同使用并生产相应的产品。另外，需求的多样性、市场的可分性决定了技术重复使用的可能，从而为多次转让提供了需求市场。

（五）经济上的高效益性

由于技术商品所有权与使用权的分离，技术商品的所有者可以多次转让或买卖技术。新技术产生之前，即在技术商品寿命周期内，它将始终具有使用价值，因而可以给生产者带来累积的经济效益。除此之外，由于技术可以改变生产要素的状况，使劳动者掌握先进的技术，采用先进的技术设备，生产出先进的具有竞争力的商品，从而获得良好的经济效益。

（六）转让的长期性

技术商品的转让过程需要持续一个较长的时期，交易双方不仅是技术商品的买卖关系，更是一种长期合作关系。交易双方要经过对技术商品进行鉴定、市场预测和调查、协商价格等一系列程序后，才宣告转让成功。即使转让后，买方还有一个消化、吸收过程，卖方还需要提供一些相应的技术咨询、人员培训，一并承担和分享技术实际运用中的风险和盈亏，因此转让过程较长。

（七）技术定价的复杂性

在普通商品交易中，尽管最终的成交价格可能与最初买卖双方的报价存在差距，但是通常会在双方预期的范围内。而在技术商品交易中，技术商品定价非常复杂，转让方对技术所作的报价和引进方愿意支付的价款，往往是一个不确定的数值。技术价格的高低，主要不是取决于其价值的大小，而是取决于双方判断的、利用该技术所能带来的经济效益大小。经济效益愈大，价格愈高；经济效益愈小，价格愈低。而且同样一项技术转让给不同的接受方，价格也会不同，甚至会出现巨大的差额。

第二节 国际技术贸易概述

国际技术贸易（International Technology Trade）是指不同国家的企业、经济组织或个人之间，按照一般商业条件，向对方出售或从对方购买软件技术使用权的一种国际贸易行为。简而言之，国际技术贸易是一种国际间的，以纯技术的使用权为主要交易标的的商业行为。

一、国际技术贸易的特点

国际技术贸易是国际贸易中的一个特殊领域，它是以技术为贸易对象，通常比一般国际商品贸易复杂得多。国际技术贸易主要具有以下特点。

（一）国际技术贸易的标的是技术知识

国际技术贸易的标的是技术知识。作为商品的技术比较特殊，没有固定的形状，可以多次进行贸易。在实际业务中，虽然交易有时也包括实施技术的手段——

机器设备、检测仪器等，两者可以结合一起买卖。但是，技术贸易必须含有无形的技术知识的成分（指软件技术）。单纯机器设备的买卖（指硬件技术）就是一般国际商品贸易，不属于国际技术贸易范畴。

（二）国际技术贸易所转让的只是技术的使用权

在国际技术贸易中，技术接受方从供应方转让得到某项技术后，并不表示取得该技术的所有权，而只是取得在一定期限内该技术的使用权、制造权和该技术产品的销售权，国际技术贸易通常不发生技术所有权的转让。

（三）国际技术贸易当事人之间是合作与竞争并存的关系

国际技术贸易通常不是简单的一次性银货两讫，贸易双方要在相当长的一段时间内进行合作。一项技术贸易合同的执行，其周期少则3～5年，多达10余年配合与协作。技术贸易的双方当事人在技术业务上是同行，彼此之间潜伏着利益的矛盾和冲突。因为，技术接受方希望从供方那里获得先进技术，以提高自己的生产能力和水平来满足本国的需要，并出口占领国际市场；而技术供应方则想通过转让技术获得更多的利润，但是并不希望对方增强竞争力，以免抢夺自已的市场份额。所以，这样就构成了国际技术贸易双方的合作与竞争并存的关系。

（四）国际技术贸易的作价方法特殊

一般国际商品的作价大多是以成本为基础加适当的利润，但国际技术商品的作价却不这么简单，其研究和开发的成本只能作为考虑的因素之一。首先，技术开发者开发技术的目的一般是为了自己使用，自己使用过后才会再转让；其次，技术商品中的技术可以多次转让，每转让一次，要收一次报酬；最后，技术商品的作价与使用该技术的经济效益有很大的关系，技术使用后效益越好，技术的价值也就越大。

（五）国际技术贸易履行方式复杂

一般国际商品卖方按照合同交付货物，买方按时付款，合同即履行完毕。而国际技术贸易中技术供方除交付技术资料后，还要进行技术培训，提供改进技术等。技术受方按合同要求付款，并承担保密义务等，履行方式更为复杂。

二、国际技术贸易的相关概念

（一）国际技术转移与技术转让

国际技术转移（International Technology Transfer）是科学技术通过某些载体（人、物、信息）在国家之间、地区之间、行业之间输出与输入的活动过程，通常指科技成果、信息、能力和有形体的转让、移植、引进、交流、推广普及和调整应用等相关活动的总和。国际技术转移中被转让的技术必须是跨越国境；技术的供方和受方不居住在同一国家之内；如果技术的供方和受方居住于一国之内，其中有一方系外国公司的子公司、分公司或受外国公司控制的公司。

按照是否通过市场交易来实现，国际技术转移分为两种形式：一种是非商业性国际技术转移(Non-Commercial Technology Transfer)，另一种是商业性国际技术转移(Commercial Technology Transfer)(见图 1-2)。商业性技术转移又称为国际技术转让，或者国际技术贸易，它是国际技术转移的主要方式。联合国在《国际技术转让行动守则》中，对技术转让的定义是"技术转让是指关于制造产品，应用生产方法或提高服务的系统知识的转让，但不包括货物的单纯买卖或租赁。"

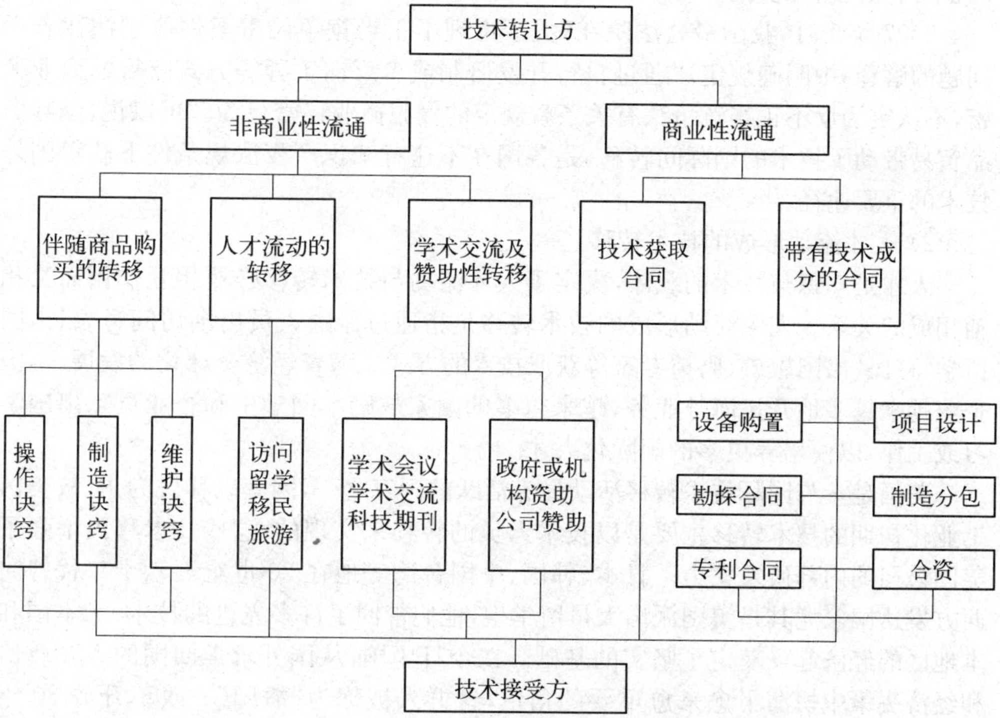

图 1-2　国际技术转移的形式

1. 非商业性国际技术转移

非商业性国际技术转移是一种无偿的技术转移，无需支付交易费用，由商品流动形成的技术转移、人才流动形成的技术转移和学术交流形成的技术转移组成。

1) 商品流动形成的技术转移

商品流动形成的技术转移是对国际间流动的商品进行逆向研究而获得技术的方式。商品流动包括通过市场交易的商品进出口贸易和不通过市场交易的商品转移(如国外亲人邮寄商品)。其中商品进出口贸易是国际间商品流动的最主要形式，也是获得国外技术的重要途径。一般情况下，产品在销售时会随附操作手册、图纸说明、含有产品的操作诀窍、制造诀窍以及维护诀窍。如果客户在购买商品后，通过对其拆卸和破坏性研究、运用各种科学测试、分析和研究手段，反向求索该商品的技术原理、结构机制、设计思想、制造方法、加工工艺和原材料特性，从而能够从原理到制造、由结构到材料全面系统地掌握产品的设计和生产技术。即便如此，产品价格中也不包含技术转移因素，毕竟商家卖的是产品而不是技术。但是在这种"反向工程"中，商品买家通过模仿学习，不仅培养了一大批创新人才，而且提高了自身的创新能力。

2007 年 1 月，我国最高法院在《关于审理不正当竞争民事案件应用法律若干问题的解释》中明确规定，"通过自行开发研制或者反向工程等方式获得的商业秘密，不认定为反不正当竞争法有关条款规定的侵犯商业秘密行为。"可以说，国际商品贸易带动了技术的国际间转移，是各国在不违背知识产权法规条件下获得国外技术的重要途径。

2）人才流动形成的技术转移

人才是知识与技术的载体，决定了人才流动与技术转移必然相互作用而又相辅相成的关系。人才流动形成的技术转移是指通过派遣人员出国访问考察、出国留学、移民、出国旅游、聘请专家等获取技术的方式。随着经济全球化的发展，本国企业越来越多地开拓海外业务，越来越多的国家鼓励本国学生和企业员工出国学习或工作，以便培养更多的国际化人才。

美国是参与国际技术转移活动最为活跃的国家之一，因其以移民为主，故美国工业化初期的技术转移主要是以技术人员的转移来实现的，这些技术移民增强了美国公司的内部研发实力。日本、韩国、中国台湾等地在 20 世纪五六十年代曾向西方发达国家尤其是美国派出大量留学生，他们带回了许多先进的技术，为本国和本地区的经济起飞奠定了坚实的基础。在今日中国，从国外求学回国的人在政治和经济决策中扮演了愈来愈重要的角色，这群人被称为"海归"。改革开放 30 年间，中国出国留学人数超过 160 万人，其中有大约 50 万人学成回国，分布在跨国公司、国有企业、民营企业、政府部门和高校科研单位。"海归派"日渐挑起中国科技创新的大梁，成为各领域内的科研领军人物。

3）学术交流形成的技术转移

科研人员之间的国际交流一直是科学技术交流活动的一部分，并且对科学知识的传播起到推动作用。学术交流形成的技术转移是指通过国际性学术会议、技术交流会、科技期刊、大众媒介或者由政府及其机构、国际机构以及商业公司赞助等途径获取技术的方式。全球每年要出版商业、科技方面的图书 30 余万种，各种专利论文、研究报告等则更是难以计数。这些科技期刊和图书为人们提供了一个广阔的交流平台，使得知识在更大范围内传播。而通讯手段的发展使得国际间联系更加方便和迅速，广播、电视、电话、电报，尤其是数据通信、计算机网络所具有的巨大的传播优势，使得这种形式的知识传播占总的知识传播量中的比重显著增加。

除此以外，一些国际企业还通过赞助的形式普及先进技术。高科技产品科技含量高，不易被普通百姓认识，如果定期举办具有科普性质的知识讲座、新技术推广和专业技术交流会，不仅传授了技术知识，而且还可以通过赞助帮助企业提升品牌的高端形象和社会公众形象，全面展示企业品牌、文化和竞争力，帮助企业招募更多高端科技人才，巩固和发展企业产品的领先优势。

2. 商业性国际技术转移

商业性国际技术转移是指按一般商业条件，以不同国家的企业作为交易主体进行的技术转移，是一种有偿的技术转移活动。这种转移通常是有目的和有意识的，亦称为技术转让。与物品转让所有权不同，技术转让一般只是技术使用权的转让。一件物品只能完整地转让给一个对方，原物主将因转让而丧失对该物的所有权。而一项技术可同时完整地转让给多个对方，且原有技术的持有者并不因转让而失去对该技术的所有权。

商业性国际技术转让分为两种情况：一种是直接以技术获取作为合同标的技术转让，另一种技术转让隐含在带有技术成分的合同中。

1）技术获取合同

技术获取合同是直接以掌握技术作为合同标的的技术转移合同。合同标的是合同法律关系的客体，是合同当事人双方权利和义务共同指向的对象。不同的技术合同标的，有着不同的技术范围和技术指标要求。例如，签订一个仿制药的技术转让合同，合同标的为新药证书转让，那么就要在合同中约定获得新药证书以前所需要的工作和费用由转让方承担；而如果合同标的为临床批件转让，则从临床试验开始到获得新药证书后所需要的工作和费用由接受方承担。因此，当事人在订立技术合同时，不仅要明确技术合同标的，而且还要根据不同标的的要求，明确该标的的技术范围和技术指标要求。具体说来，就是要明确双方的责任、权利和义务。

技术买方往往比较重视合同中的技术内容以及怎样保护这项技术活动。明确的措辞更加有利于合同的履行以及后期出现纠纷后的实际解决。如果接受方没有掌握技术，转让方就没有完成合同，要履行违约责任。因此，这种技术转移方式最有成效。在实践中，技术合同的内容规定得越明确、具体，越有利于双方当事人了解自己的权利义务，也越有利于合同的履行。特别是在履行合同发生纠纷时，合同是否完备、规范、明确，对违约行为和违约责任的认定和处理都有重要影响。

2）技术转让隐含在带有技术成分的合同中

这是指通过附带技术成分内容的商业合同进行国际技术转移。例如，一项承建水电站的项目往往包含多种合同——设备购置、工厂设计、咨询合同、勘探合同、代理协议、制造分包合同等。尽管没有单独签订技术获取合同，但是接受方希望能够获得建设水电站方面的技术，以便日后能够在本国其他地方自行建设。但是，由于当事人在合同中没有约定技术验收标准或者约定过于简单，导致在合同履行完毕时接受方却无法真正掌握技术，毕竟评价水电站绩效的指标是发电量，而不是掌握了多少技术。这类技术转移有一定的风险，技术因为不是合同最终考核结果而常常被忽视。

（二）技术引进与技术创新

1. 技术引进

站在进口方角度，国外的技术转让到国内就是技术引进。技术引进是指一个国家或企业引入国外的技术知识和经验，以及所必须附带的设备、仪器和器材，用以发展本国经济和推动科技进步的做法。技术引进与设备进口有着本质区别，技术分为软件技术和硬件技术。软件技术就是技术知识、经验和技艺，属纯技术；硬件技术是指机器设备之类的物化技术。只从国外购入机器设备而不包含软件技术，一般称之为设备进口。若从国外购买软件技术或与此同时又附带购进一些设备，这种行为才能称为技术引进。

技术引进的目的是为了提高引进国或企业的制造能力、技术水平和管理水平。只有引进软件技术，然后进行消化、吸收、创新才能达到此目的。国际社会发展的历史表明：技术引进国引进技术后进行消化、创新，其技术水平往往高于技术发明国。英国工业化的经济支柱是纺织业，而纺织技术是从德国引进的；19 世纪经济实力不算强大的美国从欧洲引进技术和经济管理思想，尤其是引进技术人才，利用丰富的自然资源在 20 世纪成为世界头号经济强国。20 世纪 80 年代被称为亚洲“四小龙”的韩国、中国台湾、中国香港和新加坡，获得成功的奥秘也在于充分利用国外先进技术，积极参与国际竞争，迅速发展本国（地区）的经济和技术。

2. 技术创新

技术创新是指以市场为导向，以提高产品竞争力为目标，从新产品、新工艺的设想开始，经过技术获取（研究开发或引进）、工程化、商业化生产到市场应用的全部过程的综合。奥地利著名经济学家熊彼特（J. Schumpeter）把“技术创新”定义为：“技术创新是把一种没有过的生产要素的新组合引入到生产体系，包括引进新产品、新技术、新市场、原材料的新来源以及组织结构的新组合。”技术创新不同于技术发明：技术发明是一个从无到有的创造过程；技术创新是对现有技术要素的重新组合，是一种技术进步。

在引进技术的基础上，又创造出自己的知识产权，包括创造出专有技术、专利技术、商标、商誉等都是引进创新，否则就是单纯的技术引进或者叫模仿。技术创新分为研究开发创新、产品设计创新、工艺创新、制造创新、管理创新、市场开拓创新等六类。从大的分类来看,前面四种创新是技术方面的创新;后面的两种创新是管理方面的创新。引进而不创新,将会形成对技术转让方的技术依赖,在市场竞争中受制于人,永远处于被动地位。

3. 技术引进与技术创新的关系

任何国家的科技发展不可能都从原始创新起步,尤其对发展中国家来说,技术引进是缩短与发达国家技术水平差距的捷径。综观全球,发达国家的经济起飞,都与科学技术的进步分不开。这不仅要依靠本国人民的发明创造,而且还有赖于从国外引进适合本国国情的先进技术。然而,仅靠引进技术,不注意引进技术的消化吸收,只满足于停留在引进技术的水平上,没有进一步提高和创新,则将永远落后于先进国家,过几年不得不再次引进。有计划地移植国外先进技术,并进行消化吸收创新,使其国产化,从而建立起引进国自己的技术体系和基础,这对科技和经济的发展是一项极为有利的战略措施。

技术引进项目建成投产、生产出合格的产品后,技术引进方已初步实现了对引进技术的消化吸收,达到了技术引进的基本目标,但这还不是技术引进的最终目标,技术引进的最终目标应该是在引进技术的基础上进一步创新提高,发展新产品、新方法,形成自己的技术。这一目标能否实现及实现的程度是衡量技术引进成效的重要标准。创新不足会导致引进方对国外技术的依赖从而扩大技术差距,最终影响引进方和引进方国家在国际市场上的竞争地位。特别是在科学技术发展日新月异的今天,如果仅满足于引进技术,不重视创新、提高,则很快就又落后于他人,不得不再次引进技术,从而将使技术引进陷入恶性的循环之中。

在这方面日本积累了可供借鉴的经验。第二次世界大战结束后,"在战争废墟上"的日本开始恢复和重建经济。20 世纪 50 年代,日本工业技术比欧美起码落后 20 年。从那时起,日本遵循"技术引进带动技术立国"的发展道路,日本的钢铁、机械、半导体、电视机、微电子技术从国外引进后经过消化、吸收、创新,变成了日本的支柱产业,技术继而出口。例如,日本引进瑞士石英电子手表技术后,迅速推出精美小巧的石英电子手表占领世界手表市场。钢铁行业则吸收了美国、法国等六个国家的先进炼钢技术,形成了独特的、世界一流的炼钢技术,成为世界重要的钢铁生产基地。据统计,日本自 1951 年至 1984 年间共签署了约 4.2 万个技术引进协议,在 43 种主要工业产品的 186 项主要技术指标中,日本赶上和超过美国的占 61%;在 165 项主要技术指标中,赶上和超过欧洲的占 82%。20 多年时间里,日本不仅缩小了与欧美的技术差距,而且还跻身于创新型国家之列。

日本成功的诀窍不在于简单的引进,而在消化吸收方面投入了更多的力量。根据日本工业技术院的调查,日本企业引进技术与消化和创新的投资之比为

1∶10,最高达到每花1日元引进技术,带动14日元用于吸收消化和应用创新。在20世纪60年代中期,日本机械行业研究开发费用中有16.9%用于技术引进,68.1%用于对引进技术的革新,技术引进带动了近4倍的科技投入;电子行业研究开发费用的24.4%用于技术引进,48.1%用于二次创新,技术引进带动了2倍的科技投入。进入20世纪90年代后,日本在继续保持应用研究优势的同时,开始重视基础研究的投入。到21世纪初,日本创新能力已经逼近美国,日本已经真正转入到科技创新阶段。

【资料】

日本的技术引进、吸收与改进

19世纪60年代末期,日本与西方国家的技术差距,远远超过当时欧美后发国家开始追赶与英国的差距,其需要通过引进、模仿而建立的技术部门,也远远超过早期欧美后发国家。因而日本技术的自主发展路径,更加全方位地表现出引进→吸收→改进的发展历程,非常典型地体现出了成熟技术生产能力→工艺改进能力→产品设计改进能力→基础研发创新能力的发展过程,并且形成了一整套独具日本特色的模仿式创新体系。经济史学家们发现,在明治维新以后100年的历史发展中,纺织、钢铁、电气、交通设备、汽车、造船、飞机制造、医药等产业的发展,几乎每一个部门都是在进口技术和其他知识的基础上通过模仿而建立起来的,日本通过适应性的改动使其与日本的国情相适应,在不断的试错中进行学习,逐渐地培养出日本在这些行业中的创新能力,最终培养出强大的研发能力(Minami等,1995)。

由于文化上的巨大差异,日本几乎不可能吸引西方国家的技术移民,也难以直接引进西方的科学技术。起步阶段的巨大技术水平差异,也加大了技术追赶的难度。因此,日本的技术追赶和技术自立之路,需要付出比欧美后发国家更加艰辛的努力,也更加值得后来的发展中国家借鉴。

日本政府为了迅速引进和吸收外国技术,大量派遣留学生留学海外,大量翻译、引进国外的科技文献,引进国外的教材,大力投资于教育,建立普遍义务教育体制和职业教育体制。在最初的阶段,日本完全依靠从欧洲和北美进口技术。这种技术进口不仅包括机器、工厂和原料,而且还包括外国的工程师和技术人员。日本政府首先在外国技术专家的帮助下建立了一批示范工厂,并采取各种手段向国内推广这些引进的技术。在政府工厂中学到了经验的日本技术人员,在建立私人部门工厂方面起了主导作用。这种模式在日本的很多现代技术部门的建立过程中都有明显的表现,如纺织、钢铁、造船、铁路运输等。

早期,日本通过引进外国机器设备和生产线,建立了纺织业等轻工业部门。到后来,通过在生产操作中的技术积累,又逐渐培育出了对国外进口机器设备的仿制能力,建立了日本的机械制造业。作为战后发展中国家,日本汽车产业的发展,也经历了从国外进口部件装配车间到自主设计、生产汽车的转变过程。刚开始,日本通过仿制英国和法国的汽车来生产军用卡车。日本汽车产业的真正起步是在20世纪20年代装配美国福特和通用汽车公司的部件来生产客车开始的。在这个过程中,日本技术人员通过边干边学逐渐掌握了汽车设计和制造的技术,11年后推出了独立设计生产的汽车(Kim,1997)。

当然,日本在对国外技术进行模仿的时候,并非没有进行改动。日本从西方国家引进的先进技术,大多是西方国家根据其劳动力价格较高、资本相对丰富的要素禀赋结构特征而创造出来的,与当时日本劳动力价格极其低廉、资本十分稀缺的要素禀赋结构有很大差异,因而日本必须根据自身的要素禀赋结构进行适应性的改动,才能够发挥出技术的效率。一开始,日本企业主要是在生产实践中进行这一类的适应性改动,有时甚至是技术上的"改劣",以便于发挥日本的要素禀赋优势(Minami 等,1995)。随着技术能力的积累,日本又逐步培养出了对引进技术进行改良的能力,最终超过了国外技术提供者的水平。

日本战后技术的恢复也是建立在进口技术基础上的。由于冷战的特殊时代背景,当时西方国家对日本技术转让相当慷慨,加上国际知识产权保护的宽松以及日本通产省的一些特殊政策手段,日本企业以很低的代价获得了大量的外国技术许可。日本在20世纪50年代的出口竞争力主要来源于成功地消化了外国技术。而到了20世纪60年代,日本出口竞争力的加强则主要是建立在对引进技术的改进与创新之上。

在日本进行追赶的年代,国际知识产权保护较弱。尽管日本于1899年加入了《保护工业产权的巴黎公约》,但那时候的国际知识产权保护水平远远无法和当前相提并论。各国完全有权根据本国技术发展水平制定专利保护制度,只要同等地对待外国人就可以了。由于当时宽松的国际知识产权保护,日本企业可以大肆通过反向工程对国外的产品与技术进行仿制,稍作改动就可以变成自主生产的产品。精心设计的日本专利法,重点也并非对创新者提供保护,而是着重于加快技术的推广应用,以推进国内产业的发展。对由外国人拥有的原始创新技术保护程度较低,以便于本国企业对外国技术进行后续改进。此外,日本专利法对微小的技术改进提供专利保护,这些小的改进往往是由本土企业作出的,以便通过从属专利强制许可的法律制度。就这样,日本企业培养出了对进口技术的强大改进和创新能力(Ordover,1991)。

1970 年以后，日本已经建立了强大的研发能力，在不少技术方面成为世界领先者。但日本的技术领先，主要是建立在对引进技术的改进创新之上，仍然缺少基础性的原始创新，因而并非真正意义上的领先者。日本的产业体制、研发体制和教育体制，总体上仍然属于模仿式创新的体制，无法取代美国成为全球技术研发的领先者。在着重依靠基础研发的化学、生物制药等方面，仍然无法和美国、德国、瑞士等国并驾齐驱。要想成为一个建立在基础研发和原始创新基础之上的技术领先者，日本还必须对长期形成的模仿式创新体系进行大规模的改革。

摘自郭熙宝，文礼朋的"从技术模仿到自主创新——后发国家的技术成长之路"

4. 我国技术引进中存在的问题

随着我国经济的不断发展，技术贸易在我国国际贸易中的地位越来越重要，比重也越来越高。但是技术贸易自 20 世纪 90 年代以来一直是逆差，1991 年逆差 21.81 亿美元，2003 年上升到 55.17 亿美元，且逆差有不断上升的趋势。这说明我国对国外先进技术的需求在不断扩大，符合我国加快产业结构调整，增强国际竞争力的发展战略。技术引进是必要的，通过引进发达国家的先进技术，有利于缩短同这些国家的差距，还可以开放市场，接触到最新的技术，从技术贸易的"技术外溢"中受益，利用后发优势，形成自己的比较优势，再向其他国家出口。据对中国最大 500 家外商投资企业分析，跨国公司在华使用的技术不仅普遍高于我国同类企业的水平，而且有相当比例的技术填补了我国的技术空白。然而，对引进技术的水平及引进后的生产过程还存在不少问题。

1) 难以引进先进技术

任何企业投资的目的都只有两个字"利润"。利润与市场规模是紧密相关的，市场越大，带来的技术也越多。技术转移的目的是为了转移市场，一旦拥有足够大的市场后，转移技术的目的达到了，接下来就会对技术施行严格保密，以维持本国的竞争优势，宁愿输出那些发达国家即将淘汰，而在输入国还算先进的技术，获得大量的资金，为其自身的技术更新创造条件。换句话说，一旦与发达国家可能形成竞争时，就难以引进先进技术。技术引进始终处于跟踪状态，很难超越。知识经济是技术创新能力决定竞争力的时代，在技术转移的过程中，如果不在引进的基础上消化吸收，在以后的各环节自主创新，就会永远依附于别人，跟在别人后面，体现不出技术转移的最终价值，成为转移成熟技术、外围技术的对象。

2) 重复盲目引进，短期行为严重

长期以来，重复引进一直是困扰中国技术引进的难题。近几年我国进口了 100 多条彩电生产装配线、40 多条电冰箱生产装配线、几十条收录机生产装配线、上百台铝型材挤压机等。低水平的重复引进不仅严重浪费有限的资源，而且不能最大限度地发挥引进技术的效能。我国重复引进现象主要可以归结为三种特征：一是低水平重复引进多，一般性加工项目重复引进多；二是地方性重复引进的项目多；三是集中性重复引进的多，主要发生在市场需求急剧扩大或者产品利润高的行业。对那些周期短、利润高的行业重复引进，而一些基础设施等周期长，利润较低的行业鲜有人问津。这一方面加剧了产业结构的不合理，另一方面造成对行业内自主开发和技术创新工作形成抑制。原化工部的统计数字显示，我国已经从 14 个国家、33 家公司共引进了 120 多套化肥成套设备，可以说我国化工行业几乎引进了世界上所有先进的化工装置。引进数量之大、国别之广、时间之长、用汇之多，实属世界罕见。但是效果又如何呢？至今化肥生产成套设备还不能完全立足国内，核心技术和关键装置还仍然依赖于国外。

3）引进硬件技术远远大于软件技术

20 世纪 90 年代以来，我国的技术贸易仍然是以硬件技术贸易为主，软件技术贸易为辅，成套设备和关键设备的引进技术占引进金额的 70%～88%。我国企业在引进技术中普遍存在技术依赖心理和短视行为，表现为大量引进硬技术的设备，而对于技术转让、技术许可、技术服务和技术咨询等软件技术的需求不强。尤其在我国的高技术产业，加工制造的生产线几乎占据了主导地位，企业可以完全依靠引进成套的先进设备和中间产品进行加工生产，即使不投入研发经费也可以获取较好的经济效益。但是通过这种方式引进的技术多是成熟期或衰退期的技术，很难引进到先进技术。

4）消化、吸收与自主创新能力不足

在引进技术中重“引进”而轻“消化”，过度依赖引进，不能有效地提高自主开发和创新能力。引进技术只有与消化、吸收和创新相结合才能很快形成自主创新能力，摆脱对技术引进的依赖。为此，一些国家都大幅度增加这方面的投入。例如，日本、韩国等国家引进技术和对引进技术消化吸收、创新的投入之比是 1∶8 左右，因而能做到第一台设备引进，第二台国产化，第三台即能出口。而我国的这一比例仅为 1∶0.07。这就造成引进再引进，重复引进，长期不能形成具有自主知识产权的产品。实践证明，对技术的消化吸收是技术创新的关键环节，缺少了它就等于截断了技术良性循环的轨道，引进技术的作用自然不能充分发挥。

在我国，技术实力弱、创新能力不足已成为除体制因素外的阻碍企业发展的最重要因素。从国外成功的企业技术创新实践来看，创新企业必须具备完善的组织系统，尤其是要有自己的研究开发（R&D）机构，快捷、高效的创新机制以及强烈的创新主体意识。目前在我国 2 400 多家国有大中型企业中，有近 2/3 没有自己的 R&D 机构，在国家 512 户重点企业中，约有 1/3 的 R&D 机构研发职能不健全，全国数百万个小型企业中基本上没有技术开发能力和条件，也没有可依托的技术开发实体，科研、高校与企业之间尚未建立起畅通有效的产学研联合通道，生产与科研脱节，使大量的科研成果不能及时转化为生产力。

创新是一个民族进步的灵魂，是国家兴旺发达的不竭动力，因此要把建立健全企业的技术创新体系作为建立现代化企业的重要内容。技术引进不是单纯的照抄照搬，更不是墨守成规，因循守旧。我们必须把技术引进与自主创新有机地结合起来，注重对引进技术的消化吸收，切实做到在创新中引进，在引进中创新，对国外先进技术不迷信、不畏惧，敢于剖析，敢于创新。在科技突飞猛进的今天，如果忽视了这一点，那么我们今天的技术优势，也许明天就会荡然无存。由此，我们不难理解，光靠技术引进还是很不够的，必须在此基础上发展我们自己的东西，即技术创新。只有这样才能使我们产品的技术含量日益增加，产品更具有竞争力。

第三节 国际技术贸易的方式

国际技术贸易的方式是指交易双方通过什么途径、条件和形式进行跨国的技术转让。技术贸易方式的选择决定着技术贸易合同的表现形式，进而关系到合同条款的具体安排。项目的技术特点、项目单位现有的或可能具备的条件、产品销售情况、外汇资金和人民币配套资金状况等因素都与选择方式有关。方式选择的恰当与否，会对转让技术的使用和经济效益产生重大作用。因此，在实际工作中，只有根据本国、本企业的具体情况和各种技术贸易方式的不同特点，选择合适的贸易方式，才能取得令人满意的经济效益。国际技术贸易的方式主要有以下几种类型。

一、许可贸易

许可贸易（Licensing）是指一国许可方（Licensor）与另一国被许可方（Licensee）签订许可协议，授权对方在一定期间和范围内使用本公司的专利、商标、服务标志、版权、专有技术或操作诀窍等从事生产和销售，以向对方收取许可费用作为回报。许可贸易实际上是一种许可方用授权的形式向被许可方转让技术使用权的同时也让渡一定市场的贸易行为。在国际技术贸易实践中，一项许可贸易可能包括上述一项内容，如单纯的专利许可，也可能包括上述两项或两项以上内容，成为一揽子许可。根据其授权程度大小，许可贸易可分为以下五种形式。

（一）独占许可

独占许可是指在一定期限和一定区域内，接受方对许可证协议下的技术享有独占使用权，许可方不在该时间、该地区使用此技术，也不向第三方转让。这种许可方式的技术使用费最高。目前，独占许可的形式在日本、美国和西欧发达国家使用得较为普遍，这些国家的市场竞争十分激烈，引进方为垄断产品的销售市场，通常愿意出高价以独占的形式获得先进技术，从而获取高额利润。

（二）排他许可

排他许可又称独家许可，指在一定期限和一定区域内，许可方在合同规定的期限和地域内允许引进方利用其技术；许可方不得再将此项技术转让给第三方，但许可方有自己保留利用此项技术的权利。排他许可是仅排除第三方不排除许可方。这种许可合同在实际业务中并不多见，只有在特定条件下才使用。例如，大学、研究机构等部门，它们拥有技术，但没有生产条件，就可以采用这种许可方式把技术转让出去。这样既可以获得一定的收益，又可以在这种技术的基础上继续进行科研开发。

（三）普通许可

普通许可是指在一定期限和一定区域内，除了许可方自己可以继续使用外，也可以将许可证协议下的技术转让给第二方使用，还可将这项技术转让给第三方。普通许可是许可方授予被许可方权限最小的一种授权，其技术使用费也是最低的。发展中国家（包括我国）在技术引进中经常采用这种形式。

（四）可转让许可

可转让许可也称分许可，是技术贸易中的一种特殊类型，指技术接受方可将被许可使用的技术再转让给第三者使用。通常只有独占许可或排他许可的被许可方才获得这种可转让许可的授权。该合同常出现在以下情况中：出让这种分许可的企业是跨国公司或垄断集团的子公司或其驻海外的机构。这些跨国公司或垄断集团由于某种原因不能直接出让许可给第三者时，就将技术先出让给其子公司或海外机构，然后让他们与第三方签订这种分许可合同进行技术的出让。

（五）交叉许可

交叉许可又称互换许可，指交易双方或各方以其所拥有的知识产权或专有技术，按各方都同意的条件互惠交换技术的使用权，供对方使用，一般不收取费用。这种许可多适用于原发明的专利权人与派生发明的专利权人之间。交叉许可一般用于双方合作生产、合作设计、共同研究开发等项目中，因而双方的关系更多的是合作关系。

在以上各种形式的许可证中，提供同一项技术，独占许可的费用是最高的，排他许可次之，普通许可最低。究竟选择哪一种，主要视同一地域可能应用同一技术生产相同产品的竞争者的情况而定。

许可贸易因不必耗费大量投资即可从现有的产品或技术中获利，它是克服国外市场障碍的有力武器。然而，许可贸易方式也有自身的缺陷：

首先，许可贸易中对许可方来说，最为关键的是对许可权限的控制问题。这种控制包括两方面的内容：一是对所授权知识产权的保护问题，即防止技术接受方在未经许可方许可的情况下，私下将所购入的知识产权转让给第三者，或者擅自扩大知识产权的使用范围(用于自己的关联企业)，从而造成许可方在产权收益上的损失；二是对接受方利用许可方的知识产权所生产或销售的产品质量的控制问题，接受方在购入有关技术并用于生产后，其产品能否达到许可方所要求的质量标准，直接关系到许可方的信誉。

其次，培育了竞争对手，技术转让协议的技术接受方有可能成为许可方未来的劲敌。特别是在转让协议期满以后，这种潜在的威胁就会转化为现实的威胁。

二、特许经营

(一) 特许经营的含义

特许经营的英文为Franchise，本意是指“特别的权利”，19世纪末被应用到商业上，赋予了其新的含义。国际特许经营协会(International Franchise Association，IFA)将特许经营定义为：“合法的独立双方(特许人与受许人)之间的合同或者许可关系，在这种关系中，受许人享有使用特许人的商标或者商号进行产品或者服务的营销的权利；享有使用特许人的经营模式进行产品或者服务的营销的权利；受许人因享受这些权利有义务向特许人支付相关的费用；特许人有义务为受许人提供相关的权利和支持。”

2007年5月1日起实施的我国《商业特许经营管理条例》中对特许经营的定义为：“本条例所称商业特许经营，是指拥有注册商标、企业标志、专利、专有技术等经营资源的企业(以下称特许人)，以合同形式将其拥有的经营资源许可其他经营者(以下称被特许人)使用，被特许人按照合同约定在统一的经营模式下开展经营，并向特许人支付特许经营费用的经营活动。企业以外的其他单位和个人不得作为特许人从事特许经营活动。”

特许经营最早起源于美国，1851年美国胜家Singer缝纫机公司为了拓展其缝纫机业务，开始在美国各地设立加盟店，授予缝纫机的经销权，并撰写了第一份标准的特许经营合同书，在业界被公认为是现代意义上的商业特许经营的起源。特许经营合同的许可方和被许可方经营同样的行业，出售同样的产品，提供同样的服务，使用同样的商号名称和商标或服务标志，甚至商店的门面装潢、用具、职工制服、产品的制作方法、提供服务的方式都完全一样。例如美国的麦当劳快餐厅，通过特许经营在117个国家建立了2.5万个连锁店，为美国安置了超过11%的就业人口。麦当劳零售总额的60%由特许经营完成，特许经营店面提供的服务同美国一样，汉堡包的味道也别无二致。

特许经营方式比较适合于那些名气大、经营管理方面有独到经验的企业，通常以商品或服务等作为联结的纽带。特许经营适用于制造业、服务业、餐饮业以及便利店之类的小型零售业等领域。特许经营具有广阔的发展空间，是连锁经营未来发展的一种主导形式，许多以直营连锁为主导的连锁经营组织也逐步在向特许经营方向发展。

（二）特许经营的类型

1. 按照特许内容划分

1）商品商标特许经营

商品商标特许经营也称产品或品牌特许经营，是传统的特许经营形态，被称作"第一代特许经营"。它指的是，特许人授权受许人对特定产品或商标进行商业开发的权利，受许人使用特许人的商标、品牌和营销方法来生产、批发、销售特许人的产品。受许人仍保持其原有企业的商号，单一地或在销售其他商品的同时销售特许人生产并取得商标所有权的产品，特许人保留对商标的所有权。目前在国际上这种模式发展趋缓并逐渐向经营模式特许演化。

2）经营模式特许经营

经营模式特许经营被称为"第二代特许经营"，指受许人按特许人的全套经营模式进行经营。目前人们通常所说的特许经营就是这种类型，主要特征是：特许人不仅提供给受许人商品和商标，而且还给予一套进行营销的经营系统，受许人从特许人那里得到多方面的指导和协助，完全按照特许人的模式来经营，如店址选择、人员培训、商务建立、广告、商品供应等。经营模式特许经营是较新形式的特许经营，集中体现了特许经营的优势，越来越成为当今主导的模式。

2. 按照特许权方式划分

1）单体特许

单体特许是指特许人赋予被特许人在某个地点开设一家加盟店的权利。特许者与加盟者直接签订特许合同，被特许者亲自参与店铺的运营，加盟者的经济实力普遍较弱。

2）区域特许

区域特许是指受许人在向特许人购买了特许经营权的同时，也购买了在一个区域内再建若干家分部的特许权。受许人有了这个权利，一旦发展顺利，就可以在该地区内根据经营发展的需要再建若干家分部，而不必向特许人重新申请。

3）二级特许

二级特许是指特许人将一定区域内的独占特许权授予二级特许人，二级特许人在该地区内再次授权给下一个受许人经营特许业务。受许人支付给二级特许人特许费，二级特许人收取的特许费按比例上交给特许人。

4）代理特许

特许人把自己的产品、商标、店名、经营模式等特许权出售给一个代理人，由该代理人代表特许人向其所负责地区内的申请者授予特许权,并为受许人提供指导、培训、咨询、监督和支持。代理人自己并不直接经营,而是采取转嫁他人的方式开发和经营。特许人与特许代理商签订代理合同,所签合同往往是跨国合同,所以必须了解和遵守所在国法律。

(三)特许经营的优缺点

1. 特许经营的优点

第一,对于特许人来说,优势主要体现在以下两点。

1)不需要大规模资金投入即可快速打入国际市场

对特许人来说,建立一个特许经营体系能确保它迅速、稳妥地拓展业务,无须投入很多资金。特许人不拥有加盟商的资产,保障资产安全的责任完全落在资产所有人的身上,特许人不必承担相关责任。因为开设的每一家特许加盟分店都是由加盟商自己出资,加盟商对分店拥有所有权,特许人只需提供已经成熟的经营方式。由于特许经营不受资金限制,仅凭一纸契约就可以发展新店,借助特许经营建立分销网络,确保产品的市场开拓。

2)特许人可以降低经营成本,提高经营管理水平

由于特许经营企业通常具有广泛的销售网络和强大的销售能力,所以特许人可以从供应商那里获得较多的数量折扣和累计数量折扣等优惠条件,降低进货成本,进而可以降低商品售价,增强企业的竞争能力。此外,广告是特许经营成功的一个重要因素,特许人负责广告的策划和实施,广告的开支则分摊到各加盟分店,从而降低了特许人的广告宣传成本。由于特许人不需要参与加盟者的员工管理工作,因而本身所必需处理的员工问题相对较少,可以集中精力改善经营管理,开发新产品,挖掘新货源,做好后勤工作,提高经营管理水平。

第二,对于被特许者来说,优势主要体现在以下三点。

1)被特许者可以提高成功的概率,避免市场风险

对于缺乏市场经营的投资者来说,面对激烈的市场竞争环境,创业成功的概率很小。但如果加盟特许经营企业,借助其品牌形象、管理模式以及其他支持系统,其风险大大降低。一旦加盟成功,被特许者可以立即得到特许者系统的管理培训和指导,获得一系列的管理技巧、经营诀窍和业务知识经验,如培训、选择地址、资金融通、市场分析、统一广告、技术转让等。这样,被特许者可以集中精力以最有效的方式管理企业。

2)被特许者可以享受现成的商誉和品牌

通常情况下,特许经营总部已经建立了良好的公众形象和高质量的商品服务体系,具有较高的品牌知名度,能让产品或服务更容易地进入其他独立企业不易触及的市场,并使消费者信任和接受。被特许者由于承袭了特许人的商誉,在开业、

创业阶段就拥有了良好的形象，使许多工作得以顺利开展。被特许者可以直接从特许人那里得到已经成功的产品，这就使被特许者大大节省了开发产品的成本。

3）被特许者可以分享规模效益

由于加盟者众多，极易形成规模效益，包括：采购规模效益、广告规模效益、经营规模效益、技术开发规模效益等。

第三，对于消费者的好处。

特许经营模式一般实行统一店名、统一服务标志、统一店面装修、标准化经营，树立起整体的企业形象。标准化的经营使消费者在任何一个加盟店都能享受到标准化的优质商品和服务。这种值得信赖的企业形象一旦为消费者接受，印在消费者脑海之中，就会极大地便利消费者。不管何时、何地，消费者只要看到特许加盟店独特的店貌，马上就会联想起它所能提供的商品或服务，不用再作了解，就会直接进去消费。另外，通过扩大规模、简化环节，加盟店降低了销售费用，使消费者能够享受到物美价廉的商品和服务。

2．特许经营的缺点

特许经营的缺点主要表现在两个方面。

（1）监控困难。与许可贸易相似，一旦特许经营协议签字生效后，管理上也易出现失控现象。如果出现商品或服务的质量事故，总部与加盟店在承担营业责任上可能相互推诿，导致消费者上诉对象模糊化。加盟连锁店如果与消费者发生争议，特许人往往会根据内部协议，推卸自己的责任。这不仅会加重消费者维权的成本，而且也严重破坏了特许经营市场秩序。

（2）如果总部片面追求品牌授权费用，大量发展加盟店而又缺乏有效的管理和强有力的服务能力，不仅会使连锁企业形象受到严重损害，而且也会使加盟者的权益受到侵犯，最终很容易导致整个特许连锁系统的崩溃。

（四）特许经营与其他商业模式的区别

1．特许经营与直营连锁

直营连锁是指连锁企业自行投资设立的门店，又称作直营店。直营连锁与特许经营在法律概念上有诸多不同。

1）法律关系不同

特许人和受许人之间是合同关系，而直营店和特许人是公司内部投资关系。

2）产权归属不同

加盟店的产权属性是受许人所有，而直营店的产权属性是特许人所有。

3）管理模式不同

加盟店除遵守特许人的经营管理模式外，日常经营管理相对独立，受许人拥有独立的产权及人事等权利，而直营店则是公司总部的一个子公司或分支机构，必须服从公司总部的管理。

4）利益分配方式不同

加盟店除按特许经营协议向特许人缴纳加盟费、特许权使用费等费用外，受许人即享有经营所得的全部利润，也可能承担亏损的风险，而直营店的盈亏皆由公司总部承担。

2. 特许经营与自愿连锁

自愿连锁是指企业间根据协议约定，自行共同设立并使用商标、商号、专利、专有技术、经营诀窍等知识产权，共同在统一模式下从事经营活动的行为。自愿连锁群体的各成员企业，仍保持自己资产的所有权，并进行独立财务核算。自愿连锁与特许经营的区别在于以下两点。

1）法律主体不同

特许经营的特许人是知识产权的权利人，受许人是被授权使用者，而自愿连锁的主体均为知识产权的共同创设者和权利人。

2）利益分配方式不同

特许经营中受许人需向特许者支付费用，而自愿连锁中任何一方无需支付费用。

自愿连锁主要是适应中小零售企业为形成必要的规模效应，增强应对大型企业的抗衡能力的需要而出现的，在欧美已有 70 多年的历史。目前，该种经营模式在国内较为罕见。然而，我国中小零售企业量大面广，虽然不少已具备成熟的经营模式和稳定的顾客群体，但是面临外资零售巨头和国内大型连锁企业的强大竞争压力，发展自愿连锁经营，对这些中小零售企业来说，不失为一种好的选择。

三、技术服务和咨询

技术服务和咨询（Technical Services and Consulting）是指应委托方的要求，独立的专家或专家小组或咨询机构作为服务方，就某一个具体的技术课题向委托方提供高知识性服务，并由委托方支付一定数额的技术服务费的活动。技术服务和咨询的范围和内容相当广泛，包括产品开发、成果推广、技术改造、工程建设、科技管理等方面，大到大型工程项目的工程设计、可行性研究，小到对某个设备的改进和产品质量的控制等。企业利用专家组或咨询机构，帮助解决企业发展中的重要技术问题，可以弥补自身技术力量的不足，减少失误，加速发展自己。

（一）技术服务和咨询与许可贸易的区别

首先，许可贸易是以技术成果为交易对象的，而技术服务和咨询则是以技术性劳务为交易对象的。

其次，许可贸易的技术供方所提供的技术是被其垄断的、独特的新技术，这些技术属于知识产权或专有技术。而在技术服务和咨询中，服务方所提供的技术多是一般技术，即知识产权和专有技术以外的技术。

(二) 技术服务与技术咨询的区别

旧的《经济合同法》将技术咨询合同与技术服务合同统称为技术咨询服务合同，实践中人们更是不加区分，而新的《中华人民共和国合同法》(以下简称《合同法》)已经将两者划分为两类不同的合同。其原因在于，尽管咨询和服务都属于一定的专业科技人员利用自己掌握的技术知识、经验或者信息为社会提供的服务，但是这两者还是有明显区别的，主要表现在以下三个方面。

1. 解决问题不同

技术咨询合同是受托人为委托人提供决策参考所订立的合同，其中相当大一部分属软科学研究。它主要发生在研究开发、成果转让和项目实施之前，而技术服务合同是受托人为委托人解决生产建设中具体技术问题，促使科学技术转化为生产力所订立的合同，它主要发生在科技成果进入经济建设之后。

2. 角色定位不同

技术咨询合同中的受托人只是一个为委托人进行决策提供参考性意见和方案的顾问，其本身并不从事合同所指向的科技工作。而技术服务合同中的服务人则要负责进行合同约定的具体的专业科技工作，不仅要向委托人传授技术知识和经验，还往往要运用上述知识和经验达到解决某一技术问题的目的。

3. 承担责任不同

技术咨询合同与技术服务合同的当事人义务不同，因而导致两种合同当事人所承担的责任不同。技术咨询合同的受托人只负责向委托人提供决策参考服务，除合同另有约定外，委托人将受托人提出的咨询报告或意见付诸实施所发生的损失，受托人不承担责任。而在技术服务合同的服务受托是实施服务，其提供的是一种具体的、确定的工作成果，对委托人而言不存在选择的余地，所以技术服务受托人必须保证工作质量并对实施的结果负责。

四、国际技术投资

国际技术投资(International Technology Investment)指国籍或营业地位于不同国家或地区的当事人，以自己有权处置的技术作为资本，进行跨国直接投资，参与投资企业的经营管理，并获取报酬的行为。技术投资以技术作为投资，在企业创办初期不必支付费用，等转让后或者投资的技术转变成产品获取盈利后，再按股份分红，取得投资技术的经济收益。从投资者是否新投资创办企业的角度，国际技术投资可分为两种类型。

（一）创办新企业

创办新企业又称绿地投资，有两种基本形式：

一是建立国际独资企业，其形式有国外分公司，国外子公司和国外避税地公司；

二是建立国际合资企业，其形式有股权式合资企业和契约式合作企业。

为了控制核心技术，跨国公司往往倾向于采用绝对控股的方式来经营，一般都是在东道国内直接设立独资子公司或者是分支机构，独立经营；即使采取合资或合作的方式，也严格控制新技术的扩散。对于刚开发出的新技术，一般采取合资的方式。因为，一方面，技术供给方欲迅速建立技术标准，以确保行业垄断地位；另一方面，由于新开发技术的风险比较大，采取合资的方式，可以分散风险。而对于技术含量高已处于成熟期的技术，一般会采取独资的方式。三种国际直接投资方式技术转移的差异可由表 1-1 反映出来。

表 1-1

国际直接投资技术转移的比较

技术转移方式	技术水平	转移机制	转移成本	控制程度	介入程度
独资企业	高	技术外溢	高	高	低
合资企业	低	技术分享	中	中	高
合作企业	高、中	技术外溢	中	中	中

（二）通过技术并购控制外国企业股权

外国投资者通过一定的程序、渠道，购买东道国企业的股票达到一定比例，迅速壮大资本规模，实现跨越式发展。并购（Mergers and Acquisitions，M&A）是指一家或数家企业通过购买、股份转让、资产置换等形式，实现资产、股权的有偿转让，从而形成产权交易，导致企业控制权转移。并购以企业实际控制权的转移为发生标志，以产权的变更为实际内容，是企业实现资本集中、规模扩张、增强竞争力的手段，体现了社会资源在不同产业、不同部门的重新配置。技术并购是以获取目标方技术资源为目标的并购活动，并购后收购方获得了目标方的控制权，可以根据企业发展战略对目标方的技术资源重新整合，是技术转移最彻底的形式。过去，企业并购主要是以强吞弱，技术转让及贸易的成分并不明显；现在企业的并购已成为企业获取国内外先进技术、延伸核心技术能力、实现优势互补的重要手段。通过技术并购，将组织外部的技术资源转化为组织内部的技术资源。因此，企业的并购行为已成为直接获取国外、国内先进技术的特殊贸易方式。基于并购的技术获取流程如下。

1. 并购组织的设立

1）设立执行并购的组织

设立执行并购的组织，由其推动整个并购案的进行。执行并购的组织形态主要有两种，一为企业因经常执行并购活动而设立的常设永久编组的并购组织，而另一则为企业因非经常性执行并购活动，而设立为临时任务编组的并购组织。并购组织非常重要，它要随时应付项目规划中所发生的所有不测，如前期筛选、法律结构以及财务因素等。

2）重视并购团队组成人员的结构和素质

组建一个专业化的并购团队。一个完整的并购组织应包括下列之人员：团队领导人、技术专家、会计人员、营运经理、财务分析师、投资银行、会计师、税务专家、法律专家、人力资源专家等十类专业人员。由于并购团队具备各种支持职能和业务部门的资源，因此评估和选择目标公司的能力得到大大提升。

2. 选择目标公司

1）确定并购目的

并购企业应从企业发展战略考虑，来决定企业未来的发展方向。例如，企业双方涉及的领域通常全部或者部分重合，两者各有优劣势，利用并购企业的专业技术，进行优势互补；并购方希望直接以比较容易的形式进入一个新的生产领域或获得一个新的产品；技术并购双方整合之后能强化、拓展双方的核心能力，甚至产生新的核心技术，提高企业整体的竞争力。

2）寻找并购的目标企业

寻找目标企业必须以并购目的为出发点。从收集资料信息开始，围绕并购目的列出候选对象，并对其资料进行广泛、深入的分析和研究，要对候选对象进行专门的调查研究。搜寻目标公司的信息轨道包括：利用出席专业会议、与公司以外人员交谈来寻找、寻找线上数据库；同业及商业间的人际网络；中介公司、专业顾问公司、创投公司；数据库及专利资料；国外访问考察；商业银行或专业银行；各项新闻媒体之公开信息、专业杂志、技术出版等传播刊物。

3. 目标公司的价值评估

在以并购作为获取技术的方式时，应该从技术、市场及公司三个层面进行技术评估。其中市场层面的评估可作为验证及了解公司技术能力最好的消息来源。并购者应向目标公司的顾客以及竞争者寻求目标公司的价值所在。技术、市场及公司策略一致性错位将会无法使整个企业集团产生经营协同效应、财务协同效应、市场份额效应以及实现规模经济和经验共享互补等效果，甚至整个企业集团还遭受被并购进来的新公司的业绩拖累。

4. 重要项目审查

1）出售动机审查

在收购的过程中，买方必须了解卖方为何要卖。了解其出售动机，将有助于目标公司审查重点的掌握、公司价值的估算，以及价格谈判策略的拟定。大致说来，企业出售的动机可分成下列几种形态：研发成本及风险持续增加且该技术并非完全与公司主要经营事业相关；股东或公司发生资金上的困难；目标公司获利不佳；策略性投资组合的调整等等。

2）研发及技术能力审查

通过成立审查小组并加入外部顾问对研发及技术能力做可行性评估。这一环节在技术并购中非常重要，因为企业并购的主要目的就是获得技术创新能力。研发及技术能力审查的重点在于：关注研发设计流程控制、研发团队的建设、设计能力、实验室条件以及研发氛围。

3）关键员工对技术持续性创造贡献审查

保留拥有目标公司知识的关键员工，是一项以技术取得为主要目的的并购案是否成功的关键。关键员工的流失会带走企业的商业与技术秘密，而这些都是企业经过投资，耗费大量人力、物力、财力后才拥有的，甚至是一个企业在竞争中处于优势地位的保证。当一些关键员工（例如各个层次的专业技术人员）离开企业时，他们很可能把这些秘密一起带离企业，使得企业的竞争力受到巨大影响，并可能影响到企业的生产效率，使得一些关键步骤无法正常运行。买主应该尽可能地将他们留在目标公司之中，以便能提升并购成功的几率。

5. 并购后技术的整合利用

技术整合是指并购企业根据并购的预期目标，通过对目标企业已有的技术进行评价，选择需要的技术，使之与本企业的技术进行融合的过程。通过技术整合，并购企业可以有效地获得目标企业的技术要素，产生技术协同效应，快速提高企业的研发能力和生产制造能力。成功的技术整合将导致企业技术能力的提高，从而提高企业的产品创新能力，推进实施大规模定制，以达到提高企业的市场竞争能力，最终提高企业效益的目的。

在完成了对目标企业技术的评价、选择，确定了拟进行整合的技术后，可以选择以下三种模式。

1）隔离整合模式

在并购双方的技术具有不可复制性，且双方技术的互补性不强或标准不统一，技术整合的难度较大或转换成本太高的情况下，保持双方技术的独立性，避免冲突。保留对方的研发组织结构和人力匹配，企业之间的技术协同价值的释放通过相互之间的固化技术成果的传递以及小范围的人员沟通和合作来实现。这种模式能够有效保护并购双方的技术创新体系不遭到破坏,但整合的协同效应不明显。

2）界面整合模式

并购双方技术先进程度相差不大,可以将双方具有较强互补性或兼容性的技术进行全面融合,大幅度提升企业的技术创新能力。先保留双方的组织结构,根据不同的需要在共同的项目平台上相互合作。这种方式类似于技术联盟,主要适用于双方的文化差异较大,但隐性技术合作要求又相对较高,只有通过合作才能开发新技术的并购双方。

3）全面整合模式

并购后按照新的研发需要,将各个组织的研发资产、人员重新组合和匹配,形成一个新的组织。这种整合模式适合于优势企业并购弱势企业,或为了支持双方的研发体系全面改造升级的情况。当目标企业的技术领先并购企业较多,且并购双方在技术上不具备互补性,或者并购企业是基于目标企业的先进技术而对其进行并购时,并购企业要基本放弃自己原有的技术,全盘引进目标企业的主要技术人员、生产设备、技术知识、技术管理等技术要素,同时将自己优秀的技术人员和优良的生产设备有选择地安排到目标企业的技术要素中,加速技术的整合。当并购企业的技术领先目标企业较多,且并购双方在技术上不具备互补性时,目标企业的技术可利用程度不大,并购企业就以"复制"的形式向目标企业输出自己的技术要素,主要技术人员、生产设备、技术知识、技术管理可以直接向目标企业移植,替代目标企业的现有技术,目标企业完全摒弃原有的技术。

五、国际分包

国际分包(International Subcontracting)是一种随着零部件生产的国际范围内采办而发展起来的技术转移机制。联合国工业发展组织(UNIDO)定义分包为"主厂商针对某种商品的零部件生产和装配与分包商建立订购合同,由主厂商出售最终的商品"。一国企业(主厂商)针对某个产品的零部件、子装配线或最终产品装配向另一国企业(分包商)订货,要求分包商按照主厂商的要求进行生产,这时国际分包关系就产生了。分包作为一种企业间的制度安排,使得主厂商与分包商之间建立起了长期的技术联系,主厂商为了使分包商按照它们的要求生产产品,经常要对这些分包商提供技术帮助,可以说主厂商充当了分包商的技术培训学校的作用,就这样在不知不觉中技术发生了转移。

分包有两种常见的形式,一是外加工,产品从一个国家运到另一个国家进行加工,这种分包通常免除关税。另一种是代工生产。代工有两种模式,一种是OEM,另一种是ODM。OEM(Original Equipment Manufacturer)也称为"定牌生产",俗称"贴牌生产",是一种技术在外,资本在外,市场在外,只有生产在内的生产方式。

品牌生产者不直接生产产品，而是利用自己掌握的关键的核心技术负责设计和开发新产品，控制销售渠道，具体的加工任务通过合同订购的方式委托同类产品的其他厂家生产。之后将所订产品低价买断，并直接贴上自己的品牌商标。在 OEM 安排中，购买者还为制造商培训雇员，教他们使用、维护机器装备以及其他相关的技艺，使他们的工程技术人员成为解决麻烦问题的能手。从技术转移的角度讲，OEM 使买者和卖者之间能够进行密切的技术交流，为制造商提供了技术学习的机会。

ODM(Original Design Manufacture)是原始设计商的缩写，指一家厂商根据另一家厂商的规格和要求，设计和生产产品。受委托方拥有设计能力和技术水平，基于授权合同生产产品。OEM 和 ODM 的主要区别就在于前者是由委托方提出产品设计方案——不管整体设计是由谁来完成的——且被委托方不得为第三方提供采用该设计的产品；而后者从设计到生产都由生产方自行完成，而在产品成型后由贴牌方买走。生产方是否能为第三方生产同样的产品，取决于贴牌方是否买断了该设计方案。OEM 产品是为品牌厂商度身订造的，生产后也只能使用该品牌名称，绝对不能冠上生产者自己的名称再进行生产。而 ODM 则要看品牌企业有没有买断该产品的版权。如果没有的话，制造商有权自己组织生产，只要没有企业公司的设计识别即可。总之，OEM 和 ODM 的不同点，核心就在于产品究竟是谁享有知识产权，如果是委托方享有产品的知识产权，那就是 OEM；而如果是生产者所进行的整体设计，那就是 ODM。

从 OEM 到 ODM，是一个企业经过加工到设计的过程。当 OEM 企业经过长时间的生产运作，在资金、技术和管理水平都有了提高以后，就应该根据市场的需求积极主动地投入人力、物力来设计产品。此时，企业不再是合作中的被挑选者，研发和设计上的优势会给企业带来更多与品牌商和采购商博弈的资本。但是，企业不应该满足此目标，而应该向更高级的模式发展。OBM(Own Branding & Manufacturing)是企业最终发展目标。OBM 称作自有品牌生产，亦作原创品牌设计，指生产商有自行建立自有品牌，并以此品牌行销市场的一种做法。由设计、采购、生产到销售皆由单一公司独立完成。OEM 企业发展的过程实质就是企业从单纯的制造功能向设计、营销等功能的逐步延伸。当企业的 OEM 业务发展到一定规模，形成了自己的核心制造和研发优势，企业就应该从后台走到前台，形成自有品牌。从企业的发展角度看，从 OEM 到 OBM，是企业的一种发展模式，也是企业追求持续发展，积极地迎接挑战，创造价值和获取利润的一种必然选择。

六、有技术含量的设备买卖

有技术含量的设备买卖是发展中国家早期主要采用的技术转移模式，原因是发展中国家的工业基础极其薄弱，需要大量进口先进的生产设备。含有技术的设备买卖一般有以下五种形式。

（一）买卖成套设备或承接工程的同时买卖技术

这种技术贸易往往是与工程承包合同结合在一起的，通过包建或交钥匙工程完成。第三世界国家大多使用这种方式。

（二）关键设备进口合同中的技术买卖

在关键设备的交易合同中含有专利或专有技术的转让。一国企业从国外引进关键设备，其辅助设备都是利用国产的，经技术改造之后，创汇上千万美元，这比单纯引进成套设备提高了许多效益。

（三）通过国际租赁进行技术贸易

租赁是世界上仅次于银行信贷的第二大金融工具，租赁贸易是当代经济交易中最为活跃的一种贸易方式。在国外，工程机械、飞机船舶、各种车辆、医疗设备、通讯和信息设备等，60%以上都是通过租赁方式销售的。国际租赁是在第二次世界大战期间开始发展起来的，最早出现于美国（世界最早的融资租赁公司是美国加州的美国国际租赁公司，成立于1952年2月）。20世纪50～60年代，西方国家纷纷建立租赁公司，并在国外设立分支机构。后来扩展到日本、澳大利亚以及第三世界。70年代以后有一些国际金融组织成立租赁公司，经营国际租赁业务。中华人民共和国于1981年成立了中国租赁有限公司，后又同日本东方租赁公司合资成立中国东方租赁有限公司（最早的融资租赁公司），按照平等互利原则，通过租赁引进先进技术设备。通过国际租赁业务，承租人可以完全掌握其所租用设备的使用技术，同时，采用国际租赁方式引进技术，有利于引进方在资金受到限制的情况下不断采用新技术、新设备。

对现代国际租赁依据不同的标准可以做不同的分类。例如依据租赁的功能和法律性质，可将国际租赁分为营业性租赁和融资性租赁；依据融资租赁关系中是否含有第三人贷款内容，可将国际融资租赁分为杠杆租赁和单一投者租赁；依据融资租赁中资金的来源和租赁的结构，可将国际融资租赁分为直接租赁、回租租赁和转租赁；依据融资租赁是否含有补偿贸易内容和租金的形式，可将国际融资租赁分为租金性租赁和综合性租赁等等。

1. 融资租赁

融资租赁是指租赁公司根据承租人对于设备和供应商的选定出资购买设备，按照确定的租赁期限和利率租赁给承租人使用。在租赁期内承租人拥有设备使用权，租金偿还完毕后设备所有权转移给承租人的一种现代融资方式。融资租赁业务具有融资、融物双重职能，涉及三方当事人的关系，包括两个或两个以上的合同，承租方对设备和供货商有选择的权利。

2. 经营租赁

经营租赁是融资租赁的对称，指为满足承租人临时使用资产的需要而安排的“不完全支付”式租赁。它是一种纯粹的、传统意义上的租赁。承租人租赁资产只是为了满足经营上短期的、临时的或季节性的需要，并没有添置资产上的企图。用户按租约交租金，在租用期满后退还设备。

3. 杠杆租赁

杠杆租赁又称为“信贷租赁”、“衡平租赁”，它是指出租人以待购买的租赁设备作为抵押向银行机构取得贷款（通常占购买价款的大部分），再将购买的设备租赁于承租人，并由承租人以部分租金分期偿还贷款的融资租赁方式。

杠杆租赁是与单一投资者租赁对应而存在的概念，后者仅指由出租人独立出资购买租赁设备，并将其租赁于承租人的融资租赁方式。杠杆租赁关系中直接含有贷款融资的内容，可以有效降低出租人的经营成本，特别适合大型设备资产的融资租赁。国际实践中多用于对于飞机、船舶、钻井平台、卫星系统的租赁。

4. 售后回租

售后回租又称“回租租赁”，它是指设备所有人先将其拥有的设备售卖于出租人，以获得融资便利，然后再作为承租人将设备回租使用，并按期向出租人支付租金的融资租赁方式。售后回租具有明显的融资作用，它反映了当事人对法律规则的重视和运用。承租人通过售后回租实际上使其固定资产转为自有流动资金，在未增加负债的基础上改善了其财务状况，其租金费用实际上还具有节税之作用。

5. 综合租赁

综合租赁是租赁与合资经营、合作经营、对外加工装配、补偿贸易及包销等其他贸易方式相结合的租赁方式。具体来说，由出租人将机器设备租给承租人后，承租人或用租赁的设备生产出的产品偿付租金，或用加工装配所获工缴费顶替租金分期偿付，或把产品交出租人包销，由其从包销价款中扣取租金。

（四）补偿贸易方式中的技术贸易

补偿贸易指一方在信贷的基础上，从国外另一方买进机器、设备、技术、原材料或劳务，约定在一定期限内，用其生产的产品、其他商品或劳务，分期清偿贷款的一种贸易方式。这是国有企业进行技术改造的有效方式之一。这种方式的优点是可以增加出口，但是学不到先进的管理方法。

按照偿付标的不同，补偿贸易大体上可分为三类。

1. 直接产品补偿

即双方在协议中约定，由设备供应方向设备进口方承诺购买一定数量或金额的由该设备直接生产出来的产品。这种做法的局限性在于，它要求生产出来的直接产品及其质量必须是对方所需要的，或者在国际市场上是可销的，否则不易为对方所接受。

2. 其他产品补偿

当所交易的设备本身并不生产物质产品，或设备所生产的直接产品并非是对方所需或在国际市场上不好销时，可由双方根据需要和可能进行协商，用回购其他产品来代替。

3. 劳务补偿

这种做法常见于同来料加工或来件装配相结合的中小型补偿贸易中。具体做法是：双方根据协议，由对方代为购进所需的技术、设备，货款由对方垫付。己方按对方要求加工生产后，从应收的工缴费中分期扣还所欠款项。

上述三种做法还可结合使用，即进行综合补偿。有时，根据实际情况的需要，还可以部分用直接产品或其他产品或劳务补偿，部分用现汇支付等等。

（五）合作生产方式下的技术贸易

合作生产是指两国或多国的企业对某一产品共同研究、共同开发、共同生产、互相提供生产中所需要的零部件，生产经营自负盈亏的技术转让方式。合作生产是契约式合营在生产领域的具体表现，其基本形式分为：

(1) 当事人双方分别生产不同的部件，由一方或双方装配成完整的成品出售。

(2) 由技术较强的一方提供关键部分和图纸，并在其指导下，由较弱的一方生产次要部件，并组装成完整产品，在本国市场或国际市场销售。

(3) 由一方提供生产或设备，按各自的专业分工制造某种零部件、配套件或生产某种产品。在这种合作方式下，技术与设备按技术转让办法和买卖关系处理。

七、建设—经营—转让合同

（一）BOT 的概念

BOT 是英文 Build - Operate - Transfer(建设—经营—转让)的缩写，指政府通过契约授予私营企业(包括外国企业)一定期限的特许专营权，许可其融资建设和经营特定的公用基础设施，并准许其通过向用户收取费用或出售产品以清偿贷款，回收投资并赚取利润；特许权期限届满时，该项基础设施无偿移交给政府。

BOT 投资方式是项目融资(Project Finance)发展起来的一种新形式，是国际经济合作发展到一定阶段的产物。在 20 世纪 70 年代前各国的基础设施建设主要由政府部门承担，但基础设施方面的巨额投入给各国政府特别是资金缺乏的发展中国家带来了沉重的负担。80 年代以来，随着世界经济性产业结构调整的步伐加快，各国对交通、能源、供水等基础设施的需求急剧膨胀，但经济危机和债务危机使许多国家的投资能力大为减弱，迫使这些国家在编制财政预算时实行紧缩政策，同时转而寻求私人资本的投资。

由于BOT方式迎合了各国基础设施建设的迫切需求和国际私人资本投资的目的,目前,它已被广泛应用于基础设施建设中。例如横贯英法的英吉利海峡隧道、澳大利亚悉尼的港口隧道、泰国曼谷的高架铁路、土耳其的博斯普鲁斯第二大桥、菲律宾的诺瓦塔斯火电厂等,都采用了BOT投资方式。英吉利海峡隧道是迄今为止世界上最庞大的BOT项目,它实际投资逾百亿美元,特许期长达55年,两者皆为世界第一。可以说,BOT作为国际上新兴的投融资方式正方兴未艾,极大地促进了国际资金的流动和国际经济合作的发展。我国也已经开始运用BOT投资模式,如深圳的沙角B电厂、上海市延安东路隧道工程、广西来宾B电厂、国家体育馆、国家会议中心、五棵松文化体育中心等。

(二) BOT的当事人

一个典型的BOT项目的参与人有政府、BOT项目公司、投资人、银行或财团以及承担设计、建设和经营的有关公司(见图1-3)。

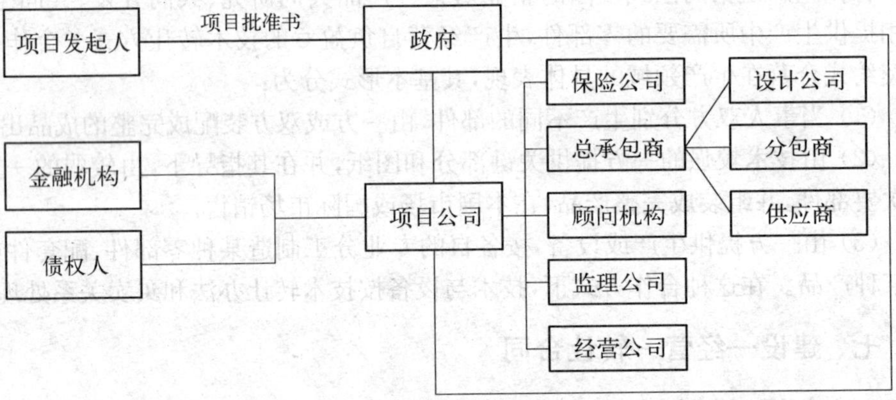

图1-3　BOT模式结构框架

1. 政府

政府是BOT项目的控制主体,决定着是否设立此项目,进行公开招标和评标,授予项目公司特许权。同时政府在谈判中也占据着有利地位,它有权在项目进行过程中对必要的环节进行监督。在项目特许到期时,它还享有无偿收回该项目的权利。

2. 项目公司

项目公司是BOT项目的执行主体,它处于中心位置。作为国际BOT投融资方式中的项目公司,其股东大部分或全部是外国私人投资者。在法律上,项目公司是一个独立的法律实体,具有独立的法人资格。项目公司一般是特许协议的一方当事人，根据协议取得特许权，并在特许期间内全权负责项目的投资、设计、建设、采购、运营和维护。项目发起人是项目公司的投资者，筹措贷款，而项目公司以自己的名义向贷款人贷款。所以，项目公司、项目发起人、贷款人三者之间是基于资金借贷而形成的平等主体间的经济法律关系。

3. 银行或集团

银行或集团通常是 BOT 项目的主要出资人。对于中小型的 BOT 项目，一般单个银行足以为其提供所需的全部资金，而大型的 BOT 项目往往令单个银行感觉力不从心，从而组成银团共同提供贷款。由于 BOT 项目的负债率一般高达70%～90%，所以贷款往往是 BOT 项目的最大资金来源。

4. 投资人

投资人是 BOT 项目的风险承担主体，他们以投入的资本承担有限责任。尽管原则上讲政府和私人机构分担风险，但实际上各国在操作中差别很大。发达国家在 BOT 项目中分担的风险很小，而发展中国家在跨国 BOT 项目中往往承担很大比例的风险。

（三）BOT 项目实施过程

BOT 模式多用于投资额度大而期限长的项目。一个 BOT 项目自确立到特许期满往往有十几年或几十年的时间，整个期间分为项目立项、招标准备、投标、谈判、实施（包括设计、建设、运营和移交）五个阶段。

1. 立项阶段

在这一阶段，政府根据中、长期的社会和经济发展计划列出新建和改建项目清单并公之于众。私人机构可以根据清单上的项目作出合理计划，然后向政府提出以 BOT 方式建设某项目的建议书，并申请投标或表明承担该项目的意向。政府则依靠咨询机构进行各种方案的可行性研究，根据各方案的技术经济指标决定采用何种方式。

2. 招标阶段

项目立项完成后，即可着手准备招标工作。如果项目确定为采用 BOT 方式建设，则首先由政府或其委托机构发布招标广告，然后对报名的私人机构进行资格预审，从中选择数家私人机构作为投标人并向其发售招标文件。资格预审主要应对潜在投资人的财务状况、经营状况、银行信用等级、技术力量、履约记录等方面的资料进行审查。资格预审工作完成后，向通过资格预审的单位发出投标邀请书，邀请其参加投标。

3. 投标阶段

通过资格预审的投标人在收到投标邀请书后，如果决定继续投标，则应按照招标文件的要求，提出详细的建议书（即投标文件），并在招标文件规定的投标截止时间前向招标人递交自己的投标文件。BOT 项目标书的准备时间较长，往往在 6 个月以上，在此期间受政府委托的机构要随时回答投标人对项目要求提出的问题，并考虑招标人提出的合理建议。投标人必须在规定的日期前向招标人呈交投标书。招标人开标、评标、排序后，选择前 2～3 家进行谈判。

4. 谈判阶段

决标后，招标人应邀请中标者与政府进行谈判。BOT 项目的谈判时间较长，而且非常复杂。因为项目牵涉到一系列合同以及相关条件，谈判的结果要使中标人能为项目筹集资金，并保证政府把项目交给最合适的投标人。政府委托的招标人按照顺序同选定的几个投标人进行谈判，谈判成功则签订合同，不成功则转向下一个投标人，以此类推，直到达成意向为止。

5. 实施阶段

项目公司在签订特许权协议之后，开始进入项目的实施阶段。项目公司是这一阶段的主角，承担履行合同的大量工作。项目公司应按照国家法律、法规的规定及特许权协议的约定，选择具有相应资质的设计单位、承包商、监理单位和重要材料、设备供应单位。即按照合同规定，选择设计单位开始工程设计，承包商开始按施工图设计中确定的技术标准、质量标准、工期要求和投资要求完成项目的建设。在项目建设实施过程中，项目公司应积极与政府加强沟通，接受政府提出的合理化建议，以降低工程造价，保证工程按期完工。工程完工后开始正式商业运营，在特许经营期届满时将项目设施移交给政府或其指定机构。

(四) BOT 投资方式的特点

BOT 投资作为一种新的融资方式，同其他融资方式相比，有其自身的特点。

1. 从权利转移看

政府与项目公司之间是一种合同关系，双方各自承担和履行自己的权利和义务。具体而言，政府具有对项目的监督权、检查和审计权、适当变更合同权、项目竣工验收权、项目回收权、对违约行为的处罚权、赔偿权等。项目公司作为经营人和管理人，具有一定期限的项目拥有权、转让项目提前回收投资权、获得政府协助权、利润、外汇汇出权、获得当地救济权，同时必须承担项目设计、融资、建设、管理、维护的义务，依约经营期满交出项目的义务。

2. 从责任范围来看

项目公司一旦成为项目的经营人就要具体经营各项业务，并对其行为承担责任。但是由于 BOT 投资方式的涉外性质，政府在这一关系中也必须投入一定的保证。政府在 BOT 项目中不仅是项目管理者，而且也是项目直接参与者。在 BOT 的法律关系中，通常由政府的主管部门或地方政府出面，将基础设施特许给项目公司。政府的特许权对法律关系影响极大，政府的支持程度直接影响着项目的成败，也是与其他项目融资方式的区别所在。

3. 从项目的资金来看

BOT 模式是一种以项目资产、项目有关的权益以及未来的运营收益为担保来偿还贷款的项目融资方式。项目融资一般分为无追索权融资和有限追索权融资。无追索权融资方式对贷款人风险太大，一般很少采用。有限追索权的项目融资方式对项目发起人来说，可实现资产负债表外融资，不影响项目发起人的借贷资信能力，对政府来说，可以减少政府债务负担，提高项目的运作效率。BOT 项目资金通常由股本资金和贷款两部分组成，而且股本投资部分所占的比例明显较小。据国际 BOT 特许权项目投融资实践，项目发起人直接投入项目中的资金比例一般不超过项目投资总额的 30%，剩余部分由项目公司通过借款方式筹措。

4. 从参与主体来看

政府与项目公司作为主要主体通过合同达成合作意向，项目公司分别通过贷款合同、经营合同、建筑合同、设计合同与银行、经营承包商、建筑商、工程设计机构达成有关贷款、经营、建设、设计方面的合作意向。与传统方式相比，项目公司承担了项目绝大部分风险，大型项目需要好几年才能最终签订项目协议，发起人要耗费巨资用于项目前期可行性研究、咨询和顾问费用以及其他开支，因此，项目前期成本较高。但正是由于项目前期的多方专业、独立机构的参与，项目的合同框架相对比较完善，因此 BOT 项目设计、建设和运营效率一般较高，用户也可以得到较高质量的服务。

总之，BOT 方式解决了基础建设项目所需要的巨额资金；政府可以选择技术水平高、经营管理好的公司；在特许权期限结束时政府还可以得到一个技术先进、性能优良的项目；省去了筹集资金和建设的麻烦；以项目的部分收益为代价换取了一个可用的基础设施项目。由于基础建设项目一般有可靠的收益保证，投资者的投入在特许经营期限内一般可以回收，并取得相应的利润，在较短的时间内实现了自己的商业投资目标，又可以投资其他的项目。

当然，BOT 并非是一个完美无缺的投融资方式，它的操作与管理比较复杂，东道国政府采用此方式也要付出许多代价。由于 BOT 项目总投资规模很大，绝大部分建设资金要通过银行贷款或者发行企业债券等方式筹措，融资成本较高，要求投资回报率大幅度得高于贷款利率。而且一定时期内本国政府将让渡产权的同时，也失去项目移交前运营中的可观的经济效益；另外，项目公司要在一定时期内将 BOT 项目移交于政府，这易于导致它们在建成后的运营期中或增关设卡，或提高交易费用，以加速其成本回收及利润获取，其行为结果往往与本国政府投资公共物品或其他，以利公众消费或促进社会经济发展的目的相矛盾，严重的还会引发社会及公众对项目的不信任。

第四节　国际技术贸易的发展趋势

技术在国际间的转移很大程度上影响了世界经济的发展。13～16世纪，世界航海技术带来了葡萄牙、西班牙等国航海业的迅速崛起，从而使这些国家聚集了巨大的财富和经济盈余，成为当时世界经济的中心；荷兰对新技术进行创新，使阿姆斯特丹成为17～18世纪的世界商贸中心；19世纪末至20世纪初，美国学习和吸收了英国工业革命中产生的新技术，一跃成为世界第一经济强国。进入21世纪，随着世界经济一体化和通信技术的飞速发展，以信息技术为代表的新兴产业技术不仅改变了技术本身的发展方向，而且还深刻影响了整个国际技术贸易的内容、规模与方法。国际技术贸易出现新的发展趋势。

一、国际技术贸易的地位不断提升

20世纪80年代以来，由于技术进步对经济发展的重要作用，国际技术贸易在国际贸易中的地位越来越重要。世界贸易组织乌拉圭回合贸易谈判专门缔结了促进技术贸易的《与贸易有关的知识产权协议》(TRIPS)，将国际贸易内容扩展为货物贸易、服务贸易和技术贸易三大类。从已有的文献看，20世纪90年代初，世界技术贸易总额已经超过世界贸易总额的1/3，到21世纪初期，已经接近1/2。国际技术贸易额的增长速度加快：20世纪60年代中期，全世界技术贸易成交额仅为27亿美元，到70年代中期增至110亿美元，到80年代中期则激增到400亿～500亿美元，进入90年代以后，超过了1 000亿美元，平均每5年翻一番。1965～1995年期间，国际技术贸易的增长率为15.82%，大大高于同期国际商品贸易6.3%的增长率。而2007年国际技术贸易额比1984年增长了25倍之多，其增长的速度是相当惊人的。

二、国际技术贸易结构出现新特点

20世纪90年代以来，以电子技术、生物工程和新材料为主的高新技术产品逐渐成为国际技术贸易的重要对象。国际技术贸易结构向“知识型”、“信息型”等软件技术倾斜。知识经济时代发展最快的是信息产业，信息技术已成为经济发展的主要手段和工具，有关信息产业的交易额急剧增加，全球超过2/3GDP的产值与信息行业有关。美国在20世纪90年代经济增长加快的最主要原因就是信息技术的迅速发展，美国企业每年为信息及相关产业的投资都达到或超过1 000亿美元。信息技术的迅速发展引起了技术进步，提高了生产率，不仅节省了劳动力，也节省了资本。信息技术不仅带动了一大批新兴产业，成为现代高技术产业的排头兵，同时，由于本身具有极强的渗透力，信息技术还成为改造传统产业的有力武器。最典型的事例是美国波音公司开发的波音 777 喷气式客机，在世界上第一次实现了不用物理模型而完全用计算机化来设计民航客机。

信息技术对生产经营与市场竞争的重要性日益突出，直接推动了国际技术贸易内容软件化的进程。除此之外，专利国际化趋势加快，专利贸易在国际技术贸易中日趋重要。世界各国尤其是发达国家一直致力于建立一个全球统一的，强有力的专利制度，从而降低专利费用，减少程序，最终有利于发明人和专利权人在全球范围内迅速、便捷地获得被有效保护的专利和实施专利技术。专利战略的运用已成为国家和企业在技术竞争、市场竞争中能否制胜的关键因素。

三、国际技术贸易环境趋于成熟

进入 20 世纪 90 年代，国际技术贸易运行环境有了明显的改善。大批新技术、新发明，特别是信息技术的飞速发展，改变了人们获取国外技术的观念和手段，使得国际技术贸易的效率大为提高。20 世纪 80 年代的产品技术平均寿命为 4～5 年，而 90 年代缩短至 1.5～2 年。许多企业为了避免原有技术丧失价值，大都希望将旧的技术尽快转让出去。因此，技术的快速发展和更新无疑促使了拥有技术的企业通过技术转让提高经济效益，从而直接刺激了国际技术贸易的发展。与此同时，越来越多的国家对国际技术贸易和国际投资也开始持比以往更加开放的政策。更多的发展中国家从过去对西方跨国公司和外资涌入主要持批评和反对态度转而采取欢迎和鼓励的立场，积极完善贸易和投资环境。首先，建立健全法律制度，完善基础结构，为国际技术转移提供了良好的硬件和软件环境。其次，制定优惠政策，提供资金支持，用经济手段为国际技术转移创造良好的政策环境。再次，加强对国际技术转移的监督和协调，强化服务功能。

四、国际技术贸易方式发生重要变化

传统的国际技术贸易方式主要包括：许可证贸易、特许专营、技术咨询、技术服务、工程承包等。但是近年来，随着科学技术的进步，特别是信息技术的广泛应用，技术贸易方式开始走向多样化。企业技术并购成为直接获取国外先进技术的特殊贸易方式，兼并的目的是为了进一步壮大自己实力，使自己的资金、技术和产品流通能在较短时间里跃上一个新台阶。通过并购获取先进技术往往不是最终目的，将获取的先进技术纳入自身的研发体系之中，通过消化、吸收、整合，完成技术的整体提升和技术转化才是技术并购的最终目的。联想通过并购 IBM 的 PC 业务，不仅获得了 IBM 的 PC 业务和市场，同时也获得了 IBM 所拥有的全球最好的笔记本研发能力，包括其研发技术和品牌，以及其在美国和全球各地注册申请的四千多项专利，从而极大提高了自身技术实力和自主创新能力。如果联想完全依靠自己关门研发，要达到这样的技术水平恐怕要很多年以后。

五、发达国家仍是技术贸易主要市场

目前参与国际技术贸易的国家有100多个，但由于发达国家经济实力雄厚、科学技术水平高、技术开发能力强等原因，国际技术贸易主要发生在发达国家之间。据国际货币基金组织(IMF)统计显示，发达国家之间成交的技术贸易额占世界技术贸易总额的80%以上，发达国家与发展中国家之间的技术贸易额占技术贸易总额的10%，而发展中国家之间的技术贸易额所占比重不到10%。20世纪70年代以来，美国、日本、欧盟在技术贸易市场上形成三足鼎立的局面。目前，美国仍然是世界上最大的技术贸易国，日本和欧盟的地位日益增强。随着开放程度和经济水平的不断增强，发展中国家之间的技术贸易也逐渐增多。中国、墨西哥、阿根廷、巴西等一些技术水平相对较高的发展中国家，纷纷从事技术出口交易，从而使技术来源和技术贸易多元化。

六、跨国公司在国际技术贸易中扮演重要角色

跨国公司的国际拓展是国际技术转移中最重要、最有效的方式。作为世界经济活动中实力最强、最先进的组织形式，跨国公司拥有无可比拟的技术优势：技术研究与开发所耗费巨额资金；一大批科技人才和管理人才；追踪各种有关政治、经济、市场、科技等情报的全球信息网络。跨国公司通常以技术为先导，采用技术、资本、机器设备、劳务和信息等生产要素一揽子转移方式，在世界范围内进行生产要素重组与优化配置。这不仅有利于跨国公司的发展，而且也适应东道国经济发展战略的需要。目前，全球跨国公司母公司约有7万家，拥有约85万家海外分支机构。它们控制了世界生产总值的40%～50%，国际贸易的50%～60%，国际技术贸易的60%～70%，产品研究和开发的80%～90%，以及国际直接投资的90%。跨国公司的创新产品、知识、诀窍、知识产权、人才等各种形式的技术正在全球范围内进行贸易、转让、转移和利用，其研发活动在不断向全球范围延伸。跨国公司成为当今国际技术生产和贸易的最主要载体，在全球技术竞争中扮演着主要角色，是科技创新全球化的最重要驱动力量。

思 考 题

1. 技术的含义是什么？
2. 技术有哪些种类？

3. 通过与一般商品贸易的比较，国际技术贸易的特点是什么？
4. 简述国际技术转移与国际技术转让的区别和联系。
5. 国际技术贸易的方式有哪些？
6. 试述 BOT 方式的运作程序及优缺点。
7. 许可贸易与其他的贸易方式相比有哪些特征？

案 例 分 析

案例 1

2008 年的日本，全球汽车产量 1 156.36 万辆；2008 年的美国，国内销售汽车 1 320万辆。2009 年的中国汽车产销突破 1 300 万辆，我国成为世界汽车制造大国、新车消费大国。这自然是我国汽车工业发展史上具有里程碑意义的大事。不过，就汽车产业的诸多因素，尤其是产业竞争力而言，我国还远不是世界汽车强国。

工业和信息化部副部长苗圩 2009 年曾非常简洁而明白地提出了世界汽车强国的重要标志：具有国际竞争能力的世界知名企业和品牌；能利用中外两种资源、开拓中外两个市场，并在国际市场占有一定的份额；培育起自主创新能力，掌握汽车核心技术和新技术的发展趋势，能支撑和引领世界汽车产品的技术进步。

我国车企进不了全球前十

国际汽车制造商组织(OICA)按公司(品牌)的划分，我国车企还进不了全球前 10 名。2009 年全球有 11 家汽车企业(集团)产量超过 200 万辆，其中丰田排在产量的首位，年产 723.44 万辆；通用和大众年产在 600 万辆以上，分别为 645.95 万辆、606.72 万辆；福特和现代为 400 多万辆，前者 468.54 万辆、后者 467.58 万辆；雪铁龙和本田都是 300 万辆出头，日产、菲亚特、铃木和雷诺均为 200 多万辆；长安成为我国唯一一家产量过百万辆的企业(集团)，达到 142.58 万辆，全球排名第 13 位。

另据国务院发展研究中心 2010 年版《中国汽车产业发展报告》蓝皮书显示：国际竞争力方面，日本得分 91.62，中国得分 54.33；产业地位，日本得分 100，中国得分 16.72；自主品牌，日本得分 100，中国得分 17.77；海外生产，日本得分 80.85，中国得分 0.21。

千人乘用汽车拥有量极低

私人汽车的发展是一个国家汽车市场走向成熟的重要标志之一。2008 年的国际公路协会《世界公路统计》表明，世界上几个国家的千人乘用车拥有量：新西兰 609 辆、意大利 595 辆、德国 565 辆、法国 496 辆、美国 461 辆、日本 441 辆；而我国千人乘用汽车拥有量不足 20 辆，千人乘用车拥有量与发达国家相比，差距非常悬殊。

自主品牌轿车市场仅三成

众多自主品牌轿车市场比例徘徊在30%左右;我国生产的外资品牌轿车在市场上占压倒性多数,丰田、本田和日产等几个日系在我国生产的轿车销量超过100万辆,占轿车销售总量的23%;德系、美系、韩系和法系轿车的市场占有率依次在14%、9%、4%。我国自主品牌轿车生产企业近20家,重复建设、资源浪费、"多小散乱"、竞争力不强。包括奇瑞、吉利、比亚迪、华晨和长城等自主品牌生产企业,也包括上汽、一汽、东风和长安等大企业集团,自主品牌轿车的销售量,平均市场份额,每个企业(集团)只有区区1.6%。

至今未掌控汽车核心技术

加快转变经济发展方式是我国汽车产业从做大到做强的必由之路。目前我国大小马路上行驶的轿车,其知识产权属于我国自主车企的大概有30%,我国发展汽车工业、自主品牌建设的主要问题是自主知识能力的不足。整车企业与零部件企业比较,"整零关系"至今尚未调整到战略合作伙伴关系,传统汽车技术包括发动机和变速箱等核心技术,远落后于国际先进水平;新能源汽车技术创新和成本控制的瓶颈,都有待于突破。

日本汽车产业发展的成功经验

日本汽车工业发展经历了四个阶段。第一阶段是20世纪50年代。汽车产业非常弱小,技术以引进为主;第二阶段是20世纪60年代。经过多年技术和设备的引进消化,自主创新能力快速提高,开始自主设计生产新车型;第三阶段是20世纪70～80年代。这是日本汽车高速发展的时期,其发展速度、生产效率、出口增长都明显加快,超过了欧美国家汽车产业;第四阶段是20世纪90年代至今。世界汽车市场处于饱和时期,日本加大新产品开发,特别是重点开发新型环保汽车,抢占技术领先地位。

日本政府对汽车工业自主发展一直给予强力扶植。日本对汽车产业实施了多方面的大力扶持。一是实行直接扶持,增加企业设备投入;二是给予企业贷款和税收方面优惠政策,为企业自主创新提供充足的资金;三是以优惠政策鼓励企业出口创汇,开拓国际市场,参与国际竞争;四是支持企业坚持自主创新方针,多创国产自主品牌。日本在对汽车产业进行保护和扶持过程中,初期以直接扶持为主,增加设备投入,提高自主创新能力从而赶超国外企业,并在汽车工业发展过程中,扶而不包,不直接干预企业的生产活动,而是通过政策和法规去扶持和引导企业完善国内市场,参与国际竞争。

在技术引进的基础上注重消化吸收是日本汽车工业培养自主创新能力的一个重要的成功经验。战后初期,日本汽车与欧美主要生产国相比非常落后,要在短期内消除这一差距,达到世界先进水平,从国外引进先进技术是一条捷径。

1951—1969年，日本先后从美、英及意大利等国引进了405项先进技术。这对加速汽车工业发展和促进汽车工业技术研究起到了重大作用。但当汽车工业具有一定的规模之后，日本政府和企业适时地把目光转移到先进技术与本国技术革新相结合上来，使日本汽车工业无论在生产手段和汽车性能上均得到迅速提高，增强了国际竞争力。如东洋工业于1961年从西德汪克尔公司购买了转子发动机专利后，首先进行研究、试验，在进行200小时连续运转实验后，发现缸体与活塞接触产生了震纹，为解决这一难题，他们于1964年研制成功新型材料，克服了震纹，使转子发动机功能进一步提高，并在1961年使转子发动机走向市场。这项研究先后经过了6年时间，花费1 400万美元。目前，日本这种转子发动机产量和质量均超过德国。

资料来源

1. 张伯顺，国内未掌控汽车核心技术　汽车强国难成，新民晚报，2010年9月1日。

2. 纵观日本汽车产业的发展历程，新浪网，2008年12月18日。

案例讨论

1. 技术引进是否是发展我国汽车产业的有效途径？

2. 日本汽车产业发展模式对我国汽车工业发展有何启示？

3. 我国汽车产业未来发展方向是什么？

案例2

小肥羊的特许经营之路

"小肥羊"在内蒙古包头以涮羊肉火锅起家，2003年成为中国成长企业百强冠军。2006年，小肥羊品牌于中国连锁餐饮品牌市场的市场占有率为6%，排名第三（前两名均为西式口味的国际连锁餐饮品牌Yum! Brands Inc. 16.5%，麦当劳公司7.5%），为最大的中式餐饮连锁品牌。2008年6月12日，小肥羊在香港上市，这是首个在香港上市的中国品牌餐饮企业，被誉为"中国火锅第一股"。2009年5月，小肥羊荣获"2008—2009年中国特许经营年度大奖"。截至2009年4月，小肥羊在中国大陆及中国香港、中国澳门、日本、美国、加拿大、阿联酋等地拥有自营餐厅与特许餐厅共381家，其中直营店131家，加盟店250余家。其高质量产品、垂直一体化经营模式、经验丰富的国际化管理团队保证了小肥羊能够在几年之内迅速发展成为中餐连锁行业的领袖品牌。

加盟的"双刃"效应

10年前，凭借"不蘸小料"这一特色，小肥羊在吸引食客的同时也诱惑着投资者。那个时候，一个一级城市的加盟商每年只要交纳20万元的品牌使用费，就可以开一家小肥羊火锅店。短期内，小肥羊就创造了数以百计的百万富翁。

小肥羊的迅速扩张得益于其“树形”加盟体系的搭建。在全国各地设立了省、市、县级总代理，除了在北京、上海、深圳等重点城市实行直营销售战略以外，由代理商发展加盟店。代理商成为小肥羊这棵“大树”的枝干，而代理商旗下的加盟商又成为枝干的分支。

短短3年，小肥羊这棵大树便“枝繁叶茂”。在总部管理能力还不够规范的情况下，品牌失控的危机也若隐若现。2003年，小肥羊某地区的店在卫生执法检查中卫生问题被曝光；此外，一些加盟商违反统一配送原则，在当地市场采购质量较低的羊肉，损害了品牌的形象。产品、店面、服务、配送、培训等一系列环节都出现问题。内部问题还没有解决，外部问题也接踵而至。小肥羊成名之后，“小尾羊”、“小白羊”、“小绵羊”等擦边球品牌纷纷涌现，假冒小肥羊和“类小肥羊”贴身开店竞争，分流了一些小肥羊的顾客，小肥羊陷入了知识产权的泥沼。

壮士断腕

2003年，小肥羊毅然关闭了加盟之门。其扩张策略调整为“以直营为主，规范加盟”。并在北京成立了特许加盟管理中心，专门对全国的店面进行调查。

第一“关”。对于不能达到总部要求的代理商和加盟店，合同到期，代理权被收回。因砍掉了“枝干”而被关闭的店面达到了218家。此外，因品牌、信誉维护不善，违规经营，超期经营，重大投诉等原因被关的店面也有100多家。

第二“延”。对那些虽然经营情况一般，但是主观上想经营好，客观上由于总部支持不到位的店面，进行支持整改，延长合作期。

第三“收”。由总部收购那些经营有序，盈利能力强的店面，将其纳入公司直营店的规范管理体系中。

第四“合”。就是与那些优质加盟商、代理商以参股、控股等方式合作。将代理商变成区域分公司，比如，甘肃总代理就被收编为总部下属分公司。意味着原先总代理具有的放加盟等权利，将收回到总公司，集团对原先总代理管理下的加盟店将具有直接管理权。

从2002年年底开始，小肥羊采取了一系列措施以扭转加盟市场的混乱局面，核心是调整加盟政策，由原来的“以加盟为主，重点直营”变为“以直营为主，规范加盟”。直到2007年5月，小肥羊的公司发展战略更加清晰，一、二线城市以直营为主，仅在三、四线城市有限度地发展加盟。

标准化“命门”

羊肉和汤底是火锅餐厅最重要的两种原材料。通过控制原材料，小肥羊能对其餐厅中的食品质量有一定的控制力。小肥羊用总部统一配送的汤料将火锅味道锁定在锅底，加上统一配送的羔羊肉，使得中餐的标准化在小肥羊成为可能。

小肥羊使用的IT信息管理系统，不仅帮助实现了总部对分店的实时监控和日益增多的店面管理，更保证了各分店在菜品、管理、服务上的标准化。以羊肉为例，所有店面的羊肉全部是通过小肥羊总部羊肉基地配送来的，也就是说一卷羊肉的重量是一个标准值。小肥羊规定一盘羊肉的重量是400克，每卷羊肉抛去损耗，能被切成多少盘羊肉也是一个标准值，再加上羊肉进货和每盘羊肉的销售，信息系统都有记录。因此，盘点后总部就能看到当天一共用了多少卷羊肉，应该切出多少盘，再与餐厅当天销售的羊肉盘数进行对比，就很容易知道厨师在装盘时羊肉分量是否合乎标准，如果分量不达标，相关厨师会受到严惩。

现在，小肥羊正在全国推行会员卡，其所有卡均能够实现全国通用。至此，小肥羊在菜品与管理上的标准化开始向服务标准化延伸。通过信息系统，小肥羊对会员的促销，也可以进行有效管理。当总部在系统中设计好促销方案、选定促销范围或分店后，系统会自动将促销方案下发到相应的餐厅，根据促销时间，自动对每位会员执行促销政策。

管理在加盟之上

曾一度有人断言：特许经营将会在中国消失，这种模式并不适合中国市场。从小肥羊加强直营力度，这种说法看似是有一定道理。实际上，并非模式出了问题，而是企业自身能力的欠缺。中国的企业对于特许经营内涵理解肤浅，以为特许经营只是一种扩张的方式，而忽视了对特许经营体系的强化、管理能力的提高，致使在扩张过程中出现危机。

2009年7月，小肥羊引入了欧洲最大的投资机构3i集团与知名投资机构普斯凯基金，两家外资公司将共同出资2 500万美元拥有小肥羊20%左右的股份。引入外资是为了引入国际化管理理念，同时也给小肥羊树立国际品牌带来具体的操作经验。在参股小肥羊之前，3i集团已经有过对餐饮连锁成功的投资案例。而且，3i集团也通过自己的关系网络向小肥羊输入了具备国际化餐饮经验的人才，其中两位独立董事分别是汉堡王前任国际业务总裁和香港肯德基公司的运营总监。

目前，小肥羊在美国、日本、加拿大及迪拜等地已有19家特许加盟店。金融危机中，这些海外加盟店的业绩不仅未受影响，还取得了很大的增长，由于业绩良好，业内要求加盟的呼声很高，基于此，公司决定从2009年开始全线开放国际市场特许加盟业务。

资料来源

1. 小肥羊四年重开放特许加盟　反思双刃效应，阿里巴巴资讯，2007年7月10日。

2. 小肥羊获特许经营年度大奖，中国食品质量报，2009年5月15日。

案例讨论

1. 分析原先小肥羊特许经营模式所存在的问题。
2. 小肥羊特许经营模式的特色在哪里?
3. 小肥羊在国际化过程中引入了哪些先进的理念?
4. 小肥羊在国外适合哪种经营模式,为什么?

案例3

我国第一个国家正式批准的BOT试点项目
——广西来宾B电厂

广西来宾B电厂是广西电网的骨干电源和“西电东送”输电系统的支撑点。作为中国电力行业第一个BOT项目,总投资6.16亿美元的来宾B电厂将于2015年移交广西区政府。

1995年5月,国家计委正式批准来宾B电厂作为BOT投资方式的试点项目,来宾电厂就开始了整个项目的招标准备工作。整个招标过程分为几个阶段:资格预审、投标、开标、评标、谈判、草签协议。

(一) 资格预审阶段

地方政府或授权机构在发售招标文件前,应当对有意向参加投标的境外投资者进行资格预审。资格预审邀请书和招标公告应在两家以上全国发行的报刊上刊登,其中至少一家是面向海外发行的全国性报刊,如《人民日报》、《中国日报》、联合国《发展论坛(商业版)》等。在报纸上刊登广告的同时,项目组织者还可以将资格预审通告通过传真或快件等方式送往有关国家驻华使馆和有关国际组织的驻华机构以及我国驻外使馆商务参赞等。

在有关的报纸杂志上公开发布公告,邀请有意向的外国公司参加广西来宾B电厂项目的资格预审,并且发售资格预审文件。资格预审文件主要内容包括:项目概况、建设条件、电厂的规模和技术标准、主要设备要求,同时还有资格预审评定的标准和广西政府对这个项目所要发行的主要支持要点。这个公告发布后,引起了世界上许多公司的注意,购买预审材料的共有61家世界知名公司。

在资格预审文件中所提出的资格预审评定标准有三点:

(1) 申请人在近几年内是否有开发与来宾B电厂相当规模电厂的经验。

(2) 申请人是否有足够的财务能力来完成整个项目的开发,融资信誉状况,并且要出具有关金融机构对该项目的融资意向书和金融机构对申请人的融资信誉评价。

(3) 在近几年内对各种合同、协议的履约状况,是否有因自己的过失而导致应履约合同的争议或仲裁。

到 1995 年 9 月底,共有 31 家国际性的公司或公司联合体提交了资格预审文件。来宾 B 电厂项目评标委员会根据上述的 3 个标准进行评定,选择了 12 家作为 A 组,可以单独或组成联合体参加投标;另外 19 家作为 B 组,不能直接参加投标,只能与 A 组的一家或几家组成联合体才能参加投标。

(二) 投标邀请

1995 年 10 月 8 日,广西政府正式向申请人公布了资格预审结果,同时发出了投标邀请书。招标文件包括下列内容:投标者须知、对投标书内容的最低要求、特许协议草案、项目技术指标、地方政府或者授权机构提供的其他条件。投标书必须符合招标文件要求的格式、条款及其他条件,并包括以下内容:项目可行性研究报告、项目建设工期及预算、预期收费标准和调价公式、投标保证金以及招标文件要求的其他内容。投标书所附项目可行性研究报告应当包括下列内容:项目实施纲要和目标概述、项目的市场需求、成本和收费、项目对环境影响的评价、项目工程技术指标、工程设计、建设、运营的标准和计划、财务分析报告等。

(三) 投标和开标阶段

来宾 B 电厂的招标文件经过评标委员会审查以后,在 1995 年 12 月 8 日正式发售。列为 A 组的 12 家申请人都先后购买了招标文件,招标文件的内容由以下几个方面组成:

(1) 由广西政府起草的特许协议、购电协议、燃料供应和运输协议的草案。

(2) 电厂建设对技术标准和技术方案的要求,以及资金来源方案。

(3) 拟建电厂的技术方案以及项目的可行性研究报告。

(4) 融资方案和融资部门的支持函。

(5) 运营、维护和移交方案。

(6) 投标保证金的银行保函(投标保证金定为 1 000 万美元)。

在招标文件发售后,组织了两次招投标人的交流活动。第一次是组织投标人到现场进行考察,并且和广西政府的有关部门进行接触和座谈。第二次活动是在 1996 年 1 月 28 日,广西政府在南宁市召开了来宾 B 电厂项目标前会议。会议主要介绍了广西社会经济发展状况和对电力需求情况,并且对投标人针对招标文件所提出的问题进行了综述性的解答。

在 1996 年 2 月 13 日,对投标人提出的问题搞了一个标前备忘录发送给投标人。到 1996 年 5 月 7 日投标截止日,共有 6 家投标人向广西政府递交了投标书,分别是:中华电力联合体,由香港中华电力公司和德国西门子公司组成;美国国际发电(香港)有限公司;东棉联合体,由日本东棉株式商社、新加坡能源国际公司和泰国企业联盟能源公司联合组成;英国电力联合体,由英国电力公司和日本三井物产商社组成;法国电力联合体,由法国电力公司GEC阿尔斯通公司联合组成;新世界联合体,由香港新世界集团、ABB公司和美国电力公司组成。

1996年5月8日,广西政府在北京举行了来宾B电厂项目招标的开标仪式。在开标会上,现场开封了投标人的标书,对投标人的名称、时间以及主要材料进行了确认和公布。会上,广西政府也公布了对来宾B电厂项目的评标标准大纲。

(四) 评标阶段

评标由评标委员会负责。评标委员会可以分为领导小组和专家小组。领导小组由国家计委牵头,地方政府、国务院有关部委、总代理单位等成员组成,负责评标的组织和决策工作。专家小组由总代理单位牵头,包括技术顾问、法律顾问、财务顾问等成员,负责评标的具体工作,完成评标报告。根据项目具体情况可以将领导小组和专家小组合成统一的评标小组,也可以在专家小组下设立若干个专业小组。评标委员会负责对所有投标人提交的投标文件进行评审,并推荐最具竞争能力的中标候选人名单。在与中标候选人谈判之前,评审结果须得到政府的批准。

评标标准是招标文件的组成部分,但招标文件中的评标标准一般只作原则性说明。在评标阶段,为了评选出最具竞争力的中标候选人,评标委员会需要将招标文件中的评标标准细化。评标标准要综合考虑发起人就融资、设计、建设和运营维护项目提出的建议,看其是否能最大限度地满足政府和社会的利益。一般来说,评标标准要包括下面一些内容:

(1) 技术方案:投标人提出的技术方案首先必须满足低技术规范要求,超出基本要求的可考虑适当加分。

(2) 项目经验:资格预审后最后形成的投标人可能有所变化,投标人本身的情况,经过一段时间后也可能发生变化,需要对投标人的资格重新审查。

(3) 财务能力:投标人对项目融资所必备的资本金或筹措投本金的能力以及得到银行的支持程度。

(4) 项目收费:项目收费是主要评标标准,对收费进行评审时要考虑投标人承担的风险。对上述各项进行加权打分,得分高的前几名投标人作为最有竞争力的中标候选人,排在第一位的中标候选人将首先与政府进行合同谈判。

广西政府在开标会上公布了评标大纲。评标大纲的主要内容有两个方面:

(1) 评标的程序。首先确定投标文件的符合程度,总体审查投标文件是否符合招标文件的要求,只对符合要求的标书进行评估。

(2) 整个评估标准是按评分制的方式进行的。总的分数(1 000分)是这样考虑的:因为主要是由外商投资建设电厂,广西政府只负责买电,所以电价的因素最为关键,电价定为600分,另400分为非电价因素。电价因素中又分为两部分:水平电价500分和电价走势100分。非电价因素部分由几部分组成:融资方案、技术方案、运营维护和移交方案、对招标文件的响应程度和造成后果的影响程度。

1996 年 5 月 8 日至 6 月 8 日，由广西政府牵头，组织了有技术、法律、财务等专家组成的专家小组，进行了第一阶段的评估工作。对标书从法律、财务、技术和其他方面进行了全面的审查，然后对比分析、总结，最后形成了对投标书的评估报告。

1996 年 6 月 10 日至 15 日，由评标委员会在广西北海市进行评标。评标委员会是在专家小组对投标书评估报告的基础上对每一份标书进行评审，最后决定了三家最具竞争力的投标人。第一名是法国电力联合体，第二名是香港新世界联合体，第三名是美国国际发电(香港)有限公司。他们的优势最主要的是电价比较低，同时技术标准和其他要求都基本上能满足招标文件的要求。法国电力联合体列在第一名，有以下几项优势(这些优势也是形成电价较低的因素)：

首先，法国电力联合体是由法国电力公司、GEC 阿尔斯通公司联合组成，项目的分工是法国电力公司主要负责电厂的营运和电厂的生产管理，GEC 阿尔斯通公司主要负责电厂的建设总承包。它的建设安装是按“交钥匙”方式进行总承包的，所以费用比较低。在其投标文件中，建设工程投资只花费 4.12 亿美元。这个“交钥匙”工程的总投资所需要的费用比其他的少许多。

其次，有法国政府的支持。法国政府提供的出口信贷额占整个融资总额的 70%，比例较高。因此，它的融资费用较低，资金成本低。

再次，建设工期较短，资金回收较快。第一台机组投产只需 30 个月，第二台再延长 3 个月，总共用 33 个月，整个电厂可投入商业运行。

最后，因为法国电力公司是国营公司，在本国电力生产的利润率是比较低的，所以在这个项目上的投资所要求的回报不一定要很高。根据其投标文件中的资产负债表和资金流量表来分析，项目的股本金回报率在 17%左右(这是根据它的投标文件中总投资 5.6 亿美元来测算的)。实际上从它申请成立的项目公司注册的总投资看，由于其他因素的影响，总投资已达 6.16 亿美元，投资增加近 10%。所以如果按最后形成的总投资计算，它的回报率比原来预计的还要低得多。

(五) 确认和谈判阶段

根据招标文件的规定，广西政府确定前三名最有竞争力的投标人之后，首先要和第一名的投标人进行谈判。谈判的方法和内容主要是针对投标人对三个协议文本所提出的修改文本进行确认。另外对技术指标和其他一些修改的东西进行确认，确认主要是分三种情况：

(1) 招标文件中没有被投标人修改的部分视作双方都已接受。

(2) 被投标人修改后的条款，经广西政府审查后，若同意其修改意见，双方对其都接受的条款进行确认。

(3) 投标人做了修改的条款的内容，经广西政府审查后，若同意其修改，才进行双方谈判，以求双方统一意见。

谈判从1996年7月8日开始。广西政府组成以省政府秘书长为组长，由广西BOT办公室、广西电力局、燃料公司的代表，以及政府邀请的有关顾问和招标代理人(包括设计院的技术专家)组成的谈判小组参与谈判。经过三轮四个阶段的谈判，到10月底，双方就所需要确认的有关问题达成了一致意见。1996年11月11日，双方在北京进行了有关文件的草签仪式。

(六) 协议的草签阶段

1996年10月11日，广西政府和法国电力联合体在北京草签了有关协议。根据谈判的结果和草签的协议来看，总的协商结果是这样的：来宾B电厂项目的总投资预计是5.6亿美元(不含进口关税进口增值税)。总投资的25%属股本金投入，且作为项目公司的注册资本，其中法国电力公司占60%，GEC阿尔斯通公司占40%；股本外的75%投资资金由项目公司通过有限追索的项目融资从境外获得。中央政府和地方政府以及中国的银行和金融机构不提供任何形式的担保。项目公司的项目贷款是由法国的东方汇理银行、英国的汇丰银行和巴特莱银行联合承销。贷款中的70%是由法国进出口信贷机构提供出口信贷保险。来宾B电厂的特许经营期为18年(包括建设期)，特许期满后电厂将无偿移交给广西政府。

项目的融资原来预计在草签协议后6个月完成，即1997年5月份可以正式签字。但由于草签的协议中，其中有一条规定"草签协议后2个月内要得到中央政府的批准"，而中央政府批准时间拖延了两个半月，所以协议正式签字也延后了两个半月，即于1997年7月18日正式签订。

(七) 项目的融资完成以及特许权协议正式签署阶段

招标程序经过了资格预审、邀请投标、提交投标文件和评标工作之后，就进入了BOT项目招标活动的最后一个环节，即合同谈判阶段。BOT项目中涉及了许多合同，如特许权协议、信贷协议、总承包合同、运营维护合同、投资人协议、燃料供应协议、仲裁协议、担保协议、保险合同，等等。这里所指的合同是指特许权协议。特许权协议不仅指特许权协议书，根据具体项目情况，还包括一些附录，如项目介绍、技术规范、政府的支持函、合同主体的法律意见书、履约保函、图纸等。

在这个阶段，法国电力联合体要进行以下的工作：

(1) 要获得有关政府的批准，成立项目公司。

(2) 要完成有关的项目合同，包括建设合同、运营维护合同、保险协议、贷款协议等，这些都要报广西政府审批。

(3) 和广西电力局签订电厂的高度协议。

(4) 进行初步设计工作，并报广西政府审批。

法国电力联合体在中标后180天内要完成融资。如果不是因为中方政府机构的原因,法国电力联合体在上述规定的时间内不能完成融资,广西政府有权支取全部的投标保证金。

广西政府在这段时间内,也要做好以下工作:

(1) 向国家有关部门申报特许权协议,并争取尽快得到审批。

(2) 完成招标文件里规定的前期工程,包括场地的"五通一平"工作。

(3) 审批项目公司所签订的有关合同和协议。

项目公司成立,融资完成,广西政府最终与项目公司签署特许权协议,特许权正式生效。

资料来源 来宾B电厂BOT项目的国际招标,中国招标网,2003年12月11日。

案例讨论

1. 来宾B电厂BOT项目的各方当事人有哪几个部分?
2. 来宾B电厂使用BOT方式有哪些好处?
3. 来宾B电厂在选择项目公司方面,主要考虑哪些因素?
4. 项目公司在BOT方式中可能会面临哪些风险?

第二章　国际技术贸易理论

20世纪50年代以前，全球技术贸易的规模很小，增长十分缓慢。但在第二次世界大战结束以后，国际技术贸易的规模不断扩大，增长速度加快，即便在西方国家经济陷入“滞胀”和国际贸易停滞不前的时期，国际技术贸易仍然以较快的速度增长。面对这种情况，经济学界开始重视对技术贸易理论的研究，在国际贸易理论的基础上，探讨技术贸易的形成条件以及现代技术贸易高速增长的原因，形成了技术贸易的理论支撑体系。

亚当·斯密和大卫·李嘉图的经典贸易理论把技术差异看作比较成本差异的基本原因，比较成本的差异导致国际贸易的发生。随着国际贸易实践的发展，技术因素对贸易实践的影响越来越重要，波斯纳、弗农等学者在承认经典贸易理论的同时，将技术差异视为国际贸易的直接原因之一，而不仅仅是将其看作比较成本差异的原因，产生了真正意义上的“国际技术贸易的相关理论”。现代贸易理论将技术进步和技术扩散的因素纳入研究范畴，从动态角度或采用动态分析方法解释国际贸易的发展变化，使动态比较优势理论得到不断地发展和完善。

第一节　技术因素与国际贸易理论

国际技术贸易是建立在科技革命基础上的，技术不仅可以节约稀缺的经济资源，同时在给定的要素规模条件下可以实现更大的产出和生产更多样化的产品。国际贸易理论产生至今大致可以分为三个阶段：古典贸易理论阶段、新古典贸易理论阶段和新贸易理论阶段，每一个阶段无不伴随着研究者对技术因素的考察。

一、古典贸易理论阶段

以亚当·斯密和大卫·李嘉图为代表的古典贸易理论从技术差异的角度解释国际贸易产生的原因。古典贸易理论从劳动生产率的差异出发，认为各国之间开展贸易的基础在于它们生产同一产品或同质商品的价格差，造成这种价格差的基本原因是各国生产该商品时劳动生产率的差别。斯密的绝对成本说认为，各国应该按绝对优势分工；而李嘉图根据“两优择其重，两劣择其轻”的原则，按照比较优势分工然后进行交换，各国均可获利。可以看出，古典经济学家早已肯定技术在国际贸易中的重要影响，承认技术知识的国别差异，只不过当时强调的是技术的绩效——劳动生产率。他们虽然没有明确提出技术的作用，但是在对国际贸易的动因和结果的分析中，已经隐含了技术进步的作用。因此，我们可以把比较优势理论看作是从技术角度解释国际贸易问题的萌芽。

二、新古典贸易理论阶段

古典国际贸易理论是以许多重要假定为前提的，使得该理论在多种要素存在的情形下难以解释比较优势的来源。新古典理论代表人物，瑞典经济学家赫克歇尔和俄林从劳动、土地和资本要素禀赋差异中寻找产品成本差异进而得出国际分工的基础，提出了要素禀赋论。在赫克歇尔和俄林看来，现实生产中投入的生产要素不只是一种——劳动力，而是多种。而投入两种生产要素则是生产过程中的基本条件。根据生产要素禀赋理论，在各国生产同一种产品的技术水平相同的情况下，两国生产同一产品的价格差别来自产品的成本差别，这种成本差别来自生产过程中所使用的生产要素的价格差别，这种生产要素的价格差别则取决于各国各种生产要素的相对丰裕程度，即相对禀赋差异，由此产生的价格差异导致了国际贸易和国际分工。各国在密集使用本国数量多、价格便宜的要素的产品生产上具有比较优势。如果按照要素的丰缺状况进行分工，就能使生产要素得到更有效的利用。要素禀赋论指出国与国之间的比较成本的差别来自各国要素相对禀赋的不同，完全放弃了技术知识的国别差异。尽管理论逻辑严密，形式完美，但现实世界毕竟有许多条件与理论前提不符。

20 世纪 50 年代“里昂惕夫悖论”的提出，刺激了西方理论界对新古典贸易理论的重新审视，通过对 H－O 模型进行改进，引入人力资本、土地等生产要素，进而在更广泛的基础上来考虑国家之间要素禀赋结构的差异，取得了一定成效。其中一个发展方向就是新要素理论。国际贸易新要素理论者扩展了生产要素的范围，赋予生产要素新的含义。他们把技术、人力资本、研究与开发、信息以及管理等都看成生产要素，从而丰富了生产要素禀赋理论，弥补其不能解释国际贸易发展现实的缺陷。

（一）人力资本论

人力资本论是美国经济学家凯能（Kenen）、鲍德温（Baldwin）、克拉维斯（Kravis）以及基辛（Kessing）等提出来的。人力资本是体现在个人身上的获取收入的潜在能力的价值，包括天生的能力、才华以及通过后天的教育训练获得的技能，或者说人力资本就是劳动者所拥有的知识和技能。人力资本论认为，劳动是不同质的，这种不同质表现为劳动效率的差异，而劳动效率的差异主要是由劳动熟练程度决定的。他们将"劳动力"这一传统生产要素分离出熟练劳动（即人力资本）和非熟练劳动。劳动熟练程度的高低取决于对劳动者进行培训教育以及其他有关开支，这些开支都属于投资。因此，高效率的劳动和高熟练程度的劳动实际上是投资的结果。一国在职业教育、技术培训等方面的投资，可以起到提高劳动技能和专业知识水平以及促进劳动生产率提高的作用。

（二）研究与开发要素论

基辛（Keesing）和格鲁伯（Gruber）等认为，研究与开发也是一种生产要素。研究是指与新产品、新技术、新工艺相关的基础与应用研究；开发则是指新产品的设计开发与试制。研究开发要素是决定产品国际竞争力强弱的重要因素，投入研究与开发的多寡可以改变一个国家在国际分工中的比较优势。在进行国际比较时，一般用研究与开发费用占国民生产总值或出口总值的比重等指标来进行衡量。一个国家越重视研究与开发要素的作用，产品的知识与技术密集度就越高，在国际市场竞争中就越有利。而且，研究与开发的资金投入的多少，可以改变一个国家在国际分工中的比较优势，产生新的贸易比较利益。

（三）信息要素论

信息要素论认为，信息也是一种生产要素。作为生产要素的信息是指一切来源于生产过程之外并作用于生产过程、能带来利益讯号的总称。信息作为一种能创造价值的资源和有形资源结合在一起构成现代生产要素。在现代国际贸易中，竞争越来越表现为商情战、信息战。从微观上讲，每个企业获取信息速度的快慢，拥有信息量的多少，决定着企业的命运。从宏观上讲，一个国家利用信息的状况将影响该国的比较优势，改变该国在国际贸易分工中的地位。

（四）技术差距理论

1. 技术差距理论简介

技术差距理论（Technological Gap Theory）又称为技术差距模型（Technological Gap Model），是由美国学者波斯纳（Porsner）于1961年在《国际贸易与技术变化》一书中提出来的。技术差距理论把技术作为独立于劳动和资本的第三种生产要素，探讨技术差距或技术变动对国际贸易的影响。传统的H-O理论中，由于假定各国使用相同的技术，因而技术及技术进步的国际差异对贸易的影响被忽略掉了。而实际上，各国之间的技术和技术进步存在明显差异，而且，技术变动还包含着时间因素。因此，技术创新和技术转移可以说是引起国际贸易的一个决定性因素，技术差距理论也被看成是H-O理论的动态扩展。

波斯纳认为，新产品总是在工业发达国家（甲国）最先问世，新产品在国内销售之后进入国际市场，创新国便获得了初期的比较利益。这时，其他国家（乙国）虽然想对新产品模仿生产，但由于与先进国家之间的技术差距，需要经过一段时间的努力之后才可能做到。在这段时间内，创新国仍保有在该产品上的技术领先地位，其他国家对该产品的消费仍需通过进口得到满足，因而技术差距所引起的国际贸易必然继续进行。由于该项技术（产品）在经济增长中的示范效应，其他国家也会进行技术研究与开发或技术引进，从而掌握该项技术，缩小技术差距，使在该项技术产品上技术引进国与技术创新国之间的国际贸易下降。当技术引进国完全掌握了该项技术，能够生产出满足国内需求数量的产品时，两国间在该产品上的国际贸易就会终止，技术差距最终消失。

波斯纳在描述技术差距时，提出了模仿时滞的概念，即产品从创新到模仿生产的一段时间。如图 2－1 所示，模仿时滞分为三类，一类是需求时滞（$t_0 \sim t_1$），指新产品在甲国生产并出口到乙国，此阶段是消费者尚未注意或不了解新产品，不能取代原有老产品所需的时间差。需求时滞的长短主要取决于乙国居民的收入水平和市场容量；另一类称为反应时滞（$t_0 \sim t_2$），指乙国在新产品进口后，需求逐渐增加，乙国的生产商调整旧的方法生产新产品所需要的时间。反应时滞的长短，主要取决于企业家的创新、风险意识和该项技术产品的规模效益以及关税、运输成本、市场容量、居民收入水平和需求弹性等因素；第三类是掌握时滞（$t_2 \sim t_3$），即乙国从开始生产到达甲国同一技术水平，国内生产扩大，进口变为零的时间间隔。掌握时滞的长短主要取决于乙国消化、吸收和掌握该项技术的能力。

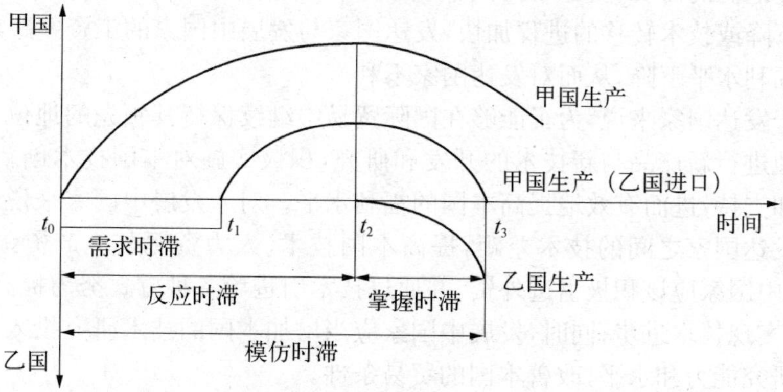

图 2－1　技术差距理论模型

t_0：甲国完成技术创新并开始生产，技术差距产生；
t_1：乙国对该技术产品产生需求并开始从甲国进口；
t_2：乙国开始生产该技术产品并开始减少从甲国的进口；
t_3：乙国停止从甲国的进口并开始出口，技术差距消失。

2. 技术差距理论的发展

随着对技术差距理论研究的逐步深入，美国学者克鲁格曼(Krugman)于1979年提出了一般均衡条件下的"南—北贸易模型"，成为保持技术差距的依据。该理论把资源配置、世界收入分配与技术统一起来考察，认为新技术在发达国家以创新产品的形式生产出来，与发展中国家形成了技术差距，决定了发达国家与发展中国家的贸易类型。发达国家出口创新产品，发展中国家出口模仿产品。模仿意味着特定的生产技术变成了共同的财富。技术的变化影响发达国家和发展中国家的经济与贸易，影响的大小、受益程度的高低取决于各自技术创新和技术转让的增长速度。

发生于发达国家与发展中国家的国际技术转让，其基本原因是两者之间存在的工资差别。发达国家的创新产品包含较高的价格，因而发达国家劳动力的工资率较高。当创新产品变为成熟产品时，由于发展中国家劳动力的工资较低，该项技术连同产品生产会转移到发展中国家。发展中国家由于获得技术转移，福利水平得到提高。技术转移处于这样一种均衡结构中，两类国家的相对工资不变，保持一定的差额，其差额对发达国家有利；贸易形式不变，即发达国家总是生产和出口创新产品，发展中国家总是生产和出口成熟产品，两者福利均有所提高。

在这样的均衡结构中，技术创新使资本的边际产出率提高，从而吸引资本流入。技术转移引起的资本流动，使新产品能在较低的资源成本下生产，使世界生产要素发生更有效率的配置，各个要素市场都达到均衡状态。这样，发达国家与发展中国家之间就要经常保持一定的技术差距，发达国家不间断的技术创新，不仅是维持其竞争地位的需要，更是维持其福利水平不下降的必要条件。如果发达国家创新速度下降或技术转移的进程加快，发达国家与发展中国家的工资差距就会缩小，并导致福利水平下降，从而对发达国家不利。

对于发达国家来说，为了能够在国际贸易中继续保持其领先的地位，它们就必须不断地进行新产品与新技术的开发和研究，积极实施对本国技术创新活动的政策鼓励和支持，进而有效地提高本国的福利水平。对于发展中国家来说，为了缩小本国与发达国家之间的技术差距，提高本国技术、人力资源与生产资源的配置效率，发展中国家应该积极引进外资，并通过技术引进等各种方式努力提高本国的技术水平，实现技术进步；同时，发展中国家应当增加本国的技术研究投入，加强本国的技术研究能力和水平，改善本国的贸易条件。

(五) 技术寿命周期理论

1. 技术寿命周期的概念

从技术进入市场前、后的角度，技术寿命周期大体可分为技术的研究与开发和技术的扩散与转移两个阶段。把构思转化为发明(包括产品发明和方法发明)，直到创新技术及其产品经过工业生产、试销、投入市场的过程，即通常所说的技术研究与开发阶段。技术的扩散与转移阶段是指创新技术及其产品进入市场后，历经投入、成长、成熟、衰退直至淘汰退出市场所经历的时间，即技术的市场寿命阶段。

新一代创新技术的问世，不仅使技术创新国的高新技术及产品形成了新的技术优势和竞争优势，而且为新一轮的技术扩散、转移创造了条件。由于技术更新周期的缩短和研究与开发费用的急剧增长，技术创新国就要加快技术创新的速度，在不失去技术、竞争优势的前提下，加快进行技术扩散和转移，以延长技术的市场寿命和尽快回收高额的 R&D 成本。作为技术引进方的发展中国家，要充分抓住这一机遇，加快技术引进和扩散的速度，以形成后发优势。

2. 技术(产品)寿命周期理论简介

哈佛大学教授雷蒙德·弗农(Raymond Vernon)1966 年在《产品周期中的国际贸易和国际投资》一文中提出了产品寿命周期理论，把新产品在研制、生产和销售等不同阶段上要素密集度的变化，不同经济发展水平国家的相对优势和跨国公司转移技术的作用有机结合在一起，分析了技术变化与比较优势变化的相互关系。从动态的角度看，建立在技术差异基础上的国际贸易优势是一个不断传播的过程，技术创新和扩散的结果将导致贸易地理方向的转移。

技术创新产品在一国(甲国)问世并占领国内市场，到产品出口、出口增长、出口竞争、出口衰退直至开始在本国市场上进口该产品的全过程可以描述为以下几个阶段，即：新产品垄断阶段、出口增长阶段、出口竞争阶段和出口衰退阶段(见图 2-2)。

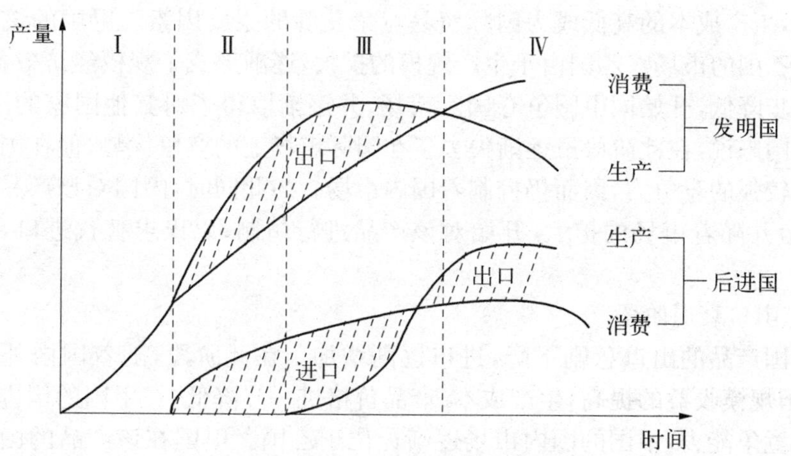

图 2-2　产品生命周期模型

1）新产品垄断阶段

技术创新国家甲国(一般为少数工业发达国家)凭借其雄厚的科技资源和巨大

的 R&D 投资，在创新产品的开发上占有优势。由于该国工资较高，居民平均收入较高，新产品开发的主要目的是为了满足国内市场的需求。在产品创新期，因其设计、工艺尚未完全定型，在技术及生产要素的投入等方面尚需进一步的完善与改进。因此创新产品在国内市场上处于垄断地位，在技术上也处于垄断阶段，这就形成了技术创新国家与其他国家的技术差距，并使得其他国家在模仿该创新（技术）产品时，存在一个时滞过程。

2）出口增长阶段

随着甲国产量和出口市场的扩大，产品逐渐定型，技术日趋成熟。与此同时，居民平均收入水平接近于甲国的其他发达国家乙国也形成了对该产品的需求，并开始从甲国进口。随着需求量的增加和市场的扩大，乙国结合本国的资源和区位优势，开始仿制该产品，并逐渐缩小了与甲国间的技术差距。由于乙国在该技术及其产品的投入中不需要支付像甲国那样巨大的研究与开发费用，加之在适应本国消费者需求以及在关税、运输费用等方面所具有的比较优势，因而在本国市场上具有竞争力，会逐渐减少从甲国的进口。对于甲国来说，由于该产品的数量已达一定的规模，虽逐渐减弱了对乙国出口的竞争，但对其他国家丙国（如发展中国家）仍具有技术优势和较强的竞争力，因而该产品的生产和出口仍将继续增长，但增长的趋势逐渐趋缓。

3）出口竞争阶段

该产品已完全定型，产品技术逐渐趋于标准化，甲国逐渐丧失了在该产品生产上对乙国的技术优势。在国际贸易中，甲国与乙国的竞争逐渐由产品差别转向成本差别，生产成本的高低成为国际贸易竞争获胜的主要因素。甲国的该产品逐渐退出了乙国的市场。乙国由于生产规模的扩大，逐渐形成了规模经济效益，生产成本进一步降低，开始同甲国争夺国际市场，并逐渐取得了对其他国家的出口优势。对于甲国来说，在此阶段虽逐渐失去了在国际市场上的竞争优势，但在国内市场上仍具有较强的竞争力，因而仍控制着国内市场。与此同时，丙国对该产品的需求逐渐增加，并随着市场的扩大，开始对该产品进行仿制，以谋求替代进口，争夺国内市场。

4）出口衰退阶段

甲国产品的出口急剧下降，进口逐渐增加。在此阶段，随着国内外市场的扩大，乙国规模收益的提高，生产成本、产品价格进一步降低，在甲国的国内市场上也具有了竞争能力，甲国的国内市场逐渐让位于乙国。甲国在该产品的国际竞争中日趋衰亡，最终成为该产品的净进口国，宣告了该产品在甲国寿命周期的终结。乙国替代甲国成为该产品的主要出口国。与此同时，丙国在该产品的生产上已开始初显成效，产量逐渐扩大，进口量逐渐缩小，产品的国内竞争力逐渐提高。

技术(产品)寿命周期在甲国的结束,并不意味着该技术(产品)的寿命周期在其他国家也终结。技术创新国家从出口到进口,其他发达国家以及发展中国家从进口到出口,各自形成了该技术(产品)的寿命周期曲线。各国的曲线,随着时间的推移,如波浪起伏般相互交织在一起,构成了该创新产品在国际贸易中的动态发展过程。

3. 技术(产品)寿命周期与国际技术转让

技术创新成果诞生后,产品本身在技术上的发展可划分为创新产品、成熟产品和标准化产品三个发展阶段。每一个发展阶段都与技术的创新、进步密切相关。

在创新产品阶段,技术创新国家的创新产品在国内、国际市场取得垄断地位,主要凭借的是其雄厚的研发实力和技术上的优势。在此阶段,技术创新国家一般是不进行技术转让并严防技术扩散的,主要是通过把该项技术应用于创新产品的生产而获益,通过创新产品占领国内、国际市场取得垄断性的高额收益。

在成熟产品阶段,产品由技术密集型逐渐转为资本密集型,资本的投入成为进一步获取高额收益的关键。在此阶段,技术转让基本上是通过对外直接投资进行的,也可能是在技术创新国家的跨国公司内部进行的。从技术本身的发展看,作为创新产品的主要标志的专利技术已经历了一定的期限,围绕专利技术的专有技术开发也日趋成熟。产品的仿制、生产性技术的转移和扩散,使得国际间的技术差距,主要是发达国家间的技术差距逐渐缩小,但生产性企业间的竞争逐渐加剧。

产品进入标准化阶段,产品价格、成本成为竞争的主要因素。产品生产的比较优势和国际技术贸易流向开始发生变化。乙国通过反向工程、技术扩散或技术引进,结合本国的需求特点、资源优势进行该技术的消化、吸收和再开发,形成经济规模,逐渐取得了对甲国的竞争优势和技术优势。甲国为延长技术的寿命周期,回收该技术研究与开发时的巨大投入,进一步提高该技术的获利能力,开始向生产成本更低的国家,具有资源、人工等比较优势的国家转移该产品的生产性技术。这样,技术转让便会发生在发达国家与发展中国家之间。

三、新贸易理论阶段

对新古典贸易理论进行重新审视的另一个方向是新贸易理论。越来越多的经济学家开始将技术进步和技术扩散的因素纳入研究范畴,他们从动态角度或采用动态分析方法解释国际贸易的发展变化,使动态比较优势理论不断发展和完善。

对这一问题的探讨和研究基本上沿着两个方向进行:一个是沿着李嘉图的模型,仍把技术作为一种外生变量,但从动态角度分析技术变动对贸易模式和各国福利水平的影响,例如前述的波斯纳的技术差距理论和弗农的产品生命周期理论;另一类则把技术作为一种内生变量,不仅研究技术怎样影响贸易和增长,同时把技术发展作为科研、国际贸易、经济增长三者之间的互动关系，研究技术变动的原因及技术进步作为生产和贸易的结果对贸易模式与社会福利的影响，赋予国际贸易理论研究以崭新的内容。

(一) 技术作为外生变量的贸易与增长理论

除了“技术差距理论”和“产品生命周期理论”的贸易学说外，技术作为外生变量上的差异亦被用来说明发达工业国家之间和同类产品之间的贸易，在马库森和斯文森(Makusen & Svenson，1985)的研究中假设两国的资源配置比例和需求偏好都是相同的。产品生产需用两种以上的要素投入，但不具有规模经济。如果两国在生产技术上有某种细微的差别，劳动生产率就会略有不同。在两国的贸易中，各国都会出口其要素生产率相对高的产品。

戴维斯(Davis)在1994年的研究中也假设两个国家两种产业。其中第一种产业只生产一种产品，而第二种产业生产两种不可完全替代的产品。假设其中一国在第二种产业的生产中与国外略有技术上的不同，在其中一种产品的生产技术上比别国略胜一筹。在自由贸易条件下，要素价格的相等会使该国生产和出口这种产品，而别的国家则会生产和出口另一种产品。

马库森、斯文森和戴维斯的研究说明，即使在规模报酬不变和完全竞争的市场上，技术上的差异亦可引起产业间贸易。

(二) 技术作为内生变量的贸易与增长理论

将技术视为内生变量的贸易与增长理论主要以克鲁格曼(Krugman)等人为代表。20世纪70年代以后，克鲁格曼提出了学习曲线，考察了技术创新对国际贸易的影响。克鲁格曼等人认为企业内部存在着动态的规模经济，而技术的改变是企业获得动态规模经济的最重要形式。技术变动的源泉有两个：第一，从经济行为中学习而获得的，这里所说的技术不光是生产技术，还包括管理知识。第二，技术革新，通过研究和发展而获得的。前者是被动行为，后者是自己创造的主动行为。

1. “技术外溢”与“干中学”

技术外溢(Spillovers)是指外商投资、跨国贸易等对东道国相关产业或企业的产品开发技术、生产技术、管理技术、营销技术等产生的提升效应。作为先进技术的拥有者并非有意转让或传播其技术，而是在贸易、投资或其他经济行为中自然而然地输出了技术，这种技术进步被称为“技术外溢”。

“干中学”(Learning by Doing)是指落后的国家或行业不用经过专门的研究与开发，而是在技术外溢的过程中通过边干边学获取先进技术。“干中学”显然更有利于学习者——不仅投资的厂商可以通过积累经验而提升其生产率，其他厂商也可以通过学习而提高生产率。技术不仅为创造技术的企业所有，通过技术外溢效应，技术或知识还为全社会所共有。

亚那戈娃(Yanagawa)分析了通过直接或间接的途径传播技术及其影响的国际技术外溢,克鲁格曼和卢卡斯(Lucas)分别讨论了国内技术外溢的问题,而鲍尔均和塞克曼(Bodlrin & Sheinkman)以及格鲁斯曼和赫尔曼(Grossman & Helpman)则系统研究了行业间和同行业内部技术的外溢及其作用。

2. 发展与技术创新

技术进步的另外一种形式是技术创新(Innovation),它是投资、开发和研究的结果,表现为: ① 要素生产率的提高,即用有限的资源生产出更多的产品,或保证产量的情况下使用更少的资源;② 产品质量的提高和新产品的开发。

技术创新或开发型技术进步出现在专业化程度的提高中。随着生产的社会化,分工越来越细,一个最终产品可以由一个变成许多个企业来生产。同一企业中也可分为许多部门,每个部门只生产产品的一个零部件,每个部门只集中于一个小范围的大规模生产,而在这个具体的零部件生产中,企业有可能通过降低成本来获得利润。换句话说,专业化程度的提高使利润不再只是从最终产品中获得,每个生产环节都独立出来,都有获得利润的可能性。对利润的追逐使生产的每个环节上都有改进技术的动力。开发型技术进步也常常是在对新产品的研制中获得的。

新贸易理论中涉及"溢出效应"和"干中学"的相关理论还有帕伦特(Parente)、科洛姆波和莫斯考尼(Colombo & Mosconi)。帕伦特 1994 年研究了技术扩散、干中学和经济增长之间的关系。他设计了一个特定厂商选择技术和吸收时间的干中学模型。他认为在前后各种技术吸收之间,厂商通过干中学积累的专有技术知识为进一步的技术引进做好了准备。他还证明,厂商技术吸收的决策和产出增长依赖于资本市场的有效性。

技术创新与国际贸易存在一种互动关系,贸易不仅通过国际市场的竞争、通过各国努力开发新技术新产品,也通过国际技术外溢给各国互相启发的机会,新技术开发不再是个别国家的行为,而成为各国共同努力的结果。

(三) 国家竞争优势理论

美国哈佛商学院的迈克尔·波特(Michael Porter)在 1990 年出版的《国家竞争优势》一书中提出,一国兴衰的根本在于该国在国际竞争中是否能赢得优势,而国家竞争优势形成的基础在于不断进取的创新机制和充分的创新能力,即要想在国际竞争中谋取竞争优势,关键在于技术创新。

一个国家之所以能够兴旺发达,其根本原因在于这个国家的产品和劳务在国际市场上具有竞争优势,这种竞争优势源于一个相互增强的"钻石"系统。在这个系统中,有四个关键因素和两个变数共同影响一国在国际市场上建立和保持竞争优势的能力。

1. 生产要素

生产要素包括：人力资源、自然资源、知识资源、资本资源和基础设施。生产要素又分为初级要素和高级要素两类。初级要素是指一个国家先天拥有的自然资源和地理位置，例如天然资源、气候、地理位置、非熟练半熟练劳动力等等。高级要素则是指社会和个人通过投资和发展而创造的因素，例如，现代化通信的基础设施、复杂和熟练劳动力、科研设施等。一个国家若要取得竞争优势，高级要素远比初级要素重要，从而指明了技术创新对国际贸易竞争的重要影响。作为一个严重缺乏可耕地和自然矿产资源的国家，日本通过国民教育投资，创造了丰富的高级才能要素。事实上，日本拥有的庞大的工程师队伍工程专业毕业生人数占全国人口百分比大大超过美国，这正是日本在许多制造行业取得成功的关键所在。

2. 需求因素

国内需求条件是产业发展的动力，它会刺激企业改进和创新，从而对获取和提高国家竞争优势起着非常重要的作用。国内需求对竞争优势的影响主要是通过三个方面进行的：

(1) 本国市场上有关产业的产品需求若大于海外市场，则拥有规模经济，有利于该国建立该产业的国际竞争优势。

(2) 若本国市场消费者需求层次高，老练、挑剔的消费者会对本国公司产生一种促进改进产品质量、性能和服务等方面的压力，相关产业易于取得国际竞争优势地位。

(3) 假如本国需求具有超前性，那么为它服务的本国厂商也就相应的走在了世界其他厂商的前面。

3. 相关和支持产业因素

相关和支持产业因素指企业所有相关产业及供应商的竞争能力相关和支持性产业之间存在着密切的协同效应。一方面，当本国的支持产业(供应商)具备国际竞争力时，它会通过以下方式为下游产业创造竞争优势：以最有效的方式及时地为国内企业创新；促进信息在产业内传递，加快整个产业的创新速度。另一方面，竞争力强的产业也会通过"提升效应"(Pull — Through Effect)带动相关产业发展。

4. 企业组织、战略和竞争状态因素

企业组织、战略和竞争状态因素是指一国国内支配企业创建、组织和治理的条件。激烈的国内竞争是创造和保持国际竞争优势的最有力的刺激因素。其原因在于，国内竞争会迫使企业不断更新产品，提高生产效率，以取得持久、独特的优势地位。此外，激烈的国内竞争还会迫使企业走出国门在国际市场上参与竞争；而经过国内激烈竞争锤炼的企业往往更加成熟，更具有竞争力，更容易在国际竞争中取胜。

5. 机遇

机遇包括重要发明、技术突破、供求状况的突然重大变动、外国政府重大决策、战争等。这些突发事件造成调整产业结构和在变化竞争优势中起重要作用的不连续性。一些国家很可能把这些突发事件转变成竞争力优势。

6. 政府

政府在增强国家竞争力中起着企业个体起不到的作用,它可以通过自己的活动来影响钻石体系四种核心因素中的任何一个方面,从而达到影响企业竞争优势的目的。

上述六个方面的因素相互影响、相互作用,共同构成了一个动态的激励创新的竞争环境(见图 2-3),继而产生一些在国际市场上具有竞争力的优势产业。企业可以将自己的竞争优势建立在两个不同的层次上。低层次的竞争优势是一种"低成本竞争优势",它一方面来源于廉价劳动力和便宜的原材料,另一方面来源于竞争者通过能够获得的技术、设备和方法来发展规模经济。但是,这种规模经济通常也会因为新的生产技术、方法或者产品设计的出现而被扼杀。高层次的竞争优势则是一种"产品差异型竞争优势",它是建立在通过对设备、专业技术、管理、营销等方面持续的投资和创新而创造出更能符合客户需求的差异型产品上。产品差异型竞争优势的建立需要钻石体系中的各种因素相互配合才能够形成。例如高层次人力资本、专业化的研究机构、优良的基础设施为企业的研究发展活动提供必要的生产要素条件;国内市场上内行而挑剔的客户以及激烈的同业竞争为企业的投资和创新活动提供了足够的压力和刺激;最后,同样拥有竞争优势的供应商保证了设备和原材料的质量。

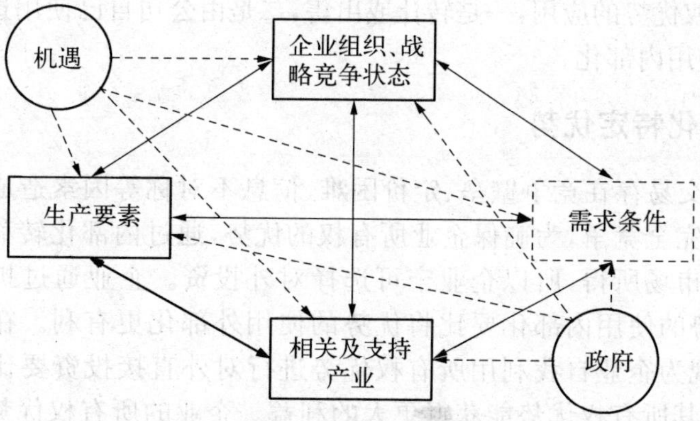

图 2-3 国家竞争优势理论模型

从以上基于技术因素的国际贸易理论的演进可以得出结论:技术因素是国际贸易中的重要决定变量,是贸易利益的根本,不论将它作为外生变量,还是作为内生变量,其作用和地位都不可低估。同时,技术创新与国际贸易存在互动关系。国际贸易促进了技术创新的扩散、发展,而动态技术创新又反过来促进了国际贸易的开展,并推动了技术先进国家贸易竞争力的提高,技术创新在某种程度上构成了外贸竞争力的主要决定因素。

第二节 技术转让选择理论

技术转让选择理论又称为国际生产折中理论,是英国里丁大学经济学教授邓宁(Dunnig)于1976年提出的。他采取了“折中”的办法,博采众家之长,熔各派于一炉,从国际生产经营选择角度,把国际产品贸易、对外直接投资和技术转让三者有机地结合在一起,形成独具特色的国际生产折中理论。

技术转让选择理论的核心是“三优势模式”,即所有权特定优势(Ownership Specific Advantage)、内部化特定优势(Internalization Specific Advantage)和区位特定优势(Location Specific Advantage)。跨国公司在国际经济活动中采用哪种方式,是在权衡这三项基本因素后作出的选择。

一、所有权特定优势

所有权特定优势又称垄断优势或竞争优势,指公司由于产品技术、商业秘密、管理技术等无形资产以及规模经济所拥有的和能够得到的,国外企业没有或无法获得的资产及专有权的优势。所有权特定优势分为两类:一类是能够转让的优势,如产品技术、管理技术、商业信息等;另一类是无法转让的优势,如适度规模经济等。对所有权优势的应用,一是转让或出售,二是由公司自己使用这些资产和专有权,使资产使用内部化。

二、内部化特定优势

由于市场交易存在竞争壁垒、定价困难、信息不对称等因素造成中间产品和最终产品的不完全竞争,为确保企业所有权的优势,通过内部化转移所获得的利益要大于交易市场所得,所以企业宁可选择对外投资。企业通过扩大自己的经营活动,将优势的使用内部化要比将优势的使用外部化更有利。在内部化特定优势方面,表现为企业自我利用所有权优势进行对外直接投资要比对外有偿转让(即外部化)其所有权优势能获得更大的利益。企业的所有权优势是一个有机整体,专利权、商标权、生产秘诀等能转让给其他企业,但企业的技术创新能力、组织管理能力、营销技能等却是难以转让的。因此,进行跨国经营由于发挥了整体优势,就会比转让个别或部分优势能带来更大的利润。

三、区位特定优势

区位特定优势不是公司本身所拥有的，而是拟投资东道国所具有的优势。区位优势包括两个方面：一是东道国所具有的不可移动的区位优势，如地理位置、自然资源、劳动力资源和东道国的政治、法律制度等；二是东道国的经济基础、科技水平、法律、法规、政策优惠和基础设施等。即：区位优势不是某种单一因素的优势，而是由各种因素综合形成的一种整体性的系统优势。对于区位因素，公司无法自行支配，只能适应和利用。

企业之所以打算并能够进行国际扩张的前提是企业必须拥有超出别的国家企业的竞争优势，而且利用这种所有权优势到国外生产要优于在本国生产，该企业必须有能力通过国际生产内部化利用其优势获取较出售或租赁该项资产所得更大的收益。虽然企业的所有权优势、内部化优势和区位优势是分别论述的，但在"技术转让选择理论"中，三种优势之间紧密相连，是一个完整的分析体系（见表 2－1）。

表 2－1

企业国际扩张的战略选择

	所有权特定优势（O）	内部化特定优势（I）	区位特定优势（L）
对外直接投资	*	*	*
产品出口	*	*	×
技术转让	*	×	×

表中："*"表示具备该项优势；"×"表示不具备该项优势。

企业只有同时具有所有权特定优势（O）、内部化特定优势（I）和区位特定优势（L），公司才会选择对外直接投资；当不具备区位特定优势（L），即不具备有利的国外投资场所时，公司只能在国内投资设厂，进行产品出口；当仅具备所有权特定优势（O）时，即既不具备有利的国外投资场所，又不具备国内投资建厂的有利条件，只能进行国际间的技术转让。

从表面上看，对外直接投资、产品出口和技术转让三者是相互独立、互不相关的，但实质上却存在着内在联系，并按一定的规律周期循环。其周期关系如图 2－4 所示。

技术创新国家的企业总是首先出口运用新技术生产的新产品。随着出口量和当地市场的扩大，利润率逐渐提高。为应对不断扩大的产品需求，当地企业家开始使用当地的生产要素模仿生产新产品。由于该产品能够使用本地资源进行生产，技术创新国家（或企业）的利润率开始下降。当产品利润率下降到一定程度，即达

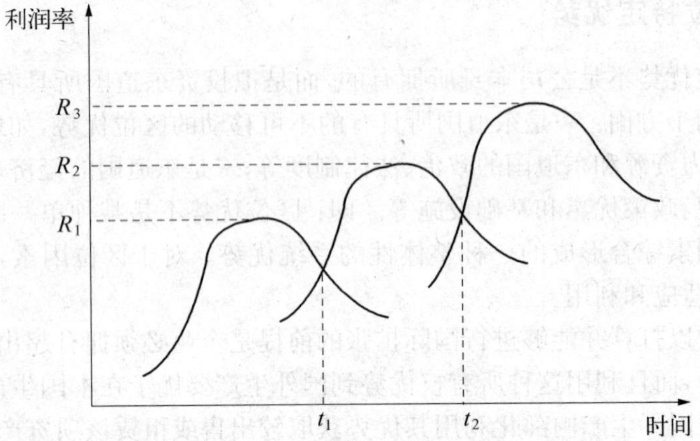

图 2－4　技术转让选择图解模型

到时点 t_1 时，出口转为直接投资。利用当地的资源、劳动力和销售优势，进一步降低成本，提高竞争优势，因此可取得比产品出口更高的利润率。随着时间的推移，当地企业家提高了运用该技术的水平并形成了一定的规模，因而技术创新国家企业的投资利润率由升转降。当投资利润率下降到一定程度，即达到时点 t_2 时，创新国家企业开始进行技术转让，即把已经成熟甚至已近衰退期的技术转让给技术落后的发展中国家，以谋求提高利润率。

第三节　技术引进基本理论

一、需求资源(NR)关系论

需求资源关系论即 NR 关系论，是日本学者斋藤优于 1979 年在其专著《技术转移论》中提出的。该理论认为，一国发展经济及对外经济活动不但受其国民的需求（N：need）和其国内资源（R：resources）关系的制约，而且也受经济、技术交往国家的需求与资源的制约。该理论从需求与资源的关系方面，探讨国际技术转让发生的机制，并且认为 NR 关系的不相适应，既是技术创新的动力，也是国际间技术转让产生的原因。即：国际技术转让产生于对技术这一特殊资源的需求。在国与国之间有对技术资源的需求，才会有满足这种需求的技术资源的转移。

需求资源关系论认为，资源与国民需求互相适应是一国经济发展的重要问题。人们发展本国经济，从事国际间的技术、经济交易活动，是以满足某种需求为前提的。为满足需求，就需要相应的资源（包括技术、资本、劳动力、土地和其他自然资源)。当资源供应充分,需求能得到满足时,NR 关系就不会存在问题。当资源不足以满足需求时,就会形成“瓶颈”,NR 关系就会出现问题。为满足需求,或者利用其他的资源,或者改变使用资源的比例,而这又是由所使用的技术决定的。所以,NR 关系的不相适应,在一定意义上,正是技术与需求的不相适应。一方面,进行技术创新,促进技术进步,可以使资源与需求在新的基础上达到相互适应。另一方面,进行技术引进,既可改善引进国的 NR 关系,又可促进世界各国间 NR 关系的相互依存、相互作用和相互适应,促进新一轮的技术创新和技术转让。

国际技术转移必须满足发达国家与发展中国家之间需求—资源相隅合的条件方可进行。

(1) 结合条件:双方的需求与资源关系能够互相协调地结合起来。

(2) 同意条件:能够同时满足 N_D(东道国的技术引进收益)和 N_F(技术转让国的收益)。

(3) 资源供给条件:双方的技术转移资源可以结合,并满足技术转移的需要($R_D + R_F \geqslant R$)。

(4) 无对立条件:技术转移手段 R 和对方 N 的需求不矛盾。

(5) 技术扎根条件:要求受方在技术吸收上投入相应的力量。

发达国家与发展中国家之间不同的 NR 关系比较明显。首先,两者平均收入水平上存在着明显差距;其次,两者技术上也存在着明显差距。发达国家平均收入水平高,因此,需求质量和需求数量与发展中国家有明显差别。发达国家总体技术水平较高,为了追求高额利润,获取其所需的各种资源,回收过时技术的研究与开发成本并获得高额的经济租金,积累新一轮技术创新的研究与开发费用,继续保持其技术优势,他们可能在输出产品、资本的同时,输出某些技术,以调整、改善本国的 NR 关系或追求更高层次的 NR 关系。发展中国家一般拥有充裕的自然资源或发达国家所需要的资源,但技术比较落后,平均收入水平较低,因而经济也相对落后,迫切需要提高技术水平以促进经济的发展。因而,具有从发达国家引进技术的需求,以调整、改善本国 NR 关系不相适应的状况,使本国的资源与需求在较高的层次上相互依存、相互适应。

二、中间技术论

中间技术论是英国经济学家舒马赫(Schumacher)在其 1973 年出版的《小的是美好的》一书中提出的。主要是从发展中国家角度,针对发展中国家经济、技术落后,与发达国家间的经济、技术差距日益扩大的现状,提出的解决社会问题和经济问题的理论。

该理论提出,发展中国家 80%~90%的人口生活在农村和小城镇里。农村地区大批的人没有工作或者只是间断地工作,因而他们是贫穷的,背井离乡到大城市寻找某种出路。农村的失业造成农村人口大量流向城市,于是农村失业变成城市失业。因此,首要的任务就是在农村和小城镇创立几百万个新的工作场所。发达国家里已经兴起的现代工业不可能完成这项任务。因为现代工业是在资金充裕、劳动力短缺的社会兴起的,不可能适合资金短缺、劳动力充足的发展中国家。

如果我们根据每个工作场所的设备费用来定技术水平,就可以象征性地把一个典型的发展中国家的本地技术称为一英镑技术,把发达国家的技术称为一千英镑技术。这两种技术之间的差距如此之大,以至于从一种技术转变到另一种技术简直是不可能的。事实上,发展中国家当前将一千英镑的技术引进并渗透到本国经济中去,将不可避免地会扼杀一英镑的技术,其摧毁传统工作场所的速度要比建立现代化工作场所的速度快得多,从而使穷人处于比以前更加绝望、更加无助的境地。如果给最需要帮助的人以有效的帮助,就需要一种介乎一英镑技术和一千英镑技术之间的中间技术。我们也可以象征性地称它为一百英镑技术。中间技术最终将是"劳动密集型"的,适合小型企业采用。这种中间技术与本地技术相比,生产率高得多;与现代工业资本高度密集的高级技术相比,又便宜得多。按这样一种投资水平,在很短时期内就可以建立大量的工作场所。

中间技术的发展意味着真正向新的领域推进,在这个新领域内避免了因节省劳力、取消工种而需要的巨大费用和复杂的生产方法,并且使技术适合于劳动力过剩的发展中国家。中间技术能更顺利地适应比较简单的环境,因其设备相当简单,因此易于掌握,也便于就地维修。同高度复杂的设备相比,通常简单设备对高纯度或精确规格的原材料的依赖性要小得多,对市场波动的适应也强得多;人员比较容易训练,监督、管理和组织比较简单,受意外困难冲击的可能性也小得多。

思 考 题

1. 试述技术在国际贸易理论中的地位。
2. 根据技术(产品)寿命周期理论说明技术是怎样影响贸易的?
3. 根据技术转让选择理论解释企业如何进行技术转移?
4. 什么是需求资源关系论?
5. 试述分别将技术视为内生变量和外生变量的贸易与增长理论。

第二篇　知识产权与国际技术贸易

第三章　知识产权的基本概念

在经济全球化和技术进步的时代，一个国家的综合竞争力取决于创新能力和知识产权的拥有量。各国商品占有国际市场份额的大小，取决于商品拥有的技术含量。商品的技术含量越高，其附加价值就越大，商品的竞争力就越强。知识经济和新经济的发展将国内外市场竞争、国际贸易、技术标准和知识产权连为一体，知识产权贸易已经成为世界贸易中三大支柱之一。要保护商品在国际贸易中的竞争力，维护国际技术贸易中的公平竞争，就要保护商品承载的科学技术的先进性及其知识产权。目前，建立和实施知识产权制度，激励创新已经越来越被世界各国所重视。

知识产权既是国际技术贸易的重要客体，又是国际技术贸易的保护神。一方面发展技术贸易需要进行知识产权保护；另一方面加强对知识产权的保护能够更好地促进技术贸易的发展。只有通过国际技术贸易市场，让他人使用，占领市场并获得良好经济效益，才能实现其价值，达到保护知识产权的根本目的。

第一节　知 识 产 权

一、知识产权的含义

知识产权(Intellectual Property)这一术语最早于18世纪中叶出现在德国，当时它主要指文化领域中作者对其创作成果的专有权，也就是被我们称作“版权”或“著作权”的无形产权(目前少数国家如西班牙、菲律宾等仍沿用，他们所谓的“知识产权”仅指版权)。20世纪60年代之后，“知识产权”逐渐被绝大多数国家及世界性国际条约、国际组织所采用，它包含一切智力创作成果的专有权。1967年7月14日在斯德哥尔摩缔结的《世界知识产权组织公约》以列举加概括的方式界定了知识产权。

知识产权应当包括与下列事项有关的权利：

(1) 文学、艺术和科学作品。

(2) 表演者的表演、录音和广播。

(3) 人类创造性活动的所有领域。

(4) 科学发现。

(5) 工业设计。

(6) 商标、服务商标、商号和商业标识。

(7) 反不正当竞争保护,以及工业、科学、文学或者艺术领域的知识活动所产生的所有其他权利。

因此,知识产权是指公民或法人等主体依据法律的规定,对其从事智力创作或创新活动所产生的知识产品所享有的专有权利。

二、知识产权的特征

从法律上讲,知识产权具有以下特征。

(一) 无形财产权

这是知识产权最重要、最根本的特征之一。知识产权的客体是智力成果,是一种没有形体的精神财富。智力成果不具有物质形态,不占据一定的空间,是人们看不见、摸不着的,它在客观上无法被人们实际占有和控制,但权利人却能利用其权利控制他人对其智力成果的使用,并且可以被许多民事主体同时使用或反复多次使用。

(二) 地域性

知识产权的地域性,是对权利人的一种空间限制。任何一个国家或地区所授予的知识产权,仅在该国或该地区的范围内受到保护。如果权利人希望在其他国家或地区也享有独占权,则应依照其他国的法律另行提出申请。也就是说,除签有国际公约或双边互惠协定以外,知识产权没有域外效力。依一国法律取得的权利只能在该国境内有效,受该国法律保护。

(三) 专有性

知识产权的专有性,是指权利人对其智力成果享有独占、垄断和排他的权利。任何人未经权利人的许可,都不得使用权利人的智力成果(法律另有规定的除外)。知识产权的专有性意味着权利人排斥非权利人对其智力成果进行不法仿制、假冒或剽窃。

(四) 时间性

知识产权的时间性,是指这种权利仅在法律规定期限内受法律的保护,一旦超过法律规定的有效期限,这一权利就自行消失。即使作为知识产权客体的智力成果仍能发挥效用,但该产品却因进入"公有领域"而成为整个社会的共同财富,为全人类所共同所有和使用。

第二节 专利权

专利权(Patent Right)简称“专利”,是指国家专利管理机关依法授予专利申请人及其继受人在一定期间内实施其发明创造的独占权,它既可以是一项产品,也可以是一种生产方法,又可以是解决某个问题的技术方案。

一、专利权的主体

专利权的主体即专利权人,是指依法享有专利权并承担相应义务的人。专利权主体包括以下四种。

(一) 发明人或设计人

发明人或设计人是指对发明创造的实质性特点作出了创造性贡献的人。其中,发明人是指发明的完成人,设计人是指实用新型或外观设计的完成人。发明人或设计人只能是自然人,不能是单位、集体。如果一项非职务发明创造是由两个或两个以上的发明人、设计人共同完成的,则完成发明创造的人称之为共同发明人或共同设计人。共同发明创造的专利申请权和取得的专利权归全体共有人共同所有。

(二) 发明人或设计人的单位职务发明创造

发明人或设计人的单位职务发明创造是指完成本单位的任务或主要是利用本单位的物质技术条件完成的发明创造。对于职务发明创造,专利权的主体是该发明创造的发明人或设计人所在单位。职务发明创造的专利申请权和取得的专利权归发明人或设计人所在的单位。发明人或设计人享有署名权和获得奖金、报酬的权利,即发明人和设计人有权在专利申请文件及有关专利文献中写明自己是发明人或设计人。

(三) 受让人

受让人是指通过合同或继承而依法取得该专利权的单位或个人。专利申请权和专利权都可以转让。专利申请权转让之后,如果获得了专利,那么受让人就是该专利权的主体;专利权转让后,受让人成为该专利权的新主体。

(四) 外国人

外国人包括具有外国国籍的自然人和法人。在中国有经常居所或者营业所的外国人,享有与中国公民或单位同等的专利申请权和专利权。在中国没有经常居所或者营业所的外国人、外国企业或者外国其他组织可以在中国申请专利。

二、专利权的客体

专利权的客体也称为专利法保护的对象，是指依法应授予专利的发明创造。我国《专利法》第2条规定，“专利权的客体包括发明、实用新型和外观设计三种。”

（一）发明

发明指对产品、方法或者其改进所提出的新的技术方案，或者可以描述为人类在利用自然、改造自然的过程中所创造出的，具有积极意义并表现为新技术形式的技术成果。发明必须是自然科学领域中为解决工业、农业问题新创的方案，而非社会科学领域。文学、艺术和社会科学领域的成果不能构成专利法意义上的发明。能申请专利的发明是一种技术思想和实行方案的结合，若不涉及实行方案，仅为纯思维的方案不受专利法保护。

（二）实用新型

实用新型指对产品的形状、构造或者其结合所提出的，适于实用的新的技术方案，又称小发明或小专利。实用新型与发明的不同之处在于：

第一，实用新型只限于具有一定形状的产品，不能是一种方法，也不能是没有固定形状的产品。

第二，对实用新型的创造性要求不太高，实用性相对较强，在专利权审批上采取简化审批程序、缩短保护期限、降低收费标准办法加以保护。

（三）外观设计

外观设计又称为工业产品外观设计，指对产品的形状、图案或者其结合以及色彩与形状、图案相结合所作出的富有美感并适于工业上应用的新设计。

【资料】

国内专利申请量10年翻三番　年均增幅超过20%

随着当下社会各界对自主创新和技术创新的重视，我国创新领域在近10年来获得了举世瞩目的飞跃式发展。以专利申请量为例，2010年2月的《专利统计简报》指出，1999年以来，国内专利申请量的年增长率平均保持在20%以上，10年翻了三番。

《人民日报》3月16日报道称，世界知识产权组织（WIPO）公布的2009年国际专利申请数据显示，中国专利申请量同比增长30%左右，排在世界第5位，仅次于美、日、德、韩，增速居世界各主要国家之首。

此外，国家知识产权局网站公布的数据显示，在发明专利、实用新型专利和外观设计专利这三种专利申请中,含金量最高的“发明”专利申请比例,在2009年达到了26.1%,比2004年提高2.5个百分点,比1999年提高11.9个百分点。而发明专利申请量,是我国能否成为创新型国家的重要基础。

另外,我国专利授权数量也在不断攀升。据《专利统计简报》,2009年我国专利授权数量超过58万件,同比增长41.2%,其中国内发明专利授权数量同比增长40.4%。

可见,中国正在向成为创新型国家的目标迅速迈进。但另一方面,我们的创新领域还存在一些值得注意的问题。我国创新能力尚无法满足发展需要。在关键产业和核心领域的自主知识产权数量少,一大批自主知识产权成果仍停留在实验室阶段,企业知识产权运用能力较弱。

国家知识产权局公布的数据显示,2009年上海国内专利申请量达6.2万件,居全国第5,但专利转化率仅为10%左右。另据《齐鲁晚报》2009年3月5日报道,2008年济南市专利申请量达到11 584件,但专利转化率不足10%。专利转化率低,是全国各省市都普遍存在的一个问题。同时,中国专利“成色”尚显不足:最具含金量的“发明”专利,在2009年全国各种专利中只占1/4;中国最多的专利品种是“外观设计”专利,约占全球注册量的1/4。

对于“专利数量多但转化率低”的原因,全国政协委员、中国科学院院士徐冠华一言以蔽之:“科技界还存在学术浮躁和急功近利的现象。我国科技界积累本来就少,部分人缺少十年磨一剑的精神,不是踏踏实实地工作,而是过分追求专利和论文数量,对科技发展产生了不良影响。”

摘自《中国青年报》,2010年4月8日

三、授予专利权的条件

发明创造要取得专利权,必须满足实质条件和形式条件。实质条件是指申请专利的发明创造自身必须具备的属性要求,形式条件则是指申请专利的发明创造在申请文件和手续等程序方面的要求。《中华人民共和国专利法》(以下简称“我国《专利法》”)对发明专利和实用新型专利的条件规定为应具备新颖性、创造性、实用性,即所谓的“三性”标准。

(一) 新颖性

新颖性是指在申请日以前没有同样的发明或者实用新型在国内外出版物上公开发表过、在国内公开使用过或者以其他方式为公众所知,也没有同样的发明或者实用新型由他人向专利局提出过申请并且记载在申请日以后公布的专利申请文件中。

(二) 创造性

创造性是指同申请日以前已有的技术相比,发明有突出的实质性特点和显著的进步，实用新型有实质性特点和进步。申请专利的发明或实用新型，必须与申请日前已有的技术相比，在技术方案的构成上有实质性的差别，必须是通过创造性思维活动的结果，不能是现有技术通过简单的分析、归纳、推理就能够自然获得的结果。发明的创造性比实用新型的创造性要求更高。创造性的判断以所属领域普通技术人员的知识和判断能力为准。

（三）实用性

实用性是指发明或者实用新型能够制造或者使用，并且能够产生积极效果。它有两层含义：

第一，该项技术能够在产业中制造或者使用，产业包括了工业、农业、林业、水产业、畜牧业、交通运输业以及服务业等行业。

第二，必须能够产生积极的效果，即同现有的技术相比，申请专利的发明或实用新型能够产生更好的经济效益或社会效益。例如，能提高产品数量、改善产品质量、增加产品功能、节约能源或资源、防治环境污染等。

授予专利权的外观设计，应当同申请日以前在国内外出版物上公开发表过或者国内公开使用过的外观设计不相同和不相近似，并不得与他人在先取得的合法权利相冲突。

四、专利权的内容和限制

（一）专利权人的权利

1. 独占实施权

发明和实用新型专利权被授予后，除《专利法》另有规定的以外，任何单位或者个人未经专利权人许可，都不得实施其专利，即不得为生产经营目的制造、使用、许诺销售、销售、进口其专利产品，或者使用其专利方法以及使用、许诺销售、销售、进口依照该专利方法直接获得的产品。外观设计专利权被授予后，任何单位或者个人未经专利权人许可，都不得实施其专利，即不得为生产经营目的制造、销售、进口其外观设计专利产品。

2. 实施许可权

专利权人有许可任何人实施其专利的权利，这种许可必须通过订立许可合同并向专利权人支付使用费的方式来取得许可实施权。但是，被许可方无权允许合同规定以外的任何人实施该专利。

3. 转让权

专利权可以转让。转让专利权的，当事人应当订立书面合同，并向国务院专利行政部门登记，由国务院专利行政部门予以公告，专利权的转让自登记之日起生效。

4. 标示权

专利权人享有在其专利产品或者该产品的包装上标明专利标记和专利号的权利。

5. 放弃权

专利权人有权通过向专利局提交书面申请或者以不交纳年费的方式放弃其专利权；专利权被放弃之后，其专利技术即成为全社会共同财富，任何人均可无偿使用。

6. 请求保护权

当专利权没有得到专利权人的许可，擅自利用专利技术而构成的侵权行为，专利权人有权请求专利管理机关进行处理或者直接向人民法院起诉，以便获得法律保护。专利权人有权要求侵犯人停止侵权行为并赔偿经济损失。

（二）专利权人的义务

专利权人在享有上述一些主要权利的情况下，还应承担一定的义务。专利权人的义务主要体现在两个方面：一是实施专利；二是交纳年费。

1. 实施专利义务

专利权人实施其发明是一项义务，不实施达到一定年限的，强制许可。强制许可，是指国务院专利行政部门依照专利法规定，不经专利权人同意，直接允许其他单位或个人实施其发明创造的一种许可方式，又称非自愿许可。我国《专利法》对强制实施许可规定了三种情形。

1）对滥用专利权的强制实施许可

我国《专利法》第48条规定，具备实施条件的单位以合理的条件请求发明或者实用新型专利权人许可实施其专利，而未能在合理的时间内获得这种许可时，国务院专利行政主管部门根据该单位的申请，可以给予实施专利发明或者实用新型专利的强制许可。

2）公共目的的强制许可

我国《专利法》第49条规定，在国家出现紧急状态或者非常情况时，或者为了公共目的，国务院专利行政部门给予实施专利或者实用新型专利的强制许可。所谓“国家出现紧急状态或者非常情况时”一般是指战争、社会动乱、自然灾害等情况。

3）从属专利权的强制实施许可

从属专利的强制许可，也称作交叉许可，是根据专利之间的相互依存关系而取得的一种有利于科学技术发展的强制实施许可制度。

2. 交纳年费义务

专利权授予后以及专利申请公布后，为了维持申请和专利权有效，一般国家都规定要交纳年费或维持费,不交纳年费专利权即告终止。根据国家知识产权局2001年1月15日第75号公告,专利收费项目和标准如下(自2001年3月1日起执行)。

(1) 发明专利:1～3年,900元;4～6年,1 200元;7～9年,2 000元;10～12年,4 000元;13～15年,6 000元;16～20年,8 000元。

(2) 实用新型:1～3年,600元;4～5年,900元;6～8年,1 200元;9～10年,2 000元。

(3) 外观设计:1～3年,600元;4～5年,900元;6～8年,1 200元;9～10年,2 000元。

五、专利的国际申请

(一) 国际专利申请途径

申请国外专利必须首先和/或同时在中国申请专利,委托有涉外代理权的代理机构代理并提供相关资料。申请国外专利有两种途径。

1. 通过巴黎公约途径直接申请国外专利

中国是巴黎公约组织成员国,对于中国申请人,在中国申请专利后,可以利用巴黎公约规定的可享受在先申请的申请日的“优先权原则”,对于发明和实用新型申请在12个月内,对于外观设计申请在6个月内直接向国外申请专利。在超过优先权期限之后,如果原申请尚未公开,仍可申请国外专利,但此时不再享有优先权(图3-1)。

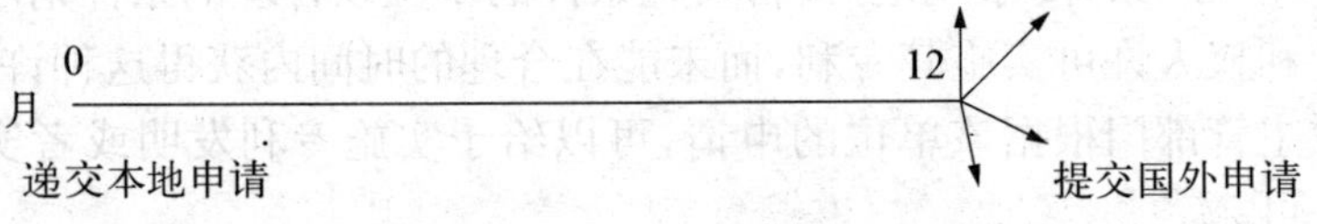

图3-1 巴黎公约途径

2. 通过PCT途径申请国外专利

专利合作条约(Patent Cooperation Treaty,PCT)签订于1970年,并于1978年生效。我国于1994年1月1日加入PCT,成为PCT的正式成员国,同时中国专利局也成为PCT的国际受理局、国际检察局和国际初审局。利用PCT途径申请国外专利,可以实现“一国申请,多国有效”。通过PCT途径提出的国际申请的流程分为两个阶段:

(1) 国际阶段,包括:国际申请的提交、国际检索、国际公布、国际初步审查(根据申请人的要求)。

(2) 国家/地区阶段,指授予专利程序的最后部分。在国际申请日(或优先权日）起20或30个月内，办理进入国家阶段手续，相关PCT成员国审查决定PCT专利申请是否能获得该国的专利。

只有发明或实用新型才可以通过PCT申请专利、实用新型或类似权利得到保护，而外观设计和商标均不能通过PCT得到保护（图3-2）。

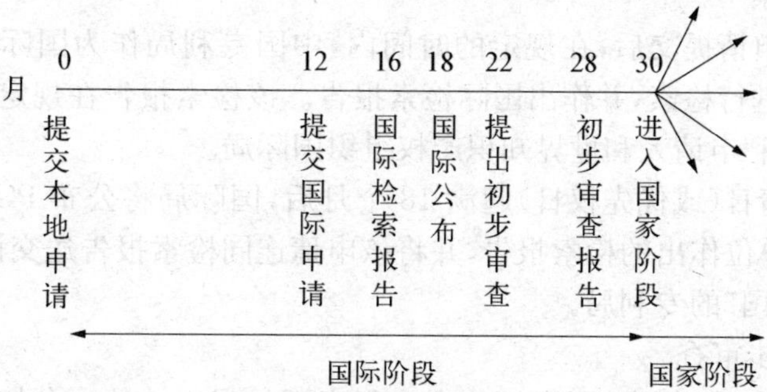

图3-2　PCT途径

（二）PCT途径给专利申请人带来的好处

（1）不必向每一个国家分别提交专利申请，只需提交一份国际专利申请，就可以向多个国家申请专利，为专利申请人向外国申请专利提供了方便。

（2）通过PCT，专利申请人可以在首次提交专利申请之后的20个月内办理国际专利申请进入每一个国家的手续；如果要求国际初步审查，还可以在首次提交专利申请之日后的30个月内办理国际专利申请进入每一个国家的手续。这样便延长了进入国家阶段的时间。利用这段时间，申请国可以对发明的经济价值及获得专利的可能性进行估计，可以有更多的时间准备高质量的译文供国家阶段使用，还可以更好地筹划国家阶段的费用。

（3）要想避免更多的花费，可以简单地不再进行申请程序或不进入国家阶段。

（4）某些国家对国际专利申请的国家费用比普通申请要低。

（5）国际专利申请的语言可以是中文、英语、法语、德语、日语、俄语、西班牙语等。中国申请人提出国际专利申请可以使用中文和英文，这为中国的外资企业申请专利提供了方便。

（三）国际专利申请过程

1. 国际初步审查

1）受理专利申请和对专利进行专利性审查

PCT专利申请人在申请的同时就要指定该申请将在哪些成员国有效，这些被指定的国家称为“指定国”。作为PCT受理局的中国专利局认为专利申请文件和专利申请手续完备的，即确定国际申请日。国际申请日意味着自该申请日起，PCT

国际申请在每一个“指定国”具有相当于正规的国内申请的效力，该申请日也成为在该“指定国”的实际申请日。

PCT 受理局将对国际 PCT 申请的文件进行形式审查，审查合格后则将国际 PCT 申请文件分别送交世界知识产权组织国际局和国际检索单位。

2）国际检索

PCT 专利申请提交后，在规定的时间内，中国专利局作为国际检索单位将对 PCT 专利申请进行检索，并作出国际检索报告。该检索报告在规定的时间内将尽快送交 PCT 专利申请人和世界知识产权组织国际局。

自国际申请日（或优先权日）起满 18 个月后，国际局将公布 PCT 国际专利申请和国际检索单位作出的检索报告，并将该申请连同检索报告送交该 PCT 专利申请要求的“指定国”的专利局。

3）国际初步审查

《专利合作条约》规定，国际初步审查程序不是强制性的。参加条约的国家如果是受 PCT 第二章约束的，其申请人可以请求国际初步审查单位对其申请进行国际初步审查。国际初步审查的目的是为了就发明是否具有新颖性、创造性和实用性提出初步的意见。该审查意见对各个“指定国”没有任何约束力。但是，PCT 规定的标准是当前国际上通用的标准，而且该审查意见是由为数不多的国际初步审查单位在国际检索的基础上作出的，所以该报告应当是比较可靠和可以依赖的。

在参加《专利合作条约》时，有些国家不受 PCT 第二章约束。申请人请求国际初步审查时，只能从受 PCT 第二章约束的“指定国”中选定一些使用国际初步审查结果的国家，这些国家被称为“选定国”。

中国专利局作为国际初步审查单位对国际申请进行审查后，将提出国际初步审查报告送交世界知识产权组织国际局并由国际局转交申请人，同时国际局还将国际初步审查报告送交该申请的“选定国”。

2. PCT 国家阶段

当国际专利申请在国际阶段的工作结束后，在规定的时间内，PCT 专利申请人将按照申请时指定的国家或者在请求初步审查时选定的国家进入各个国家的国内审查阶段。PCT 专利申请是否能获得该“指定国”或“选定国”的专利，将由各“指定国”或“选定国”审查决定。

第三节　企业专利战略

当前科学技术迅速发展，经济全球化进程加快，国家之间的关税壁垒、行政壁垒逐渐消融，以专利为重要组成部分的技术壁垒已经成为企业构筑竞争优势的重要途径。2002年中国企业还未真正享受到打破关税壁垒的甜头，西方国家就打着“专利”大旗扑了过来，首当其冲的就是DVD行业。DVD是中国电子行业出口创汇的代表，但是DVD的核心技术被日立、松下、飞利浦、索尼等国外大公司所拥有。因此，正当中国的DVD准备在国外市场大展宏图之际，专利联盟纷纷发出了支付专利许可费用的要求。高昂的专利费用导致国内DVD企业利润空间大为下降，许多企业由此陷入困境。DVD事件说明了国内企业在建立完善的专利战略体系方面还面临许多问题。

企业专利战略(Enterprises Patent Strategy)是指企业从长远战略目标出发，充分有效地利用专利制度、专利技术、专利情报信息，以求在技术创新和市场竞争中维持、强化其优势地位而采取的对策谋略。它是企业提高技术创新能力和培育核心竞争力的重要手段，也是国际科技竞争和经济竞争的战略制高点。实施一个好的专利战略不仅能有效地保护企业自有技术发明、战胜竞争者，还能激励员工、提高公司声誉以及获得直接的经济效益。很多企业，特别是那些有实力的跨国公司，都不再仅仅出售自己的产品，而是出售自己的技术，即把专利转让视为利润的新源泉。目前国内外文献对于专利战略的分类并没有一个严格的界定。大多数学者将专利战略模式分为三类：进攻型专利战略、防御型专利战略以及混合型专利战略。

一、进攻型专利战略

进攻型专利战略是指积极、主动、及时地申请专利并取得专利权，在专利权保护的基础上利用专利抢占和垄断市场，以使企业在激烈的市场竞争中取得主动权，为企业争得更大经济利益的战略。它包括以下七种类型。

(一) 基本专利战略

基本专利战略是指企业将研发成功的某项基础性的技术或某些关键性的核心技术申请为专利，获得该技术的专利权。基本专利一般是独创性非常高的发明，它是划时代的、基础性的核心技术或主体技术，与此相关的其他技术一般要以此为支撑或桥梁。基本专利具有广泛应用的可能性和获取巨大经济效益的前景。企业获得的这种独创性专利越多，其市场竞争力和技术垄断性就越强。正因如此，国际上一些具有远见的企业无不首先考虑这一策略，并能长盛不衰，独占某些高新技术领域的控制权。例如，花旗银行在美国被授权的“电子货币系统”就是一项基本专利，已被其他专利引证高达84次。

基本专利的成长过程是十分漫长而艰难的，从世界上根本没有这个东西，到发现并研究其理论及规律，再到逐渐地被人们所理解并认识其价值，需要一段漫长的时间。基本专利战略要求企业有较强的技术支撑和相应的人力、物力、财力的投入。小型企业一般不具备这样的条件和经济实力，所以这种战略适用于具有较强专利研发实力的一些大型企业。

（二）外围专利战略

外围专利战略又称专利网战略，指企业对基本专利进行改进和创新，研发和申请一系列与基本专利相关的外围专利，构成围绕基本专利的专利网。构建外围专利网分为两种情况。

1. 企业围绕自己的基本专利构建专利网

企业围绕自己的基本专利构建专利网，把与基本专利相关的外延技术申请为专利，防止竞争对手利用与基本专利相似的技术。这样既可以巩固自己基本专利的地位，又可以扩大基本专利的战果。即使若干年后基本专利无效或基本专利不足以阻止对手的进攻，企业还可以利用外围的专利展开积极的市场防御，而不至于满盘皆输。

2. 企业围绕他人的基本专利构建自己的专利网

企业围绕他人的基本专利构建自己的专利网，从而形成对其他企业的专利包围。企业虽然不能直接运用他人的基本专利，但通过外围专利同样会对有基本专利的企业构成威胁。作为全球专利多元化的霸主，IBM 最擅长使用的就是专利网战略，IBM 的专利网战略有两层含义：自己拥有基本专利，再开发外围技术或是相关技术，形成一个严密的专利防守网；自己没有拥有基本专利，但是抢先在基本专利人之前开发出外围技术，对基本专利人形成一个包围圈，使自己在没有掌握基本专利的情况下，仍然可以占领市场。

可以看出，企业外围专利战略是一种运用十分广泛的战略，它既可以被实力较强的企业用来巩固自己基本专利的垄断地位，也可以被实力较弱的企业用来打破其他企业的技术垄断。企业可能由于财力和技术的因素无法获得某些关键核心技术的基本专利，但通过围绕他人的基本专利构建自己的专利网就可以改变被动的局面，而使那些具备基本专利的企业碰壁。当本企业的产品无法绕过他人的基本专利时，可对基本专利作改进产生应用发明，申请外围专利，在基本专利的周围形成一道墙（专利保护网），使基本专利权人在此领域丧失活动余地，使其动辄侵权，迫使基本专利权人放弃竞争，或者向本企业提出专利许可谈判。

（三）地域选择战略

地域选择战略是指企业在进行专利申请时先综合评估、分析专利产品的技术价值和市场分布等情况，根据不同情况选择不同的专利申请地域，以获得最优专利授予方式。专利申请地域一般有两种选择。

1. 市场导向地域申请

市场导向地域申请，即以市场为导向，优先选择在市场最大或者人口最多的国家或者地域申请专利。从全球市场角度来看，这样可以最大限度地保护专利产品的市场占有份额,排除其他专利的抢先竞争,获得良好经济效益。

2. 生产导向地域申请

如果企业的发明创造属于尖端、先进技术范畴,只有极少数企业能够生产这种产品,就应当优先以生产地域为导向,即在竞争企业进行生产经营的国家或地域申请专利,以此遏制同类生产企业的竞争力。一旦发生侵权,企业可以在产品原产地采取法律手段进行维权,甚至直接借助司法手段查封侵权产品,封住源头。

如果对于工业高度发达又有广阔市场的国家或地域,上述两种申请地域战略可以兼用。

(四) 专利有偿转让战略

专利有偿转让战略指企业将自行开发的专利所有权转让、出售以获得经济效益的战略。企业转让专利有两种途径,一种是转让专利的所有权,这种方式会丧失企业对专利的控制,实践中较少采用。另一种转让方式是保留专利的所有权,只许可他人在一定区域或一定时间内有偿使用该专利。根据被许可者的权限不同,许可使用又分为独占使用许可、排他使用许可和普通使用许可等方式,其中独占使用许可中被许可人的权限最大。

随着技术贸易在国际贸易中的地位越来越高,许多在技术上领先的企业都把专利权贸易当作是一种重要的收入来源,成为一种新的盈利模式,也反映了一种新的国际企业竞争态势。例如,英国电信申请专利的数量达到 13 000 多件,只有 25%被应用到自己的产品中,通过出售专利在半年内即创造了 1 400 万美元的收入。2000 年,IBM 公司总利润为 81 亿美元,专利转让收入即占了 17 亿美元。需要指出的是,在实施以转移所有权为目的的专利有偿转让战略时,应注意对核心专利的控制。对企业的关键性核心技术,始终控制在自己的手中,即使是以合作形式转让专利权也不例外,以关键技术限制竞争对手,使其受制于人。日本向我国转让医用化验技术时,却不同时转让试剂的生产技术,我国医疗行业不得不另外进口其试剂,日方从而能牢固地控制这方面市场。

(五) 专利与产品、商标相结合战略

专利与产品、商标相结合战略指把专利与企业产品、商标有机结合起来,是一种捆绑式的战略。企业可以根据自身实际和市场情况,选择专利与其中一种相结合,或者选择与两种相结合。专利与产品相结合是指企业在许可他人使用专利时,要求被许可人必须购买企业的产品,以扩大企业产品的销售数量和知名度。专利与商标相结合是企业利用专利技术换取对方商标的使用权,以使用专利产品投放市场后能借助他人的优势提高自己的地位和声誉。实施这一战略时应注意,可以交换的商标一般应有较大知名度,否则交换的意义不大。反之,企业在引进购买他人的专利或获得专利的实施许可权时,也可以要求同时获得对方商标的许可使用权。企业还可以先利用专利权的专有性形成产品的市场垄断优势，再利用商标权在专利保护期届满前及届满后延续对专利产品市场的持续控制。这样就不至于使专利产品的市场垄断优势和已经获得的优势市场因专利权的终止而事实殆尽。实施这一战略应注意该专利的市场选择、专利开拓市场的程度以及主持商标的选择等问题。

专利与产品、商标相结合的战略对于提高企业的知名度有很大帮助。企业如果运用得当，可以取得名利双收的效果。专利与产品、商标相结合战略通过捆绑方式，一方面扩大市场占用率；另一方面提高市场知名度，对于专利产品化、专利市场化是一种推动和保护。

（六）专利回输战略

专利回输战略是指企业在引进输出企业专利技术后，对其进行研究、消化、吸收和创新，再将创新了的技术以专利的形式卖给原来输出专利的企业。如果总是单纯被动引进专利技术，不注重引进后的消化、吸收，企业的命运就会掌握在别人手里，也会失去与原输出国竞争的能力。发达国家企业在大量引进专利技术时，特别注重技术的改进和创新，并运用这一战略获得了巨大成功。日本战后花费 100 亿美元先后从欧美引进了 36 000 多件专利技术并更新企业的技术设备，创造了 3 000亿美元的经济效益。更重要的是，日本企业非常重视引进技术后的再开发工作，在改造的基础上再大量回输多项专利。瑞士人发明了电子钟表，但遗憾的是该项技术在瑞士未受到重视，遂被转让给美国。日本企业从同样不重视该技术的美国人手中引进该专利技术后，随即全力组织力量进行深层次的开发，最终研制出比较成熟的电子钟表，技术出口到全球各地。日本已成为电子钟表业的头号王国，瑞士钟表出口因而受到重创，钟表厂倒闭过一半之多。

（七）专利诉讼战略

专利诉讼战略是指企业利用现行专利法律制度，积极调查、收集相关证据，进行专利维权诉讼或对专利侵权诉讼进行合理抗辩的一种战略。作为一种进攻型的专利战略，企业利用法律赋予的专利保护权限，收集竞争对手专利侵权的可靠证据，及时向竞争对手提出侵权警告或向司法机关提起诉讼，迫使对方停止侵权，支付侵权赔偿费，以达到及时维护自身合法权益，有利打击竞争对手，确保自己的市场竞争优势的目的。例如，国际商用机械公司（IBM）、霍尼韦尔公司（Honeywell）、惠普公司（HP）和美国电报电话公司（AT&T）等就经常发起专利诉讼，为的是逼迫对方支付专利许可使用费。诺基亚公司（Nokia）诉苹果公司（Apple）专利侵权的目的就是保持自己现在和未来在手机市场上的领先地位。

企业向竞争对手提起专利侵权诉讼攻击本身不是企业的目的，其真正的目的在于经济利益，追寻企业利润的最大化。一般来说，专利侵权诉讼攻击的目的主要包括：通过向竞争对手收取高额的侵权赔偿金，迫使竞争对手退出相关市场；有些企业在知名度不高的情况下，选择对该地区名气比较大的企业提起专利侵权诉讼，从而通过媒体的报道效应迅速扩大自身的市场知名度；企业在与其他企业谈判专利技术合作事宜时，通过向竞争对手提起专利侵权诉讼攻击，降低竞争对手谈判条件的价值。

总之，进攻型专利战略的目的首先是尽可能垄断市场，尽可能“封杀”对手进入市场的通道，尽可能向对方的已有市场发动进攻。一般而言，具有较强经济实力、技术上处于领先优势的企业通常采用进攻型专利战略，即利用与专利相关的法律、技术、经济手段，积极主动地开发新技术、新产品，并及时申请专利取得法律保护，抢先占领市场，维护自己在市场竞争中占主动的优势地位和垄断地位，以获得最大的市场占有份额。同时利用专利阻止竞争对手相关产品的生产研发，通过诉讼打击竞争对手或者收取高额的专利许可费，让竞争对手的产品在市场上失去竞争力。最后就是纯粹利用已有的自己不会实施的专利收取额外的专利许可费。实力雄厚的跨国公司实施的就是进攻型专利战略。

二、防御型专利战略

（一）技术公开战略

技术公开战略是一种以公开发明来阻止部分对手申请专利获得专利的战略。利用专利必须具有新颖性的特点，在知道竞争对手可能会开发对自己产生威胁的专利技术，而本企业并不打算开发此项专利技术时，可以率先将相关技术或者方法公开，破坏竞争对手技术的新颖性，使竞争对手不能申请该专利，或者至少不能垄断该专利，以防范和限制竞争对手。当企业拥有某项技术，如果不打算申请专利又不希望竞争对手开发出该专利技术，就可以采取抢先公开技术内容的方式，使之丧失专利申请必备条件之一的“新颖性”，从而阻止竞争对手获得专利权。

（二）撤销对方专利权战略

撤销对方专利权战略主要是利用竞争对手专利上的漏洞、缺陷或不符合专利条件的情况，运用《专利法》赋予的权限，启动专利权撤销程序或无效程序，部分或全部取消对方的专利权。这是排除竞争者对本企业构成威胁的一种最有效的方式。专利局按照《专利法》的规定所授予的专利权只是推定其有效，而不能保证它绝对有效。尽管专利局虽对专利申请的审查是全面的和严格的，但难免会出现少数不应被批准的专利申请却被批准的情况。所以一项专利是否真正有效，还需要在其批准之后经受实践的检验。

（三）交叉许可战略

交叉许可战略是指企业用自己的专利技术与对方的专利技术进行交换，以获得许可使用对方专利的一种战略。双方企业都要具备对方所没有，但对于开拓市场来说，又必须具备的专利才能达成交叉许可的协议。该战略是以专利为交易对象的“以物易物”的技术交易，其有效实施可以使交叉许可的双方实现共赢。任何企业不可能研发和申请成功所有的专利，而企业的综合发展又不得不需要其他的专利技术进行支持，这就使企业具备了实施该战略的条件和可能。例如，一个企业可能具备某项技术的基础专利，另一个企业可能具备该技术的外围专利，通过交叉许可使双方的技术都得到进一步的强化和提升，互惠互利。

日本企业在发展初期就展开了围绕美国基础性关键技术专利的“外围专利”攻势，抢先申请各有特色的大量小专利，构筑严密的外围专利网。这种战略既让美国的基础性关键技术在日本企业的外围专利网中失灵，迫使美国企业同意“交叉许可”使用对方的专利，也给日本企业提供了一把威力无穷的保护伞。例如，欧美曾在日本申请了一种新型自行车的技术方案，日本企业马上申请了各种脚踏板专利、各种背包架专利、各种车把手专利等众多外围小专利(包括外观设计专利)。如果脱离了这些小专利，新型自行车的技术方案则不可能得到实施。从而迫使欧美竞争对手同意“交叉许可”使用，即欧美可以无偿使用日本企业的小专利，而日本企业也可以无偿使用欧美的基础性关键技术专利。这样就成功地实施了“以小制大”的专利战略。

(四) 利用失效专利战略

失效专利是指专利权已过保护期或因故提前终止的专利技术。专利权有一定的保护期限，保护期届满，该专利技术就进入公有领域，任何人都可以自由利用。企业可以利用失效专利免费进行制造、使用和销售产品。失效专利显然是有待开发的，其知识价值不容忽视。利用失效专利战略就是从失效专利中选择相关技术进行研发、生产的一种战略。据统计，现在全世界专利累计数已达 5 000 万件，其中有效专利占 12%左右，企业可以从占据专利总数 88%的失效专利中进行筛选，利用空间十分巨大。企业使用这些失效专利技术风险小、效益高，是一种既简捷又经济省力的途径，尤其对许多中小企业而言颇有开发价值。在专利史上，一个典型的例子就是 1972 年美国风险投资家费莱瓦尔丁在美国专利商标局查阅到一份微电脑技术失效专利。他决心与人合伙，投资成立微电脑公司，后来发展成为全球著名的高技术企业——苹果电脑公司。

【资料】

一场中国企业与跨国公司“专利侵权案”的较量

2003 年 3 月 14 日，我国 8 家主要铜加工企业同时收到一份来自芬兰奥托昆普公司的传真:“你公司侵犯了我们的知识产权,必须立即停止生产,并赔偿铜加工每吨200美元的专利费……”奥托昆普公司是世界第二大铜生产加工企业,在中国不仅靠转让专利技术,而且从限制实施其专利设备中获取巨额利益。1988年,这家跨国公司在中国等多个国家申报了一种“冷加工”专利,与目前我国铜加工企业使用的某些方法有相似性。

我国目前加工铜管使用量在50万吨以上,出口超过10万吨,主要用于发展迅猛的空调制造。如果每吨铜加工交出200美元专利使用费,不仅铜加工企业无法生存,每台空调的成本将随之上涨。显然,跨国公司选择此时出招,是出于对铜加工行业国际市场的老谋深算。

2003年,江苏兴荣公司已经为国内外装备了10余条铜管生产线并配套了专利生产方法,每条生产线可满足年产万吨以上的生产能力,从这年第1季度开始,铜管从净进口变为净出口,大大降低了成本。1993—2003年的10年间,内螺纹铜管的加工费,每吨从4.8万元下降到8 000元。然而,从中国出口到美国的铜管售价,比美国本土每吨要便宜1 000多元。如果此时跨国公司的“专利攻势”取胜,中国铜加工行业10年的业绩将付之东流,连给外国人打工的钱都挣不回来。

兴荣公司在10年间对铜管的连铸连轧工艺及全套生产线设备进行全面研发,陆续取得12项发明专利和10项实用新型专利。兴荣公司的董事长是一位海外归国创业的技术专家。让他难以置信的是,自己和中国钢铁研究总院来的两位专家,10年间一锤子一锤子砸出来的“宝贝”,难道会被一个跨国公司在1988年申请的专利给憋死不成?他们集中所有力量,动用了国内外能找到的所有技术关系,共同分析双方“专利”的区别,希望从中找到足够的证据。

证据最终被找到了:兴荣公司的专利,明确轧制温度为701℃～850℃,而跨国公司的专利仅为250℃～700℃,按照他们的办法,根本做不出中国的铜管。兴荣公司立即用由22项专利组成的拥有自主知识产权的生产线回击跨国企业的“专利伏击”。

在中国有色加工协会的支持下,江苏兴荣公司带领国内6家铜加工企业,针对跨国公司的诉讼,向国家知识产权局提出了对其“专利”宣布无效的请求。其理由有四:一是该跨国公司提出的专利应属“科学发现”范畴,不属于“专利法”保护对象;二是该专利技术中的“PSW轧机”最早在20世纪70年代就已经在德国被应用于轧制钢材和钢管,在中国,“PSW轧机”是本领域公知的一种常用轧机;三是该原理早被各国刊物予以公开;四是检索发现,该“专利”已在1999年4月被德国联邦法院宣告无效。中方铜加工企业在应诉书中严肃指出,“如果一个不应授予专利的技术方案通过合法的程序获得了专利,并且被专利权人作为限制其他人的工具,这对中国企业的影响将是毁灭性的。同样,也不符合《专利法》的立法本意”。

2004年2月22日,国家知识产权局专利复审委员会宣告这家跨国公司的发明专利无效。其后,跨国公司又向法院上诉,北京中级人民法院知识产权庭于2005年3月宣判不支持其诉讼请求,维持国家知识产权局的审查结果。迄今为止,该跨国公司再没有进行上诉。中国有色加工协会认为,跨国公司的真实意图,是排挤中方铜管企业,试图自己垄断相关市场。

这件国际官司也引发人们对专利申请的思考,这一侧面也警示着大家,国人在国门之内的专利申请上,更需要突破重围。只要我们手中拥有自己的知识产权,别人想钻空子也办不到。

摘自“咱十年辛苦砸出的‘宝贝’凭啥向你交钱?”人民网,2006年8月15日

(五) 绕过专利障碍战略

在专利保护制度下,一个企业的某一项创新技术在某个国家经过专利部门批准成为专利,他们就可以在该国境内享有该项技术的独家使用权。企业在某个技术获得专利后,以其为基本专利,将改进技术及外围相关技术均申请专利,形成一个由基本技术同外围相关技术一起构成的专利网,从而形成本企业优势技术的专利壁垒,使竞争对手无法突破。这些专利网实际上是堵住了竞争对手在技术上前进的正常道路,竞争对手要想不被这些专利网困住,就要从非正常的技术角度进行创新,实行绕过障碍专利战略。绕过专利障碍战略的方式有:绕过对方专利权项,认真研究其他企业专利的权利要求书,绕过对方权利要求书记载的保护内容,研究、开发不相抵触的创新技术和产品,使本企业研究、开发的技术或产品不侵犯其专利权;使用替代技术;利用对专利技术的二次开发、技术引进、专利对抗、专利诉讼等方式抵御竞争者的专利攻势,打破竞争者的技术垄断,以改变自己在竞争中的被动劣势地位,捍卫和开拓自己的市场。中国大多数企业就是采取这种战略。

对于这一战略的运用,企业可以通过对本领域的专利进行更深入的分析,了解到哪些专利是绕不开的,是必须要付专利费的,采取什么样的措施可以将费用降低到最小。特别在生产开发与专利产品类似的产品时,采用避开专利保护内容的方案是一种相当不错的选择。另外,哪些专利是可以再开发利用,形成改进型专利,今后有形成交叉许可的可能,从而达到利益均分。哪些技术是可以突破的,甚至形成主流技术标准,影响国际标准,从而处于主动的地位,这些也是企业应该关心的。

三、混合型专利战略

企业混合型专利战略是指企业在市场竞争的环境中，在产品市场运作的过程之中，在时间上和空间上应对各种竞争对手的威胁，采取的进攻和防御相结合的战略手段的策略。该种战略集合了各种专利战略方案，在实施专利战略过程中，根据不断变化的市场信息、不同竞争对手的不同情况以及同一竞争对手情况的变化及时调整，形成“攻中有守，守中有攻”的灵活战略。在专利文化成熟的国家和地区，专利战略上纯粹进攻和纯粹防守的企业并不多，大多是执行进攻和防御混合型专利战略的企业。韩国、中国台湾的一些企业实施的就是这样的战略。例如，韩国的LG公司，一方面它面临美、日企业的专利进攻压力；另一方面也参加6C联盟对中国企业索取专利费的活动。

此外，除了上述的几种主要专利战略外，常用的专利战略还包括专利收买战略和主动和解战略等。专利收买战略是指在采取一切手段或措施都不能绕开专利权人的专利，并且这种状态妨碍本企业的专利发展，同时实施这种专利技术可以避免重复研究和投资，使企业整体技术水平得以提高时，可将竞争对手的专利全部买下，以达到垄断市场的一种战略。

专利权人通过与侵权行为人协商的方式解决纠纷，是一种“和平”解决问题的方式。这种方式一般在侵权行为人承认自己过错，并同意停止侵权行为或赔偿专利权人损失的情况下适用。它是所有解决纠纷的方式中成本最小的一种，双方通过协商不仅可以解决纠纷，有时还可以建立某种业务联系和合作。例如，1985年2月，日本美能达公司销售一种带有自动聚焦功能的a－7000型单镜头反射照相机。1987年4月，美国哈那威尔公司（简称HW公司）向美国明尼苏达州地方法院起诉美能达公司，指控被告生产的单镜头反射照相机侵犯其自动对焦技术的专利权。这一诉讼是应原告的请求以陪审团形式进行的。1992年3月，双方达成和解协议，由美能达公司一次性付给HW公司12 750万美元的和解金。不久，HW公司如法炮制，相继对尼康、佳能等几家日本照相机企业展开专利诉讼攻势，迫使这些企业支付了12 410万美元的和解金。HW公司还声称要对日本摄像机制造商采取同样行动。据估计，HW公司最终可以从其自动对焦技术专利获得10多亿美元的专利使用费。

和解战略是实践中比较常用的战略。在以美国为代表的知识产权保护水平高的西方国家，有80%的专利侵权案件是通过和解谈判方式解决的。侵权诉讼的高风险性以及诉讼过程所消耗的漫长时间和巨额费用，可能使双方两败俱伤，因此专利侵权纠纷的各方当事人也愿意选择和解方式。一般来说，可以通过以下几种渠道寻求和解。

第一,主动合作促成和解。

如果自己确实侵犯了对方专利权,胜诉的可能性也微乎其微,最好主动提出侵权赔偿,请求与对方开展合作,以自己的市场换取对方的专利。主动合作一方面可以化解双方的纠纷,保全企业名誉;另一方面由于主动赔偿表达了自己的诚意,为双方开展合作扫清了障碍。主动赔偿可以减少双方的诉讼开支,节省精力,因此在谈判赔偿数额时,可以提出减少赔偿数额,甚至是象征性的赔偿。

第二,延长诉讼时间促成双方和解。

被诉企业可以采用延长诉讼时间的战术,使对方长时间陷入诉讼之争。久而久之,面对惊人的诉讼开支和漫长的时间消耗,对方会重新考虑和解方案。此时,被诉企业再开出条件,适当让步,和解成功的可能性就会增加许多。

第三,发动无效宣告促成和解。

被诉企业主动发动专利无效宣告的程序,不仅可以延长诉讼时间,给自己制定诉讼或非诉策略提供宝贵的时间资源,而且可以通过威胁对方专利的有效性,迫使对方让步寻求和解。

第四,利用专利对抗促成和解。

一般而言,与自己发生专利侵权争议的,往往是同行企业。因此,被诉企业可以以自己手中的专利与对方进行专利合作,从而达成和解。当然,在发生专利侵权纠纷时,被诉企业可能手中并没有专利可以与之对抗。此时,可以考虑收购他人的专利以获得与对方平等对话的权利。

第四节 商标权与商标战略

一、商标的概念

商标是一种法律用语,是生产经营者在其生产、制造、加工、拣选或者经销的商品或服务上采用的,为了区别商品或服务来源、具有显著特征的标志,一般由文字、图形或者其组合构成。

在中国《商标法》中,对商标作出的界定是“任何能够将自然人、法人或者其他组织的商品与他人的商品区别开来的可视性标志,包括文字、图形、字母、数字、三维标志和颜色组合,以及上述要素的组合。”这项界定表明商标是一种用于商品上,具有区别性的可视标志。

二、商标权

商标权是商标专用权的简称,指商标主管机关依法授予商标所有人对其注册商标受国家法律保护的专有权。商标权属知识产权范围，具有知识产权的一般特点，即专有性、地域性和时间性。商标权主体是商标权人（即注册商标的所有人）；商标权客体是注册商标（即经国家商标局核准注册的商标）。商标权人的权利主要有以下几个方面。

（一）商标专用权

这是商标权中最重要的权利，即商标权人对其注册商标具有独占使用权。只有商标权人有权把注册商标使用在核定使用的商品上，其他人未经许可使用，就是侵权行为。

（二）商标许可使用权

注册商标许可使用权是一项从属的权利，是从专用权中派生出来的，指商标权人将注册商标许可他人使用，但被许可人要支付一定的使用费。

（三）商标续展权

续展权是指商标权人在其注册商标有效期满前，依法享有申请续展注册，从而延长其注册商标保护期的权利。注册商标的有效期为10年，自核准注册之日起计算。注册商标有效期满，需要继续使用的，应当在期满前6个月内申请续展注册。在此期间未能提出申请的，还有6个月的宽展期。宽展期满仍未提出申请的，注销其注册商标。

（四）标示商标权

商标注册人使用注册商标，有权标明“注册商标”字样或者注册标记。在商品上不便标明的，可以在商品包装或者说明书以及其他附着物上标明。

三、企业商标战略

商标战略是企业为获取与保持市场竞争优势，运用商标制度提供的保护手段。它是提高企业核心竞争力的重要战略之一，随着企业经营战略的调整而调整。企业商标战略可以分为以下几种。

（一）企业商标选择战略

商标体现着企业形象，是企业进入市场的名片。消费者认识一个企业，往往是从商标开始。因此，选择和设计一个好商标是企业实施商标战略的第一步。一般来说，企业选择商标有三种途径：一是自己设计商标；二是委托相关策划公司设计和筛选；三是向社会公开征集。商标名称要简洁、显著、便于识别、便于进行广告宣传。除此之外，企业在选择商标时还应考虑以下几点。

1. 商标的合法性

商标设计所采用的文字、符号及图形等必须符合各国《商标法》的相关规定。

2. 商标的独创性和新颖性

企业在选择设计商标时，要注意避免与他人的在先权利相冲突，注意不要抄袭、复制和模仿他人有在先权的文字、图形。否则，通过这种形式获得的商标不但不能取得商标专用权，而且还存在承担侵权的法律风险，既浪费了人力、财力，也浪费了运用商标战略开拓市场的时间。

3. 要尊重民俗，回避忌讳

商标选择要符合使用地的风俗习惯，避免采用销售国禁用的或消费者忌讳的文字、图形等标志作为商标。例如，菊花形的商标不宜在意大利使用，因为意大利人习惯将菊花献给死者。荷花牌商标在日本也不相宜，日本人亦将荷花视为献给死者的花。

（二）企业商标注册战略

商标注册是企业取得商标专用权从而获得商标法律保护的前提。对企业而言，要积极申请商标注册。

1. 先申请后使用战略

企业在设计并确定好商标后，应该立即申请注册，不能有半点拖延。我国《商标法》规定的是先申请原则。企业选择一个好商标不容易，要创出品牌更不容易，如果不及时注册，被他人抢先注册，将会给企业带来诉讼麻烦及经济损失。因此，企业应当将商标申请注册，放在产品投放市场前或与产品开发同时进行，以防止商标被别人抢注的情况发生。

【资料】

我国商标国外被抢注

近年来，随着我国企业国际竞争力的不断增强，我国商标被国外公司抢注事件层出不穷。如“大宝”在美国、英国、荷兰、比利时、卢森堡被抢注，“全聚德”、“三鞭酒”在韩国被抢注，“红星”在英国被抢注，“大白兔”在日本、美国被抢注，“英雄”和“同仁堂”在日本被抢注。此外，诸如“红塔山”、“安踏”、“海尔”、“长虹”、“女儿红”、“杏花村”、“王致和”等著名品牌都遭遇国外抢注。

以前，我国品牌能进入国际市场并具有相当知名度的并不多，国际纠纷较少。近年来，随着我国企业不断走出去，知识产权纠纷随之增多。我国企业开始成为商标抢注行为的受害者。这一现象倘若得不到应有的重视，将直接导致我国产品出口受阻，进而阻碍我国企业在国外的发展。

一般来讲，商标抢注的目的无外乎两种：其一是为了阻碍被抢注商标的企业的产品进入某个市场。由于知识产权保护的地域性，商标权的注册和保护也具有地域性。商标一旦在某国或某区域注册成功，被抢注商标的企业就不得在该国或该区域使用此商标，否则构成商标侵权。其二是单纯地为了牟利。通过商标抢注，一些人和公司或索要巨额商标转让费，或进行商标倒卖等。

具体来说，随着我国企业不断参与国际竞争，一些国外企业为保持自己的市场份额，力图通过合法手段延缓和阻止我国企业进入国际市场。商标抢注成为他们阻碍竞争的一种手段。这些国外企业正是利用商标抢注，构筑贸易壁垒，排斥和削弱竞争对手，借此阻滞我国企业进军国际市场的步伐。

同时，商标抢注成为国外某些公司和个人牟取不正当利益的手段。一件商标，从权利人选择该标志起，就不断有创造性的智力投入，进而增加商标附加值。商标蕴含巨大的商业价值，并随着企业的成长和产品的升级而不断增值。商标不仅是区别性的标志，更是一种无形资产，可以给企业带来丰厚的利润。在某些方面，商标甚至超越了商品或服务本身，成为消费者选择商品或服务的主要因素。商标抢注者正是看中了商标的重要价值，通过抢注商标而与原商标所有者讨价还价，或索要商标转让费或按产品销量索要进入本地市场的许可费，或进行商标倒卖，以获取巨额利润。

商标被抢注后，无论被抢注商标的国内企业放弃原商标另创品牌，还是高价回购，或者通过法律途径撤销被抢注的商标，都将增加企业的经营成本。从本质上讲，商标抢注就是一些别有用心的个人、企业为了牟取暴利、争夺市场而实施的不正当竞争行为。

摘自"我国商标被国外抢注现象"，中国工商总局网站，2010年4月

2. 注册联合商标和防御商标战略

联合商标是指同一商标所有人在同一或类似商品上申请注册两个或两个以上的近似商标，其中一个指定为主商标或正商标，其余的则为联合商标。注册联合商标是为了保护正商标不被变相抄袭使用。联合商标的使用扩大了注册商标专用权的范围，有利于防止他人的商标与自己的商标的近似而在市场上被消费者误认。例如，海尔为防止他人商标侵权，除注册"海尔"主商标外，还注册了"海儿"、"海耳"、"河尔"等外围商标。这种相互近似商标注册后，不一定都使用，其目的是为了防止他人仿冒或注册，从而更有效地保护自己的商标。

防御商标是指某一注册商标的所有人在该注册商标核定使用的商品（服务）或类似商品（服务）以外的其他多个类别的商品（服务）上注册或在所有商品（服务）类别上进行全类注册的商标。注册防御商标有利于企业的长远发展，防止他人"搭便

车”,阻止他人在其他商品(服务)上进行抢注。例如,佳能生产的数字多功能复印机、全彩色复印机、打印机、传真机、照相机、半导体生产设备等,都以“佳能”商标进行注册。

3. 商标国际注册战略

经济全球化使得许多企业都将面对国际市场,但商标的保护是有地域性的,在一个国家或地区受保护并不代表在其他国家或地区都受保护。因此,企业要想在国际市场上占据一席之地,实施商标国际注册战略是必不可少的环节。商标的国际注册有两种方式:第一种方式是逐国注册。这种注册方式,虽然能节省一些注册费用,但是程序比较繁琐,时间较长。第二种方式是在《商标注册马德里协定》体系下的商标注册。手续相对简单,费用相对较低,所耗时间也较短,可以避免逐国申请的麻烦,达到一次申请,多国注册的目的。企业可以根据以下标注选择国际注册的方式。

1) 根据企业商标以前的注册情况来选择注册途径

企业在准备注册国家商标之前,应该充分了解企业商标以往的注册情况,并向有关专业人士咨询国家商标不同注册途径需要的条件。例如,准备通过《商标注册马德里协定》注册,就需要企业先在国内取得商标注册。如果企业准备进行国际注册的商标没有在所属国获得注册或提出注册申请,就不具备申请马德里国际商标的前提条件,此种情况下,企业只能选择其他的注册途径。

2) 根据企业产品的国际市场来选择注册途径

企业注册国家商标的主要目的是把品牌产品推向全球。因此,根据国际市场来选择注册途径是企业国际注册重要的考量标准。如果我国企业的商品要销往英国、美国、菲律宾等市场,在积极开拓海外市场,提高市场占有率的同时,保全好商标在先使用的证据,例如,商品生产时间、首次进入市场的销售时间、首次投放广告的时间。因为上述国家在商标注册方面采用的是使用在先原则,即商标谁先使用,谁就有商标专用权,即使该商标已被他人注册,商标使用人只要举证自己是在先使用人,就可以撤销他人已经取得的注册商标归自己所有。如果企业品牌产品主要出口到中非以及西非地区,首先就应该考虑通过非洲知识产权的国际注册的保护,而不必要去考虑马德里途径,因为马德里成员国绝大部分位于欧洲和发达地区。如果企业的国际市场只是局限于少数几个国家,并且以后也没有继续扩大到其他国家的可能,那么选择逐一注册是最佳选择。

3) 根据国际注册费用以及注册周期选择注册途径

企业在做国际注册时,难免会考虑到经费以及耗时的问题,所以国际注册费用和周期也会成为企业考虑的主要因素。一般情况下,通过某种组织注册国家商标需要的费用会低廉一些,所需要的时间也可能短一些。

（三）企业商标运用战略

商标的价值只有通过使用才能得以体现，企业在运用商标方面可以选择以下战略。

1. 商标出资战略

企业可以充分利用商标权这一无形资产评估作价进行投资入股。对于出资方来说，用商标权投资可以减少现金支出，以较少现金投入获得较大的投资收益；可以扩大使用注册商标的商品或服务项目的生产经营规模，进一步提高商标信誉。对于接受商标权投资的企业来讲，商标权资本化可使其直接获得知名商标的使用权，进而打开市场，扩大生产经营。接受商标权投资，也可以促使企业严格依法使用注册商标，提高经营管理水平或者商品服务质量，增加产品品种，增强企业产品和服务的市场竞争力。

2. 商标并购战略

商标并购是指企业将具有一定市场知名度的商标收购在旗下，从而达到市场扩张的目的。收购商标其实等于收购市场，通过购买市场知名商标，既不用担心市场扩张影响到原来自己的商标形象，也不必担心新商标在市场从头开始的风险。雷恰蒙特是欧洲市场顶级产品的供应商，拥有“卡地亚”、“万宝龙”、“登喜路”等几十件历史悠久的世界一流商标。但这些商标都不是雷恰蒙特原创的，而是通过收购获得的。发展仅10年的帝亚吉欧能够在以历史见长的世界顶级洋酒市场成为老大，占据全球洋酒30%多的市场份额，成为世界上唯一一家同时经营烈酒、葡萄酒以及啤酒的集团公司。为何？因为其通过一系列并购，其旗下已经拥有众多世界顶级烈酒品牌，其中世界排名前100位酒类品牌的就多达17种，包括世界第一伏特加 Smirnoff（皇冠）、世界第一苏格兰威士忌 Johnnie Walker（尊尼获加）、世界第一利口酒 Bailey's（百利甜酒）、世界第一黑啤 Guinness（健力士）等。

3. 商标许可使用战略

商标许可使用战略是指商标权利人通过与被许可人签订使用许可合同，允许被许可人在一定条件下使用其注册商标，被许可人获得商标使用权。一般情况下，只有声誉好的商标才有人要求签订使用许可合同，而声誉好的商标是以商品质量作保证的，所以商标许可使用制度可以促使社会把有限的资金、原材料用到名牌商标上，提高商品质量。根据《商标法》及相关司法解释的规定，商标有以下几种许可方式。

1）独占许可

独占许可是指许可方许可对方在一定范围内使用注册商标，许可方和任何第三方在该范围内均无使用权。独占许可的使用费比其他许可证要高得多，所以只有当被许可人从产品竞争的市场效果考虑，认为自己确有必要在一定区域内独占使用该商标才会要求得到这种许可。被许可人的法律地位相当于“准商标权人”，当在规定地域内发现商标侵权行为时，被许可人可以以“利害关系人”身份直接起诉侵权者。

2）独家许可

独家许可也叫排他许可。许可方许可对方在一定范围内使用注册商标，许可方保留自己在该范围内的使用权，但不能再与第三方签订许可使用合同。排他许可仅仅是排除第三方在该地域内使用该商标。

3）普通许可

普通许可是指许可方就同一注册商标在同一范围内同任何第三方签订使用许可合同，即在同一范围内允许许多方共同使用。这种许可方式多适用于被许可方生产能力有限或者产品市场需求量较大的条件下，许可方可以多选择几个被许可方，而每个许可证的售价相对较低，因而是一种“薄利多销”的方式。对被许可方来说其获得的商标使用权是非排他性的，因此如果合同涉及的注册商标被第三方擅自使用，被许可方一般不得以自己的名义对侵权者起诉，而只能将有关情况告知许可方，由许可方对侵权行为采取必要措施。

4）分许可

经商标权人授权，被许可方还可以允许第三方使用注册商标。

实践中还有一些使用许可是作为争议的解决办法而形成的。例如，企业追究一起商标侵权行为，向法院起诉或者请求工商管理机关处理，而最后解决侵权纠纷的方式是与侵权方达成一项协议，商标的所有人将商标使用权有偿许可给侵权人。这样一来，原来的侵权人成为被许可方得以继续使用商标，双方的关系转变为使用许可关系。以协议许可的方式解决商标侵权纠纷不失为一种“双赢”结局。

此外，如果企业在申请商标注册时发现该商标已经有人使用在先，这时候企业可以与使用在先者取得联系，收购下这个商标。同时为使用在先者留下一段时间逐渐停止使用该商标。在这一段时间内，双方的关系实际上也属于使用许可关系。已经购买商标的企业为许可方，在使用者为被许可方。

对许可企业而言，通过商标使用许可可以增加企业无形资产的价值，提高自身的知名度，增强其市场竞争力。而且通过商标使用许可，企业可以较容易地冲破贸易壁垒，顺利地实现市场渗透，扩大市场占有率，进一步增强市场开拓能力。对于被许可方来说，通过许可使用他人知名度较高的商标，解决了原企业生产能力闲置，设备折旧等问题，促进了本企业生产技术的进步，管理水平的提高。但是，如果商标许可使用战略运用不当，也会给企业带来不利影响。若被许可人信誉不佳，商品质量达不到许可合同的要求，就会破坏该商标的形象，使消费者失去对该商标的信赖。

4. 商标转让战略

商标转让就是商标所有人将商标专用权转移给受让人的行为。商标权人将自己闲置不用的商标依合同转让给其他需要的企业，不仅可以为企业的经营筹集资金，促进企业商标资源的流通，推动商标经营，实现企业商标资源的再利用，还可以为企业节约商标续展等管理的费用，避免了商标因为超过3年不使用而被他人提请撤销，从而避免了给企业带来更大损失。对于受让方的企业来说，虽然购买一个商标比注册一个商标的费用要高出几倍甚至几十倍，但是可以省去查询、申请、审查、核准等一系列程序，节省1年以上的时间，也避免了因申请的商标未被核准而被迫换其他商标的尴尬。

（四）企业商标保护战略

商标保护是品牌竞争的重要组成部分，对商标进行有力的保护，才能维护品牌的信誉。

1. 运用法律保护应对商标侵权

商标侵权行为是指违反我国商标法律法规的规定，侵犯商标专用权人的注册商标专用权的行为。我国法律规定的几种侵权行为归纳起来主要包括使用侵权、销售侵权、反向假冒侵权及其他侵权。针对侵权行为，属于商标申请注册环节的问题，当事人可以向国家工商总局商标局或商标评审委员会提出异议、争议，以阻止他人的不当商标申请、注册；属于生产和销售环节的问题，当事人可以向侵权行为发生地的县级以上工商行政管理部门投诉，请求查处并要求侵权人赔偿；属于侵权性质严重、数额较大的，工商部门应当将案件移送公安机关立案侦查，当事人也可以直接向公安机关举报以追究侵权者的刑事责任；涉及商标纠纷的民事案件，当事人可以直接向人民法院提起诉讼。

2. 驰名商标的特殊保护

1）驰名商标的概念

驰名商标是指那些在市场上享有较高声誉、为相关公众所熟知，并且有较强竞争力的商标。驰名商标来自《保护工业产权巴黎公约》（以下简称《巴黎公约》），在该公约中规定"成员国应承担对驰名商标予以大于普通商标的保护。"

2）驰名商标的特征

与普通商标相比，驰名商标有它自己所特有的专属独占性，具有知名度大、市场占有率高、信誉好、权利高度确定等特点，主要表现为以下几方面。

第一，超越地域范围的垄断权。

驰名商标的独占权，不是一般法律意义的商标专用权，而是超越本国范围、在世界各国至少是在《巴黎公约》成员国得到保护的垄断权。也就是当某一商标在注册或使用国得到商标主管机关或其他权威组织认定为驰名商标后，如果另一商标构成对该驰名商标的仿造,用于相同或类似的商品上,则应拒绝或取消其注册,并禁止其使用。

第二,超越先申请原则的注册权。

根据《巴黎公约》规定,某商标被商标认定机构认定为驰名商标,即使不注册也受法律保护。即对驰名商标而言,他人虽申请在先,也不能准予注册;或者他人经申请已获准注册驰名商标所有人有权在一定期限内请求撤销该注册商标。

第三,跨类保护特权。

无论是因注册取得或因使用取得的商标,其使用范围均具有一定限度,即普通商标专用权以核准注册的商标和核准使用的商品为限,只能在相同或者类似的商品或服务上排斥其他相同或近似的商标标识的注册或者使用。驰名商标享有超越商品、服务种类保护的特权,可将权利扩大到与所注册商品或服务不相同不类似的商品或服务上。

第四,专用权取得的优先性。

在商标专用权取得时间方面,驰名商标享有超越先申请或先使用原则的特权。目前除少数国家如美国仍沿用在先使用原则外,其他大多数国家运用在先申请原则授予商标专用权。但对于驰名商标而言,《巴黎公约》第 6 条第 2 款所赋予其专用权取得方式,突破了使用原则和注册原则。

3) 创立和保护企业驰名商标的意义

企业商标战略的最高目标是创立驰名商标。驰名商标是品牌竞争中的核心,保护驰名商标对保持企业竞争力至关重要。联合国工业计划署的统计数据显示,世界各类名牌商品共约 8.5 万种,3%的知名品牌占有 40%的市场份额。在现代社会中,知名品牌早已超越了一般意义上的商业信任,演变为一种文化或信念的特征。因此,企业把培育和保护驰名商标作为企业长远的战略目标。企业商标一旦被认定为驰名商标,不仅可以打击跨类别的商标侵权行为,而且对使用驰名商标注册企业名称、互联网域名等特殊侵权行为也可追究责任。因此,企业在实施品牌战略的过程中,不可避免地会遭遇淡化、抢注等诸多法律问题。当这些问题出现时,企业要善于运用法律手段,借助驰名商标保护制度制止侵权行为,以保护企业的合法权益,促进名牌战略和品牌战略的实现。

4) 企业驰名商标战略

企业驰名商标战略实施是企业驰名商标创立、企业驰名商标保护和企业驰名商标运用的综合战略实施过程。

(1) 创立企业驰名商标。

首先,精心设计一个好商标是企业创立驰名商标的前提。

驰名商标与普通商标相比具有独特的显著性,主要表现在构思巧妙、文字精练、图案出奇、让人易记、易读、易记忆、易联想。企业商标设计应向无含义和抽象图形方向发展，商标设计应定位于放眼世界。驰名商标的开发过程是一个创新的过程，难度很大，它不仅要求商标开发者具有多种科学知识、技能和较强的创新能力，还要求开发者花费较长的时间，投入较多的资金和艰辛的劳动。

其次，保证商标指定商品的质量是企业创立驰名商标的根本。

质量是企业的生命线，是创立驰名商标的突破口。当消费者购买商品时促使其决定购买的主要原因是该商品的性能好、质量高并能满足自己的实际需要。如果商品质量不高，再好的商标也不能满足消费者的这种对高质量商品的需求。从战略的角度看，质量是名牌战略的一项重要内容。企业创立驰名商标不能仅仅停留在“质量过关”上，而应当在同类产品中有明显的质量优势或质量特色，在商品性能、质量等方面优于同类其他商品。

最后，赢得消费者的认可是企业创立驰名商标的关键。

在保证商品高品质的情况下，企业设计开发的商标又赢得了消费者的认可，那么，它就能提高该商标的知名度，使之迅速转化为驰名商标。如果这时商标不能被消费者认可，不仅发挥不了商标的基本功能，妨碍优质商品的销售，而且商标也不可能成为驰名商标。商标被消费者认知的一个有效途径就是广告宣传。广告宣传是现代社会联系生产者和消费者的重要纽带，忽视广告宣传，企业商标就很难驰名。

(2) 保护企业驰名商标。企业驰名商标创立后，应当为保护名牌而进行不懈的努力。由于驰名商标的巨大市场效应，它更容易受到来自各方面的攻击或侵害。用法律手段保护驰名商标权人的合法权益，防止驰名商标被盗用与假冒、在国外被抢注、在企业转制中被流失等显得尤为重要。企业要注意对驰名商标进行精心维护，为此，应做好以下工作。

第一，实施商标的超前注册。

所谓商标的超前注册是指商标于产品开发、销售之前，进行选定、申请注册的策略。企业研制、开发一件新产品，一般只需一两年，甚至更短，而申请注册成功一件商标，大约需要一年半至五年，甚至更长。所以，为了使产品在进入市场时其商标就能获得法律的保护，故采用商标先行策略，即先将商标注册，然后进行广告宣传。当商标知名度提高到一定程度时，再及时将商品投放市场，这样既打开了市场，提高了商标信誉，又能及时依据商标法律制止商标侵权假冒行为。

第二，使用联合商标和防御商标。

企业使用联合商标和防御商标，有助于防范商标假冒行为。注册防御商标是驰名商标人的“专利”，拥有驰名商标的企业应当充分利用这一手段注册防御商标。

同时，联合商标注册也有重要功效。两者可以从“商标”和“商品”两方面组成一个保护网，更加严格地保护驰名商标。

第三，实施自我保护。

为了维护自己的商标信誉和权益，企业应该及时保护自己的合法权益。企业要经常性地进行商标监察，定期查阅《商标公告》，了解是否有与自己商标相近似的商标获得注册。企业还要经常进行市场动态调查，一旦发现有不法企业或不法分子假冒、仿冒自己的注册商标，企业应迅速采取行动，诉请工商行政管理机关处理或向法院提起诉讼。另外，在一些价值较高、市场潜力大的商品上使用防伪标志。

第四，慎重签订商标使用许可合同。

商标的许可使用对消费者、社会和企业三方都有利。企业在签订商标使用许可合同时，决不能单纯考虑眼前利益，搞短期行为，而应有远大的战略眼光，保持商标信誉的长久性。凡是达不到质量要求的，就不要许可其使用自己的商标。

可见，企业拥有了驰名商标，不仅拥有了一笔巨大的无形资产，而且还拥有了在国内外市场竞争中取得优势地位的有力武器。因此，企业应当把争创驰名商标，作为实施商标战略的最高目标和重要步骤。

3. 建立企业商标日常管理战略

企业商标管理是商标战略的重要内容之一，也是企业实施商标战略的保障。强化企业商标管理要结合企业实际情况，做好如下工作。

1) 制定企业商标管理办法

商标管理工作是一项法律性很强的工作，商标的设计使用受到法律的严格限制。要保证企业严格依法使用商标，必须制定企业商标管理办法加以保障。对商标的使用、标识的印制、出入库、商标档案的管理以及废次商标的销毁等，都要严格按照企业商标管理办法规定的程序办理。

2) 积极主动维权，为创立名牌商标保驾护航

企业取得商标专用权只是第一步，关键必须做好商标权的维护。商标维权管理主要是对商标公告的监测和市场调查，一方面，通过公告检测发现新的商标申请与自己注册商标近似应及时提出异议，阻止对方商标注册成功，保护自己商标专用权。另一方面，进行市场调查，如果发现市场上有生产经营者侵权，及时利用法律手段维权，确保企业良好的声誉不受损害。维护商标权不被侵害是一项长期复杂的任务。企业可以聘请商标顾问，利用专业机构协助企业打假维权。

企业实施商标战略是一项长期、复杂的系统工程，既要有长远规划，又要做好各方面工作，才能保证企业顺利实施商标战略，提升企业核心竞争力。

第五节 专有技术

一、专有技术的概念

（一）专有技术的定义

专有技术一词译自英文“know-how”，作为法律术语直到1944年才首次出现在美国的一个判例中。20世纪50年代以后，该词逐渐推广，随后在国际技术贸易中频繁使用。我国在20世纪60年代中期的技术引进合同中，开始使用“know-how”这一术语，但对其译法却不一致，有的译为“技术秘密”、“技术诀窍”、“非专利技术”等。1980年，财政部公布的《中华人民共和国中外合资经营企业所得税法施行细则》首次在立法中将“know-how”称作“专有技术”写进条文。此后我国立法、有关解释及商业实践基本沿用“专有技术”的提法。

对专有技术的法律定义，迄今仍未统一。国际商会对其作出的定义是：“专有技术系指生产某项产品的专门知识、操作经验和技术的总和。专有技术不仅指保密的配方和技术，而且也指与实施专利所必需的制造方法有关的技术，它还指制造商在研究中开发的、还未被其竞争者所掌握的实用和专有的方法及技术知识。”在《与贸易有关的知识产权协议》中，采用“未披露信息”(undisclosed information)一词，特指未公开的、未取得工业产权法律保护的制造某产品或者应用某项工艺以及产品设计、工艺流程、配方、质量控制和管理等方面的技术知识。

目前对专有技术作出的较有影响且被许多国家采用的定义为1969年在布达佩斯召开的保护工业产权国际联盟会议上通过的匈牙利代表团的提案：“专有技术指享有一定价值的，可以利用的，为有限范围专家知道的，未在任何地方公开过其完整形式和不作为工业权取得任何形式保护的技术知识、经验、数据、方法或者上述对象的组合。”我国对专有技术的理解基本上与此类似。

（二）专有技术的特征

专有技术是一种以秘密性为重要要件，事实上占有而又未取得专利权，未经法律授权的技术。由于未申请专利，所有者只能依靠自身严密的保密措施来维护其对技术的专有权。因为一旦被公开，该技术便进入公有领域，其商业价值随之丧失。有鉴于此，国际上成功的企业无不对专有技术秘密特别重视。可口可乐公司之所以能够在激烈的市场竞争中叱咤风云上百年，其对配方实行的“限定知悉范围”原则是关键。对于可口可乐的关键配料，公司总部的三个高级职员各管一样，而且这些人互不知道另外两样配料是什么。分设在世界各地的生产厂家使用的原料是公司总部提供的“浓缩液”，根本接触不到配方秘密。专有技术的基本特征具体可描述如下。

1. 非专利性

非专利性是指专有技术虽不受工业产权的强制性保护,但它是一种无形的财产权,属于知识产权的一部分。由于某些原因,此项技术没有获得专利权,不具有专利所具有的独占性。

2. 秘密性

秘密性是专有技术存在的前提,也是获得法律保护的关键。一旦丧失秘密性,专有技术便进入了公共领域,他人可随意获取而不必支付任何费用,专有技术即失去了商业价值。

3. 实用性

实用性指专有技术具备一定的技术价值,有利于工业目的,能够直接应用于生产、经营和管理实践。专有技术通过转让等形式,其经济价值能够得到充分的体现。

4. 动态性

专有技术作为技术的一种,不是静止不变的。研究人员在技术的应用过程中,不断对其进行改进、更新以适应不断发展的实践需要,这样既可以保证专有技术的新颖性,又能够提高其经济价值。

二、专有技术与相关概念的比较

(一) 专有技术与专利技术

专有技术与专利技术同属工业技术范畴,具有共同特点:两者都是人类智力活动的产物,都以技术知识为内涵,并且都是具有实用性、可转让和可传授的、具有财产价值的工业技术。但由于技术所有人选择保护的途径不同,两者在法律上有重大区别,主要表现为以下几方面(见表 3-1)。

表 3-1

专有技术与专利的区别

比较内容	专有技术	专利
存在条件	保密	法律保护
时效性	无时间限制	有时间限制及管辖地域
保密性	技术内容保密	技术内容公开
技术要求	成熟的、行之有效的	新颖性、创造性和实用性
技术形态	动态可变	静态固定
存在方式	书面或存在于脑海	书面

(1) 专利是公开的,而专有技术是秘密的。

(2) 专利权有一定的保护期限,而专有技术可以不受限制。

(3) 专利权是一种工业产权,受有关国家专利法的保护;而专有技术是没有取得专利权的技术知识,不受工业产权法的保护,主要是依靠持有人严守秘密和根据《民法》、《刑法》、《不公平竞争法》等相关法规取得法律上的保护。

(4) 专利技术的范围受《专利法》的约束,必须是有形知识;而专有技术既包括有形知识,也包括无形知识,范围广泛。

专有技术是一种独立的技术形态,它与专利制度并行不悖,是有效保护技术发明创造的一种方式。它不会被专利制度取代,也不会由于专利制度的发展而受到削弱。专有技术与专利制度可以相互弥补各自所存在的制度缺陷,共同促进人类技术进步和经济发展。

(二) 专有技术与非专利技术

专有技术不同于非专利技术成果,专有技术只是非专利技术成果的一种。非专利技术成果是指未授予专利权的技术成果,包括未申请专利的、已经申请专利尚在审批的、被驳回专利申请的、被宣告专利权无效的以及专利法规定不授予专利权的技术成果。非专利技术主要包括专有技术和公有技术两大类。公有技术亦称为“已有技术”或“现有技术”,是已向社会公开而为公众所知的无专利权的技术成果,包括失效专利技术成果。

(三) 专有技术与技术秘密

专有技术与商业秘密有着极深的渊源,但比商业秘密出现的时间晚。商业秘密在英文中一般使用“trade secret”,而专有技术则使用“know-how”。商业秘密是独立的、系统的秘密信息,而专有技术则是依赖于专利技术或商业秘密而存在的核心秘密。后来,随着国际经济贸易的逐步发展,人们越来越多地使用“know-how”代替“trade secret”。因此,目前在一般情况下,英文中使用的“know-how”在很多时候往往就是指“trade secret”(商业秘密)的意思了。

一方面,专有技术可以(但并不必然)构成商业秘密。另一方面,并非所有的商业秘密涵盖在专有技术之中。商业秘密不仅包括那些不能独立形成一整套完整的技术内容、没有专利性、为少数人所知、能应用于生产实践并产生较好技术效益、经济效益的秘密的技术知识和经验(也叫“know-how”),而且包括那些具有专利性,但是发明人不愿公开而未申请专利,可以在工商业中使用并在商业流通中获得利益的秘密。

三、国际技术贸易中专有技术的保护

国际技术贸易总量中的90%都涉及专有技术(技术秘密)的许可,因此其重要性可见一斑。专有技术有各种各样的类型，有的技术因新颖性或创造性不够充分，难以通过专利审查；有的技术本身存在于技术人员的头脑中，难以用文字、图形等方式表达，而不能取得专利权；有些则是其所有人出于某种原因不愿意在专利文献上将其秘密公开，或者认为能够长期保守秘密。在实践中，技术发明人在提出专利申请时，往往将其中核心部分作为专有技术保留下来，目的在于更加充分地保护其利益。所以，在技术市场上专有技术往往比专利技术占据更为重要的地位。

专有技术虽然处于秘密状态，不像专利那样直接申请法律保护，但并不等于专有技术不受法律保护。反对“不正当竞争”或者“恶意行为”，主张“任何人不得靠有意损害他方的行为来牟利”已成为国际社会的广泛共识和立法价值。专有技术的国际保护主要体现在以下三个方面。

（一）知识产权国际协定

WTO《与贸易有关的知识产权协议》（TRIPS 协议）首次将“未披露信息”作为知识产权加以保护。根据 TRIPS 协议第 39 条规定，“未披露信息”在下列意义上属于秘密，即其作为一个整体或作为其各部分具体构造或组合，不为通常从事该类信息工作的领域内的人们普遍知悉或者容易获得；因属秘密而具有商业价值；以及合法控制该信息的人根据民政部采取了合理的保密措施。由此可见，TRIPS 协议定义的商业秘密是具有非公开性、价值性和保密性的信息。

TRIPS 协议是第一个将未披露信息正式纳入保护范围的国际条约。各国在立法和司法实践中还应进一步作出规定，明确将专有技术纳入“未披露信息”或者“商业秘密”进行保护。

（二）反不正当竞争法

近年来，保护商业秘密，尤其是其中的技术秘密，成为反不正当竞争的一个热点。世界知识产权组织在其 1993 年草拟的“对反不正当竞争的保护”及 1996 年起草的《反不正当竞争示范法》（以下简称《示范法》）中，明确规定“侵犯商业秘密（secret information）”为不正当竞争行为。《示范法》第 6 条第 3 项对“侵犯商业秘密”的解释与 TRIPS 协议第 39 条“未披露信息”的含义一致。

在市场经济条件下，商业秘密之所以成为众多竞争者觊觎的目标，源于其很大程度上能使其所有者占据有利的竞争地位，进而带来巨大的经济利益。《中华人民共和国反不正当竞争法》（以下简称《反不正当竞争法》）认为商业秘密是一种竞争优势，仅与权利人的可得利益有关，通过不正当手段获取、使用、披露他人合法拥有的商业秘密行为是一种不正当竞争的行为。《反不正当竞争法》对商业秘密保护是出于公平交易的需要，出发点是培养市场竞争中良好的道德观念，保护和鼓励人们通过劳动、创造等正当途径获得竞争优势，抵抗他人不劳而获、搭便车，对侵害他人权利的不道德行为进行规制，抵御对实体权利可能造成的损害，以促进自由竞争和公开交易的正常进行，维护市场经济秩序，使得激烈的逐利行为不至于破坏整个社会的伦理底线。

（三）国内立法

迄今为止，绝大多数国家都没有制定有关保护专有技术的专门性法律，对专有技术的保护分散地规定在不同的法律中。各国通常援引以下法律中的有关规定对专有技术进行保护。

1. 通过《合同法》保护

在专有技术许可合同或雇佣合同中订立保密条款，由受让方或雇员承担保密义务，否则承担违约责任。《合同法》第 348 条规定，"技术秘密转让合同的受让人应当按照约定使用技术，支付使用费，承担保密义务。"第 352 条规定，受让人使用技术秘密超越约定的范围的，未经让与人同意擅自许可第三人使用该技术秘密的，应当停止违约行为，承担违约责任；违反约定保密义务的，应当承担违约责任。因此，专有技术所有人应当充分利用这些法律依据，在进行技术转让或服务时，充分考虑一切可能泄密的因素，明确约定保密条款，对保密的范围、保密期限、保密措施、泄密责任、赔偿办法等，作出严格细致的规定，力求条款完备，以便在遭受侵权后，索赔有据。

2. 通过《民法通则》保护

专有技术作为财产权，凡因过失、故意或以不法行为使他人遭受损害，即构成侵权行为，侵权人必须承担损害赔偿责任，可直接运用民法中的侵权行为法对其加以保护。《中华人民共和国民法通则》（以下简称《民法通则》）第 118 条规定："公民、法人的著作权（版权）、专利权、商标专用权、发现权、发明权和其他科技成果权受到剽窃、篡改、假冒等侵害的，有权要求停止侵害，消除影响，赔偿损失。"这里的其他科技成果，就包括了专有技术在内的各项成果。根据《民法通则》的这一规定，侵犯专有技术权利的行为具有以下几点。

（1）剽窃他人的专有技术，即把别人独创的一套生产工艺、图纸、技术资料、配方、产品设计、技术规范及管理经验说成是自己的。

（2）篡改专有技术，即把别人的专有技术加以篡改，然后说成是自己的。

（3）假冒他人的专有技术，即行为人并没有取得他人的专有技术，却谎称取得了他人的专有技术，进行技术出让、牟利，或者谎称自己的产品是某专有技术产品，以此牟利。

3. 通过《反不正当竞争法》保护

侵害专有技术作为一种不正当竞争的行为，为大多数国家的法律、判例及学者所认可。大多数市场经济国家均制定了反不正当竞争法制止通过某些手段侵犯专有技术所有人权利的行为视为不正当竞争行为。《与贸易有关的知识产权协议》规定，世界贸易组织的成员应该用反不正当竞争法保护。我国《反不正当竞争法》第10条规定了侵犯商业秘密的不正当竞争行为有以下几种。

(1) 以窃取、利诱、胁迫或者其他不正当手段获取权利人的商业秘密。

(2) 披露、使用或者允许他人使用上述手段获取的权利人的商业秘密。

(3) 违反约定或者违反权利人有关保守商业秘密的要求，披露、使用或允许他人使用其所掌握的商业秘密。

(4) 第三人明知或者应该知道存在上述违法行为，而获取、使用或者披露他人的商业秘密的，视为侵犯商业秘密。

此外，从国内外侵犯商业秘密的案例看，雇员的“跳槽”和“自立门户”行为是企业商业秘密流失的主要渠道。针对这一突出问题，国家工商行政管理局于1995年11月制定了《关于禁止侵犯商业秘密行为的若干规定》，其中明确规定“权利人的职工违反合同约定或者违反权利人保守商业秘密的要求，披露、使用或者允许他人使用其掌握的权利人的商业秘密”属于侵犯商业秘密的行为，进一步细化了《反不正当竞争法》第10条的规定。

4. 通过《劳动法》保护

它是专有技术保护的补充规则。随着人才的流动越来越频繁，单位职工跳槽已是一种较普遍的现象，因职工跳槽引起的专有技术泄露或非法使用专有技术而产生的纠纷也相应增多。为了规范这方面的管理，我国《劳动法》第22条规定：“劳动合同当事人可以在劳动合同中约定保守用人单位商业秘密的有关事项。”第102条规定：“劳动者违反本法规定的条件解除劳动合同或者违反劳动合同中约定的保密事项，对用人单位造成经济损失的，应当依法承担赔偿责任。”据此，用人单位在聘用职工时，如果其岗位涉及专有技术，应当在订立的合同中，约定职工在受雇期间的保密义务，包括保密的范围、时间、因泄密而承担责任的方式等。有的用人单位甚至和劳动者约定，职工在离开受雇单位，包括退休后，也不得泄露原使用单位的专有技术。这样，就能够有效地保护专有技术，防止因职员的不当行为而泄密。

5. 通过《刑法》保护

利用刑事立法对专有技术进行法律保护可有效地弥补民事立法的不足，许多国家都在刑事法典或刑事判例中规定了对专有技术保护的内容，也体现了专有技术在经济发展和市场竞争中的地位日趋重要。德国《防止不正当竞争法》、美国《刑法典》、奥地利《刑法》等均明确规定侵犯专有技术的刑事责任。《中华人民共和国刑法》(以下简称《刑法》)第219条明确将侵犯专有技术权利纳入侵犯商业秘密犯罪范畴，规定“给商业秘密的权利人造成重大损失的，处三年以下有期徒刑或者拘役，并处或者单处罚金；造成特别严重后果的，处三年以上七年以下有期徒刑，并处罚金”。同《反不正当竞争法》一样，该项条款还一一列举了侵犯商业秘密的几种表现形式、侵犯商业秘密的概念(包括技术秘密),并特别规定:“本条所称权利人,是指商业秘密的所有人和经商业秘密所有人许可的商业秘密使用人。”这更加突出了对权利人的保护。针对单位侵权现象的普遍性,《刑法》在第220条还规定,单位犯第219条规定之罪的,对单位判处罚金,并对其直接负责的主管人员和其他直接责任人员,依照该条的规定处罚。因此,如果权利人发现自己的专有技术权利遭到侵害,除了依法索取民事赔偿外,还应当向公安机关举报,由公安机关追究有关当事人的刑事责任,以儆效尤。

除了利用法律手段以外,专有技术所有人可以增强自己的自我保护意识。对于许可方(提供方)来说,在合同签订之前,需要对被许可方(受让方)的资信情况进行调查,如果对方的信用等级比较低,那么即使对方开出的条件很优厚,也应当谨慎从事。因为技术秘密具有“一旦公开就永远丧失”的特点。对方一旦获悉或泄密,技术秘密就不复存在。在合同磋商过程中,被许可方往往要求对方披露一定的秘密信息,许可方可以在对方作出保密保证的前提下,披露一定的秘密信息。同时应当采用确认书等方式将披露的信息确定下来。不论是专有技术转让合同还是许可使用合同,都需要包含“保密条款”,明确约定保密范围、保密措施、保密期限、泄密的责任等重要事项。

第六节　著作权与计算机软件保护

一、著作权

(一) 著作权的含义

著作权又称版权,是指自然人、法人或者其他组织对文学、艺术或科学作品依法享有的财产权利和人身权利的总称。著作权是基于人类智慧所产生的权利,故属智慧财产权,是知识产权的一种。我国著作权适用的是自动产生原则,即版权的获得与商标、专利不同,依法自动产生,无需办理任何登记和注册手续。作品一旦完成,无论发表与否,都受到保护。

著作权包括人身权和财产权。

1. 人身权

人身权又称精神权利,具体包括:

(1) 发表权,即决定作品是否公之于众的权利。

(2) 署名权,即表明作者身份,在作品上署名的权利。

(3) 修改权,即修改或者授权他人修改作品的权利。

(4) 保护作品完整权,即保护作品不受歪曲、篡改的权利。

2. 财产权

财产权又称经济权利,具体包括:

(1) 复制权,即以印刷、复印、拓印、录音、录像、翻录、翻拍等方式将作品制作一份或者多份的权利。

(2) 发行权,即以出售或者赠与方式向公众提供作品的原件或者复制件的权利。

(3) 出租权,即有偿许可他人临时使用电影作品和以类似摄制电影的方法创作的作品、计算机软件的权利,计算机软件不是出租的主要标的的除外。

(4) 展览权,即公开陈列美术作品、摄影作品的原件或者复制件的权利。

(5) 表演权,即公开表演作品,以及用各种手段公开播送作品的表演的权利。

(6) 放映权,即通过放映机、幻灯机等技术设备公开再现美术、摄影、电影和以类似摄制电影的方法创作的作品等的权利。

(7) 广播权,即以无线方式公开广播或者传播作品,以有线传播或者转播的方式向公众传播广播的作品,以及通过扩音器或者其他传送符号、声音、图像的类似工具向公众传播广播的作品的权利。

(8) 信息网络传播权,即以有线或者无线方式向公众提供作品,使公众可以在其个人选定的时间和地点获得作品的权利。

(9) 摄制权,即以摄制电影或者以类似摄制电影的方法将作品固定在载体上的权利。

(10) 改编权,即改变作品,创作出具有独创性的新作品的权利。

(11) 翻译权,即将作品从一种语言文字转换成另一种语言文字的权利。

(12) 汇编权,即将作品或者作品的片段通过选择或者编排,汇集成新作品的权利。

(13) 应当由著作权人享有的其他权利。

(二) 著作权的主体

著作权主体亦称著作权人,即依法对文学、艺术和科学作品享有著作权的人,包括自然人、法人和非法人单位。

1. 原始主体与继受主体

原始主体是指在作品创作完成后,直接根据法律的规定或合同的约定,在不存在其他基础性权利的前提下对作品享有著作权的人。

继受主体是指通过受让、继承、受赠或法律规定的其他方式取得全部或一部分著作权的人。著作权的原始主体不以继受主体为存在前提,但继受主体享有的权利却是从原始主体处取得的,并以他人原有著作权的合法存在为条件。

2. 内国主体与外国主体

内国主体与外国主体是以著作权人所具有的国籍为标准而划分的。中国作者和其他著作权人的作品无论是否发表，都可依据著作权法直接取得著作权；外国人的作品则需首先在中国境内出版，才能依照我国著作权法享有著作权。外国人、无国籍人的作品根据其所属国或经常居住地国与中国签订的协议或者共同参加的国际条约享有的著作权受我国法律保护。未与中国签订协议或者共同参加国际条约的国家的作者以及无国籍的人的作品首次在中国参加的国际条约的成员国出版的，或者在成员国和非成员国同时出版的，受我国法律的保护。

3. 完整主体与部分主体

完整主体和部分主体是根据著作权主体所享有的著作权的完整程度的不同而划分的。著作权完整主体是指对其创作的作品享有全部著作财产权和著作人身权的作者。著作权部分主体是指通过转让或继承关系而取得部分著作权的人，一般来说，通过这些途径也只能取得部分著作权。

（三）著作权的客体

著作权的客体指的是作品。

1. 作品的定义

《中华人民共和国著作权法实施条例》第 2 条规定："著作权法所称作品，是指文学、艺术和科学领域内具有独创性并能以某种有形形式复制的智力成果。"

2. 作品的法律特征

作品除必须属于文学、艺术和科学领域外，还具备以下构成要件。

1）智力成果

著作权法上所称的"智力成果"是指依靠人类脑力劳动所创造的劳动成果。

2）独创性

作品的独创性系指作品创作的独立性。一件作品只要是自己独立完成的，而不是剽窃、抄袭他人的，该作品即具有独创性。尽管作品的内容与其他作品相同，但只要其表现形式是由作者独立创作而成的，即可受到著作权法的保护。例如，两名摄影师独立拍摄相同景物都同样具有独创性，分别受著作权法的保护。作品的独创性不同于专利法上的"创造性"。作为发明取得专利权的实质条件之一，创造性是指该发明成果与现有的技术相比是前所未有的，并且在技术上有突出的实质性特点和显著的进步；而著作权法所要求的作品的独创性是指作品系由作者独立完成。

3）可复制性

作品的可复制性是指作品必须能够以某种物质载体形式进行复制，从而能够被他人所感知并可以利用和传播。《中华人民共和国著作权法》第 52 条规定："该法所称的复制，指印刷、复印、临摹、拓印、录音、录像、翻录、翻拍等方式将作品制成一份或多份的行为。"作品的创作，实际就是表达思想和情感的完成过程。单纯的思想或情感本身不具备一定的表现形式，他人无法感知，因而无法复制和传播，也就不可能抄袭和剽窃，所以不需要著作权法的保护。

3. 作品的分类

(1) 文字作品，是指小说、诗词、散文、论文等以文字形式表现的作品。

(2) 口述作品，是指即兴的演说、授课、法庭辩论等以口头语言形式表现的作品。

(3) 音乐、戏剧、曲艺、舞蹈、杂技艺术作品，音乐作品，是指歌曲、交响乐等能够演唱或演奏的带词或者不带词的作品；戏剧作品，是指话剧、歌剧、地方戏等供舞台演出的作品；曲艺作品，是指相声、快板、大鼓、评书等以说唱为主要形式表演的作品；舞蹈作品，是指通过连续的动作、姿势、表情等表现思想情感的作品；杂技作品，是指杂技、魔术、马戏等通过形体动作和技巧表现的作品。

(4) 美术、建筑作品，美术作品，是指绘画、书法、雕塑等以线条、色彩或者其他方式构成的有审美意义的平面或立体造型艺术作品；建筑作品，是指以建筑物或者构筑物形式表现的有审美意义的作品。

(5) 摄影作品，是指借助器械在感光材料或者其他介质上记录客观物体形象的艺术作品。

(6) 电影作品和以类似摄制电影的方法创作的作品，是指摄制在一定介质上，由一系列有伴音或者无伴音的画面组成，并且借助适当装置放映或者以其他方式传播的作品。

(7) 图形作品和模型作品，图形作品是指为施工、生产绘制的工程设计图、产品设计图，以及反映地理现象、说明事物原理或者结构的地图、示意图等作品；模型作品，是指为展示或者观测等用途，根据物体的形状和结构，按照一定比例制成的立体作品。

(8) 计算机软件，是指计算机程序及其文档。

(9) 法律、行政法规规定的其他作品，如民间文学艺术作品等。

4. 不予保护的对象

1) 官方文件

官方文件即法律、法规、国家机关的决议、决定、命令和其他具有立法、行政、司法性质的文件及其官方正式译文。官方文件具有独创性，属于作品范畴，不通过著作权法保护的根本原因在于方便人们自由复制和传播。

2) 时事新闻

时事新闻是指通过报纸、期刊、广播电台、电视台等媒体报道的单纯事实消息。时事新闻虽从总体上不受著作权法保护，但传播报道遭他人采编的时事新闻，应当注明出处。

3) 历法、数表、通用表格和公式

这类成果表现形式单一，应成为人类共同财富，不宜被垄断使用。

（四）著作权与专利权的区别

专利权是指专利权人对其发明、实用新型和外观设计依法享有的专有权利。著作权是著作权人依法对其作品享有的人身权利和财产权利。著作权和专利权的不同之处主要表现如下。

1. 保护的对象不同

著作权保护的作品是作者思想、情感和观点的表现形式，而非思想、情感和观点等内容本身，这些形式表现为小说、论文、电影、歌曲、图画等种类；专利权保护的是发明创造，属于思想、观点内容范围，包括发明、实用新型和外观设计三种类型。

因为作品的表达方式可为人感知，而纯思想内容不为人感知，同一思想内容可以用不同的表达方式来表现。例如，“对祖国的热爱”这一主题思想，既可以用散文的方式表达，也可以用歌曲的方式表达，还可以有其他表达方式。无论用散文、歌曲还是其他方式表现“对祖国的热爱”的作品，都会受到著作权法的保护。但是，如果著作权法保护单纯的“对祖国热爱”这一思想感情，一旦某人“对祖国热爱”的思想感情得到著作权法的保护，势必剥夺其他任何人“对祖国热爱”的感情。

2. 保护的条件和要求不同

著作权法可以保护两部主题内容相同的作品，只要这些作品具有独创性；但专利权不会保护主题内容相同的两个发明创造。

3. 权利产生方式不同

著作权通常可以自动产生，不必经过任何登记或审查程序；专利权则必须依法由国家特定的行政机关进行审查后授予合法申请人。

4. 权利内容不同

著作权的内容包括人身权和财产权两方面；而专利权仅包括实施权、许可他人实施权、转让权等财产权内容，不包括人身权内容。

5. 权利保护期限不同

著作财产权的保护期一般是作者有生之年加上死后的50年；专利权的保护期分别为发明专利20年、外观设计和实用新型10年，均从申请日起计算。

二、计算机软件著作权

（一）计算机软件的概念

1. 计算机软件的定义

世界各国目前并没有对计算机软件(Computer Software)达成统一的定义。大多数国家和国际组织都参考了世界知识产权组织(WIPO)对计算机软件定义的基本原则和理念，并结合本国的实际情况加以修订。1978年WIPO发表的《保护计算机软件示范法条》中把计算机软件定义为“计算机软件包括程序、程序说明和程序使用指导三项内容”。“程序”是指以文字、代码、图形或其他任何形式表达的，能够使计算机具有信息处理能力，在与计算机可读介质结合为一体后，用以标志一定功能，完成一定任务或产生一定结果的指令集合。“程序说明”是指用文字、图解或其他方式，对计算机程序中的指令所作的足够详细、足够完整的说明和解释。“程序使用指导”是指除了程序和程序说明以外的，用以帮助理解和实施有关程序的其他辅助材料。

1991 年，我国颁布实施的《计算机软件保护条例》中对“计算机软件”所作的界定同时考虑了我国软件开发的实际与国际上通常的意见，与世界知识产权组织所下的定义在原则上保持一致。该条例对计算机软件的定义如下：

(1) 计算机软件是指计算机程序及其有关文档。

(2) 计算机程序是指为了得到某种结果而可以由计算机等具有信息处理能力的装置执行的代码化指令序列，或可被自动转换成代码化指令序列的符号化指令序列或符号化语句序列。计算机程序包括源程序和目标程序，源程序与目标程序就其逻辑功能而言不仅内容相同，而且表现形式相似，两者可以互相代换，终极结果一致。同一程序的源文本和目标文本应当视为同一作品。

(3) 文档是指用自然语言或者形式化语言所编写的文字资料和图表，用来描述程序的内容、组成、设计、功能规格、开发情况、测试结果及使用方法。例如，程序设计说明书、流程图、用户手册等。

显而易见，我国将文档视为计算机软件的一个组成部分，这是与其他国家的定义不同的。文档与计算机程序不同，计算机程序是用机器语言编写而成的，而文档是由自然语言或由形式语言编写而成的。在世界上除了我国以外，其他国家并不将文档视为计算机软件。

2. 计算机软件的特征

大多数国家用《著作权法》来保护计算机软件。但和通常意义上的作品相比，计算机软件有自己独特的法律特征。这些特征使得著作权法保护遭遇瓶颈，同时也给专利保护带来一线生机。

1) 计算机软件具有既为作品又为工具的双重特点

计算机软件凝结了作者的知识和智力劳动，一方面，它具有原创性、可感知性、可复制性，满足作品的特性，是技术作品。另一方面，它又是技术工具，具有功能性。计算机软件就其表现形式而言，与文字作品颇为相似，程序可以用数字、文字及符号表现出来，并可以用物质载体，如纸、磁带、磁盘等把它的表现加以固定。计算机软件是使用、操作计算机必不可少的工具，其价值在于操作使用。工具价值的功能性是计算机软件的最重要特征，因而对软件法律保护途径的选择有着决定性的影响。

2) 计算机软件的思想与表达具有模糊性，没有明显的界限

计算机软件既进行着表达，又反映着思想，有时很难清楚地划分两者的界限。

这使得只保护表达形式不保护思想内容的《著作权法》无所适从，增加了法律的不确定性，从而模糊了法律的指引作用。

3）计算机软件的核心价值在于其设计思想而非表达方式

计算机软件基于一种设计理念，通过简单的变换，可以得出许多不同的表达方式。往往一个有价值的设计思想不是轻易就能获得的，其中凝聚了当事人的智慧与大量心血。而设计思想的外在表达却是普通的技术问题，一般的技术人员就能做到。因此，对于计算机软件而言，设计思想的价值远高于表达方式。

4）计算机软件的功能与表达之间不是一一对应性的关系

不同的计算机程序可以具有相同的功能，而具有同一功能、能产生同一运行结果的计算机程序却未必出自同一个计算机程序。

5）计算机软件侵权行为泛滥

计算机软件研制开发复杂、成本高，往往需要大量的人力、物力、财力做支撑，特别是大型软件，开发周期长、投入资金多、工作量大、参与人员众多，而侵权则相对简单。计算机软件具有极易复制、极易改编的特点，而且复制改编的成本低、费用小，很容易被他人肆意的复制盗用和篡改。

6）计算机软件生命周期较短

计算机软件行业的竞争异常激烈，信息瞬息万变，市场需求的不断更新。为了迅速抢占市场，软件产品必须不断发展自己的技术，快速的更新换代，确立领先优势，软件的更新周期也越来越短。一般而言，软件的寿命大致为3～5年，较短的为1～2年，甚至更快。

3. 计算机软件的分类

计算机软件可分为许多类型，从软件的法律状态，按软件的传播方式、使用方式可以把软件分为公共软件和专有软件两大类，而专有软件又可分为自由软件、共享软件、商业软件。

公共软件（Public Domain Software）包括两种软件。一种是放弃版权保护的软件，是指版权所有人（或作者）明确声明允许他人自由使用的软件，包括将其用于他人拥有版权的软件产品中出售；另一种是丧失版权保护的软件，例如，已经超过版权保护期的软件。这种软件是法律允许使用范畴之内的。

自由软件（Free Software）有广义和狭义之分。广义的自由软件是一种自由软件基金会所提倡的版权类型，其目的在于推进享有版权的软件为非商业目的自由使用。狭义的自由软件是一种受到版权保护的软件，版权所有人（或作者）对其享有版权。

共享软件（Shareware）是一种受版权保护的商业软件，其特点是“先试后买”，用户可以先免费试用，如果想继续使用，就必须向作者注册交费。如果不想继续使用，可以转给他人试用或放置一边即可。

商业软件(Commercial Software)就是我们日常所见的厂商出于商业目的所出售的软件产品，受著作权法保护。

(二) 计算机软件的法律保护

目前，世界上许多国家都十分重视计算机软件保护立法，一些国际组织也制定了示范条例。但由于软件的特殊性质，各国对软件的法律保护形式也具有多样性，有采用《反不正当竞争法》、《合同法》、《著作权法》、《专利法》保护计算机软件的，也有采用专门立法来保护的。国际上在计算机软件的法律保护方面，具有代表性的法律制度学说有三种：一是《著作权法》保护；二是《专利法》保护；三是行政法保护。

1. 计算机软件的《著作权法》保护

1972 年 11 月，菲律宾版权法规定计算机程序是其保护的对象，首次确立了由著作权法保护计算机软件的制度。世界知识产权组织(WIPO)1978 年公布的旨在向各国提出软件立法建议的《计算机软件保护示范条款》导言部分，申明需要对计算机软件实行充分有效的保护，认为著作权保护可以适用于整体计算机软件。目前，美国、法国、英国、日本等 40 多个国家和地区明确规定计算机软件受著作权法保护。

计算机软件著作权的主要内容是著作权所有人对其"软件作品"所享有的专有权利。《著作权法》对计算机软件的权利内容包括：

(1) 发表权，即决定软件是否公之于众的权利。软件的发表一般意味着软件本身开始脱离著作权人的直接控制，在多数情况下是著作权人行使权利的开始。

(2) 署名权，即表明开发者身份，在软件上署名的权利。在没有相反证明的情况下，将在软件上署名的自然人、法人或者其他组织推定为开发者。

(3) 修改权，即对软件进行增补、删节，或者改变指令、语句顺序的权利。修改软件实际上是开发的延续。

(4) 复制权，即将软件制作一份或者多份的权利。利用某种介质将软件复制，仍然是目前使用软件较为普遍的形式。

(5) 发行权，即以出售或者赠与方式向公众提供软件的原件或者复制件的权利。

(6) 出租权，即有偿许可他人临时使用软件的权利，但是软件不是出租的主要标的的除外。

(7) 信息网络传输权，即以有线或者无线方式向公众提供软件，使公众可以在其个人选定的时间和地点获得软件的权利。例如，在互联网上传输软件供他人下载使用。

(8) 翻译权，翻译是将多种源程序译成计算机能识别并执行的目标程序，只有著作权人自己才能决定能否翻译。对软件来说，翻译是极为重要的，因为用算法语言写的源程序，若不经过翻译，计算机就无法识别和执行。

(9) 应当由软件著作权人享有的其他权利。

(10) 许可权，软件著作权人可以许可他人行使其软件著作权，并有权获得报酬。软件著作权人可以自己使用软件，也可以通过授权许可他人使用软件。著作权人许可使用软件应当与被许可人订立许可使用合同。特别是许可他人专有行使软件著作权时，还应当订立书面合同。许可使用合同中软件著作权人未明确许可的权利，被许可人不得行使。没有订立合同或者合同中未明确约定专有许可的，应视为非专有许可。

(11) 转让权，软件著作权人可以全部或者部分转让其软件著作权，并有权获得报酬，但署名权不得转让。软件著作权转让后，受让人成为新的著作权人，可以将著作权再次转让，转让一般是没有期限的。转让软件著作权应当订立书面合同。

上述权利是软件著作权人享有的专有权利。但是由于人们编制、开发软件过程中总是利用了前人的劳动成果这一特殊事实，因而法律确认著作权是一种特殊的民事权利。为了鼓励软件的流通和开发，促进计算机应用事业的发展，各国均对软件专有权进行了限制。我国《计算机软件保护条例》是这样规定的。

1) 由法律授予软件复制品合法持有者某些非专有权利

(1) 根据使用需要把该软件装入计算机内。

(2) 为了存档而制作备份复制品。但这种复制品不得通过任何方式提供给他人使用。一旦持有者丧失对该软件的合法持有权时，这些复制品也必须全部销毁。

(3) 为了把软件用于实际的计算机应用环境或者改进其功能性能而进行必要的修改。但除有协议的约定，未经该软件著作权人或其合法受让人同意，不得向任何第三人提供修改后的文本。

上述三种非专有权，是由法律授予的，不要求权利人去申请或履行一定的手续，但要求软件复制品的持有人是合法的持有人。如果通过购买、租用、许可使用等形式，也可以看成是一种法定的许可使用。

2) 合理使用限制

即使用受法律保护的软件可以不经过著作权人的许可，也不必支付报酬的使用，这与前面提到的法定许可不同。法定许可的范围只限于那些软件复制品“合法持有人”，而合理使用的范围是所有社会公众。法定许可一般要求一定的方式补偿，例如，支付购买费，而合理使用则不需要支付任何费用。是否是合理的使用还要考虑使用的目的是否为了营利性的，使用的数量多少等因素，而法定许可不需要考虑这些因素。《计算机软件保护条例》规定：因课堂教学、科学研究、国家机关执行公务等非商业性目的需要对软件进行少量的复制，可以不经过著作权人或合法受让人的同意，不向其支付报酬。但使用时应当说明该软件的名称、开发者，且不得侵犯著作权人或合理受让者依《计算机软件保护条例》享有的其他各项权利。该复制品使用完毕后应当妥善保管、收回或者销毁，不得用于其他目的或者向他人提供。

我国在计算机软件的法律保护方面，顺应了软件保护的国际趋势，将计算机软件列为著作权法保护的客体。同时，针对计算机软件具有作品和工具双重属性的特点，为了不破坏传统著作权制度体系，完备地保护软件所有人的权益，我国采取了适用著作权法与制定单行法规相结合的保护办法。《中华人民共和国著作权法》第 3 条规定，“计算机软件是著作权法的保护对象之一。”第 53 条规定“计算机软件的保护办法由国务院另行规定”。因此，国务院于 1991 年 6 月 4 日颁布了《计算机软件保护条例》，并于同年 10 月 1 日起实施。此后经国务院授权，原机械电子工业部又于 1992 年 4 月 6 日发布了《计算机软件著作权登记办法》，以确保《计算机软件保护条例》的实施和软件登记工作的顺利开展。《中华人民共和国著作权法》是保护计算机软件的一般法律，《计算机软件保护条例》则是保护软件的著作权特别法。著作权法的规定和保护计算机软件有关法规的颁布，标志着我国计算机软件保护法律制度日益与国际法制接轨。

2. 计算机软件的《专利法》保护

在计算机软件《专利法》保护方面探索最早、理论上争论最激烈、相关司法实践最丰富的是美国。美国联邦最高法院在 1981 年审理案件时，曾判决给予一个计算机程序控制的整个橡胶成型装置以专利，宣称：“一项发明不能因其利用数学公式和计算机程序成为不可授予专利的原因”，并于 1981 年年底颁布了有关计算机软件发明的新规则。美国联邦最高法院的这一裁决，不仅标志着美国软件专利法保护发展的转折，而且在世界范围内产生了极大的反响。加拿大在其后的司法实践中也效法美国。欧洲专利局 1985 年 3 月 6 日新修订的专利法审查准则规定，如果权利要求的主题对现有的技术作出了“技术革新”，就可以成为专利法保护的客体。

1985 年，《专利法》开始在我国实施。《审查指南》第 12 章的软件发明申请的判断标准规定，“只有能使计算机结构或电子数据处理设备产生变化、能使机器硬件技术作出相应变革，引起机器设备在技术上有新的创造性的改进的计算机程序和能使计算机系统或机器设备，以全新的具有创造性方式运行的计算机程序才可予以专利保护”。1993 年 4 月 1 日起生效的新的《审查指南》，舍弃上述苛刻条件，提出了符合软件技术发展的、宽松的软件专利标准。

3. 《著作权法》保护与《专利法》保护的比较

1）保护的内容不同

《著作权法》保护形式，《专利法》保护思想创意。《著作权法》保护的是软件的源代码，软件的核心内容——技术方案的创新可以申请专利，适用《专利法》来保护。两者结合使得软件得到更加完善的保护。

2）取得保护的条件不同

著作权是自动取得的，取得的时间以开发完成的时间为依据。一完成即自动取得著作权，受到《著作权法》的保护，对软件的内容不进行任何的审查，无论软件源代码写得如何。专利则必须符合专利申请的条件，需要向专利局申请，是否授予专利权需要专利局进行审查后审批。

3）保护的时间不同

发明专利的保护时间为20年，从申请日开始计算。但是受保护是在申请审批取得专利权之后，专利审查的手续比较烦琐，从申请到取得专利权证书一般要3年左右的时间。软件著作权的保护时间为50年，从开发完成之日起就受版权保护。软件在获得专利权之前已经受到《著作权法》的保护，申请专利并不影响其受到《著作权法》的保护，权利人有足够的耐心去等待专利的审批。

4. 计算机软件的行政法保护

行政法是调节国家行政机关履行职能时所发生的各种社会关系的法律规范的总称。在计算机软件的行政法保护中，由国家行政管理部门法律制裁、行政处罚侵权人，对保护软件著作权具有重要意义。国家版权局是国务院著作权行政管理部门，主管全国的著作权管理事务；地方人民政府亦已设立了著作权行政管理部门，主管本行政区域内的著作权管理事务。鉴于计算机软件具有文学、艺术作品所没有的特殊性，因而必须对软件采取特殊的行政保护措施，例如，鼓励软件权利人向软件登记管理机构办理软件著作权登记等。我国1996年10月1日起实施的《中华人民共和国行政处罚法》规定，“行政处罚的种类有警告、罚款、没收违法所得、没收非法财物、责令停产停业、暂扣或吊销许可证、暂扣或吊销执照、行政拘留等。”“对于未经软件著作权人同意而发表其软件作品、将他人开发的软件当作自己的作品发表、在他人开发的软件上署名或者涂改他人开发软件的署名等行为，国家计算机软件著作权行政管理部门可以根据情节轻重，对侵权人给予没收非法所得、罚款等行政处罚。”

第七节 集成电路布图设计

一、集成电路布图设计的概念

（一）集成电路布图设计的定义

集成电路布图设计简称布图设计(Layout-design)，是指一种体现了集成电路中各种电子元件的配置方式的图形。集成电路的设计过程通常分为两个部分：版图设计和工艺。所谓版图设计是将电子线路中的各个元器件及其相互连线转化为一层或多层的平面图形，将这些多层图形按一定的顺序逐次排列构成三维图形结构，这种图形结构即为版图设计。制造集成电路就是把这种图形结构通过特定的工艺方法，"固化"在硅片之中，使之实现一定的电子功能。所以，集成电路是根据要实现的功能而设计的，不同的功能对应不同的布图设计。从这个意义上说，对布图设计的保护也就实现了对集成电路的保护。

布图设计在不同国家有不同的称呼但并无本质区别。美国称之为掩膜作品(Mask Work)，日本称之为电路布局(Circuit Layout)，欧盟(如英国、法国、德国、丹麦、西班牙、意大利等国)称之为拓扑图(Topography)，中国、瑞典、韩国、俄罗斯等国则称之为布图设计(Layout-design)。世界知识产权组织于1987年2月通过的《集成电路知识产权保护条约》(简称《WIPO条约》或《华盛顿条约》)中则采用了Layout-design(布图设计)一词。

(二) 集成电路布图设计的特点

集成电路布图设计是集成电路的核心技术，只有充分地保护布图设计才能达到保护集成电路的目的。布图设计有如下特点。

1. 无形性

布图设计作为一种元件的"三维配置"，这种配置方式本身是无形的、抽象的，以一种信息状态存在，不占据任何空间。但是它可以通过有形的载体表现出来而为人所感知。当它被制作成芯片时，表现为一定的构形；当它被制成掩膜版时，表现为一定的图形；当它被输入计算机时，则以编码的方式存储于各种磁性介质上，如磁盘、磁带、磁介质等。所以载体不同，布图设计存在的方式也不同。

2. 可复制性

布图设计具有可复制性，但其可复制性与一般著作权客体的可复制性不同。当布图设计的载体为掩膜版时，它以图形方式存在，这时只要对全套掩膜版加以翻拍，即可复制出全部的布图设计。当布图设计以磁盘或者磁带为载体时，可以拷贝磁盘或者磁带来复制，这更为简单。当布图设计被固化到集成电路芯片中时，复制过程相对复杂，必须对集成电路产品剥蚀、溶解，暴露出布图设计，然后用特制照相机进行拍照进行计算机处理才能获得全体布图设计。这种从集成电路成品着手，利用特殊技术手段了解其布图设计的方法被称为"反向工程"方法。总之无论集成电路布图以什么为载体，也无论以何种方式存在，要对它加以复制都不是不可能的。

3. 表现形式有限

集成电路是一种电子产品，其布图设计是与集成电路的功能相对应的。布图设计的表现形式要受到电路参数、实物产品尺寸、工艺技术水平、半导体材料结构和杂质分布等技术因素和物理规律的限制。因此开发新的功能相同或相似的集成电路，其布图设计不得不遵循共同的技术原则和设计原则，有时还要采用相同的线宽，甚至采用相同的电路单元，这就造成了对布图设计侵权认定难度的加大。

4. 布图设计是需要高投入的智力成果

要完成集成电路布图设计，创作人必须付出艰辛的劳动。布图设计凝结着创作者的智慧，而且在设计过程中必须用到各种高科技的设备，非一般机器所能达到。实际开发研究中布图设计的开发费用要占整个集成电路芯片研制费用的50%以上，没有强大的财力支持是绝对不能完成的。所以说布图设计是智力、技术、资金高投入的智力成果。

（三）集成电路布图设计与作品和发明创造的关系

集成电路布图设计与《著作权法》保护的作品和《专利法》保护的发明创造有相似之处，但是并不等同。

1. 集成电路布图设计与作品

1）设计目的不同

《著作权法》保护的作品主要是为了给人们阅读欣赏，满足人们精神方面的需求。而布图设计作为集成电路的中间环节主要存在于集成电路内部，它非常细小，肉眼无法观察，当然更谈不上感官方面的享受。布图设计的作用是执行电子电路的功能，谁也不会因为喜欢观赏它而去复制它。

2）表现形式不同

集成电路由一系列电子元件及连接这些元件的导线所组成，是执行单一电子功能的电路。基于其使用目的，其元件的布局图形的大小都由集成电路产品的电参数和生产技术水平决定。由于集成电路布图设计受到诸多因素的限制，其表现形式是有限的，这就可能存在不同人完全独立地设计出具有相同实质性特点的布图设计的情况。而作品是由语言、文字、图形或符号等构成的，其表现形式可以说多种多样。

3）复制受到的限制

作品的复制是指以任何方式将作品的一部分或全部制作成相同的若干份额的行为。翻开各国集成电路技术的发展史，“反向工程”在技术的发展中有着不可取代的作用。如果照搬《著作权法》中关于作品“复制权”的规定，实施反向工程将被认为是侵权行为。为了电子工业和集成电路技术的发展，允许在一定条件下或合理范围内实施反向工程。当然，单纯地为复制布图设计而实施反向工程仍为侵权。很多国家著作权法中的复制使用 copy 一词，而布图设计保护立法中的复制则使用

reproduce 一词。因此布图设计与作品固然相似却有着本质区别。

2. 集成电路布图设计与发明创造

集成电路布图设计是一种设计，这种设计主要体现在各种元件的连接及排列顺序上。不同的连接方式和不同的排列顺序代表着不同的电路功能。发明创造的功能是由其技术特征而不是由技术方案的排列顺序决定的，只有实施技术方案才能体现出发明创造的功能。另外，发明创造要求具备新颖性、创造性和实用性，而大多数集成电路达不到这一要求。比如，在设计专用集成电路时，常将一些已为人所熟知的单元电路加以组合，这种拼凑而成的集成电路大多难以满足专利法的创造性要求，这使得大量集成电路得不到专利法的保护，这正是传统专利制度与集成电路这一新型客体之间不协调的一面。

二、集成电路布图设计专有权

（一）集成电路布图设计专有权的内容

各国在集成电路保护问题上都采用了设权的方式，即在传统的知识产权体系中新设立一种既不同于专利权，也不同于著作权等传统知识产权形式的新型权利——布图设计权。虽然各国法律及国际条约在表述上有所区别，但对布图设计专有权的实质内容都做了大致相同的规定。

1. 复制权

复制权就是指布图设计权人以光、电或任何其他方式对布图设计进行复制的权利。布图设计专有权人有权复制或者许可他人复制其布图设计的全部或其中一部分，复制的形式可包括光学、电子或其他手段。其他人未经权利人同意，不得复制享有布图设计权的布图设计。复制权是布图设计权中其他权利的基础，权利人要想对布图设计进行进一步的利用，获得更多的利益，就必须先复制布图设计。尽管复制权来源于版权法，但布图设计的复制却不同于作品的复制。它包括生产制作含有掩膜作品的芯片产品的权利。因此，复制的范围扩大到版权法所保护不及的工业领域。

2. 商业利用权

商业利用权就是指布图设计权人为商业目的而利用布图设计或含有布图设计的集成电路以及含有该集成电路的物品的权利。布图设计权人之所以拥有商业利用权，就是因为布图设计不像作品那样是用于学习、研究或欣赏的，而是为了在集成电路中使用的。通过具体的商业实施，创作人的设计思想、创作结果的价值才会真正得到被社会所承认，其所付出的劳动也才会得到社会所给予的报酬，否则，不投入商业利用的布图设计是没有意义的。可见，商业利用权来自布图设计的工业实用性。

目前,布图设计的商业利用权从总体上看,包括进口权、销售权、提供权、依法转让、出售或继承商业利用权的权利。

（二）集成电路布图设计专有权的限制

1. 反向工程

“反向工程”(Reverse Engineering)又称“还原工程”,在集成电路产业中特指利用各种技术手段,在彻底剖析了解每一个电路功能的基础上,重新设计与原产品不同但功能近似或更好的集成电路产品。根据布图设计载体的不同,采用的还原方法也有所区别。通过立法将“反向工程”纳入法律保护的范畴,是对集成电路产业惯常做法的肯定。

从均衡布图设计权利人与公众利益的角度考虑,目前各国立法及国际条约大多承认反向工程的合法性。如美国《半导体芯片保护法》第906条规定:“为教学、分析或研究体现于某一掩膜作品中的观念或技巧,或者为教学、分析或研究某一掩膜作品所使用的电路、逻辑流向或组成成分,任何人都可以‘复制’受保护的掩膜作品,并将由此获得的结果纳入自己创作的掩膜作品中,而不构成侵权。”我国《集成电路布图设计保护条例》第23条规定:“下列行为可以不经布图设计权利人许可,不向其支付报酬:在依前项评价、分析、研究受保护的布图设计的基础上,创作出具有独创性的布图设计的。”

2. 独立创作

独立创作是指未抄袭他人创作而自行独立研究而得。对于独立创作的与他人相同的布图设计进行复制或者将其投入商业利用,不需要取得权利人的许可,并且不向其支付报酬。与版权法规定相似,独立创作原则也适用于布图设计。由于各种条件的限制,能够独立创作出与受保护的布图设计相同的布图设计是完全有可能的。为了保护创作人的积极性,对该独立创作人的权利也给予保护。但该布图设计人要有充足的证据证明自己未接触过受保护的布图设计,是独立创作出来的。

3. 权利用尽

权利用尽即权利人或经其同意已经投放市场的布图设计或含有该布图设计的集成电路产品,他人再销售、分销、进口等商业行为无须再经过权利人许可,权利人亦不得以其专有权加以限制。因为随着其产品的首次出售,权利人的商业利用权已经用尽。

法律规定此原则的目的在于限制布图设计权人对其布图设计产品的控制权,防止其滥用权利形成垄断,消除其专有性与商品自由流通的矛盾,从而便利产品的购买者自由处理所购买的产品,进而有利于市场中布图设计产品的正常流通。美国《芯片法》、欧盟《理事会指令》、《华盛顿条约》、《TRIPS协议》以及绝大部分国家的立法中均明文规定了“权利用尽”条款。

4. 善意侵权

善意侵权是指善意购买侵权芯片产品者，在注意到有关掩膜作品受本法保护以前，可以继续进口或发行侵权芯片产品，并且不承担任何法律责任；当善意购买者注意到侵权的事实后，仍可以继续进口或发行剩余的芯片产品，但应当向权利人支付合理的权利金。但是，善意侵权免责仅仅适用于商业利用权，不适用于复制权，而且仅适用于“含有非法复制的布图设计的集成电路或含有该集成电路的物品”，不适用于布图设计本身。因为在对布图设计进行复制或商业利用时，商人应该而且有可能知道其是否构成侵权。

我国《集成电路布图设计保护条例》第 33 条规定：“在获得含有受保护的集成电路或者含有该集成电路的物品时，不知道也没有合理理由应当知道其中含有非法复制的布图设计，而将其投入商业利用的，不视为侵权。前款行为人得到其中含有非法复制的布图设计的明确通知后，可以继续将现有的存货或者此前的订货投入商业利用，但应当向布图设计权利人支付合理的报酬。”

5. 强制许可

与专利实施的强制许可相类似，在国家出现紧急状态或非常情况，或者为公共利益的目的，国家有关部门可以对集成电路布图设计适用“强制”制度，但使用人应向权利人支付合理报酬。布图设计法中引入强制许可制度是为了集成电路的推广应用，使整个社会受益。《TRIPS 协议》对强制许可规定了与专利权强制许可相同的条件，是迄今为止有关知识产权强制许可（非自愿许可）的最严格、最全面的规定。我国《集成电路布图设计保护条例》第 25 条规定：“在国家出现紧急状态或者非常情况时，或者为了公共利益的目的，或者经人民法院、不正当竞争行为监督检查部门依法认定布图设计权利人有不正当竞争行为而需要给予补救时，国务院知识产权部门可以给予使用其布图设计的非自愿许可。”

思　考　题

1. 简述取得专利权的条件。
2. 企业如何利用专利战略取得竞争优势地位？
3. 企业商标战略有哪些内容？
4. 专利与专有技术的区别有哪些？
5. 与一般文字作品和图形作品相比，计算机软件有哪些特点？
6. 简述集成电路布图设计与作品及发明创造的区别。
7. 比较申请国际专利的两种途径。

分　析　题

1. 中国的甲公司生产产品A,需从市场上购买关键部件B作为产品A的配件。乙公司已经取得关键部件B的中国发明专利权,并许可丙公司生产关键部件B,但未许可丁公司生产关键部件B。问:

(1) 甲公司从市场上购买丙公司生产的关键部件B作为配件生产产品A,是否需要经过乙公司的许可?为什么?

(2) 如果甲公司确实不知道丁公司生产的关键部件B是未经乙公司许可的侵权产品,而从市场上购买了丁公司生产的关键部件B作为配件生产、销售了产品A,是否构成对乙公司专利权的侵害?是否应承担对乙公司损害赔偿的责任?为什么?

2. 我国A市有一玻璃厂,从英国某公司引进浮法玻璃专有技术项目。B市也有一个玻璃厂通过一位美国退休工程师的技术咨询也引进了浮法玻璃技术。这位退休的美国工程师原就职于美国某公司。英国某公司曾把浮法玻璃专有技术给该美国某公司。在技术许可合同中规定,该美国公司对英国某公司许可的技术有保密义务。现美国公司退休人员将该项技术提供给我国B市某玻璃厂,显然违背了英美两公司的技术许可协议。英国某公司得知这一情况后,指责我B市玻璃厂侵权,要求赔偿。请评价此案例。

案例分析

案例1

G2000商标侵权案

香港名牌“G2000”服装在内地销售受到不少白领的喜爱。但日前“G2000”商标却被告侵权,拥有“2000”商标的杭州个体户赵某向相关公司索赔2 000万元。杭州中级人民法院一审判决赵某胜诉。

1992年,位于香港的纵横二千有限公司(以下简称纵横公司)在国家商标局注册了“G2000”商标,该商标核定产品为服装、鞋、帽。2002年5月,纵横公司在国家商标局注册了“G2”商标,使用产品为服装、领带、袜、围巾、腰带等。

而商标“2000”是1997年注册的,核准使用产品是袜子、手套、围巾、领带等。最开始,这个商标是西湖区一家科技咨询服务所的,杭州人赵某是这个服务所的负责人。几经变更,该商标成了赵某个人所有。赵某,经营着科技咨询服务所和一家体育运动用品商店。在自己经销的领带、围巾、运动袜上，赵某使用“2000”商标，将产品销往嘉兴市、荆州市等地方。

早在2000年，赵某就发现纵横公司作为产品制造商，在大陆市场上大面积销售“G2000”商标的领带、袜子和腰带等。赵某那时就向纵横公司提出过，但对方置之不理。后来，赵某向北京、上海、广州等地的工商部门提出查处申请，广州工商部门扣押了涉嫌侵权的腰带、围巾、领带等产品。

之后，纵横公司的“G2000”和“2000”就开始了较量。

纵横公司先向国家工商总局商标局申请撤销“2000(手写体)”的注册商标。纵横公司认为，“2000”和他们的“G2000”，两商标近似，消费者识别时，很容易混淆。经过商标评审委员会的认定、北京市第一中级人民法院和北京市高级人民法院的行政判决，最终“2000”商标被认定是合法有效的，使用至今。

“G2000”注册时，核定产品为服装、鞋子、帽等，而赵某的产品是领带、围巾、袜子等。赵某认定对方侵权的，也是“G2000”在这些配件上的使用。每个“G2000”的专柜，不仅销售衣服，还销售配件。

这个案子中，成为被告的除了香港纵横公司外，还有上海和缘服装有限公司和广州千盈服装有限公司。后两者是经纵横公司授权，使用“G2000”和“G2”商标的。2005年到2006年，赵某先后41次在北京、上海、杭州、宁波等城市的多家商场、百货店内“G2000”的专柜内，购买了领带、围巾、皮带等产品。这些产品，有些是标贴和外包装上均标注为“G2000”，有些标贴是“G2”，而外包装上是“G2000”。

在生产、销售的领带、袜子、腰带、围巾等产品及其包装上使用“G2000”商标的行为，是否侵犯了赵某注册的商标“2000”，成了案子的关键。法院认为，“G2000”和“2000”，两者无论是字形、读音还是其各要素组合后的整体结构，都构成了近似，两者属于近似商标。三被告公司在生产、销售的领带、袜子、腰带、围巾等产品及其包装上使用“G2000”商标或在产品包装上使用“G2000”商标，而在产品上使用“G2”商标的行为均属于未经商标注册人的许可，在同一种产品上使用与其注册商标近似的商标的情形，其行为侵犯了赵某的注册商标专用权。

资料来源

1. 杭州商家告“G2000”商标侵权一审判赔2 000万元，《浙江在线-今日早报》，2008年1月10日。

2. “蚂蚁扳倒大象”凸显商标侵权新态势，《市场与消费报》，2008年5月11日。

案例讨论

1.“G2000”是纵横公司创立并已在中国内地获得商标注册的知名服装品牌，且商标注册时间早于“2000”商标，为什么纵横公司使用“G2000”商标会侵犯

“2000”商标专用权？

2. 你是如何看待“反向混淆”这一新型的商标侵权形式的？

3. 查找资料，看看周围还发生了哪些类似案例？

案例 2

品牌计算机应使用正版软件已成“行规”，但对于一些销售“攒机”（组装机）的企业而言，软件是否能“信手拈来”？近日，上海市二中院开庭审理了本市首起此类案件。微软将 3 家计算机公司告上法院，要求其为侵权行为赔偿 32 万余元。

“攒机”安装盗版软件

微软公司表示，自己拥有微软视窗 XP 专业版的源代码著作权，并做了版权登记。该软件作为个人计算机的操作系统软件，为人们广泛熟知。根据《中华人民共和国著作权法》等规定，产品理应受到中国法律的保护。

但 2008 年 11 月 21 日，微软发现上海昶沣信息科技有限公司涉嫌未经许可为客户安装盗版视窗 XP 操作系统。微软调查人员和公证人员在昶沣公司处购买了 4 台微型计算机，发现未在自己授权的情况下，4 台计算机均被安装了视窗 XP 软件并且安装了 SP3 补丁。

根据上海昶沣信息科技有限公司的陈述，销售的计算机是由上海臣越信息技术有限公司出售，由上海紫越网络科技有限公司运送。为此，微软把 3 家公司告上法院。

庭上三大争议焦点

3 被告均对微软公司的起诉表示异议。法庭上，双方围绕三大争议焦点展开辩论。

焦点一：原告是否有著作权

微软公司称自己拥有视窗 XP 的源代码著作权，并且做了版权登记。而 SP3 作为视窗 XP 操作系统的补丁包未进行版权登记，但这属于系统的更新，无需登记著作权。

被告则表示，视窗 XP 操作系统的原版为英文版，不等同于其拥有中文版的版权，而且补丁包未经过版权登记。

焦点二：被告是否实施侵权行为

微软公司提出，自己是以“随机购买”的方式取得 4 台计算机，有理由推断被告涉嫌长期未经许可非法安装盗版视窗 XP 操作系统。

被告却否认长期为客户安装盗版视窗 XP 软件，并认为原告的调查取证违法，涉嫌“陷阱取证”。而且作为计算机组装商，不会为消费者主动安装盗版操作系统。

焦点三：赔偿金额如何计算

一旦被确认侵权该赔多少？微软公司提出，自己计算的金额是根据 2007 年 4

月5日微软金牌服务商对视窗XP专业版的售价1 695元/套计算,计算时间从2006年11月21日起到2008年11月27日,大致估算被告由此获取的非法获利数目。

但被告提出XP操作系统有很多不同版本,价格也有诸多不同。被告出示的证据显示,同样是来自微软金牌服务商,XP专业版在2008年9月10日售价710元人民币,2009年6月18日售价为680元人民币。因此,被告认为微软公司计算的金额过高。

法官表示将择日宣判此案。

资料来源 微软状告3家计算机公司侵权买4台电脑取证据,《新民晚报》,2009年8月6日。

案例讨论

1. 你认为微软状告3家计算机公司侵权是否成立?

2. 软件业人才流失现象非常严重,人才流失带来的知识产权侵权案件逐年攀升。针对员工跳槽后将技术带走的现象,软件企业如何进行知识产权保护?

第四章　与国际技术贸易有关的知识产权法规与惯例

近年来，国际贸易与知识产权的联系日益紧密，知识产权在一国经济发展中的地位也至关重要。知识产权是思想的创造物，创造这些创造物的人需要享受充分的收益，以便具有足够的创造动力和激情。为此，就需要对知识产权进行保护。知识产权保护制度现已成为各国发展经济和参与国际竞争的重要基础。知识产权保护制度作为一种当今国际通行的维护人类创造特权，促进技术创新最有效的法律制度，其核心是保护知识产权所有人一定时期的独占性来鼓励智力创造活动。知识产权制度本质上是为了不让竞争对手使用自己的技术或销售自己的产品而拥有的一种垄断性权利。它激励着科技进步、鼓励着科技创新。但是，从创造物中受益的一般公众也不能为取得这些创造物而付出过于高昂的不合理价格。因此，一方面需要对创造者给予补偿；另一方面还要考虑公众的实际利益，在知识产权人私权与社会公共利益两者之间寻找一个合适的平衡点，这主要通过知识产权保护立法来实现。

目前，国际上的知识产权保护有两个平台：一个是世界知识产权组织(World Intellectual Property Organization，WIPO)，另一个是世界贸易组织(World Trade Organization，WTO)。前者较多地表现为对知识产权所在国利益的保护，而后者更多关注的是产权人利益。

第一节　世界知识产权组织框架下的公约

一、世界知识产权组织(WIPO)成立的背景

1967年7月14日，51个国家在瑞典的斯德哥尔摩签订了《世界知识产权组织公约》，世界知识产权组织（WIPO）于1970年4月26日正式成立。1974年12月

17 日 WIPO 成为联合国组织系统下的 15 个专门机构中的第 14 个组织，总部设在日内瓦。

WIPO 成立的背景可以追溯到 1883 年的《保护工业产权巴黎公约》和 1886 年的《保护文学艺术作品伯尔尼公约》。根据这两个公约，分别成立有两个联盟：保护工业产权巴黎联盟和保护文学艺术作品伯尔尼联盟，在两个联盟之下又分别设立国际局。由于两个联盟的性质相同，故于 1893 年两个联盟国际局合并办公，几经易名，最后确定为“保护知识产权联合国际局”（法语简称 BIRPI），执行两个联盟的任务。联合国际局只是巴黎联盟和伯尔尼联盟的秘书处，置于瑞士政府的监督之下，起不到国际机构的应有作用。为了改变这种状况，在联合国际局提议下，于 1967 年在斯德哥尔摩召开会议，签署了《建立世界知识产权组织公约》。我国于 1980 年 3 月 3 日向 WIPO 总干事递交加入书，同年 6 月 3 日成为该组织的第 90 个成员国，并于 1982 年 11 月 18 日起，成为 WIPO 协调委员会委员。

二、WIPO 的宗旨和任务

WIPO 的宗旨和原则是：一是通过国与国之间的合作，并在适当情况下，通过与其他国际组织的协作，促进全世界对知识产权的保护；二是保证各知识产权联盟间的行政合作。

世界知识产权组织管理着 23 部条约（其中两部与其他国际组织共管），并通过其成员国和秘书处执行各种工作任务：

（1）协调各国知识产权的立法和程序。

（2）为工业产权国际申请提供服务。

（3）交流知识产权信息。

（4）向发展中国家及其他国家提供法律和技术援助。

（5）为解决私人知识产权争端提供便利，利用信息技术和因特网作为存储、查询和使用有价值的知识产权信息的工具。

三、WIPO 管理的公约

除《建立世界知识产权组织公约》以外，世界知识产权组织还管理以下条约。

（一）知识产权类保护条约

1. 保护工业产权巴黎公约

保护工业产权巴黎公约（Paris Convention for the Protection of Industrial Property），简称《巴黎公约》，1883 年在巴黎缔结，1967 年在斯德哥尔摩最后修订，是迄今为止最广泛、最基本的保护工业产权的国际公约。其主要内容如下。

1）国民待遇原则

在工业产权保护方面，公约各成员国必须在法律上给予公约其他成员国相同于本国国民的待遇；即使是非成员国国民，只要他在公约成员国内有住所，或有真实有效的工商营业所，亦应给予相同于本国国民的待遇。

2）优先权原则

《巴黎公约》规定优先权原则只适用于发明、实用新型、外观设计和商品商标。发明专利和实用新型专利为12个月，工业品外观设计和商标为6个月。优先权的获得并不是自动的，需要申请人在后申请中提出优先权申请并提供有关证明文件。

3）独立性原则

外国人的专利申请或商标注册，应由各成员国依本国法决定，而不应受原属国或其他任何国家就该申请作出的决定的影响。

4）强制许可专利原则

某一项专利自申请日起的4年期间，或者自批准专利日起3年期内（两者以期限较长者为准），专利权人未予实施或未充分实施，有关成员国有权采取立法措施，核准强制许可证，允许第三者实施此项专利。

5）商标的使用

某一成员国已经注册的商标必须加以使用，只有经过一定的合理期限，而且当事人不能提出其不使用的正当理由时，才可撤销注册。凡是已在某成员国注册的商标，在另一成员国注册时，对于商标的附属部分图样加以变更，而未变更原商标重要部分，不影响商标显著特征时，不得拒绝注册。

6）驰名商标的保护

无论驰名商标本身是否取得商标注册，公约各成员国都应禁止他人使用相同或类似于驰名商标的商标，拒绝注册与驰名商标相同或类似的商标。对于以欺骗手段取得注册的人，驰名商标的所有人的请求期限不受限制。

7）商标权的转让

如果某成员国的法律规定，商标权的转让应与其营业一并转让方为有效，则只需转让该国的营业就足以认可其有效，不必将所有国内外营业全部转让。但这种转让应以不会引起公众对贴有该商标的商品来源、性质或重要品质发生误解为条件。

8）展览产品的临时保护

公约成员国应按本国法律对在公约各成员国领域内举办的官方或经官方认可的国际展览会上展出的产品所包含的专利和展出产品的商标提供临时法律保护。

2. 保护文学和艺术作品伯尔尼公约

保护文学和艺术作品伯尔尼公约（Berne Convention for the Protection of

Literary and Artistic Works)，简称《伯尔尼公约》，1886 年 9 月 9 日缔结。《伯尔尼公约》是目前著作权国际保护领域中影响最大的多边条约（世界上第一个著作权国际公约），对许多国家的国内版权立法都有重大影响，其包含以下主要内容。

1）国民待遇原则

联盟任何一成员国的作者，或者在任何一成员国首次发表其作品的作者，其作品在其他成员国应受到保护，此种保护应与各国给予本国国民的作品的保护相同。

2）保护范围

公约保护的作品范围是缔约国国民的或在缔约国内首次发表的一切文学艺术作品。《伯尔尼公约》生效时保护期未满的作品也给予保护，即有追溯力。

3）保护权利

公约既保护精神权利，又保护经济权利。关于精神权利，它只规定了作者的署名权和修改权，而没有规定发表权。关于经济权利，公约规定了翻译权、复制权、公演权、广播权、朗诵权、改编权、录制权和电影权。

4）自动保护

根据该公约受保护作品的作者，自动享有各国法律现在和将来给予其国民的权利和该公约规定的权利，不履行任何手续；现行公约的核心是规定了每个缔约国都应自动保护在伯尔尼联盟所属的其他各国中首先出版的作品和保护其作者是上述其他各国的公民或居民的未出版的作品。联盟各国必须保证使属于其他成员国国民的作者享受该国的法律给予其本国国民的权利。

5）独立保护原则

作品在各成员国受到保护不以作品在起源国受保护为条件。

6）保护主体

公约将作者列为第一保护主体，保护其包括精神权利和财产权利在内的专有权利。公约规定了作者享有以下几种财产权利：翻译权、复制权、公开表演权、广播权、公开朗诵权、改编权、延续权。公约保护作者不依赖其财产权利而独立存在的精神权利，就是即使作者把自已某部作品的版权（即财产权利部分）全部转让给了出版者或广播组织，后者也无权将作者的名字从作品上删去，或者篡改他的作品。

7）保护期限

作品的保护期限，公约针对不同的作品作了不同的规定：

(1) 对于一般文学艺术作品而言，公约给予的保护期为作者有生之年及其死后 50 年。这个期限为作品保护的最低期限。

(2) 对于电影作品，是指从作品公映后 50 年期满，如果作品摄制完成后 50 年内未公开放映，那么这一作品受保护的期限自作品摄制完后 50 年期满。

(3) 对于匿名作品(没有署名的作品)和署笔名的作品，其保护期为作品发表之日起 50 年。如果不署名或署笔名的作品在发表之后 50 年内公开了自己的身份，对其作品的保护期便适用第(1)条的规定。

(4) 对于摄影作品和实用美术作品的保护期由各国法律自行规定，但最短期限不能少于作品完成后的 25 年。

(5) 对于合作作品，也适用上述各有关规定，但作者死后的保护期应从最后一位作者死亡时算起。

3. 世界知识产权组织版权条约

随着信息技术的飞速发展，数字复制技术和互联网传播技术对传统的版权保护制度造成强大冲击。传统的版权保护国际规则——《伯尔尼公约》的规定已难以满足在新技术条件下对权利人的有效保护。世界知识产权组织从 1989 年开始起草新国际规则，出于立法上的原因，新国际规则未采用对《伯尔尼公约》文本的直接修订，而是制定一个独立的新条约。经过 7 年的酝酿和磋商，1996 年 12 月 20 日世界知识产权组织通过了《世界知识产权组织版权条约》(WIPO Copyright Treaty, WCT)，简称《版权条约》和《表演和录音制品条约》。应当说，两个条约的通过是继 1971 年修订《伯尔尼公约》以后，国际著作权领域最重要的事件。《版权条约》的主要内容如下。

1) 关于保护客体

WIPO《版权条约》版权保护的客体主要包括两个方面：一是计算机程序；二是数据或数据库编程。

2) 关于权利

《版权条约》新增加了向公众传播的权利，作者有权许可将其作品以有线或无线方式向公众传播，包括将其作品向公众提供，使公众中的成员在其个人选定的地点和时间可获得这些作品。

3) 关于技术措施的义务

WIPO《版权条约》要求缔约各方应在法律中规定，未经权利人许可或法律准许，规避(包括破解)由权利人为实现版权保护而采取的技术措施为侵权行为。

4) 关于权利管理信息的义务

《版权条约》规定，未经权利人许可擅自去除权利管理的电子信息属侵权行为；未经许可发行、广播、向公众传播明知已被未经许可去除或改变权利管理电子信息的作品或复制品也属于侵权行为。

4. 发送卫星传输信号布鲁塞尔公约

发送卫星传输信号布鲁塞尔公约(Brussels Convention Relating to the

Distribution of Programme-Carrying Signals Transmitted by Satellite)，简称《卫星公约》，1974年5月21日签署。

5. 保护录音制品制作者防止未经许可复制其录音制品日内瓦公约

保护录音制品制作者防止未经许可复制其录音制品日内瓦公约（Geneva Convention for the Protection of Producers of Phonograms Against Unauthorized Duplication of Their Phonograms），1971年10月签署。

6. 制止商品产地虚假或欺骗性标记马德里协定

制止商品产地虚假或欺骗性标记马德里协定（Madrid Agreement for the Repression of False or Deceptive Indications of Source on Goods），1891年在马德里缔结，1958年在里斯本最后修订。

7. 保护奥林匹克会徽内罗毕条约

保护奥林匹克会徽内罗毕条约（Nairobi Treaty on the Protection of the Olympic Symbol），1981年9月26日于内罗毕通过。

8. 专利法条约

专利法条约(Patent Law Treaty)，2000年6月在日内瓦签订。

9. 保护表演者、音像制品制作者和广播组织罗马公约

保护表演者、音像制品制作者和广播组织罗马公约（Rome Convention for the Protection of Performers, Producers of Phonograms and Broadcasting Organizations），简称《罗马公约》，1961年10月在罗马签订。

10. 商标法条约

商标法条约（Trademark Law Treaty，TLT），1994年10月在日内瓦缔结。

11. 世界知识产权组织表演和录音制品条约

世界知识产权组织表演和录音制品条约（WIPO Performances and Phonograms Treaty，WPPT），1996年12月20日通过。

（二）全球保护体系条约

1. 专利合作条约

《专利合作条约》（Patent Cooperation Treaty，PCT）是为了加强国际专利合作，在《巴黎公约》基本原则指导下的专门条约，于1970年6月19日缔结，1978年1月24日生效。以后进行多次修订。《专利合作条约》是闭合性的条约，只有《巴黎公约》成员国方可加入。我国于1993年9月15日正式向世界知识产权组织递交加入书，1994年1月1日正式成为《专利合作条约》成员国，中国专利局成为该条约专利事务的受理局、指定局和选定局。《专利合作条约》的主要内容如下。

1）国际申请

在任何一个缔约国提出的保护发明的申请都可以按条约规定提出国际申请。

国际申请包括以下文件：申请书、说明书、一项或多项的权项、一幅或多幅的附图以及摘要。

2）国际检索

每一项国际申请都应经过国际检索，检索的目的在于发现在先已有的相关技术。国际检索在权项的基础上进行，并适当考虑到说明书和附图。国际检索由国际检索单位进行。国际检索单位由国际专利合作联盟大会委任，可以是一个国家专利局，或是一个政府间组织。国际检索单位检索后应在规定时间内按规定形式撰写检索报告，写完后尽快转交申请人和国际局（国际专利合作联盟的常设机构）。

3）国际公布

从该申请的优先权日期算起满18个月，国际局应公布国际申请。如果国际申请在其公布的技术准备完成前撤回或被视为撤回，则不应在国际上公布。国际局和国际检索单位不允许任何人或当局在该申请作国际公布前接触到该国际申请，除非申请人请求或授权这样做。

4）国际初步审查

依据申请人的请求，对发明的新颖性、创造性与实用性进行实质性审查。经申请人要求，其国际申请应按规定接受国际初步审查。对国际初步审查的要求应与国际申请分别提出，要求中应指明申请人打算在哪些缔约国“选定国家”使用国际初步审查的结果。国际初步审查由国际初步审查单位进行，并在规定时间内按规定的形式写成国际初步审查报告，转交给申请人和国际局。

5）被指定专利局（指定局）的最后审查

国际初步审查通过以后，国际初步审查单位就要将申请的原件，与国际初步审查报告送交国际局，国际局再通知各被指定国，告知他们已经被选定，由国际局与申请人，将其译文送交指定局，由指定局对合作专利，依照本国专利法进行审查，最后作出是否授予专利权的最后决定。

2. 商标国际注册马德里协定

商标国际注册马德里协定（Madrid Agreement Concerning the International Registration of Marks），简称《马德里协定》，1891年在马德里缔结，1967年在斯德哥尔摩最后修订，1989年增订了议定书。《马德里协定》的宗旨是解决商标的国际注册问题。具体内容如下。

1）接受申请的机构

任何缔约国国民都可以通过所属国的注册当局，向世界知识产权组织国际局提出商标注册申请，以便在一切其他公约参加国取得其已在所属国注册的用于商品或服务项目的标记的保护。

2）对非成员国的国民待遇原则

未参加公约的国家的国民，在依该公约组成的特别同盟领域内，满足《保护工业产权巴黎公约》第3条的要求，即有永久住所或真实的、正当的工商业营业所的，可与缔约国国民同样对待。

3）申请国际注册的内容及注册

每一个国际注册申请必须用规定的格式提出，商标所属国的注册当局应证明这种申请中的具体项目与本国注册簿中的具体项目相符合，并提及商标在所属国的申请和注册的日期、号码及申请国际注册的日期。

4）国际注册的效力

从在国际局注册的日期开始，商标在每个有关缔约国的保护，应如同该商标直接在那里提出注册的一样。办理国际注册的每个商标，享有《巴黎公约》规定的优先权，而不必再履行有关手续。

5）国际注册的有效期

在国际局注册的商标有效期为20年，并可续展，期限自上一次期限届满时算起为20年。保护期满前6个月，国际局应发送非正式通知，提醒商标所有人或其代理人确切的届满日期。对国际注册的续展还可给予6个月的宽限期。

6）国际注册的独立性

自国际注册的日期开始满5年时，国际注册即与在所属国原先注册的国家商标无关。但是，自国际注册日期开始5年内，在所属国原先注册的国家商标已全部或部分不复享受法律保护时，国际注册所得到的保护，不论其是否已经转让，也全部或部分不再产生权利。当5年期限届满前因引起诉讼而导致停止法律保护时，国际注册也同样不再产生权利。

7）国际保护的放弃

以自己名义取得国际注册的人，可在任何时候放弃在一个或更多的缔约国的保护。在行使放弃权时应向其本国注册当局提出一个声明，要求通知国际局，国际局再依此通知保护已被放弃保护的国家。

8）所有人国家变更引起的国际商标的转让

当在国际注册簿上注册的一个商标转让给一个缔约国的人，而该缔约国不是此人以其自己名义取得国际注册的国家时，后一国家的注册当局应将该转让通知国际局。国际局对该转让予以登记，通知其他注册当局，并在刊物上予以公布。如果转让是在国际注册后未满5年内进行，国际局还应征得新所有人所属国的注册当局的同意。

3. 工业品外观设计国际保存海牙协定

工业品外观设计国际保存海牙协定（The Hague Agreement Concerning the

International Deposit of Industrial Designs),1925 年 11 月 6 日在海牙缔结,于 1928 年生效,并成立了"海牙联盟"。

4. 国际承认用于专利程序的微生物保存布达佩斯条约

国际承认用于专利程序的微生物保存布达佩斯条约(Budapest Treaty on the International Recognition of the Deposit of Microorganisms for the Purposes of Patent Procedure),1977 年 4 月 28 日缔结。

5. 保护原产地名称和国际注册里斯本协定

保护原产地名称和国际注册里斯本协定(Lisbon Agreement for the Protection of Appellations of Origin and Their International Registration),1958 年 10 月 31 日签署。

(三) 各种分类条约

(1) 建立工业品外观设计国际分类洛迦诺协定(Locarno Agreement Establishing an International Classification for Industrial Designs),1968 年 10 月 8 日签订于洛迦诺。

(2) 商标注册用商品和服务国际分类尼斯协定(Nice Agreement Concerning the International Classification of Goods and Services for the Purposes of the Registration of Marks),简称《尼斯协定》,1957 年在尼斯缔结,1977 年在日内瓦最后修订。

(3) 国际专利分类斯特拉斯堡协定(Strasbourg Agreement Concerning the International Patent Classification),1971 年 3 月 24 日在法国斯特拉斯堡签订。

(4) 建立商标图形要素国际分类维也纳协定(Vienna Agreement Establishing an International Classification of the Figurative Elements of Marks),简称《维也纳协定》,是建立商标图形要素国际分类的协议。1973 年 6 月 12 日在维也纳外交会议上通过,1977 年 5 月 1 日生效。

第二节 世界贸易组织框架下的 TRIPS 协议

一、TRIPS 协议签署的背景

尽管世界知识产权组织一直在致力于促进使用和保护人类智力作品,管辖着一个与知识产权相关的双边、多边或地区性协定、条约构建的广义的规则体系,但是这个知识产权体系到 20 世纪末开始面临挑战和发生动摇。

首先,新技术、新发明层出不穷,特别是互联网的出现,使科学技术渗入到社会生活的各个领域，多数发达国家的经济活动正朝着科研和技术密集型转型，出口产品中含有更多的技术和创造，美国知识产权相关产业的出口占出口总量的60%左右。因此，制造商特别希望产品中所含的知识产权能够得到充分的保护，以便收回开发和研究的费用。

其次，大量的发展中国家取消了对外国投资的限制，外国有机会通过建立合资企业或签订许可协议的方式在东道国制造含有专利的产品。但发达国家进行投资的意愿，取决于这些国家是否能够对其知识产权进行有效的保护。

再次，技术改进了产品，同时也使复制和模仿变得更加容易和便宜。模仿使创新企业丧失市场，降低技术创新的积极性。

处于现今世界经济条件下，原有的知识产权国际保护体制已出现诸多的缺陷和不足，主要表现在以下方面：

其一，保护程度不等，原有的公约未能建立起约束各国法律所提供的保护知识产权的普遍性原则和共同的保护准则，而各国由于各自政治、经济、文化发展不同，对知识产权的保护水平、保护范围、保护期限、保护措施和权利救济程序或途径以及权利限制等的规定各不相同，有的甚至存在很大差异，从而可能使同一公约的缔约国对同一知识产权主题提供不同程度的保护。

其二，整体保护水平不高，有些公约签署于一个世纪以前，其保护范围不能适应当前快速发展的技术革命，例如，生物工程、集成电路、电子商务等并未包容进去。

其三，保护机制不全，缺乏有效的争端解决机制来处理与知识产权有关的问题，这是世界知识产权组织最大的弱点。

经济社会中出现的这些新现象、新趋势表明，原有的世界知识产权保护体系难以解决国际贸易中侵犯知识产权的问题，并导致了国际贸易中的不公平现象，违背了关贸总协定的基本原则。基于此，关贸总协定（General Agreement on Tariffs and Trade，GATT）将知识产权保护纳入乌拉圭回合谈判的新议题，并最终达成了《与贸易有关的知识产权协议》（Agreement on trade-related aspects of intellectual property rights，TRIPS）。

二、TRIPS协议的主要内容

TRIPS协议主要包括以下内容。

（一）TRIPS协议的一般规定和基本原则

1. TRIPS协议的范围

TRIPS协议规定知识产权的范围是版权与邻接权、商标权、地理标志权、工业品外观设计权、发明专利权、集成电路布图设计（拓扑图）权和未披露信息权（商业秘密）。

2. 与其他知识产权公约的关系

TRIPS 协议的规定，不得有损于成员之间依照《巴黎公约》、《伯尔尼公约》、《罗马公约》及《集成电路知识产权条约》已经承担的义务。

3. 国民待遇原则

各成员在知识产权保护上，对其他成员的国民提供的待遇不得低于其本国国民。但《巴黎公约》、《伯尔尼公约》、《罗马公约》及《集成电路知识产权条约》允许在某些情况下以互惠原则代替国民待遇原则；对表演者、录音制品制作者和广播组织而言，国民待遇仅适用于本协议所规定的权利；一些司法和行政程序。

4. 最惠国待遇原则

在知识产权保护上，某一成员提供其他国国民的任何利益、优惠、特权或豁免，均应立即、无条件地适用于全体其他成员的国民。把最惠国待遇原则引入知识产权的国际保护，是 WTO 的创造。

5. 其他原则

知识产权保护的目标，是促进技术的革新、技术的转让与技术的传播，以有利于社会及经济福利的方式去促进生产者与技术知识使用者互利，并促进权利与义务的平衡；成员可在其国内法律和条例的制定或修订中，采取必要措施保护公众的健康与发展，以增加对其社会经济与技术发展至关紧要的领域中的公益；成员可采取适当措施防止权利人滥用知识产权，防止借助国际技术转让中不合理的限制贸易的行为。

（二）有关知识产权的效力、范围及利用标准

1. 版权与邻接权应遵守《伯尔尼公约》的规定

版权与邻接权的范围包括《伯尔尼公约》所指的“文学艺术”：文学、科学和艺术领域内的一切作品，不论其表现形式或方式如何，例如，书籍、演讲、戏剧、舞蹈、配词、电影、图画、摄影作品、地图等；计算机程序与数据的汇编；表演者、录音制品制作者及广播组织权利。

版权的保护期，自其创作或出版期不得少于 50 年；表演者和录音制作者的权利应至少保护 50 年；广播组织的权利应至少保护 20 年。

2. 商标

注册商标所有人享有专有权，以防止任何第三方未经许可而在贸易活动中使用与注册商标相同或近似的标识，去标识相同或类似的商品或服务。驰名商标应受到特别的保护，即不相同或类似的商品或服务，也不得使用他人已注册的驰名商标；在确定一个商标是否驰名时，应考虑相关公众对该商标的了解程度，包括在该国因促销而获得的知名度。

商标的首期注册及各次续展注册的保护期，均不得少于7年。商标的续展注册次数应系无限次。如以未使用为由撤销注册商标，则必须是连续3年未使用。

3. 地理标志

地理标志是指下列标志：标识出某商品来源于某成员地域内，或来源于该地域中的某地区或某地方；该商品的特定质量、信誉或其他特征，主要与该地理来源相关联。各成员应对地理标志提供保护，包括对含有虚假地理标志的商标拒绝注册或宣布注册无效，以防止公众对商品的真正来源产生误解或出现不公平竞争。

4. 工业品外观设计

应对新的或原创性的，独立创造的工业设计提供保护。受保护的工业品外观设计的所有人，有权制止第三方未经许可而为商业目的制造、销售或进口带有或体现有受保护设计的复制品或实质性复制品的物品。工业品外观设计的保护期应不少于10年。

5. 专利

一切技术领域中的任何发明，无论是产品发明还是方法发明，只要其具备新颖性、创造性并可付诸工业应用，均可获得专利。但如果某些产品的商业性开发会对公共秩序或公共道德产生不利的影响，包括对人类和动植物的生命健康和环境造成严重损害，则各成员可以不授予专利。另外，对人类或动物的诊断、治疗和外科手术方法，除微生物外的植物和动物，以及除非生物和微生物外的生产植物和动物的主要生物方法，也可不授予专利权。但植物新品种应受到专利或其他制度的保护。

专利所有人享有专利专有权。对于产品，应有权制止第三方未经许可制造、使用、提供销售、销售，或为上述目的而进口该产品；对于方法，应有权制止第三方未经许可使用该方法的行为，以及使用、提供销售、销售或为上述目的进口依该方法直接获得的产品。各成员的法律可以允许未经权利所有人授权即可使用一项专利，包括政府使用或政府授权其他人使用（即强制许可、非自愿许可），但必须有严格的条件，并受到严格的限制。

专利保护期不少于20年。

6. 集成电路布图设计

应按照《集成电路知识产权条约》对集成电路布图设计提供保护。各成员应禁止未经权利持有人许可的下列行为：为商业目的进口、销售或以其他方式发行受保护的布图设计，为商业目的进口、销售或以其他方式发行含有受保护的布图设计的集成电路，或为商业目的进口、销售或以其他方式发行含有上述集成电路的物品。

7. 对未披露信息的保护

未披露过的信息属于秘密，并非通常从事有关该信息工作的人们普遍了解或容易获得;具有商业价值;为保密已采取合理措施。合法控制该信息的人有权防止他人未经许可而以违背诚实商业行为的方式,披露、获得或使用该信息。违背诚实商业行为的方式是指违反合同、违背信任,以及第三方明知或因严重疏忽未知其信息的获得是以这种方式实现的。

8. 对协议许可中限制性商业做法的控制

国际技术转让中的限制性商业做法,例如,独占性回授(即技术的转让方要求受让方将其改进的技术的使用权只授予转让方,而不得转让给第三方)、禁止对有关知识产权的有效性提出异议或强迫性的一揽子许可(即技术的转让方强迫受让方同时接受几项专利技术或非专利技术),可能对贸易产生消极影响,并可能阻碍技术的转让与传播。各成员可采取适当措施防止或控制这些行为。

(三) 争端的防止与解决

各成员有关 TRIPS 协议争端的解决,应适用 WTO 争端解决机制。争端解决机制主要规定在 WTO《关于争端解决的规则与程序的谅解》之中。

根据该谅解,WTO 成员发生争议,应首先进行磋商;磋商应于一方提出申请后 60 天之内结束。

如果磋商未达成协议,一方可向争端解决机构申请成立专家小组;该机构应于 45 天内决定是否同意成立专家小组(只有该机构全体反对,才能不成立专家小组);专家小组应于 6 个月内作出裁决。专家小组虽然只是协助争端解决机构作出裁决或建议,但专家小组的报告只有在该机构全体一致的情况下才能被否决。

任何一方都可以就裁决向上诉机构提出上诉。上诉机构将对裁决的法律问题进行审查,最多必须在 90 天内作出维持、修改或撤销的决定。争端解决机构可以在 30 天内接受或否决上诉机构的报告。

败诉方必须履行裁决,但如果无法立即履行,争端解决机构可以给予一个合理的履行期限。如果在合理的期限里不履行裁决,胜诉方可以要求补偿;败诉方也可以主动给予补偿。当败诉方未能履行裁决,又未给予补偿时,胜诉方可以要求争端解决机构授权采取报复措施,中止协议项下的减让或其他义务。

三、TRIPS 协议的特征

TRIPS 协议的签订标志着知识产权的国际保护迈上了一个新台阶。与原有知识产权保护体系相比,TRIPS 协议的保护内容更广、标准更高、措施更严、争端解决更有效。

(一) 知识产权的整体保护水平得到提高

TRIPS 协议是目前为止内容最为广泛的国际知识产权协议。根据 TRIPS 协议第二部分的规定,国际贸易领域内对知识产权提供保护的对象主要是国际技术贸易所涉及的标的，包括著作权及其相关权利、商标、地理标记、工业品外观设计、专利、集成电路布图设计和未公开的信息，其中集成电路布图设计和商业秘密在国际性条约中是首次涉及。在保护期限方面，延长了知识产权的最短保护期，规定专利的保护期不少于20年，包括计算机软件在内的著作权保护期为50年，集成电路布图设计的保护期不得少于10年。同时在协议的第72条和保留条款中规定，未经其他成员同意，不能对本协议中的任何条款予以保留，这实际上是条禁止保留条款，反映出TRIPS协议保护的高标准。

（二）TRIPS协议规定了详尽的执法措施

TRIPS协议第三部分规定了较详细的知识产权执法规则，特别是对证据、禁令、损害赔偿、反假冒的边境措施和侵权行为的惩罚作出了规定，要求各国对知识产权的执行严格按照一般的执法程序。

（三）TRIPS协议设定争端解决机制

关于知识产权的纠纷，TRIPS协议第64条规定应适用总协定第22、第23条有关解决争端的规范和程序的谅解协议。争端解决机制分两步，第一步协商，协商时间不超过60日，协商无果则进入第二步，即司法解决程序，由WTO争端解决委员会作出裁定，败方将会受到制裁，经济上遭受很大损失，从而对有关的缔约方产生较大的约束力。将TRIPS争端解决纳入WTO争端解决机制，保证了世贸组织各成员国在知识产权保护方面执法的公正性和国际监督的有效性，使得TRIPS协议国际保护的效力大大提高。

（四）TRIPS协议提高了知识产权保护标准

TRIPS协议促进了知识产权国际化的进程。此前，虽有众多的国际条约以及统一的国际知识产权组织，但由于其效力有限，各个国家在知识产权的立法方面仍然各自为政，导致了各国保护知识产权程度不一、标准各异，大大妨碍世界范围的知识产权保护。TRIPS协议的主要目标就是促使所有成员的立法统一化，从而在全球贸易制度中使所有成员在知识产权的保护上都达到以前只在发达国家达到的保护水准。

第三节 知识产权与国际技术贸易的关系

在国际技术贸易中依法进行知识产权保护，是技术转让方与受让方的共同需要。如果技术受让方对知识产权保护不够，技术供给方则不愿向其转让技术，或虽同意转让技术但要收取高额费用。如果技术转让方过度保护知识产权，利用知识产权妨碍技术革新和社会资源的有效配置，那么可能会损害社会的利益。知识产权制度的实质是在授予创新者或知识产权所有者阶段性排他权利的同时，要求其公开技术，使更多的人能够使用创新技术，促进社会技术进步。但是，有些企业以保护知识产权为名，采取反竞争的手段独占市场，形成垄断，这就超出了知识产权制度的保护范围，结果违背了知识产权制度鼓励创新和推动技术进步的基本原则。因此适度的知识产权保护是推进技术贸易健康发展的前提条件。

一、适度的知识产权保护促进国际技术贸易健康发展

（一）改善国际技术贸易环境

国际技术贸易环境包括技术市场的硬件设施和技术交易的政策、法律、服务等软件设施。加强知识产权保护，可有效地改善国际技术贸易环境，促进全社会的科技进步以及经济既稳又快地增长。完善的知识产权保护制度可以促进技术转让方隐性知识的转移、对外直接投资和技术许可，使得发达国家向发展中国家转让更多的先进技术和设备。同时，各个国家不断修改和完善知识产权立法，拓宽法律保护的涵盖范围，通过完善世界知识产权保护制度来恢复公平的国际技术贸易。

（二）知识产权保护同时保护技术的供给方和接受方

有了知识产权保护，技术供给方通过国际技术贸易的正当途径实现先进技术的价值，获取利润。技术接受方在支付技术使用费后可以使用先进技术，但是本国其他企业不能无偿享用。以专利为例，如果没有知识产权保护，一方面，通过技术贸易取得专利使用权的企业在竞争中将处于不利地位，而那些侵权企业可能获取高额利润；另一方面，技术供应方无法多次转让先进技术，研发成本得不到回收，只好在国际技术贸易中大大提高技术的价格，以期一次性收回利润。长此以往，专利技术价格居高不下，技术接受方也只能被迫接受过高的价格，在国际技术贸易中处于不利地位。

（三）知识产权保护有助于隐性知识的转移

由于大量的技术属于专有技术，不受专利保护，因而作为隐性知识的专有技术的转让，实施难度比较大。一方面，技术秘密一旦转移，受让方就可能会借口不需要该项技术而极力逃避支付使用费；另一方面，一旦转让费已经支付，出让方也可能会隐瞒技术秘密而不予提供。知识产权保护可以将技术秘密与专利技术结合起来，从而成功地实现技术秘密的转让。因为两者对于产品的生产是缺一不可的：没有专利技术的许可，就会面临专利侵权的诉讼；缺少技术秘密的转让，又难以进行有效的生产。对于技术转让方来说，如果受让方在技术秘密转让后拒绝支付使用费，就可以撤销技术转让合同，包括撤销专利技术的转让，而受让方没有专利技术的授权，即使掌握了许可方的技术秘密，仍然无法生产制造有关产品，因此转让

方就免除了转移技术秘密的后顾之忧；而对于技术受让方来说，如果在支付了技术使用费后，转让方不向自己提供有关技术秘密，以至于不能按照专利技术生产有关产品，也可以解除技术转让合同，这样，也就不用担心转让方不向自己转移技术秘密了。

二、过度的知识产权保护不利于国际技术贸易的健康发展

（一）知识产权保护导致技术转移交易费用高昂

在许多技术领域，技术是集成性的或系统性的。一个可以商业化的技术创新往往由许多不同知识的“碎片”组成，而这些碎片的持有者是不同的利益主体，他们为各自持有的部分申请专利。拥有技术重要部分专利的权利人可能会阻碍该项技术的开发，而且该项专利技术的范围越宽，就越会增加权利人企图控制他人在其技术的基础上进一步创新的可能性，拖延技术进步的步伐。所以，当必须将数个专利权组合起来才能实现技术创新的时候，技术转移的交易成本将会变得十分高昂，从而会阻碍技术交易的实现。知识产权保护的加强对于技术后进者来说意味着支付越来越高昂的技术模仿成本。

（二）强化知识产权保护会影响各国的贸易条件，拉大南北差距

当今世界各国的经济发展极不平衡，而且差距越来越大。主要发达国家在现代科技竞争中处于领先地位，他们不仅掌握大部分专利产品的进出口权，而且掌握投资和专利技术许可权。发达国家为了维护自身利益，领导制定知识产权协议的法律条文，并在全球范围内推行知识产权的有效保护制度。虽然作为消费者，发展中国家居民享受到技术进步带来的福利水平的提高，但是发展中国家产品贸易却失去了竞争力。因此，在这种世界不平衡状态下，强化知识产权保护的结果是改善了北方的贸易条件，但却使南方的贸易条件恶化。随着 TRIPS 协议的全面实施，全球人均收入的差距已经从 1960 年的 5 700 美元扩大到了 1993 年的 15 400 美元，最富裕国家中的 1/5 人口控制了世界 GDP 总额的 86%，富裕比例从 30：1 上升到了 74：1，今后相当长的时间内，这种趋势仍将继续下去。

（三）知识产权保护权利滥用限制了国际技术贸易的公平竞争

随着知识产权保护水平的提高，发达国家的技术发明人在技术市场的谈判中对许可条件的设定拥有了更为强大的市场地位。基于共同利益考虑，发达国家在知识产权保护上互相策动，利用世界贸易组织和世界知识产权组织等多边场合，制定不合理的知识产权保护制度，并在实践中滥用，以维持自己在市场上的优势地位。权力滥用的主要表现形式为：擅自延长保护期限、排斥平行进口、无正当理由的拒绝许可、含有限制竞争条款的知识产权许可合同。知识产权保护权利的滥用限制了国际技术贸易的公平竞争。

总之，知识产权是一把双刃剑，它既能够激励创新，也会限制自由竞争。在加大对知识产权保护力度的同时，必须准确界定知识产权权利人和社会公众的权利界限，禁止知识产权权利滥用。

思 考 题

1. 试述《与贸易有关的知识产权协议》的主要内容。
2. 试述《巴黎公约》的主要内容。
3. 与《伯尔尼公约》相比，《世界版权公约》在版权保护方面有什么特点？
4. 世界知识产权组织管理的公约有哪些？
5. 联合国《国际技术转让行动守则（草案）》起草的背景是什么？
6. 怎样理解适度的知识产权保护是推进技术贸易健康发展的前提条件？
7. 试述世界知识产权组织建立的意义。

案 例 分 析

从谷歌侵权事件看网络知识产权保护

"谷歌侵权事件"源于谷歌打造全球最大的在线图书馆计划。在过去5年，谷歌已经将全球尚存有著作权的近千万种图书收入了它的数字图书馆，而没有通报著作权所有者本人。最近，这项计划开始瞄准中国作家实施。在现代先进扫描机器的疯狂运作之下，不几天，据中国文字著作权协会统计，就有570位中国作家的17 922种作品被非法扫描上网。在这种情况下，一场在国内著作权人与谷歌间的网上版权之争恐怕已在所难免。

虽然谷歌打着免费、公益的旗号，声称"整合全球范围的信息，使人人皆可访问并从中受益"，但在免费数字图书馆的背后，实际上隐藏着巨大的商机。迫于压力，谷歌日前发出了一份和解声明，他们把条款分为同意和解和不同意两类，同意的每人每本书可获得最少60美元作为赔偿，以后则能获得图书在线阅读收入的63%，但赔偿需要本人提出申请，2010年6月5日之后，还没有申请，则视为自动放弃权利。中国文字著作权协会介绍，谷歌发布的统计数字表明，截至2008年年底，谷歌数字图书馆已有图书800万部，今年年底预计达到1 000万部，这么大的信息量很难一一查实。谷歌方面提出和解条款显然无法弥补国内作家们因此受到的损失。据悉，目前一位80后新锐作家作品数字版权的版税，大概占网上阅读收入的70%，这样，一年一本书的数字版税收入大概有数千元，那些中国一线作家的数字版税自然更高。60美元只相当于400余元人民币，自然是赔得太轻了。更重要的是，谷歌在明知此举会侵害相关著作权人权利的情况下，仍然单方而为、一意孤行，在事先不征得相关著作权人的同意和允许，在事后也只提出60美元的和解“赔偿”，这不仅显得过于傲慢，也是对中国相关法律的轻视。

事实上，“谷歌侵权事件”只是揭开网上著作权保护混乱现状的冰山一角。按照著作权法的规定，作者发表在传统媒体上的享有著作权的作品，包括网络在内的其他媒体，不经著作权人同意而转载或剽窃甚至抄袭的，都属于侵犯著作权的违法行为。如要转载的，则需要支付给著作权人相关的费用。然而，在丰富的网络信息资源中，大多数内容都绝非原创，均来自传统的媒体，其中不乏受著作权保护的作品。事实上，在互联网上，网上侵犯著作权的行为非常普遍，“免费午餐”成了流行观念，而著作权保护反而被置之脑后了。虽然一些作品免费转载、传播，在一定程度上有利于群众免费获取相关信息、资源，但这种“免费”一旦过度，就会严重危害了著作权人的利益，也影响到相关产业的发展。

其实，网络版权问题早已为国际知识产权界所关注。1996年12月20日在世界知识产权组织主持的外交会议上缔结了《世界知识产权组织版权公约》和《世界知识产权组织表演和录音制品公约》，这两项公约中有一个重要内容，就是规定了作者在计算机网络上的权利。

针对谷歌侵权问题，各国政府也在积极应对。近日，多家法国媒体公司向法国政府投诉说，近几个月谷歌通过他们的产品获取利润，却没有支付任何费用。法国政府随后委托一个专家小组实施调查。调查小组2010年1月6日向法国文化部长弗雷德里克·密特朗提交报告，建议法国政府向谷歌等企业的在线广告业务及互联网服务提供商征税，并使用所得税收扶持音乐等创意产业，发展在线交易音乐、电子读物、电影等产品的市场。在增加互联网文化资源的同时，保护艺术家及媒体的知识产权。

报告主要作者泽尔尼克将这种税命名为“谷歌税”，但他说，征收对象可以包括微软、雅虎、社交网站“脸谱”等其他互联网巨头。报告并未提出税率等征收“谷歌税”的具体措施，但预计征收这种税“最终每年可以带来1 000万欧元收入”。

法国文化部说，总统萨科齐和文化部长密特朗眼下正在考虑报告提出的建议。法国政府一直致力于规范网络，打击非法下载音乐、共享文件等违法行为，保护知识产权。法国议会近日通过一项法案，授权政府对非法从网上下载音乐或电影的行为实施处罚。

资料来源

1. 谷歌侵权事件能否成为网上著作权保护的导火索，《国际在线》，2009年10月20日。

2. 法预征"谷歌税"助本国文化产业,新华网,2010年1月13日。

案例讨论

1. 如何理解数字图书馆背后商机无限?

2. 面对崭新的数字化时代的到来,我们出版业应该如何调整自己,作出怎样的应对?

3. 网络知识产权保护的难点在哪里?法国政府的做法有何借鉴意义?

第三篇　技术交易

第五章　国际技术贸易程序

国际技术贸易是技术供给方和技术需求方共同合作的博弈过程。技术供给方能够为需求方提供创新性强、实用性强、经济效果潜力大的科技成果；而这种科技成果又正是技术需求方所必需的、与企业引进消化能力相适应，于是技术交易就会发生。技术交易不同于一般的商品交易，由于技术输出国与技术引进国在法律规范、政治环境、市场结构、企业规模、劳动力素质、文化背景、技术基础、消费能力、开放程度等方面有诸多的差异，技术交易具有交割过程长、复杂、风险大等不定因素，因此在从国外引进技术的过程中，从谈判到合同签约，从转让技术到投产受益，企业将面临知识产权保护、技术许可等一系列问题的挑战。

技术引进是技术需求方借助技术转让方的技术成果，同时结合自身条件而谋求更大发展的战略选择。尤其对技术相对较为落后的发展中国家来说，技术引进是缩小与发达国家差距、提高生产力水平的重要途径。技术引进程序大体可分成三个阶段：技术引进前的准备、技术引进谈判、技术合同的签订和履行。

第一节　技术引进前期准备

在技术引进之前，技术需求方需要对技术引进后的优势格局作出评判，深入了解所要引进的技术和资源市场，以及认真编制项目建议书和可行性研究报告。

一、评估技术引进后的优势条件

引进企业首先应该对本企业现有条件及技术引进后形成的优势格局进行分析，这样才能明确技术引进的目标，做到有的放矢。技术引进后，企业在管理、市场、效益、成本和品牌方面能够带来多大程度的改善是企业技术引进的根本。

（一）管理优势

技术引进不仅是一个技术项目的引进和移植，也是涉及技术、经济、管理、观念、人才等一系列因素变化组合的一个系统行为。在技术引进的同时,引进先进的管理和先进的人才,从而带动本企业管理水平的联动提升。

(二)市场优势

通过技术引进,提高产品质量,降低生产成本,增加市场份额。技术引进能够带来新产品或者新技术,企业很快占领市场并且具备不断扩张的潜力。

(三)效益优势

引进技术不仅能够直接获得可以赚钱的新产品,而且使用这种新技术能够创造附加利益或者全新的其他产品,直接带来经济效益的提高。

(四)成本优势

通过技术引进可以开创一种新产品,节约了研究与开发的时间、成本与风险。

(五)品牌优势

通过技术引进,同时借助优秀的知名品牌造势,能够快速有效地占领市场。

二、技术转让方的优选

技术引进时企业主要关注的是先进技术本身和技术所有者的情况。技术转让的过程可以说是一个许可和被许可双方利益契合的过程。双方利益的契合点,不仅取决于双方公司的战略,也在很大程度上取决于双方参与技术活动人员的工作。因此,在正式开展商务谈判之前,要对技术的转让方进行全面的了解,一方面了解技术转让方的基本情况,另一方面要了解技术转让方的转让策略和行为特点。技术转让往往是一种含有多种技术经济贸易的复合行为,伙伴选择不当,轻者对方不按规定条件履约,配合不默契,交易曲折坎坷;重者毁约弃约,掺假作伪,导致引进方上当受骗,蒙受巨额经济损失。

对技术转让方的选择主要从技术转让方的类型(中间商、贸易商、工业企业、跨国公司、银行)、组织形式(有限责任、无限责任)、国外投资者的资格、合作者的资信、合作者的合作动机(长期合作、进入并占领东道国市场、转移落后工业、牵线搭桥、谋求外职)等多方面进行了解,以便作出正确选择,选择最佳的合作者。如果技术转让方是无限责任企业,那么还要调查该企业的其他投资项目,以免因其他项目失败而导致技术转让无法进行。为此,可以登录技术转让方公司的网页,还可以通过与曾经进行过相应技术引进的人员进行交流了解不同技术的特点和不同公司的行为特点。

三、编制项目建议书

我国《技术引进和设备进口工作暂行条例》规定,所有技术引进项目都必须制定项目建议书和编制可行性研究报告，并以公文的形式报请上级主管部门审批。在这两项文件经过有关机构审查批准后，才能对外正式签约。

（一）项目建议书的含义

项目建议书是在有关项目或技术引进、资金引进经过谈判取得一致意见，并签订了意向书以后，向主管部门申报立项，请求批准的书面报告。项目建议书是技术引进前对项目的轮廓性设想，编制项目建议书是批准开展项目前期工作的正式依据。技术引进项目的立项，实际上是指经某一上级主管部门批准项目建议书后，将项目列入计划，允许开展考察、同外商进行技术交流、初步洽谈等各项准备工作。

（二）项目建议书的内容

技术引进项目建议书包括以下主要内容。

(1) 项目的名称、项目的主办单位及负责人。

(2) 项目的内容与申请理由。说明拟引进的技术名称、内容及技术差距和概要情况；进口设备要说明进口的理由，概要的生产工艺流程和生产条件，主要设备名称、规格、数量以及国内外的技术差距和概要情况，拟引进资金的项目动因等。

(3) 进口国别、厂商、投资商（方）基本情况。要把拟探询、投资方（商）的国名（国别）厂商名称写全，包括外文全称。

(4) 承办企业的基本情况。说明工厂生产历史，是新建、改建或扩建，工厂特点及其他基本情况，企业的性质等。例如，企业的规模、产量、经营范围、市场影响与信誉、技术力量、发展潜力等。

(5) 产品名称、简要规格、生产能力及销售方向（国内销售、出口外销）。

(6) 主要原材料、电力、燃料、交通运输及协作配套等方面的近期和今后要求与已经具备的条件。

(7) 项目资金的估计与来源。主要写明以下三个方面。① 项目的外汇总用汇额。其中包括准备工作阶段的用汇额及用途（均折算美元万元计算，使用非美元外汇的要注明折算率）。② 外汇资金的来源（申请国家拨付现汇或延期付款、利用外资贷款、补偿贸易、外资融资、自筹外汇等）与偿还方式（国家统一偿还、企业自行偿还）。③ 国内费用的估计与来源。其中要具体说明基本建设投资占多少和来源如何。

(8) 项目的进度安排。要具体说明引进项目和资金引进的具体进度，使用资金计划和详细的安排情况。

(9) 初步的技术、经济的分析。对拟引进的项目技术、经济状况和拟达到的经济效益，要进行具体分析。

(10) 附件。

一般来讲，项目建议书批准后就可以就这个项目开展各项准备工作，但是并不等于这个项目必须且只能按照项目建议书所列各项来办。项目建议书所建议的设想是否切实可行,需要进行项目可行性研究。

四、编制可行性研究报告

可行性研究可以说是技术引进项目准备阶段最为重要、关键,也是最为繁重的工作。通过完善、准确的可行性研究,把问题暴露并解决在准备阶段,可以有效保证后期项目成功实施。

(一) 可行性研究报告的含义

可行性研究指从系统总体出发,对项目的技术、经济、财务、商业乃至环境保护、法律等多个方面进行分析和论证,以确定引进项目是否可行,为正确进行投资决策提供科学依据。可行性研究报告是从事一种经济活动(投资)之前,双方要从经济、技术、生产、供销直到社会各种环境、法律等各种因素进行具体调查、研究、分析,确定有利和不利的因素、项目是否可行,估计成功率大小、经济效益和社会效果程度,为决策者和主管机关审批的上报文件。可行性研究报告是确定引进项目前具有决定性意义的工作,对拟引进项目进行全面技术经济分析论证的科学方法。需要注意的是,项目可行性研究不是项目建议书的延伸、扩大或补充,而是对建议书的检验,可以肯定、否定或修正项目建议书中建议的设想。

(二) 可行性研究报告的主要内容

编制可行性研究报告需要考虑以下几项指标。

1. 需求与市场

技术引进项目可行性研究的首要问题就是需求与市场。技术只有转化为产品并且能在市场上销售出去,满足客户需求才是有意义的。把引进技术与市场需求结合在一起时,可能出现以下几种情况:在特定的市场里,某种产品已经不适销,生产企业急于要用引进技术生产新产品;某种产品一直供不应求,生产企业企图采用新的技术扩大产量,扩张市场份额;某种产品以前一直依靠进口,生产企业通过引进技术生产这种产品以替代进口;生产企业希望通过引进技术来改进或发展新产品以扩大出口。如果不考虑市场需求状况而盲目引进技术,反而可能会制约引进企业的发展。例如,国外有一项食品加工与包装机械自动化技术,许多发达国家的知名食品厂都已经采用,应用这一新技术可以直接使得生产效率明显提高,由于产品需求量很大,使用技术的成本很低。而大多数国内本土的食品厂以中小规模企业为主,产品销量少,因而提高效率的优势并不明显,技术需求不强烈。

在研究需求与市场时,经常会忽略一个至关重要的问题:在某种产品呈现极度供不应求的情况时,很多企业都着眼于这个供需缺口,企图由自己来填补缺口。但市场容量是有限的,谁都企图由自己来填补缺口而忽略其他供应来源的竞争,其结果常常是使极度的供不应求产品很快变成严重的供过于求。所以，需求与市场研究必须周密、细致，以充分的论据来证实论点，决不能以主观想象或臆断来代替。

2. 技术选择

项目可行性研究还应对各种可供选择的技术进行评价，以确定对该公司来说的最佳技术。技术选择的一般原则包括以下四个方面。

1）先进性

技术的先进性是一个相对的、动态的概念，不是指它在世界上具有的（绝对）先进性，而是针对引进国、引进行业或企业的现有技术水平所具有的（相对）先进性。技术的先进性一般是指引进技术应当高于本国、本行业、企业现有的技术水平，并具有较长的寿命周期和较广泛的应用前景。具体到技术引进项目，技术的先进性应主要体现在合同项目产品的具体性能、参数和具体指标上。

2）适用性

引进技术的适用性大体可以从以下几方面考虑：首先，引进技术与原有生产系统的适应性。引进技术必须有利于企业的技术改造以及发挥原有生产系统的功能；其次，引进技术与引进国资源因素的适应性。在选择技术时，要考虑国家或地区的资源条件、资源的可得性和数量等。如果引进技术能综合利用本地区的丰富资源，注意对资源、环境的保护，则该项技术的适应性较好。如果引进技术需投入某些特殊、稀缺资源或依赖从国外进口，则应慎重权衡；而对于造成环境污染、资源浪费，不利于生态平衡的技术，一般不宜引进；最后，引进技术对目标的适应性，包括社会宏观目标和企业微观目标两个方面。对于企业目标来说，企业进行技术引进的目的包括技术进步、提高就业水平、增强管理水平和市场竞争力、实现规模效益、促进企业发展等。对于社会宏观目标来说，引进技术必须适应国家经济发展战略目标的要求。

3）可靠性

技术的可靠性是指引进的技术必须是成熟的，生产工艺、产品质量是可靠的，经过工业生产验证是行之有效的，可以推广应用。引进成熟技术一是有利于迅速提高生产力，形成规模效益；二是有利于在其基础上进行再开发，与相关技术结合走综合创新之路，在新的基础上形成新型的先进技术，产生新的竞争优势。

4）经济性

引进技术的经济性包括宏观和微观两个方面，两者都是以最小的投入获得最大的产出。但是，微观角度的经济性是指以最少的投资获得最大的经济效益，即技术的选择要有利于企业资源的合理配置和规模经济的形成，以达到提高产品的性能与质量，降低产品成本，提高劳动生产率，增强产品在国际、国内市场竞争力的目的。宏观角度的经济性是指以最少的社会资源投入，取得最大的直接收益和间接收益，即技术的选择要有利于生产资源和生产要素的合理配置和有效利用，有利于调整和优化产业结构和布局，有利于传统产业的改造，以达到促进国民经济整体发展和综合国力全面提高的目的。

3. 经济评价

技术项目的经济评价包括企业经济评价和国民经济评价。企业经济评价是从企业角度进行企业盈利分析以确定项目的可行性；国民经济评价是从国家角度进行经济效益和社会效益分析以确定项目的可行性。涉及国计民生的重大工业技术项目必须进行国民经济评价。

1）企业经济评价

企业经济评价大致可以分为三个步骤：第一步，进行分析的基础准备；第二步，编制财务报表；第三步，进行经济效果计算。基础准备工作大致包括产品销售预测、技术方案拟定、产品的价格预测、投资估算以及产品成本估算等，在这些工作的基础上就可着手编制财务报表，选择适当的评价方法和评价指标进行分析。进行企业经济评价时可以使用静态评价方法，如投资收益率与投资回收期，以及诸如净现值法、内部收益率法、外部收益率法、动态投资回收期法和收益/成本比值法等，包含资金时间价值的动态评价方法。

2）国民经济评价

国民经济评价是从国民经济的利害得失出发，对项目所作的经济效果评估，即把项目纳入整个国民经济系统之中，考虑对其他相关部门的影响，从国家和社会的全局出发去衡量项目在经济效果上是否可行，评价项目对实现国家经济发展战略目标及对社会福利的实际贡献。它除了对项目的直接经济效果考虑外，还要考虑项目对社会的全面的费用效益状况。与企业经济评价不同，它将工资、利息、税金作为国家收益，它所采用的产品价格为社会价格，采用的贴现率也为社会贴现率。

4. 投资环境

技术引进往往是一个合作项目的组成部分之一，当地的投资环境会对其产生重大影响。投资环境应该包括有关政策法规、政府部门审批程序、当地优惠政策、企业管理理念、资源条件、开发状况（包括交通设施、土地开发状况等）。以上每一环节都会直接影响项目的进程，也就是说，直接影响投资者的投资信心。一个再好的项目往往会因有关部门对政策掌握不当或理解偏离或审批程序繁琐，手续过多泛滥，而造成大量时间的耗费，结果错过了极好的投资时机。由于这类指标难以定量，往往采取定性分析为主。

技术引进项目在可行性研究报告报主管部门获得批准以后，就进入具体实施阶段，即谈判阶段。技术买方与技术卖方就转让技术的形式、内容、质量、使用范围、价格条件、支付方式等通过谈判签订合同，确定双方的权利和义务。

第二节　技术交易谈判

技术交易谈判是一个复杂的过程，既要使自己能以最少的支出取得最大的效益，又要使对方也能得到相应的利益。技术交易各方就有关价格、支付方式、税收、仲裁、索赔等条款进行商谈，通过商谈确定合理的价格、有效的途径与方法，以及如何将技术设备顺利地从供方转移到受方。谈判一般分为两个部分，即技术谈判和商务谈判。技术谈判是供受双方就有关技术和设备的名称、型号、规格、技术性能、质量保证、培训、试生产、验收问题进行商谈。技术交易双方通过谈判可以进一步了解对方的情况，摸清技术和设备是否符合本单位的实际和要求，最后确定引进与否。商务谈判主要涉及所转让技术或设备的价格条件、支付方式、运输、保险及税费、罚款、索赔、法律适用、不可抗力、仲裁和合同的生效等内容。在实际谈判过程中，两者并没有明确的先后顺序，通常是交织在一起进行的。

一场完整的交易谈判，一般要经过准备、摸底、报价、磋商、缔结协议等几个阶段。谈判者应掌握每个阶段的不同内容和要求，灵活有力地运用谈判技巧。

一、准备阶段

国际技术贸易谈判事前必须做好充分准备，主要包括下列工作。

（一）准备谈判内容

技术谈判前，首先要根据设计部门的技术规格书、检验规范、使用状况和投资预算等确定技术谈判的框架。然后提前了解进口的设备及技术是否先进和适用，组织相关人员对设备的技术性能进行全面分析和掌控，确保进口的设备及技术既满足产品性能要求，又符合引进国经济和科技发展的需要。在技术谈判开始前，引进方必须在内部明确最终谈判所希望达到的预期结果，谈判中底线是什么，并制定谈判的方针和要求，使参与谈判的人员有明确的方向和工作目标。

（二）组织谈判队伍

要使技术谈判进展顺利，实现最终的谈判目标，一支优秀的谈判队伍是必需的。因此，在技术谈判前必须做好谈判的组织工作，组建一支熟悉商务、技术、法律和财务方面的谈判队伍。谈判人员具有较高整体素质，能够善于应战，善于应变，并善于综合运用各种知识。

（三）编制计划和谈判方案

一个完整、可行的技术引进计划是谈判成功的根本保证。严谨的计划不仅能省去请示、会议商讨的时间，而且还能保证谈判的系统性、一致性和准确性，提高工作效率。谈判的计划应详细、可靠、完整，指标明确，重点清楚，在关键问题上留有适当退让幅度,以便谈判有回旋余地。谈判方案是在谈判开始前对谈判目标、谈判策略、谈判议程预先作出的安排。

1. 谈判目标

谈判目标指明谈判的方向,是要求达到的目的以及对本次谈判的期望水平。谈判的目标可以分为三个层次:最低目标、可以接受的目标和最高目标。最低目标是谈判必须实现的最基本的目标,也是谈判的最低要求,若不能实现,宁愿谈判破裂;可以接受的目标是一个诚意或范围,即已方可努力争取或作出让步的范围。谈判中的讨价还价就是争取实现可接受目标,所以可接受目标的实现,往往意味着谈判取得成功;最高目标是已方在谈判中所要追求的最高目标,也往往是对方所能忍受的最高程度。它是一个难点,如果超过这个目标,往往要冒谈判破裂的危险。

2. 谈判策略

制定谈判策略,选择能够达到和实现已方谈判目标的基本途径和方法。谈判不是一场简单的讨价还价过程,实际上是双方在实力、能力、技巧等方面的较量。制定谈判策略前应考虑如下影响因素:

(1) 对方的谈判实力和主谈人的性格特点。

(2) 双方的优势所在。

(3) 交易本身的重要性。

(4) 谈判时间的长短。

(5) 是否有建立持久、友好关系的必要性。

通过对谈判双方实力及其以上影响因素的细致而认真的研究分析,谈判者可以确定已方的谈判地位,即处于优势、劣势或者均势,由此确定谈判的策略。

3. 谈判议程

谈判议程包括谈判时间的安排和谈判议题的确定。时间的安排即确定在什么时间举行谈判、多长时间、各个阶段时间如何分配、议题出现的时间顺序等。谈判时间的安排是议程中的重要环节,如果时间安排得仓促,准备不充分,匆忙上阵,就很难沉着冷静地在谈判中实施各种策略;如果时间安排得很拖延,不仅会耗费大量的时间和精力,而且随着各种环境因素的变化,还可能会错过一些重要的机遇。谈判议题就是谈判双方提出和讨论的各种问题。确定谈判议题首先须明确已方要提出哪些问题,要讨论哪些问题,把所有问题全盘进行比较和分析;还要预测对方会提出什么问题,哪些问题是已方必须认真对待、全力以赴去解决的;哪些问题可以根据情况作出让步;哪些问题可以不予讨论。

二、开局阶段

谈判准备结束后,双方即进入面对面谈判的开始阶段,即开局阶段。开局阶段是双方在讨论具体、实质性交易内容之前彼此熟悉以及就本次谈判的内容分别发表陈述和倡议的阶段。本阶段商谈的目的主要是为以后具体议题的商谈奠定基础。因此，该阶段也称为非实质谈判阶段或前期事务性磋商阶段。

谈判的开局对整个谈判过程起着至关重要的作用，关系到双方谈判的诚意和积极性，关系到谈判的格调和发展趋势。这一阶段的目标主要是就谈判程序和相关问题达成共识。双方人员互相交流，分别表明己方的意愿和交易条件，摸清对方的情况和态度，为实质性磋商阶段打下基础。为达到上述目标，开局阶段主要有三项基本任务：说明具体问题、营造适宜的谈判气氛和进行开场陈述。

（一）具体问题的说明

所谓具体问题的说明主要包括四个方面内容“4P”，即目的（Purpose）、计划（Plan）、进度（Pace）及成员（Personalities）。谈判双方初次见面，互相介绍参加谈判的人员，包括姓名、职务、谈判角色等情况，然后双方进一步明确谈判要达到的目标。同时双方还要磋商确定谈判的大体议程和进度，以及需要共同遵守的纪律和共同履行的义务等问题。

（二）营造恰当的谈判气氛

谈判气氛是指谈判双方通过各自所表现的态度、作风而建立起来的谈判环境。谈判气氛会影响谈判者的情绪和行为方式，进而影响到谈判的发展。谈判双方应该做好充分准备，尽可能营造有利于谈判的环境气氛，争取获得尽可能多的重要信息。谈判双方通过相互介绍、寒暄，以及双方接触时的表情、姿态、动作，说话的语气等方面，营造出既表达谈判双方对谈判的期望，也表达出谈判的策略特点的气氛。

（三）开场陈述

双方各自陈述己方的观点和愿望，己方认为谈判应涉及的问题及问题的性质、地位，以及己方希望取得的利益和谈判的立场。然后，双方各自提出各种设想和解决问题的方案，并观察双方合作的可靠程度，设想在符合商业准则的基础上寻求实现双方共同利益的最佳途径。

三、磋商阶段

谈判磋商阶段又称实质性谈判阶段或讨价还价阶段，指双方就各项交易条件进行反复磋商和争辩，最后经过一定的妥协，确定一个双方都能接受的交易条件的阶段。它是关系到谈判的成败和效益盈亏的最重要阶段。磋商阶段又可分为报价阶段和议价阶段。

（一）报价阶段

所谓报价是指谈判的一方首次向另一方提出一定的交易条件，并愿意按照这些条件签订交易合同的一种表示。在经历了谈判双方最初的接触、摸底，并对所了解和掌握的信息进行相应的处理之后，谈判就从广泛性洽谈转向对一个个议题的深入磋商。在每一个议题的磋商之初，往往由一方当事人报价，另一方当事人还价，这种报价和还价的过程就是报价阶段。不过这里所指的“价”是就广义而言，并非单指价格，而是包括价格在内的，诸如交货条件、支付手段、违约金或押金、品质与检验、运输与保险、索赔与诉讼等一系列内容。在报价阶段中，对报价者来说，需要考虑的问题主要是如何确定和提出开盘价，而对于还价者来说，需要考虑的问题则是如何确定还盘价以及如何向对方提出还盘价。一个谈判者应当尽量准确地判断出对方所能接受的条件范围，报出的价格和其他各项条件一般都不应超出对方所能接受的极限。

（二）议价阶段

议价阶段，也称作讨价还价阶段。它是谈判的关键阶段，也是最困难、最紧张的阶段。在这个阶段，谈判双方就价格问题展开激烈的讨论，经过多次磋商，最终达成协议。一般情况下，卖方首先报价并进行价格解释，买方如果认为离自己的期望目标太远，或不符合自己的期望目标，必然在卖方价格的基础上要求对方改善报价。买方的讨价一般分为三个阶段，不同的阶段采用不同的讨价方法。

第一阶段，由于讨价刚开始，对卖方价格的具体情况尚欠了解，因而采用的是全面讨价方法，即要求对方从总体上改善价格。

第二阶段的讨价涉及具体内容，讨价方法是针对性地讨价，即在分析对方价格的基础上，找出含水分大的项目，有针对性地讨价。

第三阶段是讨价的最后阶段，讨价方法也是全面讨价。因为经过针对性讨价，水分含量大的项目已降下来，这时只能从总体上要求对方改善价格。

还价，也称“还盘”，指针对卖方的报价买方作出的反应性报价。还价是商务谈判中交易磋商的一个必备环节，也是整个谈判的中心。还价要力求给对方造成较大的压力和影响或者改变对方的期望。同时，又应着眼于使对方有接受的可能，并愿意向双方互利性的协议靠拢。因此，还价前的筹划，就是要通过对报价内容的分析和计算，设计出各种应对方案和对策，使谈判者在还价过程中发挥“后发制人”的威力。

（三）让步阶段

在谈判磋商阶段，对己方条件做一定的让步是双方必然的行为。商务谈判就是双方不断地让步最终达到价值交换的一个过程。如果谈判双方都坚持自己的立场而不后退半步的话，谈判永远也达不成协议，谈判追求的目标也就无法实现。因此如何运用让步策略，是磋商阶段最为重要的事情。让步既需要把握时机又需要掌握一些基本技巧，也许一个小小的让步会涉及整个战略布局，草率让步和寸土不

让都是不可取的。每一次让步,几乎都包含了己方的一些利益损失。因此,让步必须遵守一些原则:

(1) 只有在最需要的时候才做让步,盲目让步会影响双方的实力对比,可能会令对方占有某种优势,对方甚至会得寸进尺。

(2) 不要做无谓的让步,应体现出对己方有利的宗旨。每次让步或是以牺牲眼前利益换取长远利益,或是以己方让步换取对方更大的让步和优惠。

(3) 正确地选择让步时机。

(4) 让步并不需要双方互相配合,不承诺作同等级让步。以大换小、以旧换新、以小问题换大问题的做法是不可取的。

(5) 严格控制让步的次数、频率和幅度。

(6) 要使对方感到让步(即使是很小的让步)是艰难的。即使作出的让步对己方损失不大,也要使对方觉得让步来得不易,从而珍惜得到的让步。

四、成交阶段

当谈判双方的期望已相当接近时,就都会产生结束谈判的愿望。成交阶段就是双方下决心按磋商达成的最终交易条件成交的阶段。成交阶段商务谈判的主要目标有三:一是力求尽快地达成交易;二是尽量保证双方已取得的谈判成果;三是争取获得最后的利益。有经验的谈判者总是善于在关键的、恰当的时刻,抓住对方隐含的签约意向或巧妙地表明自己的签约意向,然后趁热打铁,促成交易的达成与实现。达成协议意味着谈判获得成功和基本结束,同时也标志着双方新的合作和交易工作的开始。谈判结束时,双方签订技术合同。

五、谈判时的注意事项

技术谈判是一个艰苦的过程,不会一帆风顺的,对此一定要有充分的心理准备。合同谈判要达到预期目的,除做好充分准备、制定好谈判策略、掌握好谈判时机和技巧外,还应该注意以下事项。

(一) 善于抓住谈判的实质性问题

在整个谈判过程中,自始至终要目标明确重点突出,抓住实质性问题,适时亮出自己底线。不要在小事上纠缠不休,反而把重要的问题忘掉。要防止对方转移视线,在无关紧要的问题上转圈子,而在谈判结束时,再把主要问题提出来,草草收场,达不到预期效果。

(二) 商务谈判要以诚待人,信守承诺

信用原则是指谈判双方都要共同遵守协议。商业诚信是建立在对对方的了解基础之上的,是双方互动的。商业活动带有明显的趋利避害特征,谈判双方是通过

沟通、协商来达到这个目的的。通过一定形式的活动，如访问、参观、会谈、取得对方信用凭证等，双方可以达到了解对方的目的，树立起以诚信为本的谈判信心。即使有时无法立即了解到对方的诚信态度，自己首先显示出诚信的姿态，亦会使谈判朝着良好的目标进行。

商务谈判能否成功不在于谈而在于做。谈判人员能够代表公司。做到言出必行，让对方感到你言而有信，双方的合作之路就会越走越宽。如果一个公司的所有谈判人员都建立了言而有信的声名、树立了良好的口碑，那么企业就会在商务谈判上“力压群芳”。在谈判过程中，应注意不轻易许诺，但一旦承诺，就应履行，保证言行一致，取信于对方，以体现真诚合作的精神。

（三）谈判时要注意礼仪

商务谈判既是一门科学，又是一门艺术。优秀的谈判者，不仅要求精通专业知识，掌握社会学、心理学、语言学等方面的知识，还要求通晓礼仪知识，这样才能在谈判中得心应手，应付自如。谈判礼仪要注意三个要素。

1. 外表礼仪

自然得体的体态，高雅大方的谈吐举止，协调和谐的服饰，往往是仪表风度的主要标志。谈判代表要有良好的综合素质，谈判前应整理好自己的仪容仪表，穿着要整洁正式、庄重。谈判者的着装要与其身份、地位、年龄、场所相符。男士应整洁干净，穿西服、打领带，显得庄重大方。女士穿着也应稳重，宜化淡妆切忌花哨艳丽。在谈判时表情要自然，语言和气亲切，表达得体，发言清楚，用词准确，不卑不亢，以理服人。

2. 语言艺术

商务谈判中的语言艺术是十分重要的。谈判语言运用得当，不仅能够活跃谈判气氛，而且可以促进谈判双方的相互理解、相互信任和相互支持，使谈判活动收到事半功倍的效果。

1）语言的针对性要强

谈判中语言要有的放矢，对症下药。根据谈判中的不同对手、不同内容、不同目的、不同阶段的不同要求，使用不同语言。例如，在英美国家，人们利用礼貌功能，常用一些表示婉转的语言，例如：“Would you … ?”“Could you … ?”这一类的句式；在拒绝别人要求时，一般不直说“No”而用“I'm afraid …”或“I'm not sure …”等委婉地拒绝。谈判中应当尽量使用委婉语言，这时谈判对手有被尊重的感觉，他就会认为反对这个方案就是反对他自己，因而容易达成一致，获得谈判成功。

2）善于利用无声语言

商务谈判中，谈判者通过姿势、手势、眼神、表情等非发音器官来表达无声语言

(Body Language),常见的形式有:与谈判者目光接触,微笑、点头,未听懂时显出迷糊不清的表情;感到奇怪时作出惊奇的样子。在有些特殊环境里,有时需要沉默,恰到好处的沉默可以取得意想不到的效果。

3) 听多说少

“听多说少”是谈判中的一个重要的原则。合格的谈判者会将超过50%以上的时间放在聆听对方的谈话上。当他们听取谈话的时候,他们会分析,有时候会提问来确保他们领悟了谈判对方的意图。他们仔细听对方说的每一句话,而不仅是他们认为重要的或想听的话,因而获得大量宝贵信息,增加了谈判的筹码。有效地倾听可以使我们了解对方的需求,找到解决问题的新办法,修改我们的发盘或还盘。“谈”是任务,而“听”则是一种能力,“会听”是任何一个成功的谈判员都必须具备的条件,在谈判中我们要尽量鼓励对方多说,“Yes, please go on”,并提问题请对方回答,使对方多谈他们的情况,以达到尽量了解对方的目的。

4) 巧妙应答

在商务谈判中,有问必有答,“问”有艺术,“答”也有技巧。总的来说,谈判人员必须具有良好的逻辑思维能力,清晰的语言表达能力,必须在克己敬人,寸土必争的前提下,在谈话中保持自己应有的风度,始终以礼待人。谈判者应该弄清对方提问的真正含义,不随便答复;要掌握回答问题的原则,即什么能说,什么不能说,而不必考虑回答问题是否对题;要推测回答后果,并决定我方如何回答等等。具体而言,对不同的提问,应该采取不同的方式回答,如正确回答、不彻底回答、不确切回答、回避回答、以问代答、要求对方再次阐明问题等。谈判者要学会迅速抓住机会,及时证实对方的观点。被双方证实的东西会给谈判带来正面作用。因为这个事件缩短了谈判双方的距离,有利于建立和谐的谈判关系。

3. 遵守礼节

礼节是人们在日常生活,特别是在交际场合中相互尊重、祝颂、问候、致意、致谢、慰问以及给予必要的协助与照料的惯用形式。从礼仪角度看,商务谈判最忌讳的是随心所欲,最基本的要求是入乡随俗,即遵守对方或双方的礼节习俗。商务谈判的礼节分为两个方面:

一是国际通用的礼节,如尊重女士,遵守时间,尊重年长者,不讨论政治、犯罪、宗教或私人话题等等。

二是不同国家的商务礼俗。例如,印度尊牛为神,印度教徒不吃牛肉;在印度、印尼、马里和阿拉伯国家,不能用左手传递东西或用左手与他人接触;在佛教国家不能随便摸小孩子的头;天主教徒忌讳数字“十三”,特别是既是十三日又是星期五的日子;在保加利亚、尼泊尔等国,摇头表示赞赏,点头表示不同意;伊斯兰历九月为阿拉伯人的斋月。在斋月,穆斯林白天禁食,午后不办公。

商务谈判人员在谈判前，必须弄清楚谈判对象来自哪个地区，谈判对象所在地区的礼节习俗如何。在谈判中，应自觉遵守约定俗成的礼节，做到彬彬有礼，又不低声下气，既热情大方，又不轻浮谄谀，在谈判对手面前树起坦荡诚挚、精力充沛、合作友好、温文尔雅的谈判者形象，以促使谈判顺利进行并卓有成效。

（四）平衡谈判中的利益

由于商务谈判中双方都想获得自身利益的最大化，尽管可以在一定程度上避免谈判陷入僵局而至最终破裂，但利益的冲突有时是难以避免的。谈判双方都是按照自己的思维定式考虑问题，不同的人看问题的角度不一样。面对谈判双方的利益冲突，谈判者应重视并设法找出双方实质利益之所在，在此基础上应用一些双方都认可的方法来寻求最大利益的实现。双赢在绝大多数的谈判中都应该是存在的。在谈判中，对于利益问题，应注意以下几点：

(1) 每个谈判都有潜在的共同利益，共同利益就意味着商业机会，强调共同利益可以使谈判更顺利。

(2) 谈判者应该注意谈判双方兼容利益的存在。向对方积极陈述自己的利益所在，以引起对方的注意并使对方满足己方利益；承认对方的利益所在，考虑对方的合理利益，甚至在保证自己利益的前提下努力帮助对方解决利益冲突问题。

(3) 在谈判中既要坚持原则（如具体的利益），又要有一定的灵活性。在谈判中对利益作硬式处理，而对人作软式处理，在谈判中要强调你为满足对方利益所作出的努力，有时也要对对方的努力表示钦佩和赞赏。

(4) 谈判者应从不同的角度来分析同一个问题，甚至可以就某些问题和合同条款达成不同的协议。如不能达成永久协议，可以达成临时协议，不能达成无条件的协议，可以达成有条件的，等等。

【资料】

动车组技术引进谈判揭秘：首次招标节省90亿

“和谐号”国产动车组陆续在环渤海、长三角、珠三角和其他各主要干线开始运行。铁道部相关人士表示，中国已完全掌握了动车组的关键技术及主要配套技术，时速200公里动车组的国产化率已超过70%。

策略：“战略买家”压低价格

中国方面在谈判时，采用了“战略买家”策略：先把国内几十家列车生产企业召集在一起，讲明引进动车组技术事关国家和民族利益，明确只由四方股份和长客股份与国外厂商谈判，其他企业一概不准与外方接触。这样一来，中方在谈判桌上始终只有2家公司面对4家公司,牢牢掌握了主动权,国外厂商不得不降价。"我们最大的筹码就是中国铁路独一无二的市场优势。"铁道部副总工程师张曙光直言不讳,"'十一五'期间,中国铁路将建设时速200公里及以上客运专线和城际轨道交通7 000公里,世界上其他国家高铁的营运里程总共才6 763公里,发达国家的市场接近饱和,国外的高速列车巨头不得不同意转让技术。"

创新:新车型明年有望下线

长客股份董事长董晓峰说,尽管长客引进的是阿尔斯通的技术,但对原型车进行了大量修改,几乎等于设计了一款新车。比如,原型车的宽度只有2.9米,难以满足国内大运量的要求,中方把宽度增加到了3.3米,整整多出来一排座位。现在京哈线上投入运营的5型车,整车专利均属于中国。

四方股份在引进日本时速200公里动车组后,同样成功实现了再创新,完全具备了自主设计制造时速300公里级别动车组的能力,相关产品有望明年下线。

问题:是否已掌握核心技术

中国是否掌握了高速列车的"核心技术"?在这个领域,哪些技术算是核心技术?

九项核心技术可以概括为五大方面:列车总成、高速转向架、车体、牵引传动控制、制动系统及网络控制。经过近3年的消化吸收,我国已完全掌握了动车组九大关键技术及十项主要配套技术。时速200公里动车组的国产化程度已超过70%。这个级别的动车组一共采购了160列,其中整车进口只有6列,散件进口国内总装12列,其他142列全部由掌握了国外技术的国内企业制造。

内幕:西门子太自负黯然出局

2004年,德国西门子公司参加了第一次动车组招标。西门子非常自信地认为,中国一定会选择它的技术,因此开出了天价:每列原型车价格3.5亿元人民币,技术转让费3.9亿欧元。直到谈判的最后一天晚上,西门子仍坚持不让步。中方谈判代表说,如果技术转让费不降到1.5亿欧元以下,原型车的单车价格不降到2.5亿人民币以下,这次西门子肯定出局。西门子的首席谈判代表很傲慢地反问:"可能吗?"那时,已是子夜。第二天,招标结果公布:阿尔斯通、川崎重工、庞巴迪获得了与中国企业合作的机遇,西门子出局。西门子的股票立即狂跌,总裁引咎辞职,其中国谈判团队也集体撤职。

第二年,西门子又来竞标,不仅把每列原型车的价格降为2.5亿元人民币,还以8 000万欧元的低价转让了关键技术。仅这一个项目,共60列车,我们节省了大约90亿元人民币的采购成本。"集中力量办大事"的策略使我国实现了动车组的低成本技术引进，整车采购价格比西班牙低14%，比韩国低20%，比我国台湾低40%。

——摘自《新京报》，2007年6月4日

第三节 技术合同的签订

技术合同是平等的当事人之间就技术开发、技术转让、技术咨询和技术服务所达成的具有明确权利义务内容的协议。一般情况下，一份完整的技术合同应当包括两个部分：一部分是合同条款，即约定双方当事人之间的权利义务关系。另一部分是工作说明书，详细说明技术合同所涉及的技术项目的范围及实施方法、实施的过程、进度以及验收方法等等。

一、订立技术合同的基本程序

签订技术合同一般需要经过要约和承诺两个阶段。

（一）要约

要约也称定约提议，是指当事人一方向另一方提出的订立技术合同的建议和要求。提出要约的一方，称为要约人，接受要约的一方，称为受约人。要约是要约人单方的意思表示，可以向特定对象提出，也可以向不特定的对象提出。

1. 合同要约的生效时间

有效的要约必须具备以下条件。

(1) 有明确的签订技术合同的意思表示。

(2) 有明确、肯定的技术合同条款。

(3) 有明确的答复期限。

(4) 要约在传达到受约人时生效。

要约是一种法律行为，是要约人向对方作出的承诺。在其有效期限内，要约人受要约的约束。在有效期限内如果要约人撤销或变更要约，则应承担由此给对方造成的损失。如果要约人在要约生效前改变或撤销自己的要约，则必须及时通知受约人。要约人撤销超过有效期限的要约，不承担责任。

2. 合同要约与要约邀请

合同要约与要约邀请有本质的区别。要约邀请又称要约引诱，是指希望他人向自己发出要约的表示。与要约的区别主要有以下几点。

(1) 根据当事人的意愿来区分，要约包含有当事人受要约拘束的意旨，而要约邀请只是希望对方主动向自己提出订立合同的意思表示。

(2) 依法律规定作出区分,这是指按法律明确规定为某种行为是要约还是要约邀请来区别。

(3) 根据订约提议的内容来区分,如果订约提议的内容中包含了合同的主要条款,则为要约,否则为要约邀请。

(4) 根据意思表示是针对特定人还是不特定人发出来区分,要约邀请大多数情况下是向不特定人发出的。

(二) 承诺

承诺是指当事人一方对于他方提出的要约表示完全同意。受约人接受要约人提出的建议,对要约的内容表示完全同意的意思表示。要约一经承诺,如法律无其他规定,经双方签订书面协议,合同即告成立,双方就负有履行合同的义务。有效的承诺必须具备下列条件。

(1) 必须由承诺人本人或其代理人作出。

(2) 必须在有效期限内作出。

(3) 对要约人的要约必须表示完全同意。

承诺也是一种法律行为。在有效期限内,承诺的撤回必须在承诺生效前或承诺同时到达,才能有效。否则,承诺人要承担法律责任。超过有效期限的承诺,合同不能成立。

二、技术合同的特征

(1) 技术合同的主体是拥有、使用科学技术成果或者从事科学技术研究、开发的平等的当事人。所谓"平等的当事人",根据《民法通则》和《合同法》的规定,是指平等的自然人、法人和其他组织。

(2) 技术合同的标的是科学技术成果、开发科学技术项目的工作或利用科学技术成果为社会提供的服务,是无形的知识商品或与之有关的活动。主要有新技术、新产品、新工艺或新材料、专利技术、技术秘密、特定技术项目的可行性论证、技术预测、专题技术调查分析评价报告等。

(3) 技术合同内容涉及国家为鼓励科学发展、技术进步和扶持技术市场,在财政、信贷、税收和奖励等方面制定的各种优惠政策的贯彻和实施。因此,技术合同不仅要遵守有关技术交易的一般法律,也不得违背国家对技术交易制定的各种鼓励或限制政策。

(4) 技术合同的环节较多,履行期限较长,合同价款或报酬的计算与支付也很复杂,有很大的风险性和不可预见性。

(5) 技术合同的种类很多,而且各种合同还经常互相重叠交叉。根据科学技术研究、开发活动的特点以及当事人的权利义务内容,将技术合同分为技术开发合同、技术转让合同、技术咨询合同和技术服务合同等四类。

三、技术合同的种类

(一) 技术开发合同

技术开发合同是指当事人之间就新技术、新产品、新工艺或者新材料及其系统的研究开发所订立的合同。技术开发合同的标的具有创造性和新颖性。技术开发合同分为委托开发合同和合作开发合同。委托开发合同是指当事人一方委托另一方进行研究开发所订立的合同。具体来说就是委托人按照约定支付研究开发经费和报酬,提供技术资料、原始数据、完成协作事项、接收研究成果。受托方即研究开发人按照约定制定和实施研究开发计划,合理使用研究开发经费,按期完成研究开发工作,交付研究成果,提供有关的技术资料和必要的技术等,帮助委托人掌握研究开发成果的合同。委托开发完成的发明创造,除当事人另有约定外,申请专利的权利属于研究开发人。研究开发人取得专利的,委托人可以免费实施该专利。

合作开发合同是指当事人各方就共同进行研究开发工作所订立的合同。具体来讲是指两个或两个以上的公民或法人,为完成一定的研究开发工作,当事人各方共同投资,共同参与研究开发,共享成果,共担风险的协议。如果一方当事人提供现金、设备、材料、场地等物质条件承担辅助协作事项,另一方主要进行研究开发工作,则应当按委托开发合同来处理。合作开发完成的发明创造,除当事人另有约定的以外,申请专利的权利属于合作开发的当事人共有。当事人一方转让其共有专利申请权的,其他各方享有以同等条件优先受让的权利。合作开发的当事人一方不同意申请专利的,另一方或其他各方不得申请专利。

(二) 技术转让合同

技术转让合同是指当事人就专利权转让、专利申请权转让、技术秘密转让、专利实施许可所订立的合同。技术转让合同的标的是现有的、特定的、成熟的技术成果。由于转让技术的权利化程度和性质的不同,技术转让又可分为四种基本类型。

1. 专利权转让

专利权转让是指专利人作为转让方,将其发明创造专利的所有权或持有权转交给受让方的技术转让形式。

2. 专利申请权转让

专利申请权转让是指转让方将其发明创造申请专利的权利移交给受让方的技术转让形式。

3. 专利实施许可

专利实施许可是指专利权人或者授权人作为转让方,许可受让方在约定的范围内实施专利的技术转让形式。

4. 非专利技术转让

非专利技术(技术秘密)转让是指转让方将其拥有的非专利技术成果提供给受让方,明确相互之间非专利技术成果使用权、转让权的技术转让形式。

(三) 技术咨询合同

技术咨询合同就是专业技术人员作为受托人就特定的技术项目提供可行性论证、技术预测、专题技术调查、分析评价报告所订立的合同。技术咨询合同是一类独立的合同,包括在技术开发合同、技术转让合同和其他各类合同中有关技术咨询的内容,不能使用有关技术咨询合同的规定,应当适用其所属合同的有关规定。

当事人可以在技术咨询合同中约定对咨询报告和意见的验收或者评价办法。委托人是否采纳以及如何采纳受托人的咨询报告或者意见,由委托人自行决策。受托人对委托人实施咨询报告或意见所受到的损失,不负赔偿责任,除非合同另有约定。对于技术咨询合同的当事人在履行合同义务之外派生完成的或者后续发展的技术成果,归属和分享的原则是:谁完成谁拥有;允许当事人做特别约定。

(四) 技术服务合同

技术服务合同是指当事人一方以技术知识为另一方解决特定技术问题所订立的合同,不包括建设工程合同和承揽合同。技术服务合同可分为辅助技术服务合同和传授、传递科技知识和情报的合同。前者包括产品设计合同、工艺编制合同、测试分析合同、计算机程序编制合同等,后者包括技术培训合同、技术中介合同等。

技术服务合同具有以下特征。

(1) 合同标的是解决特定技术问题的项目。

(2) 履行方式是完成约定的专业技术工作。

(3) 工作成果有具体的质量和数量指标。

(4) 有关专业技术知识的传递不涉及专利和技术秘密成果的权属问题。

技术服务合同的服务方所运用的技术知识是现有的技术,不包括开发性的技术成果,也不包括专利技术和专有技术,不存在技术权属的转移,无需约定技术成果的归属及分享条款,并对实施的结果承担责任。

四、技术合同的一般条款

技术合同通常由两部分组成:一是合同的正文;二是合同的附件,包括技术附件和商务附件。下面以专利技术转让合同为例,详细说明各项条款的内容。

(一) 合同首部

合同首部(Title of Contract)描述合同类型、合同登记编号、技术项目名称、当事人双方的法定名称和法定地址、代表人、签约地址、签约日期、有效期限以及合同监制部门名称。

例:

专利实施许可合同

专利名称××××××××××××

专利号×××

许可方名称	被许可方名称
地址	地址
代表人	代表人
合同备案号	
签订地点	
签订日期 ×年×月×日	有效期限至 × 年 × 月 × 日

中华人民共和国专利局监制

(二)“前言”条款

技术合同一般都应有一段“前言”(Preface/Preamble),或称“序言”、“绪言”,也称“鉴于”条款(阐明的是双方对合同成立条件的声明)或“合同目的”条款(阐明的是双方签订合同要达到的目的)。“鉴于”里所作的表示或陈述,实际上相当于一方的明示性担保,它明确地担保一方确实拥有某方面的技术,并且该技术能够满足另一方的要求,或者担保该技术是先进的、成熟的。这样,一旦发生纠纷提交仲裁或诉讼,仲裁机构或法院就可以依据这些明示的担保,确定哪一方应承担什么责任。

例:

鉴于许可方(甲方)个人拥有××××的专利和×××的专有技术,该专利为非职务发明创造,专利号为××××,国际专利主分类号为××××,公开号为××××,申请日为×年×月×日,授权日为×年×月×日,专利的法定届满日为×年×月×日,同意并有权许可甲方使用。

鉴于被许可方(乙方)(姓名或名称)属于××领域的先进企业,拥有厂房、卫生规范可以生产合格的,配有可以生产的先进设备,人员具有生产的专业素质及其他条件,并对许可方的专利技术有所了解,希望获得许可而实施该专利技术,以便开发该产品。

(三)定义条款

技术合同中有很多专有名词和技术术语需要说明,另外还会有一些通用名词需要界定,否则容易引起歧义。为避免日后在执行合同中产生歧义和避免合同中的多次重复,必须对合同中的专业术语和多次重复使用的关键性词语以"定义"方式加以明确,甚至另加附件作详细说明。

例:

第一条　名词和术语

1.1　许可合同

本许可合同是指对专利实施权和与之实施专利相关的专有技术许可使用为内容的专利许可和专有技术许可混合合同。

1.2　普通实施许可

指许可方许可被许可方在合同约定的期限、地区、技术领域内实施该专利技术的同时,许可方保留实施该专利技术的权利,并可以继续许可被许可方(及双方约定的被许可方区域内指定的生产企业)以外的任何单位或个人实施该专利技术,而被许可方不得许可他人实施本专利。

1.3　××××专利

本合同所称之专利是指中国专利局依法授予许可方的××××专利,创造发明名称:××××。

专利申请人:××　　发明人:××　　专利权人:××××

申请日:××××年×月×日　　专利证书号:第×号　　专利号:×

国际专利主分类号:×

1.4　专有技术

专有技术是指实施本合同专利以及与之相关的全部技术诀窍。

1.5　合同产品

本合同产品是指实施××××专利所生产的××专利产品,达到本合同规定的各项技术考核指标的合格产品。

1.6　销售额

销售额是指甲方在合同产品销售后的金额,其总额应与被许可方向税务机关申报纳税的销售额一致。

1.7　后续改进技术

后续改进技术是指由甲乙双方或其中任何一方,在实施合同技术中作出的可获专利或具有商业应用价值的技术改进。

1.8　合同期

合同期是指本合同签字生效之日起至合同期届满之日止的有效期间。

1.9　技术秘密(know-how)

指实施本合同专利所需要的、在工业化生产中有助于本合同技术的最佳利用、没有进入公共领域的技术。

1.10 技术资料——指全部专利申请文件和与实施该专利有关的技术秘密及设计图纸、工艺图纸、工艺配方、工艺流程及制造合同产品所需的工装、设备清单等技术资料。

1.11 技术服务——指许可方为被许可方实施合同提供的技术所进行的服务，包括传授技术与培训人员。

1.12 净销售额——指销售额减去包装费、运输费、税金、广告费、商业折扣。

1.13 纯利润——指合同产品销售后，总销售额减去成本、税金后的利润额。

1.14 分许可——被许可方经许可方同意将本合同涉及的专利技术许可给第三方。

(四) 授权条款

这是合同的第二条“专利许可的方式与范围”。在专利实施许可合同中，应注明授权的范围、方式、领域、使用的地域和产品的销售地域。

例：

第二条 专利许可的方式与范围

2.1 乙方同意向甲方取得普通许可，甲方许可乙方在合同有效期内使用合同技术。

2.2 乙方在许可使用范围内实施合同技术，生产合同产品，在国内外销售合同产品。

2.3 乙方使用合同技术生产的专利产品，应当在合同产品包装上标明专利号和甲方指定的专利标志。

2.4 在合同有效期内，甲方××××专利如被宣告无效，本合同即作为非专利技术转让合同，继续有效。

(五) 项目名称、内容、范围和要求

包括产品设计、制造工艺、测试方法、质量控制、材料配方等。其中，合同产品的系列、型号、规格，以及要求达到的技术参数，必须专立附件，明确规定。这是双方对合同产品进行检测的标准依据，即明确受方利用引进技术生产产品应达到的水平。如同时引进设备和材料，也应明确规定。

(六) 履行的计划、进度、期限、地点、地域和方式

对于技术风险较小的项目应当明确项目完成的总进度和每一阶段完成的进

度，并直接与违约责任相联系。对于技术风险较大的项目也应当有相应的时间要求。这样在约定的时间里若不能完成相应的技术开发工作，双方可以重新评估合同是否继续履行或者合同如何变更履行。

例：

第三条 专利的技术内容

3.1 甲方在本合同生效之日10天内将合同技术资料一式三份在甲方所在地交付给乙方。技术资料内容由合同附件规定。

3.2 乙方收到甲方技术资料后即应清点所交技术资料是否符合合同附件的规定，如发现短缺、差错等情况，应及时要求甲方补交或更换。

3.3 乙方在收到技术资料并经核对验收后，应出具注明收到资料的名称、份数的收据交甲方。

许可方向被许可方提供专利号为××，专利名称为××××的全部专利文件（见附件1），同时提供为实施该专利而必需的工艺流程文件（见附件2），提供设备清单（或直接提供设备）用于制造该专利产品（见附件3），并提供实施该专利所涉及的技术秘密（见附件4）及其他技术（见附件5）。

（七）技术成果的归属和收益的分成办法，价款、报酬或者使用费及其支付方式

这是直接关系到受托方利益的条款，签订要谨慎。一般应约定：委托开发完成的发明创造，申请专利的权利属于研究开发人；研究开发人取得专利权的，委托人可以免费实施该专利；研究开发人转让专利申请权的，委托人享有以同等条件优先受让的权利。对于委托开发或者合作开发完成的技术秘密成果的使用权、转让权以及利益的分配办法，也要明确约定。

对于技术合同价款、报酬或者使用费的支付方式，可以采取一次总算、提成支付或者入门费加提成支付的方式。约定提成支付的，可以按照产品价格、实施专利和使用技术秘密后新增的产值、利润或者产品销售额的一定比例提成，也可以按照约定的其他方式计算。提成支付的比例可以采取固定比例、逐年递增比例或者逐年递减比例。约定提成支付的，应当在合同中约定查阅有关会计账目的办法。

例：

第四条 技术使用费

4.1 本合同技术入门费×万元。

4.2 合同产品投放市场销售后，乙方按销售额0.5%～3%向甲方支付

提成费,提成期限为15年,从合同产品第一批销售之日起算。

4.3 在合同有效期内,本合同××××专利如被宣告无效,本合同改为非专利技术转让合同后,提成费降低为销售额的0.01%,提成年限缩短为3年,乙方已支付的入门费和按原比例支付的提成费,甲方不预退还。

4.4 乙方向甲方支付的提成费的累计数最高上限不超过1亿元,最低下限不少于1元。

4.5 合同产品销售额每季度超过5亿元时,甲方向乙方支付提成费比例相应递减,每超过1亿元递减0.5%,但最低不得少于0.5%。

第五条 支付方式

5.1 本合同经双方签字生效后10天内,在甲方向乙方交付全部技术资料时,乙方向甲方先付入门费40%,合同产品验收合格后再付其余的60%。

5.2 乙方在产品开始销售后支付提成费。乙方每年分4次支付,在每季度终结后的15天内,向甲方提供合同产品的销售额清单,同时将提成费支付给甲方。

5.3 乙方对合同产品销售情况应当有明细账目,甲方有权自行或委托有关人员查阅乙方账册。

5.4 乙方未能按5.1规定按期支付入门费,甲方有权解除合同。

5.5 乙方未能按5.2规定按期支付提成费,每延期30天支付,应付延期支付提成费部分5%的违约金;不按期支付提成费如果超过3个月,除补交提成费和支付违约金外,甲方有权解除合同。

第六条 税费

6.1 甲乙双方依法应缴纳的税金,按税法有关规定办理。

(八) 验收标准和方法

设备的安装试车和技术审核验收是实现技术有效转移,保护受方利益的主要环节。双方除应明确对技术资料和设备的验收外,还必须使供方对提供的专利、专有技术和设备进行综合性的专项审核和验收。此外,双方还应规定出现问题时各自的责任及处理方法。

例:

第七条 技术服务和培训

7.1 甲方同意在本合同有效期内,派出技术人员,协助甲方实施合同技术,使其生产的合同产品符合规定的技术规格与标准。

7.2 甲方派出的技术人员必须是熟悉合同技术、能胜任技术指导工作的人员。

7.3　甲方派出的技术人员的费用已包括在本合同的入门费和提成费中，乙方不再支付技术服务和培训费用。

7.4　甲方负责培训乙方实施合同技术所需的技术人员和生产工人。

7.5　甲方对乙方人员培训的范围、方法和要求的计划，在附件中加以规定。

第八条　试制与投产

8.1　乙方根据甲方提供的合同技术，由甲方技术人员指导，最迟于本合同生效日起的15天内开始进行试生产。

8.2　试生产出第一批样品后，双方对样品进行考核，如合同产品达到合同规定的技术参数，即通过验收，双方签署合同产品考核合格证书。产品合格后，乙方应在1个月内投产。

8.3　如考核合同产品3次达不到合同规定的技术参数，如系甲方责任，甲方退回乙方已支付的入门费；如属乙方原因，乙方已支付甲方的费用无权请求返还；如属双方责任，则按各自的责任分担费用。

8.4　如本合同产品试制经3次考核不合格，在查明原因后，无责任方有权解除合同。

（九）技术情报和资料的保密

保密条款是技术合同中非常重要的条款，保密义务应当是双方的，而不是单方的。专有技术主要就是依靠其秘密性来维持其商业价值，因此保密条款尤为重要。保密条款应当对技术秘密和商业秘密等进行定义，约定保密义务的范围、方法、保密处理程序、保密期限以及失密救济等内容。许可方提供的资料通常包括两类，即非机密资料和核心资料，在订立保密条款时，合同双方应确定哪些资料属于保密的范围。这不但有助于进一步确定对哪些资料采取何种保密措施，同时也为追究泄密责任提供了确实的依据，防止在出现泄密情况后泄密方否认该资料属于技术秘密的范围。保密措施一般包括：要求被许可方将资料妥善保管，如存放地点应派合格的保管人员，使用资料应履行借阅和归还手续，不同级别的资料由有不同级别权限的人员进行审批后才能借阅，并同时规定资料不得以任何方式复制、复印、抄录等。

例：

第九条　保密

9.1　在本合同专利有效期内，乙方对甲方提供的与之相关的专有技术予以保密。

9.2 本合同专利有效期满，乙方对与之相关的专有技术不再承担保密义务。

9.3 本合同专有技术部分或全部已被甲方或第三方公开，乙方不再承担保密义务。

（十）技术改进与发展条款

技术改进是指在不改变已有技术本质的基础上，对已有技术的工艺、性能进行非本质性的、局部的完善和提高；技术发展则是指超出了原有技术的本质和主题，使原有产品或工艺发生了实质性的进步。通常，将技术方向引进方提供改进和发展的技术称为"继续提供技术"，将引进方向技术方提供改进和发展的技术称为"技术回授"。在签订技术交易合同时，应依照对等互惠的原则，将双方交流改进和发展技术的内容和条件予以明确规定，包括权利对等、费用互惠、交换期限一致等。

例：

第十条 后续改进技术

10.1 甲乙双方按照互利的原则，在合同有效期内，互相告知后续改进技术。

10.2 双方或一方对合同技术取得一般的改进和发展，向另一方予以免费提供。

10.3 双方或一方对合同技术取得重大改进和发展，改进方以优惠价格优先向合同另一方提供。

10.4 技术改进的所有权和申请专利的权利属于主要改进方。

（十一）风险责任的承担

技术开发合同必备条款，应当区分技术能力和技术风险，明确约定风险责任的承担以及控制风险的措施。

例：

第十一条 风险责任的承担

11.1 合同产品由乙方负责销售，如市场需求发生变化，合同产品滞销，甲方不承担经济责任，但乙方在提供确切证据后有权要求变更或解除合同。

11.2 合同技术实施后，生产成本达不到甲方提供核算成本指标，造成销售困难或利润下降，属乙方原因则甲方不承担经济责任；属甲方提供核算成本指标不实，乙方有权解除合同；属市场原料价格变化，则由双方另行协商解决办法。

(十二) 解决争议的方法

解决争议的方法除协商、调解外，还有仲裁和诉讼两种方式可供选择，各有利弊。就解决技术纠纷而言，仲裁比诉讼更具有明显优势：

第一，技术争议一旦出现，必须以最快速度予以解决。仲裁实行"一裁终局"，没有二审和上诉，裁决一经作出即具有法律效力和强制执行力。因而，仲裁方式解决技术纠纷，效率是有保障的。

第二，仲裁是由仲裁员审理和裁决，而仲裁员大多是某一领域的专家、学者，专家断案，比较容易判断案件争议点，分辨案件是非的能力较强。因此，仲裁裁决比较公正公平，令人信服。

第三，"当事人意思自治"是仲裁制度的核心。在仲裁程序中，当事人享有极大的自主权，包括仲裁机构、仲裁员、仲裁地点、仲裁语言、仲裁所适用的法律、甚至是仲裁规则，都可由当事人自己选择。这对于强调自治、自主的技术当事人来说，是再合适不过的了。

第四，仲裁实行的是不公开开庭审理制度，即未经双方当事人一致同意和仲裁庭的特别许可，任何与案件无关的人(包括新闻媒体)都不得旁听案件的开庭，所有参与仲裁的人，也不能向外界透露案件的审理程序和实体内容。高度保密原则既可以保证技术秘密不公开，又能保护纠纷双方的形象和声誉。

例：

第十二条 争议的解决

12.1 在履行合同的过程中，双方发生争议，应友好地协商解决，协商不妥，在必要时任何一方都可向人民法院起诉。

(十三) 合同尾部

当事人双方签章、双方法人代表签章、签章日期。在统一文本中还包括当事各方基本情况表，包括姓名、法人代表、联系人、单位名称、住所、电话、开户银行、账号等。

例：

第十三条 合同的生效

13.1 本合同的有关附件是合同不可分割的组成部分，与本合同有同等效力。

13.2　本合同未尽事宜，由双方友好协商商定，签署书面文件后生效。

13.3　本合同经双方签字，自××××年×月×日起生效，合同有效期15年，至××××年×月×日期满。

13.4　本合同正本一式五份：甲方三份，乙方一份，公证处一份，具有同等效力，由甲方负责向专利管理机关提交本合同文本两份备案。

13.5　本合同签订地：×××市×××区×××路×××号。

甲方：（盖章）　　　　　　　　　　乙方：（签章）

甲方代表：（签章）　　　　　　　　法人代表：（签章）

合同签订日期：××××年×月×日

除了上述必备条款外，与履行合同有关的技术背景资料、可行性论证和技术评价报告、项目任务书和计划书、技术标准、技术规范、原始设计和工艺文件，以及其他技术文档，应当列为合同附件，作为合同的组成部分，以备合同履行或者解决争议时参考。

五、技术合同的认定登记

技术合同认定登记是指由技术合同登记机构依法对当事人申请认定登记的合同文本从法律上、技术上进行审查，确认其是否真实、是否符合《合同法》的要求、是否属于技术合同和属于何种技术合同并核定其技术性收入总额，依法按照合同类型分类予以登记，发给技术合同登记证明，当事人凭登记证明享受国家在信贷、税收等方面提供的优惠待遇并获取相应奖励的行政执法行为。技术合同认定登记的目的是加强技术市场管理，保障国家有关促进科技成果转化政策贯彻落实。因此，技术合同认定登记是国家科技行政主管机关实施技术合同管理、促进技术市场及技术交易健康发展、保障国家有关加快科技成果转化政策贯彻落实的制度。

《技术合同认定登记管理办法》第8条规定，“技术合同认定登记实行按地域一次登记制度。技术开发合同的研究开发人、技术转让合同的让与人、技术咨询和技术服务合同的受托人，以及技术培训合同的培训人、技术中介合同的中介人，应当在合同成立后向所在地区的技术合同登记机构提出认定登记申请。”

技术合同认定登记工作的主要任务和具体工作内容包括以下三方面。

（一）审查、确认技术合同的合法性

首先，审查、确认合同主体的合法性，即：技术合同的当事人须具有权利能力、民事行为能力、赔偿能力和相应的技术能力。

其次，审查、确认合同客体（即合同的标的及其内容）的合法性以及合同是否属

无效技术合同。

最后,审查、确认合同签订及其申请认定登记程序的合法性。

(二) 审查、鉴别技术合同的性质,分类登记

综合运用科学技术、社会生产和法律政策方面的知识,依据《合同法》和《技术合同认定登记管理办法》及《技术合同认定规则》等法律法规和规章,对合同的性质、类别进行审查、鉴别,判定其是否属于技术合同和属于何种技术合同,分类予以登记。

(三) 核定技术性收入

主要是核定技术交易额及技术性收入,在此基础上,以技术性收入为基数按一定比例计算奖酬金提取额。

六、订立技术合同的注意事项

技术合同是双方共同协商的产物,但有时也会出现争议和纠纷。为避免纠纷,在订立技术合同时,应注意以下几点。

(一) 合同内容合法、规范

合同是具有法律效力的文书,在内容上必须具有合法性,即双方的资格、合同的行为、所负的责任和履行的义务,均要符合国家法律的规定,否则,不仅是无效的,还要承担由此而产生的法律责任。撰写技术合同时,合同的条款一定要讲究逻辑性和严密性。例如,合同的内容前后不能相互矛盾。正文中的条文要安排得不重复、不遗漏、不错乱;合同的权利和义务的规定要平等、合理、明确、可行,使合同具备科学性。技术合同中所列各项均要按要求填写清楚,如果需要,还可另加附件,以保持合同的完整性。合同往往因一字之差、一语之误而发生纠纷。故在语言上,既要简约,又要准确、无歧义。不使用“大致”、“原则上同意”、“等等”等词语。同一份合同,前后用词要一致。例如,前面称“农药”,后面就不用称“农用品”,以免产生歧义,造成误会。

(二) 建立健全合同审查体系和管理制度

在技术合同签订的起草阶段,科研人员需要根据实际情况,使用规范的文本,对“四技”合同进行正确的归类。同时,基于科研人员对技术的熟悉,在合同起草阶段一定要充分考虑到自己的实际履行能力,切实的签订合同,在技术层面上不能留有隐患。随后需要行政人员及法律人员在政策层面和法律层面给予适当的指导,使之能有利于科研活动的进行,有利于合同的履行。最后由主管的领导根据单位实际情况和国家的相关政策对合同进行批示,在得到上述人员的分级审批之后,这个合同的履行风险也基本降到最低了,也就可以顺利地签字盖章了。

(三) 技术合同的成立与生效

技术合同的成立是双方当事人完成了签订合同的全过程,双方当事人之间意思表示达成了一致,这是合同存在的前提条件。合同生效是指合同成立后,该合同符合法定的生效条件。该合同生效,其约定的义务对合同当事人有了法律约束力,并不是所有的合同成立了就等于生效。例如国家目前有许多科研计划,是通过技术合同的形式来落实的。研究人员在申报此类科技项目时,如果项目组成员由几个单位成员组成,就会对完成该项目的各单位成员要尽的义务签订补充协议。此协议虽然成立了,但其效力还处于待定状态之中,只有当科技项目得到批准,经费落实后,该协议才生效。因此,在签订此类协议时,应尽可能对研究内容的分工、经费分配、成果权属等条款明确,避免出现责任不清,影响立项后技术合同的履行而承担违约责任。

(四) 注意技术合同争议的诉讼时效

诉讼时效是权利人在民事权利受到侵害时,在法定期内不向人民法院或仲裁机关请求保护民事财产的权利,就丧失了请求人民法院依法定程序强制义务人履行义务的权利的法律制度。在法定期间内,权利人行使合法权利的,法律给予保护;超过法定期间,权利人的合法权利就不再受法律的保护。《合同法》第 129 条中规定"对涉外买卖合同和技术进口合同争议提请诉讼者或申请仲裁的期限为 4 年,其他合同争议提起诉讼或者申请仲裁的期限依照有关法律的规定。"技术合同争议提请诉讼时效,依这个"有关规定"可以理解为《民法通则》第 135 条规定,诉讼时效期限为 2 年,这个时效规定对技术合同双方行使权利、履行义务及请求法律保护有重要作用。

第四节 技术合同的履行

一、技术合同履行的原则

技术合同履行的原则包括一般原则和特殊原则两部分。

(一) 技术合同履行的一般原则

1. 亲自履行原则

除在技术合同中约定当事人可以委托第二者履行合同以外,合同当事人必须亲自履行自己应尽的义务。

2. 适当履行原则

技术合同依法签订后,当事人各方按照合同约定的进度计划等条款全面履行合同义务,并使履行合同的行为与合同内容完全相符。适当履行还包括履行期限适当、履行地点适当和履行方法适当等。

3. 实际履行原则

当事人按照合同中约定的标的向对方履行合同义务并完全与验收标准相符合。对于合同标的,不能用金钱来代替。合同中规定什么标的,就应该履行什么标的。

(二) 技术合同履行的特殊原则

1. 技术合同履行期限不明确的履行原则

技术合同如果履行期限不明确,按照合同有关条款内容又不能确定时,当事人各方应当就履行期限问题进行充分协商。如果各方不能就合同的履行期限达成一致意见,应按下列原则办理:承担义务的一方可以随时向另一方履行义务,享有权利的一方也可以随时要求另一方履行义务,但应当给另一方以必要的准备时间。

2. 技术合同履行地点不明确的履行原则

如果当事人各方没有在技术合同中约定履行地点,或履行地点不明确,或按照合同有关条款内容也不能确定时,当事人各方可以通过协商加以明确解决。如果各方就合同履行地点达不成协议,应按下列原则办理:技术开发合同,在研究开发方所在地履行;技术转让合同,在受让方所在地履行;技术咨询合同,在顾问方所在地履行;技术服务合同,在委托方所在地履行。

3. 技术合同中技术成果验收标准不明确的履行原则

在技术合同中没有约定技术标准或技术标准签订的不明确或按照合同有关条款的内容也不能确定时,当事人各方应通过友好协商来确定。如果当事人各方不能达成一致意见,则可按国家标准或专业技术标准履行;没有标准的,可按本行业合乎实用的一般要求履行。

二、违反技术合同的责任

根据我国民法的原则和精神,违约责任的构成要件为:客观方面是必须具备违约行为,主观方面是行为人须有过错。违约行为即不履行合同义务或者虽然履行合同义务但不符合约定的行为,形式上通常表现为:拒绝履行、不履行、延迟履行或不当履行等。因此,在合同的履行过程中,行为人只要主观上有过错和存在违约行为,就要承担违约责任。

技术合同当事人履行合同的义务和违反合同的责任应以合同条款约定的范围为依据。技术合同其标的是无形资产,承担技术合同的违约责任,赔偿损失的方式不可能是赔偿实物产品,只能是赔偿无形资产损失的价值,以货币支付。由于技术成果具有不确定性、技术开发存在风险性,技术合同的履行较为特殊,例如在技术开发合同中,若开发难度极大,超出了研究开发方的实际能力和水平,实际履行已不可能，强制履行也是不可能的，因而《合同法》的“实际履行”原则可能难以适用，故发生技术合同违约时，继续履行的责任只能以支付违约金或赔偿金的形式来承担，也只能以货币支付。

在履行技术合同中，为提供技术成果或咨询服务交付技术图纸、资料、样品和其他物质技术条件，应与合同约定一致。发现有关技术图纸、资料等与合同约定不一致的，应及时更正和补充。因更正、补充有关技术图纸、资料、数据给另一方造成经济损失或增加额外负担的，应按不适当履行合同处理。但下列情形除外：

(1) 所作的技术改进为另一方认可或应另一方要求进行的。

(2) 合同中约定了后续改进条款，一方对技术的改进属于履行合同行为的。

(3) 合同约定提供技术一方有权因地制宜调整技术方案，且所作调整有充分理由的。

(4) 一方所作的技术改进，使技术合同履行产生了比原技术合同更为积极和有利效果的。

一般来说，当事人不履行合同或者不适当履行技术合同，应该承担相应的法律责任。当事人违反技术合同承担民事责任的方式，主要是支付违约金或者赔偿损失。

三、技术合同的变更和解除

技术合同的变更是指技术合同当事人在签订技术合同以后，没有履行或没有完全履行合同以前，依照法律规定的条件和程序，对原技术合同中的某些条款进行增减，修改和变更，经双方协商一致所达成的新的协议。技术合同的解除是指技术合同当事人在签订技术合同以后，没有履行或没有完全履行合同之前，依照法律规定或当事人双方的商定所达成的提前终止合同的协议。

(一) 协商变更或解除

当事人双方协商一致即可变更或解除的技术合同是指那些不涉及国家指令性计划的技术项目和原合同未经过批准机关批准，未经过公证、鉴证以及未经过登记机构登记的合同。当事人协商一致解除合同，应当就合同提前终止的日期和因此所引起的损失的处理办法达成书面协议。

(二) 单方解除

技术合同当事人一方不履行或不完全或不适当履行合同，致使原来签订的技术合同成为不必要或者不可能时，当事人一方有权通知另一方解除合同，并自发出通知之日起，可以终止履行合同义务。

我国《技术合同法》规定，当发生下列情况时：另一方违反合同；发生不可抗力；作为技术开发合同标的的技术已经由他人公开，致使技术合同的履行成为不必要或不可能时，当事人一方有权通知另一方解除合同。

（三）技术合同所依据的国家计划被修改或被取消

在发展科学技术的过程中，有些技术合同的签订是根据国家下达的科技发展计划而签订的，因此，当国家下达的科技发展计划被修改或者被取消时，技术合同当然也应该随之进行相应的变更或解除。

（四）研究开发工作遇到技术风险而导致失败或者部分失败

在科学技术研究开发过程中，发生当事人不能预见、无法防止或者无法克服的困难等技术风险是常有的事情，如果发生上述技术风险而使研究开发工作失败或部分失败时，允许变更或解除技术合同。

（五）技术合同主体一方发生终止

技术合同主体终止有两种情况：一种是公民个人死亡或者丧失行为能力；另一种是法人的关闭、撤销，解散或者破产，使其失去从事科技活动能力和条件。上述两种情况，都属于主体终止的变化，而且由于这种变化使技术合同无法继续履行时，合同可以变更或解除。

（六）予以变更或撤销技术合同

发生下列情况之一的，当事人一方有权请求人民法院或者仲裁机构予以变更或者撤销技术合同：

（1）当事人对合同标的或者技术成果权属有重大误解的。

（2）价款、酬金或者使用费显失公平。

四、技术合同的无效

无效技术合同是指违背国家法律、法规和政策规定，不具有法律约束力，不受国家法律保护的合同。无效技术合同从订立的时候起，就不具有法律约束力，不受国家法律保护。确认技术合同部分无效的，如果不影响其余部分的效力，则其余部分仍然有效。技术合同也可以全部无效。技术合同具备下列条件之一者，合同为无效。

（一）技术合同主体不具备合法资格

主体不具备合法资格的情况，包括以下几种。

（1）超越经营范围。

（2）超越本身实际履约能力。

（3）登记注册不符合规定手续或者未经上一级主管部门同意而擅自成立的社会组织。

（4）对技术成果不享有合法权利的单位或个人又订立处分该技术成果的技术合同。

(5) 盗用、冒用单位、商号和技术专家，以及科技研究人员的名义订立的技术合同。

(6) 超越代理权限，超越部分无效，但经被代理人追认的除外。

(7) 代理人以被代理人的名义同自己或者同自己代理的其他人签订的技术合同。

(二) 违反国家法律、法规或者损害国家利益和社会公共利益

所谓"违反法律、法规"，是指订立合同或者依合同所进行的活动是法律、法规所明确禁止的行为。所谓"损害国家利益和社会公共利益"，是指订立合同的目的或者履行合同的后果，严重损害了国家利益或社会公共利益。如污染环境、损害珍贵资源、破坏生态平衡以及危害国家安全和社会公共利益的行为。上述造成技术合同无效的行为，一般表现为以下几个方面。

(1) 利用技术开发合同名义侵占和损害自然资源或者骗取国家科技贷款(或当事人的预付款)，然后从事与技术无关的经营活动。

(2) 利用技术合同进行贪污、受贿。

(3) 技术合同标的的技术特征和实施后果具有违反国家法律和社会公共利益的可能性。

(4) 技术合同标的违反国家法律和社会公德或者妨碍公共利益。

(5) 技术合同标的涉及国家安全或者重大经济利益，需要保密而未经国家有关部门批准。

(6) 技术合同的签订违反法定形式和法定程序。

(三) 非法垄断技术妨碍技术进步

"非法垄断技术，妨碍技术进步"是指通过合同条款限制另一方在合同标的技术的基础上进行新的研究开发，限制另一方从其他渠道吸收技术，或者阻碍另一方根据市场的需求，按照合理的方式充分实施专利和使用非专利技术。这种行为违背了订立技术合同的原则，不利于技术成果转化为有效的生产力，还会导致重复研制、重复引进、浪费国家资财。因此，凡是对技术进行非法垄断或封锁、阻碍技术进步的技术合同，都应视为无效技术合同。

(四) 侵害他人合法权益

所谓侵害他人合法权益，是指侵害另一方或者第三方的专利权、专利申请权、专利实施权、非专利技术使用权和转让权或者发明权、发现权以及其他科技成果权的行为。在实践中，当事人一方侵害他人合法权益的行为主要有下列几种情况。

(1) 当事人一方未经专利权人同意而与他人订立专利实施许可合同的。

(2) 由一方当事人申请专利或者由双方共同申请专利的发明创造、当事人以自己名义申请专利的。

(3) 未经当事人许可而实施另一方当事人专利的，也就是说，以生产经营为目的而制造、使用或者销售其发明专利方法，以及制造或者销售其外观设计专利产品的。

(4) 专利实施许可合同中，被许可方实施专利超越了合同中约定的范围(包括实施期限、地区、方式等)的。

(5) 许可方已经承担不向他人发放专利实施许可或者自己不实施该项专利义务而违反合同约定又与第三方订立专利实施许可合同或自己实施专利的。

(6) 个人未经单位同意而私自使用、转让其利用工作关系取得的职务技术成果的。

(7) 单位未经个人同意而使用、转让个人的非职务技术成果的。

(8) 合同约定非专利技术的使用权或者转让权属于一方而另一方擅自使用或转让的。

(9) 当事人未经注册商标所有人许可，在同一种商品或者类似商品上使用与该注册商标相同或者相近似商标，或者擅自制造或者销售该注册商标标识，给他人注册商标专用权造成损害的。

(10) 将他人成果以自己名义申报发明奖、自然科学奖、科学进步奖、合理化建议奖和技术改造奖，或者向科学技术行政部门申请科技成果登记的。

(五) 采取欺诈或者胁迫手段

所谓欺诈，是指技术合同当事人一方故意制造假相，隐瞒真相，骗取对方信任，产生错误认识而上当受骗的行为。

胁迫是指当事人一方采用要挟或使用暴力的方法，迫使对方同意签订与其本身意志相违背的合同的行为。

当事人之间订立技术合同，必须遵守自愿平等的原则，当事人意思表示的内容必须符合当事人的真实意图，如果采取欺诈或胁迫的手段订立技术合同，不仅违背签订技术合同的基本原则，而且也不符合法律的规定，因而合同无效。

第五节 技术出口程序

一、技术出口前的准备工作

在拟进行技术出口的转让方在谈判以前，必须先向有关部门进行申请。技术出口申请经批准的，由国务院外经贸主管部门发给技术出口许可意向书。申请人取得技术出口许可意向书后，方可对外进行实质性谈判，签订技术出口合同。

(一) 明确技术是否可以出口

技术出口经营者在出口技术之前，首先需要明确其出口技术是否属于限制出口或禁止出口的技术。《中国禁止出口限制出口技术目录》对技术出口作出了以下规定。

(1) 中华人民共和国对下列技术禁止出口。① 出口后将危及我国国家安全的技术。② 我国特有的、具有重大经济利益的传统工艺和专有技术。③ 对外承担不出口义务的引进技术。

需要注意的是,《中国禁止出口限制出口技术目录》会根据情况变化时常更新,需要使用最新版本作为判断的依据。

(2) 通过中国专利局的保密审查程序确定某项技术是否属于需要保密的技术。

(3) 通过办理限制出口技术出口申请程序,由限制出口技术出口主管部门审核该技术是否属于限制出口技术。中华人民共和国限制出口技术的技术审查包括以下内容:① 是否危及国家安全。② 是否符合我国科技发展政策,并且有利于科技进步。③ 是否符合我国的产业技术政策,并能带动大型和成套设备、高新技术产品的生产和经济技术合作。

技术出口经营者出口限制出口技术前,应填写《中国限制出口技术申请书》,报送技术出口经营者所在地的省、自治区、直辖市主管部门(经济贸易委员会)履行出口许可手续。属于国家秘密技术的限制出口技术,还应先按《国家秘密技术出口审查规定》办理保密审查手续后才能办理技术出口许可手续。技术出口申请获得批准后,由主管部门颁发《技术出口许可意向书》,有效期为3年。当事人未能在3年有效期内签订技术出口许可合同的,应重新提出出口申请。在《技术出口许可意向书》有效期内,技术出口经营者签订技术出口合同的,持《技术出口许可意向书》、合同副本、技术资料出口清单、签约双方法律地位证明文件到主管部门申请技术出口许可证。限制出口技术的技术出口合同自《技术出口许可证》颁发之日起生效。

(二) 技术出口的可行性研究

技术出口项目的成功离不开前期的可行性研究,包括国内技术及技术产品市场的研究。并在综合分析的基础上,拟出技术出口可行性研究报告,以此作为决策者进行科学判断和正确决策的依据。技术出口可行性研究报告的编制方法,目前尚无规范可循,但至少应含有下列主要内容。

(1) 技术名称、技术特征及技术授权范围。

(2) 设备供应范围(成套设备、生产线等)。

(3) 技术服务(技术培训、安装、高度、调试指导等)。

(4) 进口国家、厂商名称及其生产经营状况及技术水平。

(5) 受方实施新技术或生产新产品的条件(有利因素和不利因素)和可行性。

(6) 经济效益分析:成本、收益评估测算。

（7）风险分析及防范措施。

（三）国外进口厂商的资信调查

对进口厂商资信调查的主要内容是：公司注册登记情况、客户名称和地址、经营范围和规模、付款记录（特别是拒付应付款和欠债逾期不还记录）、往来银行及信用，财务概况总体分析、诉讼情况以及纳税、海关记录等。此外，还应对进口厂商所在国家或地区的风险等级、经商习惯、银行信用进行调查。技术出口方开展对进口厂商资信调查，可以通过委托律师、对方的往来银行、国外的咨询机构、国外商会、我国的驻外商务机构、让对方直接提供资信资料等方式开展资信调查。

二、技术出口谈判和合同签订

在技术出口的谈判阶段，供方应充分考虑有关商务、法律环境及交易双方的具体情况，制定谈判方案，在谈判中既要坚持原则，又要机动灵活，善于提出新的方案，有计划地实现预定的交易目标，最大限度地维护供方的利益。不同种类的技术出口方式的特点和风险都不相同。在技术出口业务活动中，供方应根据其技术特点、市场价值、市场环境及进口国的技术、经济、法律状况等综合情况，确定最有利的出口方式，并根据这一具体方式的特点准备合同的起草及谈判事宜。

（一）在谈判准备阶段

（1）熟练掌握涉及技术转让的法律法规的同时，学习了解技术引进国对公司授权、专利制度和技术进出口管制的法律规定。

（2）了解引进方的综合背景。由于世界各民族有着迥然不同的历史、文化传统，各国商业文化背景和价值观念也存在着明显的差异。通过互联网等现代化途径，查阅引进方的各方面资料，以便在谈判中有针对性地采用恰当的方式方法。

（3）学习拟转让技术的复杂性和开发程度、受让人的实际需要、受让人的技术能力、替代技术的关联性、可得性和成本效益等。

（二）在谈判进行阶段

起草技术转让协议，或者审查对方起草的技术转让协议，提出修改意见。当前常见的技术转让谈判方式，一般都是以合同草案为基础，按照条款内容逐项讨论。由于协议审查方不时需要协议起草方的解释条款的确切含义和目的，而且只能对协议加以部分增删或修改，比较被动。所以应尽量争取起草协议。当谈判遇到双方僵持不下的情况是十分常见的。为了推动谈判，双方都可能作出一定的让步或折中。

技术出口合同的核心是价格与支付条款。供方既要根据技术的市场价值和出口方式确定适当的价格条款，又要确定适当的支付方式。不同计价方式，即使针对同一项出口技术，在风险和受益上都会有明显差异。供方应考虑支付的实际情况，选择有利的计价方式与支付方式。

技术出口合同中的争议解决方式对双方当事人都很重要。技术出口合同一般均应规定，在双方当事人无法协商解决争议时，应提交仲裁机构通过仲裁解决，并对仲裁的机构名称、地点、语言、效力、适用法等事项作出明确规定。

（三）合同签订后

双方签订技术出口合同后，应当向国务院外经贸主管部门提交下列文件，申请技术出口许可证：技术出口许可意向书；技术出口合同副本；技术资料出口清单；签约双方法律地位的证明文件。

国务院外经贸主管部门对技术出口合同的真实性进行审查，并自收到前款规定的文件之日起 15 个工作日内，对技术出口作出许可或者不许可的决定。技术出口经许可的，由国务院外经贸主管部门颁发技术出口许可证。技术出口合同自技术出口许可证颁发之日起生效。

第六节 我国技术贸易发展历程

我国在很长一段时间内都是以技术引进为主。我国的技术出口起步较晚，这是与我国的国情密切相关的。

一、我国技术引进的发展历程

我国的技术贸易在建国后很长一段时间主要是以引进国外先进技术为主。我国是世界技术进口大国。我国的技术引进以 1978 年为界，分为两个阶段。

（一）1950—1978 年

1. 1950—1959 年

20 世纪 50 年代，新中国在一穷二白的技术、经济基础上通过从苏联和东欧社会主义国家的大规模技术引进，迅速建立起了比较完整的工业体系，奠定了中国工业化的重要基础。技术引进是在中央的严格计划和统一部署下以中央政府为主体进行，以成套设备引进为主，辅之以单项设备引进、技术软件引进和人才交流等多种引进方式。据统计，20 世纪 50 年代，我国与苏联签订引进成套设备合同 304 项，与东欧国家签订引进成套设备合同 116 项，并与苏联和东欧国家签订引进单项设备合同 164 项，实际消耗外汇总额 27 亿美元；与此同时，从苏联和东欧引进了大量的相关技术资料；苏联和东欧还派出大量技术专家到我国进行技术指导和人员培训，同时接受我国 2 万多人出国留学和技术培训；此外，苏联还给予我国 11 笔总计 12.7 亿新卢布的低息贷款。按照实际消耗的外汇金额计算，成套设备引进消耗的外汇占总金额的 89.3%，单项技术设备与生产线引进消耗外汇占 9.7%，技术资料、图纸与技术合作合同消耗的外汇占1%。

2. 1960—1969年

这段时期由于中苏关系恶化，中国不得不走上完全独立自主发展技术的道路，而且这一时期重工业优先的经济发展战略有所调整，主要是重工业的发展速度被降低，农业、轻工业的投资比重被提高。一方面，继续消化、吸收50年代从苏联等国引进的技术，并以此为基础自行开发和研制世界上已有的新技术；另一方面，转向从日本、英国、法国、意大利、瑞士、奥地利和荷兰等西欧国家引进技术，引进的重点是冶金、化纤、石油、化工、纺织、机械等行业，填补了我国一些技术空白，提高了工业生产能力。日本利用了这次机会，在技术供方中独占鳌头。

3. 1970—1978年

70年代初，随着中美关系改善和中国经济调整与发展的迫切需要，被"文化大革命"中断的技术引进工作重新提上日程。这一段时期是技术引进规模扩大时期，从1973—1977年，我国扩大了从美国、德国、日本、法国和英国等国家技术引进的规模。这一时期共引进222项，总金额约43亿美元。1978年，《发展国民经济十年(1976—1985年)规划的纲要》掀起技术引进高潮，全年签订1 230多项技术引进合同，总金额为78亿美元。在这一年，中国同国外签订了宝钢等22个引进先进技术和成套设备的项目，共需外汇130亿美元(1978年已签约部分为78亿美元)，是新中国成立以来技术引进规模最大、进展最快的一年，成交额相当于前5年(1973—1977年)成交总额的2倍，涉及十几个国家几百个厂商。

1978年的大规模引进大大超出了实际支付能力，被称为"洋跃进"。1978年的技术引进基本延续以前的方式，也形成了一批现代化的大型企业，但没有从根本上改变"进口生产能力"的倾向，是一次更大规模的引进生产能力。由于当时的引进超出了国民经济的承受能力，没有足够的外汇支付和技术消化能力，缺乏相应的配套技术，实际效果不甚理想。

在1970—1978年期间，我国技术引进的特点是：技术引进的基本目标是引进成套设备建设大型企业，奠定国家工业化的基础、促进企业的发展和提高人民生活水平；技术引进的方式，基本上是单一的成套设备引进，直到70年代后期，才开始采用国际上通用的技术许可方式签订了一些合同，但数量较少；对于技术引进项目的组织和实施，国家实行高度集中的计划管理；技术引进的用汇，主要依靠国家调拨，技术引进的对外询价、谈判、签约和合同的执行，全部由原外贸部的专业公司——中国技术进出口公司负责；技术引进的年平均规模都不大，年平均技术引进成交额仅有4.1亿美元。

(二) 从1979年至今为第二阶段

随着"四个现代化"目标的设定和经济开放政策的实施，强调通过引进技术提高科技水平和劳动生产力，迎来了技术引进的高潮。这个阶段的技术引进规模之大，项目之多，超过了前 30 年的总和。1981—2004 年，我国共签订技术引进合同67 245项，合同金额1 901亿美元。这一阶段可进一步细分为以下三个阶段。

1. 1979 年和 1982 年

是我国经济发展的过渡期，国家有关部门根据经济发展的总方针调整了技术引进的规划，但这两年设备引进还是占了相当大的比重。

2. 1983—1990 年

我国在技术引进上，开始强调加强计划性，按经济规律办事，讲究经济效果；强调引进先进而适用的技术，控制成套设备引进；探索改革外贸体制，批准成立工贸公司从事技术引进，增加技术引进渠道；强调技术引进为现有企业技术改造服务；扩大各省市审批技术引进的权限；研究并拟订技术引进的有关法律法规等重大措施。这期间的技术引进方式除了成套设备和关键设备的引进外，还采取了国际上通用的技术许可、顾问咨询、技术服务、合作生产以及其他方式。但是，成套设备和关键设备的技术引进费还是占整个引进费的很大比重，最高时达到 91%。

在 1983—1985 年间，机械设备进口量增长了 4 倍。然而随着投资和经济增长速度急剧增加，通货膨胀倾向严重。于是 1986 年实施对投资和信贷的短期控制，使得 1987 年的机械设备进口量有所下降。1988 年中政府进一步取消对许多物品的物价控制，这使得物品抢购成风。为了保证经济稳定，控制通货膨胀，政府又在 1988 年 9 月紧缩信贷，提高利率，重新实施物价控制，削减开支，缓建投资项目。紧缩规划也导致了中国减少对外国技术的采购。由于 1989 年 6 月的天安门事件以及随后的对中国的经济制裁进一步加深了 1989—1990 年间的衰退，并使中国对外国技术的采购下跌。技术引进合同的价值从 1988 年的 35.5 亿美元跌至 1989 年的 29.2 亿美元，以及 1990 年的 12.7 亿美元。在一个短暂的滞后期以后，机械设备的进口量也下降了。

3. 1991 年开始至今

始于 1991 年的技术引进第三阶段，明确了建立市场经济体制的改革目标，从而使中国技术引进进入了一个新的历史时期，在积累了一定经验的基础上，确定了新的技术引进战略目标并予以逐步实施。

(1) 技术引进政策侧重加大技术创新力度，努力将技术引进、技术改造和技术开发紧密衔接，推进企业技术创新。

(2) 进一步引导技术引进的目的、方式和结构发生了变化。随着企业技术引进水平的不断提高，引进的目的逐步从单一生产技术的引进转向以调整产品结构，提高产品附加值，增强创新能力的技术引进。技术引进结构由引进设备为主逐渐转向引进关键技术为主，将利用外资与关键技术引进紧密结合为一体，努力引进高技术项目。引进方式除了传统的购买设备与技术、技术许可、技术服务、合作生产、作股投资、补偿贸易等，还出现了相互交换技术使用权、特许专营等新方式。这说明我国企业对技术与企业竞争力的关系有了更深的认识，技术引进目标更加明确，方式灵活多样。

(3) 技术引进的来源更加广泛，中国引进技术和设备的来源由改革开放初期的十几个国家扩大到60多个国家和地区，技术来源多元化，但就项目和金额而言，主要集中在日本、加拿大、德国、美国、俄罗斯、英国、法国、瑞典、意大利等国家。

(4) 技术进口的资金来源不断拓宽，政府贷款、专项外汇、商业贷款、企业自筹、国际金融组织贷款、出口信贷、合作生产、租赁、补偿贸易、中外合资以及外商直接投资等资金渠道和合作方式已在技术引进中广为采用。

(5) 技术引进的宏观管理开始注意发挥政府和市场的两方面作用，技术引进的资金来源多样化，鼓励企业将更多的资金投入引进与技术创新，逐步实现了由用现汇和国外贷款进口的单一型模式向包括技术合作、利用外资、对外融资等在内的复合型模型转变，吸收境外直接投资成为重要的技术引进方式。

从总体上来讲，我国的技术引进通过50多年的发展，在规模、技术来源、引进方式、渠道、引进主体以及管理体制等许多方面，都有了很大的发展和进步。

二、我国技术出口的发展过程

我国的技术出口起步较晚，技术出口始于20世纪80年代初期，进入90年代后才有了较大发展。我国的技术出口按发展情况可以分为萌芽阶段和起步阶段两个时期。

(一) 20世纪80年代前期萌芽阶段

这一阶段我国的技术出口处于起步时期，经验不足。技术出口基本上是无计划、自发地进行的，既没有专门的法规和政策，也没有明确的管理部门。技术出口的内容主要是我国技术人员经过较长时间的投入和积累所形成的新技术、新工艺等科研成果，例如一些农业和冶金等方面的科技成果，主要出口国家和地区为工业发达国家。由于对技术输出没有经验，对某些具有重大经济效益的战略目标考虑不足，技术标价过低。1980—1985年间，出口技术项目40个，合同金额6 800万美元，平均每项金额170万美元。

(二) 1986年以后起步阶段

中共中央对“七五”计划的建议中，明确指出要发展我国技术出口以后，我国技术出口才正式提上了工作日程。特别是1986年12月，经贸部和国家科委向国务院提出《关于开拓国外技术市场，加强技术出口管理的请示》，国务院对《请示》的批复下达后，长期只重视技术引进，不注重技术出口的局面被打破，调动了国内各企业、各科研单位等从事技术出口工作的积极性，技术出口工作呈现出蓬勃发展的局面。

特别是进入20世纪90年代以后，我国有关企业积极转变方向，技术出口的国家和地区除了发达国家外，还向发展中国家出口；出口的内容和方式也侧重在技术出口带动设备出口的方式上面，因而相对提高了我国出口技术的平均售价水平。我国产业技术通过自主创新、对引进技术的消化吸收再创新，以及对传统工业的技术改造，现已形成较为完整的工业体系，拥有大量成熟的产业化技术，技术出口配套能力大大增强。我成熟的工业化技术，易于掌握、便于管理、价格较低、竞争力较强，在国际市场，尤其是发展中国家市场有很大吸引力。上世纪90年代以来，我国已成功实现电力、通讯、建材生产、石油勘探、汽车制造、化工和冶金技术出口并带动大量成套设备出口，对提高产业技术水平，推动出口结构优化，促进经济社会发展发挥了重要作用。我国的技术出口逐渐走上了一条良性循环的道路。

1. 技术出口额逐年增加

改革开放以来，我国科学技术的不断发展带动了经济的飞速增长，技术出口额的持续增加带来了可观的经济效益。20世纪70年代技术出口额很小，每年合同总成交金额约1 000万美元左右，后来技术出口额逐年增加，1991年达12.8亿美元，1994年达16亿美元。2002年企业输出技术交易额达到44亿美元。2004年企业共签订技术输出合同8.9万项，比2003年增长了21.8%，实现合同交易额94亿美元，比上年增长了45.4%。

2. 出口方式以成套设备为主

成套设备出口是我国技术出口的主要方式，其技术含量和附加值都高于一般机电产品，是综合效益大的高层次资本货物出口，换汇成本低于其他出口商品，在国际市场上可绕开贸易和非贸易壁垒，是非常有前途的出口商品。20世纪90年代以来，成套设备出口迅速增长，涉及轻纺、建材、能源、化工、采矿设备等诸领域。输往国家也从非洲、中东扩展到南亚、东南亚等，个别设备已打入发达国家。其贸易形式也由单一经援拓展为贸易、经援、合作建厂、独资建厂及承包工程等。

3. 出口市场多元化

我国技术出口呈多元化趋势，到1998年我国技术出口国别地区已增至120个，横跨亚洲、欧洲、美洲和非洲。其中向发展中国家出口的技术占70%～80%，这说明我国的技术出口主要为发展中国家；但向发达国家的技术出口开始逐年上升，近几年技术出口增长的主要国家和地区有美国、日本和中国香港。

4. 技术含量不断提高，高技术产品出口不断增长

近年来，我国高技术产业发展迅速，已经成为我国经济发展中最具活力的先导性和支柱性产业。我国高技术产业总量已在世界上占有重要地位，2001年我国就

以1 480亿美元的产值规模位居世界第3位，仅次于美国和日本。

与此同时，近几年我国高新技术产品出口的增长速度每年都在22%以上，特别是2002年以来更是以高于30%的速度快速增长，在全国外贸出口中所占的比重也连年递增，增长速度超过了全国外贸出口的平均增长速度。到2005年我国高技术产品出口额已达2 183亿美元，成为世界高技术产品出口的领先国家之一。2008年我国高技术产品出口额达到4 156亿美元，是10年前的25倍，是5年前的6倍多。在亚洲，我国是仅次于日本的第二大高技术产品出口国。高新技术产品出口在我国出口中的地位不断上升，已经成为我国对外贸易增长的一个亮点，对优化我国出口贸易结构有着极其重要的意义。

思考题

1. 某家制药企业从国外引进某新药专利技术，在交易前需要做哪些准备？
2. 简述技术引进谈判过程。
3. 商务谈判中一方作出让步应遵循什么原则？
4. 简述技术许可合同的主要条款。
5. 技术合同有哪几种类型？
6. 技术出口前需要准备哪些工作？

分析题

原告A国螺钉厂因与被告B国某机械厂发生技术转让合同纠纷，遂向B国法院提起诉讼。原告螺钉厂诉称：2008年3月，原告与被告签订技术转让合同。合同规定：原告向B国机械厂转让ZAF－Y型螺双控多功位联合机（大张嘴）技术，被告按每台销售额2.5%比例支付技术转让费直到销售10台为止。合同签订后，原告向被告提供技术图纸8套。被告据此图纸生产了2台ZAF－Y型螺双控多功位联合机并已销售。但是，被告以图纸有缺陷为由，迟迟不支付技术转让费。原告诉至法院，请求被告支付2台的技术转让费3万元，继续履行合同。

被告辩称：双方所签技术转让合同属实，但原告提供的技术图纸有明显缺陷，部分技术不具备实用性和可靠性，致使被告受到损失。要求法院驳回原告的请求。

法院经审理，查明：2008年5月8日，原告与被告签订技术转让合同，由原告向被告转让ZAF－Y型螺双控多功位联合机（大张嘴）技术，被告向原告支付技术转让费人民币9万元；支付形式按产品销售价格的2.5%比例提取，直至提完为止。2008年12月26日，原告交付被告技术图纸8套。被告拿到图纸后，未书面提出异议。上述技术在转让过程中，原告和被告曾共同对图纸进行过实质性的修改和补充。2009 年年底，被告根据图纸生产了 2 台 ZAF－Y 型螺双控多功位联合机，每台以 36 万元价格售出。按合同规定，被告应支付原告技术转让费 3 万元。但是，被告以原告转让的技术有缺陷为由，要求原告减少技术转让费。法院应如何审理。

案例分析

2009 年 7 月 20 日，合肥新站区投资的国有企业安徽鑫昊等离子显示器件有限公司（以下简称“鑫昊”）与日立等离子显示器股份有限公司签订合作协议。根据合作协议，鑫昊引进日立等离子产品技术、制造技术及生产线设备，并承接日立等离子 30 年的技术积累和技术团队，同时获得专利许可，建设一条年产能为 150 万片的等离子面板生产线，产品规格覆盖 42 英寸、50 英寸、60 英寸、85 英寸等未来主流大尺寸。这消息一经报道，便引发争议。鑫昊自称此举可以“学以致用”，但一些专家学者则担心，此举可能是“重金收破烂”。

合肥 20 亿元购淘汰技术引争议

鑫昊 20 亿元引进日立淘汰的等离子面板生产线，无论从全球还是中国市场来看，等离子市场萎缩是不争的事实。目前，液晶电视生产企业数量是等离子的几十倍，销量比至少是 10∶1。虽然这几年等离子阵营三番五次的努力，但“液晶主流”的观念早已深入人心，等离子要想“咸鱼翻身”十分困难。若认为等离子是发展趋势，日立为什么要低价出售自己的等离子生产线？从追求利益的角度来看，日立这么做也不合常理。中国企业应当警惕外国企业向中国转移落后产能。

此外，专家们还对合肥引入等离子生产线的未来表示担忧。投资要有前瞻性，不能跟着别人后面跑。合肥这家公司刚成立，并无经营等离子面板生产线的经验，在技术方面也存在无法自我消化的可能，若日立不提供技术支持和服务，该怎么办？此外，松下、三星生产等离子面板，是因为这些公司本身就有整机厂，面板可以自己消化。反观合肥这家公司，即使两年后顺利投产，它能把面板卖给谁？生产等离子电视的企业已没几家。国内几家彩电企业，自身的企业都是液晶生产线，实行的是“液晶战略”，认为液晶电视现在卖得那么好，花钱重建等离子生产线有什么用呢？

这不禁让人联想到上广电引入的日本第 5 代液晶面板生产线。即使液晶电视成为国内主流产品，上广电也有整机生产能力，但由于其他主流整机企业“不买账”，这条液晶面板生产线最终拖累上广电，最后不得不决定出售。

鑫昊的辩解

1. 与京东方是否“重叠”？

在此次引进日立的等离子生产线设备之前，合肥市已经引进了京东方第六代

TFT－LCD生产线。合肥市新站区党工委书记李武好认为，这两条线并不存在“重叠”问题。京东方的第六代TFT－LCD生产线切割的屏幕尺寸为32～37英寸之间，目前只能满足一般家庭的需求。而此次引进的日立第五代等离子面板生产线，定位为生产较大尺寸的电视机面板。“产品规格在42英寸以上，最大能达到85寸”，这样大尺寸的电视机可以满足高端客户和办公场所的使用需求。引进这条生产线更不存在所谓的“浪费”问题。中国虽然是家电生产大国，但是却在占据电视机总价值70%的显示屏上高度依赖进口，尤其是在液晶、等离子面板等高端产品上几乎全部靠进口。此前，我国仅四川长虹拥有一条等离子面板生产线，但是远远不能满足市场需求。即使在鑫昊引进的这条日立线全部投产后，我们和长虹所共同生产的面板只能满足国内1/3的市场需求，还有2/3的量需要进口。在这样的情况下，不存在浪费问题。

2. 日立线是淘汰货吗？

在引进这一项目前新站区招商局做了详细的产业和市场前景调研，认为这条生产线并没有被“淘汰”。等离子面板和液晶面板代表着电视面板的两个不同的产业方向，它们的生产工艺与发光体系各不相同，而等离子面板在展现动态效果方面胜于液晶面板。日立和先锋在等离子面板生产领域未能形成“规模效应”，因此日立该产业在金融危机的冲击下亏损严重，作出退出市场的选择。但是，这并不意味着日本就不生产等离子电视了。松下目前仍然生产并向日立提供等离子面板。只不过是说，过去各家都在做的事情、都在生产的产品，现在集中到松下一家企业来做，形成了规模。这是一种产业调整方式，并不意味着等离子遭到淘汰。另外的质疑则来自此次引进的生产线是“第五代”。“当初我们引进京东方第六代线时，也遭到很多质疑。很多人说，国外都上到第八代线了，我们还搞第六代，是不是太落伍？”李武好对记者说，市场需求的多元，决定了引进生产线未必一定要争“高”。

3. 买生产线花了20亿元？

“这一点，外界可能有点误会。实际上，土地、厂房建设、运输、人员都需要成本，而这些都包含在这20亿元之内。”因为出于商业机密的考虑，李武好不便向记者介绍具体的购买价格。但是，他认为购买日立等离子产品技术、制造技术及生产线设备的价格并不是像外界想象的那么高。李武好对记者说，这条生产线虽然于2007年2月就已在日本投产，但并不是非常“二手”。他表示，这条生产线“不敢说是最先进的，但至少是优良的”。

4. 建设平板产业基地将破除国外对中国的技术输出封锁。

别人垄断了技术，就垄断了市场，我们只能处在被动地位。而自己研发，又需要耗费时间，所以最好的方法就是引进。最初考虑引进日立这一生产线时，一个重要的出发点便是引进该项目对国内电视面板生产技术将形成重要支持。正因如此，此次引进的并不止是一条生产线，还包括产品技术、制造技术和技术团队，并获得专利许可。

国家政策支持引进落后技术？

虽然在引入日立等离子面板生产线这一问题上，专家们都持保留态度，但他们也一致认为，引入技术是手段之一，研发产业主流技术是国家鼓励的方向。

以面板为例，国家发改委年初下发通知，自 2009 年起将连续 3 年组织实施彩电产业战略转型产业化专项，对部分项目予以资金等方面的支持；《国家重点产业调整和振兴规划纲要》特地提出要“以面板生产为重点，完善新型显示产业体系”。

京东方、龙腾光电及一些地方政府的液晶面板制造筹建项目预计总投资约为 150 亿美元，仅在今年内就会落实 95 亿美元。在国家电子振兴计划纲要中，对面板产业的投资更是将超过千亿元。如此大的资金支持，促使许多地方政府积极参与投资。

我国虽是家电生产大国，却在占平板电视总价值 70%的面板上高度依赖进口。专家们都很赞同地方政府与企业联合兴建面板产业园，认为地方政府会在很多方面给投资方优惠政策。公开资料显示，鑫昊是合肥新站综合开发试验区投资的国有企业，注册资金5 000万元人民币，目前处于筹建阶段，办公地点设在新站区管委会的办公大楼中。鑫昊综合处负责人透露，鑫昊 20 亿元的投资都将来自一家名为鑫城的公司。

新站区从今年 4 月份开始对区内国有企业进行战略性整合重组，将区属国有独资公司、国有控股公司、对外投资项目及其他相关国有资产全部整合到鑫城国有资产经营有限公司名下。重组后的鑫城承担产业发展及基础设施建设融资平台、国有资产管理和运营平台、参与重大招商引资项目的投资职能。整合后的鑫城资产总额达 57.66 亿元，净资产 37.47 亿元。如此看来，鑫昊的国资背景毋庸置疑。那么，国家的钱该怎样花？

中央早已提出，国家安排的资金将以“可持续发展”作为政策取向。国家领导人也不断强调，产业技术投资要“忍受短期的转型阵痛，谋求长期的可持续发展”。高科技领域的投资一般都得花巨资，不管是财大气粗的国企还是地方政府，都应该在投资面板上三思而后行，特别是地方政府，一定要理性思考，千万要避免为政绩、短期投资拉动经济增长而盲目引进。此外，国家一定要对申请企业作出严格的资格审查，要确保国家资金投入是值得的。

资料来源

1. 技术引进陷“重金收破烂”困境，《北京商报》2009 年 8 月 11 日。

2. 合肥招商部门回应：日立 PDP 生产线不是淘，《新安晚报》2009 年 7 月

28 日。

案例讨论

1. 由于金融危机，很多跨国公司急需甩掉包袱，将待售公司或业务开价很低。在“价廉”的“诱惑”下，中国企业应该保持什么样的心态？
2. 日立出售等离子面板生产线，中国企业可以以哪些方式参与？
3. 合肥引进日立等离子生产线前，需要准备哪些工作？

第六章 技术商品价格与技术转让税费

技术价格是技术转让过程中的关键问题，也是技术转让合同中的核心条款。技术作为一种商品，其价格具有提供决策信息和配置资源的功能。技术价格是技术受方为取得技术特定权利所愿支付的，技术供方可以接受的技术价值的货币表现。对供方而言，它是一项特定的技术售价或技术投入的回报；对受方而言，它是引进一项技术所付出的代价或成本。一般物质商品的价格由成本加利税来确定，因此计价较为简便易行。技术商品则不一样，其价格除了考虑成本因素外，关键看它应用后所能产生的经济效益以及技术商品的生命周期、应用规模和支配权等。可见技术商品价格的形成极为复杂，具有相当的不确定性。

第一节 技术商品价格

一、技术商品价格的特点

技术商品是人类智能劳动的成果，也是一种用来交换的具有价值和使用价值的劳动产品。技术商品定价是决定技术转让能否成功的关键所在。技术商品作为特殊的商品，它的价值与价格的关系与一般普通商品有很大的不同，技术价格与技术价值并不直接相关，它只是双方约定的转让技术一方向另一方所应支付的对价或货币补偿或酬金，很多场合由主观因素控制，基于供求关系的随行就市，具体特征表现为以下五个方面。

（一）模糊性

技术商品一般表现为图纸、技术设计等，具有非实体性，其成本耗费、价值量具有一定的模糊性。这样定价就缺少客观的判断标准，价格往往由双方对技术的心理预期来决定。而供求双方对技术商品的信息占有量的不同，常常导致双方对价格的看法不一致。

（二）倍加性

技术商品是知识密集的，科技工作者从事的是探索和创新为目的的复杂脑力劳动。在相同时间内，复杂劳动所创造的价值要百倍、千倍于简单劳动所创造的价值。体现在价格上，就是相同的劳动耗费，技术商品的价格要“倍加”地超过一般商品的价格。

（三）转嫁性

技术研究是一项探索性的工作，具有极大的风险性，失败是不可避免的。一项成功的技术成果往往伴随着无数次失败，这些失败的知识产品并不是废品，而是成功的积累，成为以后研究过程必不可少的经验、资料等。所以研制成功的技术商品价格，不仅包括自身直接生产的劳动价值，而且应当包括部分未果的科研所耗费劳动的成本转嫁体。

（四）多重补偿性

一般商品只能一次卖出，卖出后所有权就转移了。而技术商品由于其非实体性，卖出的一般是使用权，可以多次卖给不同的使用者，因此其价格的实现和耗费的补偿可以由多个接受方共同承担，价格与接受方的多少成反比，具有多重补偿性的特点。

（五）价格弹性小

一般商品价格降低可能有很多人购买，但技术降低价格很少会引起厂家来购进技术。由于影响技术转让的制约因素很多，技术价格的弹性较小，降低价格并不能吸引更多受方。例如，饼干降价 30%，消费者可能会争相购买，但是生产饼干的技术降价 30%未必会有如此效果。

二、技术商品价格的影响因素

技术商品价格是指技术受方为取得技术所有权或技术使用权所愿意支付的、技术供方可以接受的使用费的货币表现。从供、受双方所处的不同立场和所提供的技术内容出发，可以把技术商品价格作为补偿(Compensation)、酬金(Remuneration)、收入(Income)、利益(Profit)、提成费(Royalty)、使用费(Fee)、服务费(Service fee)等。因此技术商品价格可以理解为上述各种含义的总称。影响技术商品价格的因素很多，归纳起来一般可分为三大类，即技术因素、合同因素和环境因素。

（一）影响技术商品价格的技术因素

1. 采用技术后新增的经济效益

一项新技术的实施会给技术买方带来新增利润，引进技术后新增的经济效益是影响技术商品价格的主要因素。新增利润可以依据生产规模、合同期限和单位产品利润变化计算出来，具体表现为：降低生产成本；提高质量或性能，提高销售价值;增加销售量等三种方式。

(1) 由降低成本而产生的新增利润=成本降幅×年产量×合同期限。

(2) 由提高产品质量和性能而增加的利润=(价格增幅－成本增幅)×年产量×合同期限。

(3) 由销售额增加带来的新增利润=销售增量×单位新增利润×合同期限。

新增利润应有多大比例计入技术商品价格而归属技术卖方,不同行业、不同地区、不同项目有很大区别,按国际惯例在20%～30%之间。

2. 技术的研究开发成本

技术研究开发成本是指技术商品转让方在进入开发阶段的过程中投入的成本,包括材料费、设备费、科研人员工资、资料费、外协费、咨询费、培训费、差旅费、其他费用和管理费、折旧费、摊派费用等。由于技术成果可以多次转让,上述费用不应由技术买方一家支付,而只支付其中一部分。由于技术发明中智力因素和创新思路起着重要的、甚至决定性作用,而这些作用又难以测量和定价,因此也无法包括在上述费用中。另外,技术开发可能遇到多次失败,有些成功的技术转让不出去也照样得不到回报,技术开发单位为维持正常的运作,必须把上述成本也摊入开发成本之中。技术卖方通常有夸大和强调开发成本的倾向,而技术买方又不愿承认它们是合理的成本,至少不接受卖方的估值。因此,技术开发成本的内涵和数额在技术价格谈判中是一个模糊问题。

一般来讲,技术研发费用越高,在一次转让中所分摊的份额越高,那么该项技术的价格就越高。但是在国际技术贸易中,由于技术的主要来源是各个跨国公司,他们在市场中属于支配地位,技术的转让一般会被选择在技术的衰退期,此时技术的研究开发成本已经基本上通过其生产销售得到了补偿,所以这种情况下的技术研究开发成本与技术价格就不成正比。

3. 技术的生命周期(使用寿命)

每一种技术的开发和应用,一般都要经历投入期、成长期、成熟期和衰退期,技术的生命周期对技术价格的影响体现在两个方面:一方面,在技术的投入期,由于技术还不够完善,工业化程度较低,存在着较大的风险。随着向成长期和成熟期的不断发展,技术所带来的收益也会急剧上升,因而技术价格也会不断增大。另一方面,是随着市场上同类技术的不断涌现,技术的先进性逐渐丧失,因而就会使技术价格随之降低。同时,由于技术发展水平不同,发展中国家的技术相对于发达国家滞后,在发达国家进入衰退期或已经淘汰的技术,在发展中国家可能仍处于成长期或成熟期,这样,发达国家仍可能以较高的价格转让该项技术。

4. 技术商品的转让次数

技术买方往往非常关心买入的技术是否已经转让和转让的次数。每一次转让都意味着产品市场的缩小和竞争对手的增加，当然也说明了技术卖方开发费用的回收情况。因此，通常情况下技术商品的价格与技术转让次数成反比，即转让次数越多，技术商品的价格越低。然而，技术转让次数较多，对于技术买方并不完全是坏事。转让次数多，说明市场对产品的需求看好，也说明技术比较成熟可靠，投资的风险较小；在经过若干次转让之后，技术卖方也愿意降低转让费。在这种情况下，只要存在着市场机会，技术买方不应轻易放弃选择该项技术的机会，应该理直气壮地压低价格。

5. 技术商品的转让权限

技术商品转让权限的大小直接关系到技术商品买卖双方的利益。技术商品的转让权限一般分为独占性、区域独占性和无限制等几种形式。这些转移形式涉及技术商品的卖方是否有权对该技术商品再次转移，也涉及同一技术商品的竞争对手的多少和买方是否有权将该技术商品的使用权再次转让给第三方等权益问题。如果是独占性或区域独占性技术转移，技术商品的卖方将不能在全国或指定的区域内再进行技术转移；如果技术商品的买方得到的是无限制转移形式，则可能面临较多的竞争对手；如果技术商品得到的是独占性转移形式，则技术商品的买方一般则可以将该技术商品再次卖给第三方。通常买方得到的技术商品的权限越大，技术商品的价格就越高；反之，技术商品的价格则越低。

6. 技术的成熟程度

技术商品的成熟程度是一个相对的概念，主要指技术商品离真正产业化或实际使用的距离。技术的成熟程度直接影响到技术买方的消化、吸收和创造价值，从而决定了技术买方技术风险和投资风险的大小。一般来说，技术商品越成熟，买方的风险就越小、投资周期就越短，资金负担也相对较小，技术商品的价格可适当定高；反之价格应该降低。处于开发阶段的实验室技术，尚未进入商业化生产，不够成熟，价格不高；进入商业化生产处于成长期和成熟期的技术，成熟程度较高，产品的市场销售处于上升或高峰阶段，技术的价格最高；技术进入衰退阶段，即将被新的技术所淘汰，其价格随之越来越低。

（二）影响技术价格的合同因素

1. 技术价格的支付方式

技术价格的支付方式在合同条款中有明确的规定，一般分为一次总算、提成支付和入门费加提成费支付三种。

1）一次总算

一次总算是指合同双方当事人在订立合同时，将价格一次算清，在合同中规定一个固定的总金额，由引进方一次或分期支付。采取总算方式，双方可以约定全部价款一次付清，也可以采取分期支付方式。在实践中，绝大多数技术合同都采用分期支付方式。

一次总算条件下的技术转让方式对卖方更有利。因为技术价格在合同执行前就已经固定，卖方可以保证得到较为稳定的收益，风险较少而且省去了提成支付对技术买方的生产、销售、财务情况的追踪了解的麻烦。技术卖方当然欢迎这种支付办法，尽量要求把支付重心前移。而技术买方承担着技术是否适用的全部风险，增加技术买方较重的财务负担。所以对一般的技术引进，只有不需要转让方不断地提供各种服务以及技术引进方有较充实的资金情况下才用一次总算方式。

2）提成支付

技术商品交易双方协议确定一个分成比例，从实施技术商品的新增产值（销售收入）或利润中逐年提成。这种做法把技术商品的价格与所实现的经济效益挂起钩来，体现了技术商品价格与经济效益之间的正向关系，技术商品交易后的风险由技术商品买卖双方共同按一定比例承担。在提成支付的交易方式中，由于价款的支付周期较长，结算不太方便，支付过程中容易产生纠纷，因而卖方实际承担较大的风险，所以技术商品的价格相对于一次总算而言就应该相应高一些。

3）入门费加提成费支付

入门费加提成费支付是指订约后若干天内或收到第一批资料后若干天内先支付一笔约定的金额，这笔金额称为入门费或初付费，以后再按规定的办法支付提成费。入门费加提成支付方式是许可方和引进方相互妥协的一种产物。收取入门费可使许可方风险减少，而采取提成支付又能使引进方按转让技术的实际效果支付费用，加重了许可方的责任。入门费与总付的概念是根本不同的，总付是指支付技术使用费的全部金额，而入门费仅为技术使用费的一小部分。技术供方要求支付入门费的原因主要是：

(1) 尽快收回为技术转让交易所支出的直接费用。

(2) 补偿应技术受方要求提供的某些特殊或专门技术协助所垫支的费用。

(3) 作为“披露费”或称“技术公开费”，技术受方决定引进技术之前，需要技术供方对技术的有关情况进行介绍，或到技术供方工厂进行考察，这样会在一定程度上泄露技术秘密，技术供方为弥补可能的损失，要求技术受方给予一定的经济补偿。

(4) 技术受方吸收消化技术的能力较差，估计在协议初期收益没有确实保证的情况下，技术供方一般要求较高的入门费。

技术转让费用支付常常贯穿转让的全过程。技术卖方期望支付的重心前移，早日拿到回报，减少自己的责任和风险；技术买方则期望支付重心后移，让技术卖方承担更多的责任和风险。各种不同的支付方式当然也对价格的高低有直接影响：一次付清全款的，支付的总价款最低；分期付清的总价款稍高；入门费加提成支付方式，支付的总价款居中；纯提成方式，支付的总价款最高。

2. 约束性条款

在技术转让合同中可能有各种约束性条款，例如，供方在提供技术的同时向受方供应机器设备或享有零部件、原材料供应的优先权或包销受方的产品。由于上述条款未必都是互利的，供方可从中获取利润，因此极有可能成为受方要求降低技术价格的筹码。

3. 双方谈判技巧

一项技术价格是通过双方一系列谈判来确定的。如果双方谈判地位相当（如竞争能力、相互需要对方的程度、信息掌握和渠道来源等），最终确定的价格可能会接近较为公平的市场价格；如果地位不对等，价格显然会趋向于强势一方而偏离公平价格。由于买卖双方的出发点不同，各自对技术商品价格的预期有很大的差异，谈判过程就是逐步缩小差异，取得一致的过程。对技术商品的买卖双方来说，除了在定价谈判中应做好前期准备工作外，还应善于应用定价谈判技巧，谋求对自己有利的价格条件。

（三）影响技术价格的环境因素

1. 政府的干预

政府对技术市场的干预主要通过行政、法律以及信息等手段对技术的转让进行干预。发达国家为了保持自身的竞争优势，往往设置种种障碍，限制技术商品的出口，实行严格的申请和审批制度。发展中国家为了防止发达国家利用对技术的垄断性获取非法利润，往往也会采取相应措施，对技术价格的支付方式、支付限额以及合同期限等进行严格的规定，这都会在一定程度上影响和限制技术的价格。

2. 已存在的行业标准

由于不同技术所属的产业部门利润水平的差异，技术供方对受方新增利润的分享比例不尽相同，主要表现在提成率上。一般来说，高新技术领域的提成率较高（以销售额为基数），例如因特网、计算机软件的平均提成率分别为11.7%和10.5%，生物、医药为6%～10%，计算机硬件或数据处理为3%～5%，造纸和木材业为4%～6%，日用消费为2%，石化产业为1%，汽车技术为0.25%～5%。但上述标准仅供参考，技术交易各方多不会以产业提成率的平均值为依据，最终的价格主要取决于谈判结果。

3. 税费

税费也是政府干预的手段之一。目前各国普遍实行差别税率来鼓励或限制技术引进。同时由于各国对国际税收从源管辖权和居民管辖权的认定标准不同，会带来双重征税现象，加重技术供方的税务负担，促使其提高技术价格来保证自己税后的实际收入。各国已经在税收方面开展了广泛的国际合作来避免双重征税,通过低税、免税、扣除、抵免和饶让等方法部分或全部消除双重征税对价格的影响。

三、技术商品价格的定价模型

怎样确定技术商品的价格,用什么方法较为合理地确定技术商品的价格,目前尚无一种被公认为科学合理的技术商品价格模型。比较有代表性的是成本法、市场法、收益现值法和利润分成法。

(一) 成本法

成本法是从技术商品价格的理论构成上出发的确定技术商品价格的最基本、最直接的方法之一。它的基本思路是:一项技术的价格不应该高于重新研制开发具有相同功能的技术的成本。技术价格可以表示为:

$$P=(C_D+C_T+H_h)+T+M+R$$

成本法评估技术商品的价格,由以下因素组成。

1. 研发成本 C_D

研发成本包括研发费用和产品成本。研发费用包括开发费用、测试费用和人工费用等,产品成本包括采购和材料费用、制造费用等。例如,技术研制过程中各种材料、能源、动力、试剂以及辅助材料等支出。

产品成本还包含用于本项技术研究而购买并一次性计入成本的研究设备,如仪表、仪器、计量装置以及专用辅助工具等费用。各种级别研发人员的工资以及在本技术项目的研究中,因组织、管理、协调科研工作而发生的一切开支,如科研管理人员的办公费、差旅费以及管理人员的非工资性开支等也属于研究开发成本的范畴。

技术研发成本的内涵和数额在技术价格谈判中是一个模糊问题,在技术转让中,往往只得到部分补偿。

2. 技术交易成本 C_T

技术交易成本指技术卖方为转让技术而发生的费用,主要包括:

(1) 技术服务费,指卖方为买方提供的专家指导、技术培训、设备仪器安装调试及市场开拓费。

(2) 差旅费和管理费,指谈判人员和管理人员参加洽谈会和交易过程中的食宿及交通费。

(3) 其他费用,例如广告费用,法律咨询、公证、审查和注册发生的交易费用等。

技术交易成本比较容易确定,也比较容易被技术买方接受。

3. 占用资金的利益 H_h

占用资金的利益即该项研究工作所占用的全部资金的平均资金利润。

4. 风险分担成本 T

风险分担成本即科技开发平均风险率，它是一定时间内全社会未成功科研项目开发总费用与全部科研费用的比例。

5. 机会成本的补偿 M

因技术转让使技术卖方的产品可能失去了某地区全部或部分销售机会，从而可能给卖方造成损失。技术卖方要求在转让费里给予一定的补偿，这就是机会成本。机会成本很难准确估算。有的卖方很看重机会成本，甚至在自己的产品上市初期，只卖产品而不转让技术。在这种情况下，技术价格中机会成本的比重比较高。但是如果卖方是纯技术转让，自己没有产品，而且也不打算生产这种产品，那么卖方的机会成本为零，不会影响转让价格。实际计算中，机会成本往往以资金成本来衡量。

6. 预期收益现值 R

预期收益现值是指由于技术的使用预期给买方带来的边际收益或新增价值，主要表现为降低产品成本、提高质量或性能从而提高销售价格、增加销售量三种方式。

通常的计算方法是将经济寿命期内，用适当的折现率折现，累加得到该项技术的预期收益现值，基本公式：

$$R=\sum_{i=1}^{n}\frac{R_i}{(1+r)^i}$$

其中，R_i 为第 i 年预期收益额；r 为折现率；n 为经济寿命年限。

实践中，成本法一般将估算出来的技术商品的总成本乘上一个放大系数，如总成本乘上 150%～300%作为技术商品的售价。直接以重置成本(重新开发该技术需要的成本)对技术对象进行评估和调整，从理论上说，具有评估准确性好的特点，但是应用成本法的起始点是对一种技术商品重置成本的估计，其方法是考察历史成本以及趋向，并以现值来加以表示，不考虑市场的要求，不考虑与技术型资产相关的制成品市场及经济信息，因此，缺乏对该项技术商品价值、市场因素以及经济效益因素的考察，比较粗略，该方法在应用中受到很大挑战，技术商品是凝结了高智力劳动的产品，研究者研究思路是否正确、研究者个人研发实力等都影响了研发成本，而且成本与市场经常表现出不完全一致性，应用中很难以成本直接决定价格，仅能作为参考依据。

(二) 市场法

市场法是将待评估的技术与近期已发生交易的类似技术产品进行比较，以后者的已知价格为基础加以修正，得出被评估的技术最合理的价格，其基本公式为：

$$技术的评估值 = 技术市场同类技术的价格 \times (1 - 累计折旧率)$$

市场法适用的前提条件为：

(1) 技术交易市场充分活跃。

(2) 已有过与该项技术可比性强、资料可靠的同类技术的交易。

(3) 该同类技术的交易是公平合理的。

市场法对评估技术商品的变现价格和清算价格是比较合适的，但是这种方法也存在较大的局限性，它要求建立比较完善、规范的技术市场。否则所需要的市场参照物——技术参数和交易中的技术经济信息和资料就难以获得，即使获得，其可信度和可用性亦将会大打折扣，这将影响技术商品价格的可靠性。特别是由于技术市场受国家政策，不同的科技发展速度，交易的环境以及可比因素的影响，常常波动较大，交易中的价格未必就是公平的市价，模拟市场更是无法估计。

(三) 收益现值法

收益现值法是通过一种适当的还原利率，将被评估的技术产生的未来效益折算成为现值的定价方法。收益法不考虑技术商品开发研制的成本，而集中考虑技术商品在使用过程中所能带来的收益能力。收益法是建立在效用价值论的基础上的，通过对技术商品的经济效益进行预测来给技术定价。这种方法比较容易被技术买卖双方接受，可操作性强，多用于技术含量及附加值特别高，经济效益特别显著的高新技术项目的评估上。

收益现值法的基本计算公式为：

$$R = \frac{R_1}{1+r} + \frac{R_2}{(1+r)^2} + \cdots + \frac{R_n}{(1+r)^n} = \sum_{i=1}^{n} \frac{R_i}{(1+r)^i}$$

收益现值法是目前进行无形资产价值评估所使用的最普遍的一种方法，它比较真实地反映了技术商品获利的大小，是根据技术型无形资产所依托的实体——技术商品的市场应用以及收益大小，简洁地确定技术商品的价值，能够解决成本法和市场法所不能解决的问题，较全面的考虑了影响收益的各种因素，如市场收益大小、技术产品获利期的长短、市场的风险等三大要素，真实和较准确地反映了技术的价格。但是，收益现值法是建立在资金具有时间价值这一特性基础上，因此需要对未来的一些数据进行预测，而确定预期收益的参数又需要全面调查了解资产历史、现在以及未来一定时期的经营状况，评估师往往凭借统计资料和经验积累分析作出判断，有一定的随意性和抽象性，这就给评估带来风险性。要准确的确定收益法的三大要素 R, r, n 是相当困难的：

首先，收益(R)取决于市场的需求和变化，技术本身的成熟度，还取决于技术应用单位相应的技术消化吸收能力，开发能力，企业整体素质等各种因素。

其次，要区分企业的收益中哪些是由技术商品带来的，哪些是由有行资产及其他无形资产产生的，同样也是比较困难的。

同时，正确的估计各种风险因素，确定贴现利率(r)估计收益期(n)，都对结果产生影响。

（四）利润分成法

利润分成法是基于技术能为买方带来超额利润，卖方应当按比例分享该超额利润的原则，按行业和技术先进性，市场情况考虑，超额利润的比例通常在16%～27%之间。由于利润难以计算，实践中多按销售收入或销售价格计算，比例是2%～7%，我国大多在5%以下。具体提成比例有一次性提成、滑动提成和入门费加提成三种方法：一次性提成按销售收入的一个比例提取；滑动提成按销售收入或年份逐年减少；入门费加提成主要是技术转让时支付一定费用，在技术实施过程中，再按一定比例支付费用。利润分成法测算简单，买卖双方容易达成共识。但该方法适于成熟度较高，能够马上产业化，且市场容量较易预测的技术，对于那些产业化前景不明朗的技术，该方法具有局限性。

四、技术商品价格中的定价原则

技术转让中转让标的物的定价原则，首先，转让方着眼于补偿已投入的经济利益，主要从生产成本考虑技术价格；受让方着眼于可能获取的潜在收益，主要从未来收益考虑技术价格。此时双方确定的价格之间存在很大空间。其次，由于技术的非可比性，技术市场无统一价格，价格的确定由双方通过商议决定。最终转让价格的确定，意味着双方相互作用达到均衡状态，各自在议价区间内得到满意的利益分享。

（一）价格区间下限

从卖方角度考虑，区间下限是卖方转让技术付出成本的最低补偿，包括研发成本、交易成本和机会成本，计算公式为：

$$P_d = C_D + C_T + M$$

（二）价格区间上限

从买方角度考虑，区间上限是买方投入资本的保本点。首先，买方购买的是技术的获利能力，支付的货币量不会超过该项技术的预期收益现值；其次，从投资角度上看，买方是以牺牲货币的固定收益为代价换取未来预期收益。因此，价格上限应为预期收益现值，公式为：

$$P_u = R = \sum_{i=1}^{n} \frac{R_i}{(1+r)^i}$$

由公式得到：P 与 R_i 以及 P 与 n 为正比，P 与 r 为反比，计算价格上限遵循收益最大化原则，选取 R_i 和 n 的上限，r 的下限。注意三个参数的选用指标的相互匹配，保持计算口径和财务内涵的统一。

1. 年预期收益额(R_i)

具体到财务指标上，通常以每 i 年新增的净利润作为年预期收益额。

2. 折现率(r)

折现率是用以将技术带来的未来收益转换为现在价值的比率，实质是一种投资报酬率。通常以无风险利息率(r_0)加上风险价值率(r_1)作为折现率。

3. 估计收益期(n)

经济寿命是指一项资产有效使用并创造收益的持续时间。经济寿命的结束是指使用一项资产不再获利，或使用另外一项资产可获得更大收益。在此，采用寿命周期的上限，即以法律保护年限或相关技术法定保护年限作为技术的经济寿命周期。

(三) 价格区间——利润分享区间

价格区间即区间上限与下限之间的范围，是技术带来的新增利润与双方交易成本的差值，我们以 E 表示，计算公式为：

$$E = P_u - P_d = \sum_{i=1}^{n} \frac{R_i}{(1+r)^i}_I - C_D - C_T - M$$

价格区间的实质是利润分享空间，买卖双方根据影响价格因素进行价格调整，确定各自对新增利润分享的范围。

第二节 国际技术贸易中的税费

近年来随着技术贸易的迅速发展，越来越多的企业参与了技术引进和技术出口的经济合作活动。因国际技术贸易涉及的税收问题很多，不同的知识产权类型、不同的交易方式涉及的税种往往不同，其中所得税问题对技术转让当事人影响最大、关系最为密切。在技术出口交易中，一国受让方向另一国转让方所支付的转让费，最先有可能受到付款方所在国国内税法的影响，即有可能被依法征纳一定比率的预提税。此外，一国受让方所支付的全部转让费(包括被征收的预提税)还要作为另一方(公司或个人)的境外收入，依照有关法律被征纳所得税。

一、技术贸易所得税

所得税又称所得课税、收益税，指国家对法人、自然人和其他经济组织在一定时期内的各种所得征收的一类税收。我国现行税制中的所得税税收包括企业所得税、外商投资企业和外国企业所得税、个人所得税等三个税种。在签订技术贸易合同时，应遵循我国有关税法、国际税法和国际惯例，避免不必要的损失，进行合理避税，争取最大效益。国际上征收技术贸易所得税的一般原则：

(1) 对在收入来源地设有营业机构的纳税人，其技术使用费所得一般并入营业利润，计征企业所得税。

(2) 在收入来源地未设营业机构的纳税人，则采取从源控制。在技术被许可方向许可方支付使用费时，税收部门代扣缴，称为预提所得税。

(3) 以预提方式扣缴使用费所得税，税率一般低于公司所得税。预提所得税的纳税义务人由于在来源地未设营业机构的外国人，很难按正常的征税程序和方法计算应纳所得额，只能采取按使用费金额计征。考虑到赋税的负担，在税率上有所降低，相当于在金额中扣除了成本费用部分。因此，一般预提所得税的比例比一般企业所得税税率要低10％～20％。

(4) 对技术使用费所得的征税权是双重的，所得来源和居住国均行使征税权。

二、国际双重征税

(一) 双重征税的概念、原因及其影响

双重征税是指两个主权国家对同一跨国纳税人的同一课税对象征收两次税收。即同一时期对同一个跨国纳税人就同一笔跨国所得重复征税。双重征税的要素是：一个纳税人，同一种税收，一个税源，若干同级的课税权主体，同时进行两次(多次)缴纳。对同一纳税人的同一跨国所得，若该纳税人的国籍国与所得来源国实行相同的税收管辖权，如居民管辖权或者从源管辖权，则不会产生双重征税。居民管辖权以纳税人是否属于本国居民或者公民为标准确定征税或不征税。只要是本国居民，不论其所得是来自本国境内还是来自境外，都要征税。从源管辖权是以纳税人的收入来源地或者经营活动地为标准确定征税。

例如，我国企业从国外引进技术时，国外许可方有来源于我国的技术使用费收入，根据从源管辖权原则，要求许可方就该项收入依照我国法律向税务机关缴纳所得税。按照我国税法规定，外国企业在中国境内未设立机构、场所，而又取得的来源于中国境内的特许权使用费，如专利权、专有技术权、商标使用费，包括其他图纸资料费、技术服务费、人员培训费及其他相关费用，应当缴纳20％的所得税。同样，在中国境内无住所又不居住或无住所而在境内居住不满一年的个人，从中国境内取得特许权使用费，应缴纳20％所得税。

在技术出口交易中，外国被许可方所支付的转让费，最先有可能受到付款方所在国国内税法的影响。即首先要依法向当地政府缴纳一定比例的预提税。预提所

得税是一种从源控制和扣缴征税的措施。各国的预提税率有很大不同，如美国为30%，英国为34%，法国为33%，日本为20%。此外，外国被许可方所支付的全部转让费(包括预提税)还要作为中方企业或者个人的境外收入，依照中国税法被征纳所得税。在这种情况下就出现了双重征税问题。

双重征税问题直接影响了国际技术贸易的正常进行，恶化了贸易环境。双重征税不仅加大了企业的转让成本，导致技术许可方在技术市场上的竞争力下降，而且双重征税的损失经常会转嫁到被许可方的身上，使被许可方的预期利润大大减少。由于税收问题直接关系到对外投资者的切身利益，因而是投资者最为关心的问题之一。国际双重征税有违税负公平原则，严重阻碍国际投资活动的正常开展。为此，各国政府都在努力寻求解除或免除双重征税的途径。

(二) 国际双重征税的解决办法

目前，国际上比较流行的避免双重征税的方法主要有四种。

1. 用抵免法消除双重征税

抵免法是当今国际上最为流行的避免国际双重征税的方法。实行抵免法的国家在向本国居民或公民征收所得税时，准许他们将在国外已向外国政府缴纳的所得税税额，从应向本国缴纳的所得税税额中扣除，以达到避免双重课税的目的。抵免法一般分直接抵免和间接抵免两种。

1) 直接抵免

直接抵免适用于自然人和同一法人中的总公司与分公司。自然人作为国外所得的纳税人，在向本国政府缴纳税款时，政府允许其将国外所得已纳税部分扣除，直接抵免在国外的已纳税额。总公司与分公司属同一法人的内部税收抵免是指：居住国的总公司与其本国外的分公司在法律上同属一个法人和同一纳税人。分公司在国外所纳的所得税款视同总公司缴纳的税款，居住国政府允许总公司就其分公司在国外缴纳的所得税额，从总公司应向本国缴纳的税款总额中扣除。直接抵免又分为全额抵免、普通抵免和补足差额抵免三种形式。

第一，全额抵免。

全额抵免是指居住国政府将居民的国内、国外所得汇总计算，允许居民将其向外国政府缴纳的所税税税额在应向本国缴纳的所得税中全部扣除。

例如，某居民一年内共获得 80 000 元收入，其中从居住国获得 50 000 元，在国外获得 30 000 元，国外适用税率为 30%，居住国税率也为 30%。居住国允许居民将在国外已纳缴款从应向本国缴纳税款总额中扣除，于是得出：

居民总所得应纳本国税额：

80 000×30%=24 000(元)

居民在国外收入来源国所纳税额为：

$$30\,000 \times 30\% = 9\,000(元)$$

居住国实收税额：

$$24\,000 - 9\,000 = 15\,000(元)$$

纳税人实纳税额：

$$15\,000 + 9\,000 = 24\,000(元)$$

居住国实行全额抵免，放弃对纳税人国外收入 30 000 元的征税权力，即放弃 9 000 元税收收入。

第二，普通抵免。

普通抵免是居住国将本国居民的国内、国外所得汇总计算，允许居民将其已向外国缴纳的所得税税额在应向本国缴纳的税额中抵免。但在当外国所得税税率高于本国税率时，税率抵免额不得超过国外所得按照本国税率计算的应纳税额。仍以上述为例，只是假设外国税率不是 30%，而是 40%，于是得出：

居民总所得应纳本国税额：

$$80\,000 \times 30\% = 24\,000(元)$$

居民在国外收入来源国所纳税额为：

$$30\,000 \times 40\% = 12\,000(元)$$

居民实纳税额：

$$50\,000 \times 30\% + 30\,000 \times 40\% = 27\,000(元)$$

国外收入按国外税率和本国税率计算的差额：

$$30\,000 \times 40\% - 30\,000 \times 30\% = 3\,000(元)$$

居住国实行普通抵免，放弃税额9 000元，居住国不能抵免的税额为3 000元。

第三，补足差额抵免。

这种抵免方法是指一国政府在向本国居民或公民征税时，允许将其在国外已纳税额从其应向本国纳税总额中扣除。在国外税率低于本国税率的情况下，居住国政府往往采取补足差额抵免方法，即只对该居民或公民在国外已纳税部分实行抵免。国外实纳税额低于按国内税率计算的税额，差额部分要如数上缴居住国政府。上例假设国外所得税率为 20%，于是得出：

居民全部所得应向居住国缴纳的税额为：

$$80\,000 \times 30\% = 24\,000(元)$$

居民在居住国所得收入应纳税额为：

$$50\,000 \times 30\% = 15\,000(\text{元})$$

居民在国外收入来源国应纳税额为：

$$30\,000 \times 20\% = 6\,000(\text{元})$$

居民因国内外税率不同使其国外收入纳税差额为：

$$30\,000 \times 30\% - 30\,000 \times 20\% = 3\,000(\text{元})$$

居民向居住国实纳税额为：

$$15\,000 + 3\,000 = 18\,000(\text{元})$$

居住国放弃税收额为：6 000 元。

从上述例子不难发现，全额抵免和补足差额抵免基本上消除了国际重复征税，而普通抵免只是在一定程度上起了缓和重复课税的作用。

2) 间接抵免

这是适用于被同一税源联系起来的不同经济实体的跨国纳税人之间发生国际双重征税的抵免方法。所谓间接抵免，是指允许跨国纳税人在非居住国（非国籍国）间接缴纳的税款，抵免在本国应缴纳的税款。间接抵免实质上是专门适用于跨国母子公司之间的抵免。母公司和子公司分别是两个独立的经济实体，子公司缴纳的公司所得税不能像分公司那样在母公司所在国获得直接抵免。显然，当母公司向居住国政府申报应税所得额时，不能把外国子公司的全部所得并入计算，只能合并计算母公司从外国子公司取得的股息所还原出来的那部分所得。与此相适应，子公司在外国缴纳的所得税也不能全额在母公司抵免，所能抵免的只是子公司分配给母公司的股息应承担的那一部分所得税。

按照国际上通行的原则，能享受间接抵免待遇必须符合下列条件：第一，享受者必须是法人股东，而不是自然人股东；第二，享受间接抵免的法人股东必须是直接投资者，而不是坐享股息的证券投资者；第三，作为直接投资者的法人股东在付出股息公司中所拥有的股份必须达到一定的数量。目前，我国的《企业所得税》和《外商投资企业和外国企业所得税》中只有有关直接抵免的条款，而对间接抵免并未作出规定。但是，我国与其他国家签订的税收协定中包括有间接抵免的条款。

2. 用免税法消除双重征税

免税法又称豁免法，是避免国际重复征税的基本方法之一。这种方法是采用综合所得税制（这是一种将纳税人的所得收入汇总统一征税的制度）的国家或行使居民居住管辖权的国家对本国法人、自然人，在国外因从事投资、经营活动而取得的收入予以免税，避免对本国纳税人的国外收入重复征税。免税范围一般有两方面内容：一是本国纳税人的国外收入部分；二是本国纳税人在国外收入的汇回部分。免税法一般是一国政府为鼓励本国资本输出或其他目的而采取的一种避免双重征税的方法。对跨国避税人来说，这种方法是其从低税区、避税地获取收入自愿汇回本国，而又可享受免除国内税的重要途径。因为在采用这种方法的国家里，国外收入凡已经经过税收处理（包括国外免税及各种税收优惠处理），本国政府一律视同在国外已纳税而采取国内税免除的做法。免税方法分“全额豁免”和“累进豁免”两种。

1）全额豁免法

全额豁免法是指一国政府在向本国纳税人征税时，将其来自有税的国家所得从其总所得中扣除，仅对其国内所得和某些不能豁免的国外所得征税。由于“全额豁免”的口径太大，免税额过多，因此多数国家不使用或不经常使用，而改实行“累进豁免”方法。

2）累进豁免法

累进豁免法是指实行累进税制国家（绝大多数国家都实行累进税制）为鼓励本国企业和个人到国外从事各种经济及经营活动，对本国纳税人的国内、国外所得进行汇总，得出纳税人的总所得部分，以总所得适用税率乘以纳税人的国内所得部分（即从总所得中扣除国外所得部分），从而达到对国外所得部分的豁免。

假设某国居民一年内取得收入 10 000 元，其居住国实行累进税率，与 10 000 元相适应的税率为 40%。在该居民 10 000 元收入中，有 8 000 元是在国内取得的，2 000 元是在国外取得的。当该国对纳税人来自国外的 2 000 元收入实行“累进豁免”时，其计算方法为：

纳税人总所得：

$$8\,000+2\,000=10\,000(\text{元})$$

10 000 元适用的税率为 40%，其应纳税额为：

$$10\,000\times40\%=4\,000(\text{元})$$

实行“累进豁免”，用国内收入乘以 40%税率：

$$8\,000\times40\%=3\,200(\text{元})$$

豁免额为：

$$4\,000-3\,200=800(\text{元})$$

如果该居民在国外获得的 2 000 元收入是已纳过税的净所得，即他在国外的实际收入多于 2 000 元，比如是 3 000 元，收入来源国的适应率为 20%，税款为 600 元（3 000×20%），那么该居民便可以从本国的“累进豁免”中获得 200 元（800－

600)的税收好处。如果该居民的海外收入来自避税地或低税区,那么他在海外3 000元收入会有更多的机会和可能躲避国内纳税义务,甚至全部豁免额都归纳税者本人。

3. 减免税款视同已征税额抵免

这是一种允许本国跨国纳税人已纳外国所得税的国外收入按低于本国的正常税率纳税,即按特别优惠税率征收国内税的方法。这种方法的特点是,跨国纳税人在国外经过税收处理的收入所得汇回本国后,本国政府再以比本国正常税率低的标准向其再次征税。这种方法对跨国纳税人来说是一种有条件的避税途径。所谓有条件,是指当跨国纳税人海外所得来源国税率明显低于本国,纳税者可以获得实际纳税少于母国同等收入的纳税金额。

例如跨国纳税人甲从A国获得1 000万美元的收入,A国所得税税率为30%。纳税人甲在母国的适用税率为50%,它对本国跨国纳税人国外收入汇回部分按10%特别优惠税率征收,那么该纳税人获得的部分避税金额就是:

纳税人甲在A国实际纳税额:

$$1\,000\times30\%=300(\text{万美元})$$

纳税人甲在母国应纳税额:

$$1\,000\times50\%=500(\text{万美元})$$

纳税人甲按母国优惠税率实纳税额为:

$$1\,000\times10\%=100(\text{万美元})$$

纳税人甲总共实纳税额:

$$300+100=400(\text{万美元})$$

逃避的纳税金额:

$$500-400=100(\text{万美元})$$

4. 税收饶让

税收饶让也称税收饶让抵免,它实际上是税收抵免的延伸,指一国政府对本国居民在国外得到减免的那部分所得税,同样给予抵免待遇,不再按本国规定的税率补征。发展中国家为了吸引外资一般都在税收上给予减免优惠待遇。但是,如果发达国家不给予税收饶让,而只按一般的税收抵免方法来处理,则纳税人不会从减免税中得到这部分好处,这部分好处会转化为发达国家的国库收入。因此,发展中国家为了使税收减免能够起到吸引外资的目的,在与发达国家签订税收协定时,必然提出税收饶让的要求。目前许多发达国家为了搞好与发展中国家的经济关系和鼓励资本输出，也同意税收饶让。同样也有的国家担心资本和技术的大量外流，会影响本国经济的发展和减少财政收入而反对税收饶让。

思考题

1. 与普通商品价格相比，技术商品定价有何特点？
2. 技术商品价格的定价模式和原则是什么？
3. 试述影响技术商品价格的主要因素。
4. 何种支付方式对技术受方最有利？为什么？
5. 双重征税问题产生的原因及解决途径有哪些？

案例分析

跨国企业通过转移定价避税的行为愈演愈烈。近日，国税总局发文要求各地国税局和地税局加强跨境关联交易的监控和调查，以防止跨国企业在金融危机中，将境外企业的经营亏损转移至境内关联企业，导致国内税收的流失。

事实上，跨国企业这一避税伎俩早已是“公开的秘密”了，国税总局发文要求严查也可谓是“老调重弹”。在双方不温不火地长期博弈背后，我国税务稽查队伍力量薄弱、惩处力度偏轻、地方政府利益纠结等因素渐次浮出水面。

长期以来，长袖善舞的跨国企业在我国的投资状况存在一个明显悖论。一方面，跨国企业的市场业绩持续萎靡，甚至不及国内企业盈利能力的平均水平。以苏州市统计数据为例，2008 年该市外资企业全年亏损额 93 亿元，占据规模以上工业企业的 76.2%。但另一方面，外商在我国的投资却愈来愈勇，斗志昂扬。在金融危机中，全球外资直接投资(FDI)低迷。虽然我国利用外商规模同比有所下降，但在全球总量中所占的份额却逆势上扬，现已成为全球最大的 FDI 流入国之一。今年 6 月份，我国的 FDI 规模为 89.6 亿美元，创下过去 11 个月来的新高。

其实，跨国企业“越亏越投”的真正动力在于，以中国市场的“假亏损”换取总部的“真避税”。其主要的操作路径是，利用集团内部的关联交易来人为操纵转让定价，通过“高买低卖”使得国内经营企业的账面表现为亏损，进而把利润转移到税负较低的国家或地区。跨国企业的这一税收操作在转移利润的同时，给中国的税收和内资企业发展带来严重冲击。国家统计局 2007 年的一项调查显示，跨国企业的避税行为已造成我国损失税款达 300 亿元。跨国公司截留利润为其提高研发能力奠定了经济基础，最终又成为它们进一步抢占市场份额的资本，从而形成了良性的循环。在这一过程中，我国民族企业却因此而处于不利的竞争地位。

问题的关键在于,既然跨国企业并不高明的避税做法尽人皆知,却为何始终没有得到有效地遏制呢?又是什么因素让其避税行为能够维系呢?

从国际经验看,面对跨国公司转移利润的行为,并非无计可施,预约定价已被公认为是解决转移定价避税问题的最有效方式。它是指税务部门与纳税人之间通过签订协议或安排的形式,对纳税人在未来一定时期内的利润水平等相关事宜事先约定一系列标准,以解决跨国关联交易中复杂的转让定价问题。其实早在1998年,厦门市国税局就与某台资公司签订了预约定价协议,开我国预约定价反避税的先河。但是这一工作进展得非常不理想,原因就在于税务部门期望面面俱到堵住所有漏洞,结果却是处处遗漏。仅以文字为例,跨国公司内部往来文件、资料、报表都是英文,各家公司有其各自的特定产品和专用术语,仅是翻译理解就颇为费时费力。相形之下,税务部门人手严重不足,以外部人的身份去核实、预估跨国企业的经营业绩,绝非一件易事。

此外,为了打击跨国企业猖狂的避税行径,许多国家都为企业逃避税设置了反避税法,对于个人的逃税行为也以"重罚"相待。例如,在德国,偷税行为人可能面临5年至100年的牢狱之灾。但在我国却鲜见这样严厉的惩处。我国制定有关反避税的法律规定已有十多年。我国从1986年开始就开展对避税问题的调查研究工作,目前已制定了相当数量的反避税法律法规。1991年实施的《外商投资企业和外国企业所得税法》及其实施细则中明确了转让定价税制及调整方法,1993年实施的原《税收征管法》及其实施细则及其2001年新《税收征管法》,对于关联企业间业务往来的税收处理均做了明确规定。1992年,我国制定了《关联企业间业务往来税务管理实施办法》,1998年发布了《关联企业间业务往来税务管理规程》,2002年发布《关联企业间业务往来预约定价实施规则》等。目前,我国已初步形成了法律法规、管理制度和操作程序三大体系,使反避税工作,特别是转让定价税收管理工作有法可依。据统计,1998年以来,我国每年大概有200到300家企业被正式采取反避税立案审查,其中有1/3~1/2的企业最终被中国税务机关进行税务调整,最终也仅是要求它们补征税款而已,并没有作出进一步的处罚。而且,一些地方政府在引进外资方面急功近利、相互攀比,只求数量,对跨国企业的实际贡献却往往不闻不问。宽松的监管环境成为跨国企业得寸进尺地连年逃避税的温床。

所以,在我国税务稽查实力相对较弱的格局下,与其对跨国企业进行全面撒网式的调查,不如针对某些知名企业的恶意避税行为进行重点突破,并让它们在声誉和经济上付出相应代价,进而能够在社会上形成警示的效果,是为当前一个有效的监管方式。

资料来源

1. 跨国公司每年避税300亿,北京青年报,2003年4月17日。

2. 跨国公司避税为何屡禁不止，第一财经日报，2009 年 7 月 30 日。

案例讨论

1. 外商投资企业避税通常采用哪些手段？

2. 尽管我国也有反避税法规，为何每年外企避税还如此严重？如何有效防范？

第四篇　政策与管理

第七章　知识产权壁垒

随着世界经济一体化的加快，整个国际贸易呈现出贸易自由化的趋势，关税大幅度降低。同时，在世界贸易组织的倡导下，非关税壁垒也在大量减少，许多常用的非关税壁垒已纳入世界贸易组织所规范的框架内，被限制使用。这使得发达国家不得不另谋新招，一种新型的非关税国际贸易壁垒——知识产权壁垒成为当前困扰发展中国家企业的贸易障碍。知识产权壁垒又称为知识产权保护壁垒，或知识产权贸易壁垒。它是指一国采取的与贸易有关的知识产权保护的立法、行政、司法等方面的措施，对含有知识产权的商品的进口限制措施；或者是垄断企业(特别是跨国公司)在国家的支持下，凭借知识产权优势，滥用知识产权，对国际贸易造成的不合理障碍。这种壁垒是跨国公司在保护知识产权的名义下，为达到贸易向权利人所在国转移的目的，对含有知识产权的商品，例如专利产品、贴有合法商标的商品以及享有著作权的书籍、唱片、计算机软件等实行进口限制。

知识产权壁垒主要表现为两种形式，一是由专利权和标识性权利构成的技术性贸易壁垒(Technical Barrier to Trade，TBT)；二是禁止平行进口政策所形成的贸易壁垒。

第一节　国际技术贸易壁垒的概念

一、技术性贸易壁垒的含义

所谓技术性贸易壁垒，是指一国以维护国家安全或保护人类健康和安全，保护动植物的生命和健康，保护生态环境，或者防止欺诈行为，保证产品质量为由，采取一些强制性或非强制性的技术性措施，这些措施成为其他国家商品自由进入该国的障碍。

技术性贸易壁垒有狭义和广义之分。狭义的技术性贸易壁垒特指《技术性贸易壁垒协议》(Agreement of Technical Barriers to Trade)，简称为《TBT 协议》，又称《标准守则》。广义的技术性贸易壁垒指所有影响贸易的技术性措施，包括《TBT协议》、《实施卫生与植物卫生措施的协定》（《SPS协议》）和《与贸易有关的知识产权协议》（《TRIPS协议》）、《服务贸易总协定》（《GATS》）中的“绿色壁垒”以及由国际社会签署的与环境和资源等问题有关的国际条约中与贸易相关的内容。

二、技术性贸易壁垒的特征

技术性贸易壁垒的特征表现为以下五方面。

（一）内容上的广泛性和复杂性

从产品角度看，技术性贸易壁垒不仅涉及资源环境与人类健康有关的初级产品，而且涉及所有的中间产品和工业制成品。产品的加工程度和技术水平越高，所受的制约和影响也越显著。技术性贸易壁垒措施的表现形式涉及法律、法令、规定、要求、程序、强制性或自愿性措施等各个方面。设置壁垒的国家和地区构造的标准、技术法规与合格评定的体系和层次复杂，表现为技术标准和技术法规繁多，合格评定要求多。而且由于制定技术性壁垒措施的手续比较简便，伸缩性较大，因此目标市场国可随时针对进口商品灵活改变标准水平，改变合格评定的程序或检验方法和程序，使得本来就复杂的技术标准更加复杂。

（二）本质上的双重性

实行技术性贸易壁垒有其合理性，一方面，对于设置壁垒的国家来说，通过标准和技术法规的制定和实施，防止进口不符合标准和技术法规的商品，有利于保护动物、植物和人类自身的健康和安全，保护环境和保护消费者自身利益。对于出口国来说，跨越技术性贸易壁垒的过程就是提高技术和标准水平，增强竞争力的过程；但另一方面，一些国家，特别是美国、日本、欧盟等国凭借其自身的技术、经济优势，制定比国际标准更为苛刻的技术标准、技术法规和技术认证制度等，以技术性贸易壁垒之名，行贸易保护主义之实。知识产权壁垒加剧了发达国家和先进公司对技术资源的垄断，同时也加剧了发达国家和发展中国家经济技术发展上的差距。

（三）手段上的隐蔽性和灵活性

关税壁垒一般是以制定、颁布和实施税法的形式来体现的，税率水平公开，出口商很容易理解。而技术性贸易壁垒是一种非关税壁垒，可能会以实现“正当目标”为由，将严格的技术要求和复杂的程序贯彻到标准化与认证体系的过程中，无需公开申明，为目标市场国掩盖设置技术性壁垒的真实企图提供了便利条件。而且技术性贸易壁垒措施是以高科技基础上的技术标准为基础，科技水平不高的发展中国家难以作出判断。更何况把贸易保护的实现转移到人类健康保护上，有更大的隐蔽性和欺骗性。由于技术性贸易壁垒措施具有不确定性和可塑性，因此在具体实施和操作时很容易被发达国家用来对外国产品制定针对性的技术标准，可以对进口产品随心所欲地刁难和抵制，从而具备了实施灵活性的特点。

（四）跨越难度大

关税壁垒一般是通过增收高额关税提高进口商品的成本和价格，削弱其竞争力的。如果出口国以出口补贴、商品倾销等办法降低出口商品的价格，或进口商愿意接受高价，则关税往往难以起到限制商品进口的作用。而技术性贸易壁垒是以先进的技术为基础制定高水平的技术标准，以此为基础制定复杂的技术法规和合格评定程序。因此，跨越技术性贸易壁垒对于科学技术发展落后的发展中国家来说极为不利，其商品常常因为达不到发达国家标准和技术法规的要求而无法开拓目标市场。

（五）评定标准的争议性

各国采取的技术性贸易壁垒措施（特别是绿色技术壁垒措施）经常变化，且各国差异较大，使发展中国家的出口厂家难以适应。比如法国规定服装含毛率只需达到 85%以上就可以算作纯毛服装了；而比利时的规定含毛率必须达到 97%；德国则要求更高，含毛率必须达到 99%时，才能称为纯毛服装。由于技术贸易壁垒涉及面非常广泛，有些还相当复杂，加上其形式上的合法性和实施过程中的隐蔽性，结果不同国家从不同角度有不同的评定标准，因而国与国之间相互较难协调，容易引起争议，并且解决争议的时滞较长。

三、技术性贸易壁垒的形式

（一）技术标准壁垒

技术标准是指经公认机构批准的，非强制执行的，供通用或重复使用的产品或相关工艺和生产方法的规则、指南或特性的文件。有关专门术语、符号、包装、标志或标签要求也是标准的组成部分。技术标准既包括产品标准，也包括试验、检验方法标准和安全卫生标准；既有工业品标准，也有农产品标准。技术标准为各国尤其是发达国家利用技术优势限制国外产品进口、保护本国经济提供了合理的借口。技术标准发展到今天，已经形成了阻碍国际贸易发展的最复杂、最难对付的壁垒，而且呈现出标准水平越来越高、要求越来越苛刻、检验制度越来越严格的趋势。

目前，欧盟拥有的技术标准有十多万个，德国的工业标准约有 15 万种，日本则有8 184个工业标准和 397 个农产品标准，美国的技术标准更是多得不胜枚举。在美国出口产品中，约 1/5 与标准密切相关，同时标准方面的问题已造成 40 亿美元的出口障碍。而且，发达国家的技术标准大多数要求非常苛刻，让发展中国家望尘莫及。

（二）技术法规壁垒

由于科技的进步和社会公众对维护人身健康和安全的要求，使得法律法规更多地涉及技术要求，于是出现了规定技术要求的法规——技术法规。技术法规是指必须强制执行的有关产品特性或其相关工艺和生产方法，包括：法律和法规；政府部门颁布的命令、决定、条例；技术规范、指南、准则、指示；专门术语、符号、包装、标志或标签要求。

技术法规是技术性壁垒的主要形式。美国的技术法规在世界上属于比较健全和完善的，技术法规分布联邦政府各部门颁布的综合性的长期使用的法典中。法典按照政治、经济、工农业、贸易等方面分为50卷，共140余册。每卷根据发布的部门分为不同的章，每章再根据法规的特定内容分为不同的部分。例如美国食品和药物管理局（FDA）颁布的法规有：《联邦食品、药物和化妆品法》、《包装和标签法》、《联邦进口牛奶法》、《茶叶进口法》等，这些法规涉及大部分食品、药物和化妆品；美国消费产品安全委员会颁布的法规有：《消费产品安全法》、《联邦有害物质法》、《防毒包装法》、《易燃纤维法》、《冷冻设备安全法》等。此外，美国职业安全与健康管理局、消费者产品安全委员会、环境保护局、联邦贸易委员会、商业部、能源效率标准局等都各自颁布法规包括《联邦危险品法》、《家庭冷藏法》等。对电子产品的进口限制规定主要有《控制放射性的健康与安全法》，对植物检疫最重要的联邦法律有《植物检疫法》、《联邦植物虫害法》和《动物福利法》。

(三) 合格评定程序

合格评定程序是指按照国际标准化组织（International Organization for Standardization, ISO）的规定，依据技术规则和标准，对生产、产品、质量、安全、环境等环节以及对整个保障体系进行全面监督、审查和检验，合格后由国家或国外权威机构授予合格证书或合格标志，以证明某项产品或服务是符合规定的标准和技术规范。合格评定程序包括产品认证和体系认证两个方面：产品认证是指确认产品是否符合技术规定或标准的规定；体系认证是指确认生产或管理体系是否符合相应规定。

目前企业在国际营销活动中遇到的体系认证越来越多，如ISO9000质量管理体系认证、ISO14000环境管理体系认证、OHSAS18000职业健康与安全管理体系认证、SA8000社会责任管理体系认证、石油行业HSE认证、海运企业安全体系认证（ISM认证）、电信行业TL9000认证、汽车行业QS9000认证、食品行业HACCP认证、药品行业GMP认证，等等。

(四) 包装和标签要求

包装成为技术性贸易壁垒的主要原因有三点：一是有许多包装物易造成环境污染；二是有些包装材料常带有有毒物质、疫虫和病菌；三是有些包装容器结构不合理也会对使用者或食用者的安全与健康造成危害。所以，西方发达国家对包装材料的检验检疫越来越严格，制定了许多含有明确环保措施的包装法律和指令，禁止使用某些包装材料，治理包装废弃物对环境的污染，明确社会各方在包装废弃物处理方面的责任与义务。为了推动包装废弃物的回收再生和重复使用，欧洲设计了一组包装回收象征性标记，供包装商将其标示在包装主要面，包括：可以重复周转再用的包装标记；可以回收再生（再循环）的包装标记；使用再生料超过50%的包装的标记。

标签是商品上必要的文字、图形和代号。许多国家的进口商为了保护消费者的利益，尽量向消费者提供产品质量和使用方法的信息。对食品、药品等特殊商品，要求生产商必须标出尽可能多的成分和含量，并规定了项数，达不到规定的项数将被扣留。标签的制作方式可以是印刷、贴附、挂签等，也可另附说明书。欧盟对纺织品等进口产品要求加贴生态标签，目前最为流行的生态标签 OKO-TEX Standard 100（生态纺织品标准 100），是纺织品进入欧洲市场的通行证。

（五）产品检疫、检验制度

动植物检疫措施是指为保护人类、动植物的生命或健康而采取的动物卫生和植物卫生措施。这些措施包括：保护人类的生命免受食品和饮料中添加剂、污染物、毒素以及外来动植物病虫害传入危害的措施；保护动物的生命免受饲料中添加剂、污染物、毒素以及外来病虫害传入危害的措施；保护植物的生命免受外来病虫害传入危害的措施；防止外来病虫害传入而造成危害的措施；与上述措施有关的法律、法规、要求、标准和程序。受此影响最大的产品是食品和药品。食品方面主要是农药、兽药残留量的规定；加工过程添加剂的规定；对动植物病虫害的规定；其他污染物的规定；生产、加工卫生、安全的规定等。

近年来欧盟接连出现食品危机："疯牛病"、"二恶英污染"、"李斯特杆菌污染"、"口蹄疫"等震惊世界。2000年1月12日，欧委会发表了《食品安全白皮书》，推出了内含80多项具体措施的保证食品安全计划。美国食品和药物管理局（FDA）依据《食品、药品、化妆品法》、《公共卫生服务法》、《婴儿食品法》、《茶叶进口法》、《婴儿药法》等对各种进口物品的认证、包装、标识及检测、检验方法都作了详细的规定，每月被 FDA 扣留的进口商品高达3 500批左右。美国还要求在食品加工中引入"危害分析和关键控制点"（HACCP）管理体系，以加强对食品出口厂商的监督。国际食品法典委员会、欧盟、加拿大、日本、澳大利亚和韩国都采用 HACCP 体系。

（六）信息技术壁垒

信息技术性壁垒是指与国际贸易有关的信息表述不标准、不衔接、不与国际通行的表述方法一致，不符合进口国的要求，不利于商品流通所造成的贸易障碍。常见的信息技术性壁垒主要包括电子数据交换（Electronic Data Interchange, EDI）标准和条形码两种形式。

1. 电子数据交换(EDI)标准

EDI和电子商务是21世纪全球商务的主导模式。近年来,全球电子商务交易额连年攀升,2008年电子商务总体交易规模达到19 510亿人民币,其中B2B(商家对商家)电子商务交易额在2008年保持20%左右的增长速度,B2C(商家对个人)、C2C(个人对个人)在2008年保持约30%的增长。一些国家开始强行要求以EDI方式进行贸易。从世界范围来看,电子商务的成功应用大多是在发达国家,尤其是美国和欧洲,他们从中获取了极大的利益。而发展中国家由于信息基础设施落后、信息技术水平低、企业信息化程度低、市场不完善和相关的政策法规不健全等受到影响,在电子商务时代处于明显劣势,很难达到EDI的硬性要求,还不能执行完全的电子签证系统。所以,EDI实际上已成为发达国家对发展中国家设置的一种信息技术贸易壁垒。

2. 条形码

条形码是用数字和条码标志表达国家名称、制造厂名称、物品以及和物品有关的诸多特征的信息系统,以使其物品符合国外物流系统信息化管理的要求。当前,国际市场上条形码技术正在向深度和广度发展,条形码广泛应用于交通运输、仓储、邮电、图书、档案、医疗、票证、工业自动化等各个领域,生产的自动化管理、国际贸易中的电子订货(EOS)和电子数据交换(EDI)、办理海关业务、商品的进、销、存、退的数据处理都采用了条形码技术。就目前统计来看,欧洲各国、美国、日本、加拿大的商品条形码普及率已达90%以上。商品没有条形码,不能自动扫描识别,很难进入已经使用条形码国家的超级市场。因此,商品条形码是一种技术性贸易壁垒。

(七) 绿色技术壁垒

绿色壁垒是技术性贸易壁垒的重要形式,是一国或地区为了保护自然资源、生态环境和人类健康,通过制定一系列复杂苛刻的环保政策、法规、标准或合格评定制度,对来自其他国家和地区的产品及服务设置障碍。绿色壁垒的表现形式多种多样,主要涉及国际环保公约、技术法规、技术标准和认证程序等各个方面,目前已经形成了一个比较完备的体系,具体包括:国际和区域性的环保公约、国别环保法规和标准、ISO14000环境管理体系和环境标志等自愿性措施、生产和加工方法及环境成本内在化要求等分系统。

为避免人类健康和生态环境遭到灾难性的危害,国际社会签订了一系列国际公约,包括:《濒危野生动植物物种国际贸易公约》、《保护臭氧层维也纳公约》、《关于消耗臭氧层物质的蒙特利尔议定书》及其修正案、《控制危险废物越境转移及其处置巴塞尔公约》、《生物多样化公约》、《联合国气候变化框架公约》、《卡特赫纳生物安全议定书》等等。主要发达国家还先后分别在空气、噪声、电磁波、废弃物等污染防治、化学品和农药管理、自然资源和动植物保护等方面制定了多项法律法规和许多产品的环境标准。国际标准化组织1996年制定并实施了ISO14000系列标准,对企业的清洁生产、产品生命周期评价、环境标志产品、企业环境管理体系加以审核,要求企业建立环境管理体系,并通过经常的检查和评审,使得环境质量有持续的改善。ISO14000已经成为企业进入国际市场的绿色技术壁垒。到目前为止,已有近40个国家和地区推行了环境标志制度,例如加拿大的"环境选择方案"、日本的"生态标志制度"、北欧四国的"白天鹅制度"等。一些公众团体也制定了一些环境标志制度,例如美国的"科学证书制度"和"绿色签章"、瑞典的"良好环境选择"以及德国的分别用于纺织品、热带木材和成衣的三种环境标志制度等。

(八)专利壁垒

专利是对发明授予的一种排他性的权利。许多发达国家利用专利的技术垄断优势,以标准的形式限制其他国家的产品进入本国市场,或者对其他国家的企业征收专利使用费,来保护自己的市场份额和谋求最大利益,并利用专利制度的法律保护,使国外非专利权人处于一种十分不利的地位,这就形成了一种专利壁垒,而标准化对专利壁垒起到了强化作用。专利壁垒的表现有两方面:

一是知识产权直接成为技术性贸易壁垒的重要内容,通过行使专利权,收取高额的专利费并削弱其价格竞争优势,使出口企业不堪重负,退出市场,从而达到限制外国企业产品进口的目的。

二是知识产权与技术标准相结合,技术标准中含有大量的专利技术,成为产品竞争的重要手段。

技术标准是指一种或一系列具有一定强制性要求或指导性功能,内容含有细节性技术要求和有关技术方案的文件,其目的是令相关的产品或服务达到一定的安全要求或市场进入的要求。发达国家利用其技术优势,制定自己能够达到而其他国家难以达到的标准,对自己构成贸易保护,对别人形成贸易壁垒。他们通过将核心技术转化为专利技术,又将专利技术融入技术标准中,并设法在最大范围内推广其技术标准,从而达到垄断核心技术、占有国际市场的目的。这就是所谓的"技术专利化、专利标准化、标准全球化"战略。

这种技术垄断趋势近年来日益突出,ATSC标准就是一个典型例证。美国联邦通信委员会(FCC)自2007年3月1日起,要求所有进口美国市场的电视都必须是数字电视,并且13英寸以上的电视必须符合强制数字电视标准(ATSC)的技术规范。需要注意的并不是仅仅要求符合这一项标准要求,而是ATSC标准涉及多项来自国外大企业的专利。已有汤姆逊、索尼、飞利浦、日立等多家专利权人向中国彩电企业提出专利主张。目前,中国彩电出口美国被征收高达每台23美元的专利费，而中国彩电出口平均单台利润仅 10 美元左右。这意味着在专利“大棒”之下，中国彩电企业将面临不得不退出这块辛苦打拼多年的国际市场。

技术标准与专利的捆绑是当今世界技术标准发展的重要趋势。技术标准的背后是专利的支撑，专利的背后则是巨大的经济利益。各国间的竞争已经由传统的资本竞争向技术竞争转变，进而演变为标准之争。标准之争已经成为各国经济、科技和综合实力竞争的重要内容。

【资料】

海尔在国际制冷标准领域取得“话语权”

“技术专利化，专利标准化，标准国际化”是当前跨国公司以知识产权保护为由，借技术标准大行知识产权进攻与垄断，遏制中国企业发展惯用手法。专利影响的只是一个或若干个企业，标准影响的却是一个行业，甚至是一个国家的竞争力。

当前，国内企业在拓展海外市场时，面临的欧美日跨国巨头的压力，一方面来自技术壁垒，一方面来自知识产权和标准壁垒。当国外企业在技术或者服务策略上无法制衡中国企业时，知识产权和标准便成为他们制约中国企业的法宝。对于来自发展中国家的“新进入者”而言，要想参与市场的竞争，就必须接受跨国巨头所制定的技术标准，而这些技术标准都埋设着大量的专利技术、商标捆绑许可、软件版权等知识产权，需要交纳昂贵的费用才可进入。当国内企业发现无法绕开时，唯一的办法是加强自主创新，加强知识产权管理，参与标准的提案和制定，不但在国际市场上设有自己的代表处，而且在知识产权方面国际化，通过申请海外专利，在庞大的专利池中占一席之地，争取在标准化组织中有更多自己的标准提案，通过自己的专利和对方交叉许可，换取市场的生存和发展空间。

“让自己的产品纳入 IEC 标准”一直以来都是世界制造企业梦寐以求的目标，尤其是在技术壁垒森严的全球家电市场。因为谁掌握了标准的制定权，谁的技术成为标准，谁就掌握了市场的主动权，谁就拥有行业竞争的话语权。2006 年 4 月，因为在“双动力”和不用洗衣粉洗衣机上的颠覆性突破，海尔洗衣机总工程师吕佩师成为中国第一位进入 IEC/SC59D——国际电工委员会洗衣机技术委员会的工作组专家，并且同时是 WG13、WG17、WG18、WG20 四个工作组的专家。2006 年吕佩师将代表海尔洗衣机与世界顶尖的洗衣机专家一起共同研究洗衣机行业的发展方向，参与国际标准的制定。这标志着海尔集团在经历了从创造产品到创造标准的技术发展历程以后，开始深层次参与国际标准的竞争，在世界标准的舞台上争取更多话语权。

下面一组数据显示出海尔不断自主创新，致力于标准化战略的不懈努力：

海尔是第一个进入IEC未来技术高级顾问委员会的发展中国家的企业代表，拥有2项国际标准提案。

海尔积极参与国际标准、国家标准的编制修订工作，主持或参与了86项标准的编制修订，拥有企业标准高达5 730项。

2005年，海尔集团承担了5项国家标准的起草，参与国家标准16项。

海尔的防电墙技术，是我国第一个自主创新、拥有自主知识产权的国际标准，彻底解决了世界性的环境漏电问题，保障了人民生命、财产的安全。

拥有核心技术、核心专利的海尔环保双动力技术成为国际标准，解决了世界性的环境污染问题，将人类带入健康、自然洗涤的新时代。

中国第一个具有自主知识产权的网络家电标准，拥有自主知识产权的"海尔e家"数字家庭产品，通过6项协议标准，提供了一套完整的数字家庭解决方案，开创数字生活新时代，E家佳标准已被批准为中国行业推荐标准。

海尔"防电墙"热水器、"双动力"洗衣机等技术在国际标准中的积极表现，不但将推动家电产业向更高层次发展，还标志着中国企业正在努力提升在全球制造产业链中的地位，把"中国制造"变为"中国创造"。

当今世界，企业所追求的目标无不是通过不断的可持续发展，成为世界级领先企业。世界级的领先企业，不是依靠资源优势和劳力优势，而是靠以专利为基础的创新优势和以商标为基础的品牌优势，是一批能够创造和制定标准或规则，让别人去追随、遵循的企业。2006年，海尔进入全球化品牌战略的薪新阶段，从技术引进到有竞争力产品的输出，再到具有竞争力的世界品牌的崛起；从产品意义上的竞争到技术意义上的竞争，再到标准层面上的竞争。海尔正通过永无止境的自主创新，依托于标准化和知识产权战略的全球布局，向世界级的领先企业稳步推进。

——摘自人民网，2008年2月21日

第二节 WTO有关技术性贸易壁垒的规定

世界贸易组织涉及技术性贸易壁垒内容的有关协议有《技术性贸易壁垒协议》、《实施卫生与植物卫生措施协议》、《与贸易有关的知识产权协议》、《原产地规则协议》、《农业协议》、《关于贸易与环境的协议》、《服务贸易总协定》。

一、《技术性贸易壁垒协议》

(一)《技术性贸易壁垒协议》的产生背景

由于各国技术和经济发展水平不同,技术规定和标准差别较大,难以统一,所以给生产者和出口商造成了许多困难。如果滥用和随意制定技术法规、标准和合格评定程序等,则可能被利用为贸易保护主义的借口,成为国际贸易的障碍。因此,许多国家认识到有必要制定统一的国际规则来消除和规范技术壁垒。1970年,关贸总协定GATT成立了一个政策工作组,专门研究制定技术标准和质量认证程序方面的问题,并负责起草一个防止技术壁垒的协议草案。1979年3月,GATT的"东京回合"谈判通过了《贸易技术壁垒守则》(简称《守则》),并于1980年1月生效。《守则》鼓励各缔约方尽可能采用国际标准和证书制度,并在制定和实施技术规章和标准及证书制度过程中,遵循最惠国待遇、国民待遇和透明度原则。在当时,这对消除技术壁垒对国际贸易的阻碍起了积极作用,但由于该协议不具有强制性,使得先后接受该协议的缔约方不足40个,其作用受到了很大的限制。

鉴于此,GATT的"乌拉圭回合"谈判各方最终达成了《技术性贸易壁垒协议》(简称《TBT协议》)。新协议完全替代了以前的协议,成为世界贸易组织(WTO)的一个多边贸易协议。相对《守则》来说,《TBT协议》的概念更为清晰完整,更易操作;而且它将违反《TBT协议》的行为纳入WTO争端解决机制予以统一解决,其制约机制得到了进一步强化。更为重要的是,由于"乌拉圭回合"达成的最终协议是一揽子协议,因而《TBT协议》已不再是供WTO各成员选择参加的一个守则,而是所有WTO成员所必须共同遵守的规则。《TBT协议》明确认识到作为全球市场技术基础的国际标准的重要作用。因此,它敦促各国政府最大可能地采用国际标准,以防止在商品自由流通中造成不必要的障碍。

(二)《技术性贸易壁垒协议》的主要内容

《技术性贸易壁垒协议》由15个条款和3个附件组成。该协议的主要内容包括以下八个方面。

1. 定义

技术法规(Technical Regulation)、标准(Standard)和合格评定程序(Conformity Assessment Procedures)是《技术性贸易壁垒协议》的核心内容,也是国际贸易技术壁垒的三要素。

(1) 技术法规是指这样一些具有强制执行力的文件,它规定产品特性或与其有关的生产过程和生产办法,以及相关的管理条款。

(2) 标准是指由公认机构核准、供共同使用和反复使用的、没有强制力的文件,它为产品、或有关的生产过程和生产方法提供准则、指南或特征。

(3) 合格评定程序指直接或间接确定是否符合技术法规或标准的程序,包括抽样、测试和检验程序,评价、证实和合格保证,注册、认可和核准程序以及它们的组合运用程序。

2. 技术法规的拟定、采纳与实施(Preparation, Adoption, and Application of Technical Regulations)

(1) 各成员应遵循国民待遇原则与最惠国待遇原则。

(2) 各成员在拟定和实施技术法规时,不应对国际贸易造成不必要的限制。

(3) 如不采用国际标准,则应遵循一定的通告程序。

3. 标准的拟定、采纳与实施

《TBT 协议》规定:各成员方应保证其中央政府标准化机构、地方政府和非政府标准化机构及区域性标准化机构遵循协定附件三《良好行为守则》的规定。

4. 合格评定程序

成员方中央政府的标准化机构对其他成员方境内生产的产品进行合格评定程序,如抽样、测试或检验等。

5. 对其他成员方合格评定结果的承认

《TBT 协议》规定,只要满足下列条件,即使这些程序不同于本国,成员方也应保证接受其他成员合格评定程序的结果:

(1) 其他成员方合格评定程序与本国一样能够提供符合有关技术法规和标准的保证。

(2) 在相互磋商同意的前提下,其他成员的合格评定机构有充分和持久的技术能力。

(3) 限于出口方指定的评定机构所作出的评定结果。

6. 技术信息通报与技术援助

为消除各国技术标准可能对国际贸易造成的障碍,保证技术法规和标准的透明度,《TBT 协议》规定:每一成员应根据自己的情况,设立一个或一个以上的咨询点,负责解答其他有关成员或当事人提出的问题,并提供相关文件。

7. 对发展中国家成员的特殊和差别待遇

(1) 各成员方在制定和实施技术法规、标准时,不应在技术法规和标准方面以过高的要求来限制发展中国家成员有关产品的出口。

(2) 发展中国家成员可根据其社会经济发展的实际情况,制定和实施一些有别于国际标准的技术法规、标准和评定程序。

(3) 贸易技术壁垒委员会在收到发展中国家成员的请求时,可在一定时间内,免除该发展中国家成员承担本协议的部分或全部义务。

(4) 贸易技术壁垒委员会应定期对本协议所规定的有关发展中国家成员差别

和特殊待遇进行审查。

8. 监督机构与争端解决

监督机构是贸易技术壁垒委员会《TBT 协议》引发的争端适用于 WTO 争端解决程序。

WTO 的《TBT 协议》对鼓励各成员开展技术贸易有重要作用。体现在：明确了作为一种非关税措施的技术贸易壁垒，必须确保技术条例和标准的方法不会给国际贸易造成不必要的障碍，不得作为对具有同样情况的国家或地区的歧视，也不得作为对国际技术贸易活动的隐蔽限制的手段。

二、《实施卫生与植物卫生措施协议》

(一)《实施卫生与植物卫生措施协议》的产生背景

随着国际贸易的发展和贸易自由化程度的提高，各国实行动植物检疫制度对贸易的影响已越来越大，贸易自由化主张与动植物检疫所引起的阻碍作用这对矛盾就显得日渐突出，成为一个非解决不可的重要问题。而且《TBT 协议》对动植物卫生检疫措施的约束力还不够，要求也不具体。为此，乌拉圭回合谈判中许多国家提议制定针对动植物检疫的《实施卫生与植物卫生措施协议》(《SPS 协议》)。它对动植物检疫提出了比《TBT 协议》更为具体和严格的要求。《SPS 协议》虽然表明为了动植物的健康和安全，实施动植物检疫制度是必需的，但是更强调动植物检疫对贸易的不利影响要降到最低程度，不应构成对国际贸易的变相限制，并把关贸总协定中的等同原则、透明度等引申到《SPS 协议》中，成为动植物检疫应遵循的规则。同时为了便于协商解决国际检疫纠纷，《SPS 协议》还提出了国际标准化、科学管理的要求。

(二)《实施卫生与植物卫生措施协议》的主要内容

《SPS 协议》由 14 个条款和 3 个附录构成。该协定涉及的主要内容包括以下七个方面。

1. 科学依据

各成员应确保任何动植物卫生检疫措施的实施都以科学原理为依据。科学依据包括：有害生物的非疫区，有害生物的风险分析(PRA)，检验、抽样和测试方法，有关工序和生产方法，有关生态和环境条件，有害生物传入、定居或传播条件。

2. 国际标准

国际标准指三大国际组织制定的国际标准、准则和建议。

(1) 国际营养标准委员会(CAC)——食品安全(食品添加剂、兽药和杀虫剂残留、污染物等)。

(2) 世界动物卫生组织(OIE)——动物健康。

（3）国际植物保护公约（IPPC）——植物健康。

《SPS 协议》强调各成员的动植物卫生检疫措施应以国际标准、准则和建议为依据。可以实施和维持比现有国际标准、准则和建议高的标准，但需要有科学依据。

3. 等同对待

如果出口成员国对出口产品所采取的 SPS 措施，客观上达到了进口成员国适当的动植物卫生检疫保护水平，进口成员国就应当接受这种 SPS 措施，即使这种措施不同于自己所采取的措施，或不同于从事同一产品贸易的其他成员国所采用的措施。可根据等同性的原则进行成员国间的磋商并达成双边和多边协议。

4. 风险分析

有害生物风险 PRA 分析是进口成员国的科学专家对进口产品可能带来有害生物的繁殖、传播、危害和经济影响作出的科学理论报告。该报告将是一个成员国决定是否进口该产品的理论依据，或叫决策依据。PRA 分析强调适当的动植物卫生检疫保护水平，并应考虑对贸易不利影响减少到最低程度这一目标。PRA 分析要考虑有关国际组织制定的风险评估技术，考虑有害生物的传入途径、定居、传播、控制和根除的经济成本等。

5. 非疫区概念

《SPS 协议》将非疫区定义为经主管单位认定，某种有害生物没有发生的地区，这可以是一个国家的全部或部分，或几个国家的全部或部分。确定一个非疫区大小，要考虑地理、生态系统、流行病监测以及 SPS 措施的效果等。各成员国应认同非疫区的概念。出口成员国声明其境内某些地区是非疫区时，应提供必要的证据等。

6. 透明度原则

1）透明什么

各成员国应确保所有动植物卫生检疫法规及时公布。除紧急情况外，各成员国应允许在动植物卫生检疫法规公布和生效期间有合理的时间间隔，以便让出口成员国，尤其是发展中国家成员的生产商有足够的时间调整其产品和生产方法，以适应进口成员国的要求。

2）怎么透明

SPS 咨询点、通知机构负责对感兴趣的成员提出的所有合理问题作出答复，并提供相关文件。

7. SPS 措施委员会

SPS 措施委员会的职能是执行本协议的各项规定，推动协调一致的目标实现。鼓励各成员国就特定的 SPS 措施问题进行不定期的磋商或谈判。鼓励所有成员国采用国际标准、准则和建议。与国际营养标准委员会(CAC)、世界动物卫生组织(OIE)和国际植物保护公约(IPPC)组织保持密切联系。拟定一份对贸易有重大影响的动植物卫生检疫措施方面的国际标准、准则和建议清单。

《TBT 协议》早于《SPS 协议》,《SPS 协议》吸收了《TBT 协议》的文本结构。两者的根本区别在于各自的管辖范围不一样,《SPS 协议》涉及食品安全、动物卫生和植物卫生三个领域,而《TBT 协议》涉及范围更广,除去与这三个领域有关的 SPS 措施外,所有产品的技术法规和标准都受《TBT 协议》管辖。由于《SPS 协议》的存在,《TBT 协议》未涉及 SPS 措施问题。例如,进口瓶装水的制瓶材料应该对人无害,且所装水应保证不污染等规定属于《SPS 协议》管辖;而瓶子标准体积大小及形状是否符合超市货架摆放和展示属于《TBT 协议》管辖。

第三节 技术壁垒对国际贸易的影响

一、技术性贸易壁垒与技术壁垒

技术性贸易壁垒是货物进口国所制定的那些强制性的和非强制性的技术法规、标准以及检验商品的合格性评定程序所形成的贸易障碍。它分为两种类型:一种是由市场、科学技术与社会经济发展而形成的技术壁垒。消费者要求市场提供高质量的、环保的或生态的产品,这是社会进步的表现;另一种是人为的政府行为,是政府为保护国内产业而专门用来对付贸易伙伴的。因此可以说,技术性贸易壁垒其实包括技术壁垒(Technological Barriers)和以技术为名的贸易壁垒。前者是指技术上的关卡,即指利用科技手段形成的实质性的壁垒,不掺杂人为的因素。如果企业生产和销售的产品达不到技术要求,则不能投放市场;如果企业在某一领域的技术处于明显的领先优势,则会对后来者形成技术壁垒。后者利用技术性的规定和要求构筑贸易壁垒,限制商品的进口。这类壁垒大量地以技术面目出现,披着合法的外衣,有些属于人为的、技巧性、隐蔽性和针对性的,有些属于实质上的技术差距。

在国际贸易中,一国从保障人体健康与安全、保护自然与环境等正当理由出发,对进口商品的质地、纯度、规格、尺寸、用途、包装和设计等作出技术性规定,本身无可厚非。但是如果一国针对进口产品,有意将规定或措施复杂化,并经常进行更改,甚至制定内外有别的双重标准,这些就扭曲了技术法规、标准的本来面目,成为阻碍贸易的严重障碍。

现在世界上许多国家都以保护国内消费者的利益为由,使用歧视进口商品的法规,由此引发的贸易纠纷也越来越多。尤其是发展中国家,由于自身的技术水平落后，因而向发达国家的出口受到了严重的影响。因此强烈要求降低技术壁垒，增加市场准入程度的呼声越来越高。这种一见到严格的技术标准，就认为是发达国家对自己实施了不公平贸易行为的观点，其实是混淆了技术壁垒与技术贸易壁垒的概念。社会发展需要技术进步，消费者也有权享受高质量的产品。只要政府设置的技术壁垒是从保护先进，引领科学技术的进一步发展为出发点，能够提高整体福利水平的，我们就不应该反对。只有那些保护落后，拒绝先进技术和先进产品进入的人为的政府行为，我们才应该坚决制止。《技术性贸易壁垒协议》也在某种程度上承认了技术性贸易壁垒的合理性，虽然也坚持国民待遇的原则，但各国可以制定有利于本国的统一技术标准。

国际技术壁垒问题的摩擦与纠纷实践表明，一国对技术壁垒的应对能力实质上取决于国家整体技术竞争能力，如果技术落后国家能够破解和跨越发达国家设置的技术壁垒，不仅能够提升国家整体的技术水平，还能增加该国的福利。因此，对于发达国家设置的技术壁垒，不应该把过多的注意力集中在其设置的合理性问题上，而应该想办法如何破解和跨越技术壁垒，使发展中国家整体技术水平上一个台阶。

二、技术壁垒的经济博弈分析

本节通过一个发展中国家的企业应对发达国家政府对某种产品设置技术壁垒的模型，探讨合理的技术壁垒对两国福利水平的影响。在该模型中价格作为质量的信号，通过改进质量来提高价格。垄断者向异质性的消费者提供某种商品或服务的一系列质量——价格包，对质量具有不同偏好的消费者得到不同质量水平的产品，垄断者对消费者进行价格歧视，获得垄断利润。在规定了技术标准后，低质量生产者提高了产品质量，利润在低质量生产者与高质量生产者之间，生产者与消费者之间进行转移，从而影响各国的福利水平。

（一）模型的建立

假设：每一个消费者消费 1 单位或者 0 单位的一种商品，商品的特性由质量指数 S 来确定。设 θ 为消费者对某一商品的质量口味参数，它均匀分布在[0, 1]之间。对某一质量水平，垄断者的单位成本记为 $C(S)$，$C(\cdot)$ 是二次连续可微函数，$C'(S) > 0$，$C''(S) > 0$，且 $C(0) = 0$，即，质量改进，生产成本将会有所增加，增加的幅度会随着质量的提升而呈递增的态势。垄断者的产品定价为 $P(S)$，$P'(S) > 0$，即，质量改进，消费者愿意付出的需求价格也会增加。消费者的效用函数记为：

$$U(\theta) = \begin{cases} \theta S - P & \text{选择购买质量 } S \\ 0 & \text{选择不购买} \end{cases}$$

模型中有两个地处不同国家的企业，A 国是发达国家，它的企业拥有高质量的生产能力，B 国是发展中国家，它的企业拥有低质量的生产能力，并且 A 国市场很大，是唯一的最终消费市场。令 A 国企业生产的产品价格和质量分别为 P_h 和 S_h，B 国企业生产的产品价格和质量分别为 P_l 和 S_l，显然 $P_h > P_l$，$S_h > S_l$。

消费者需要满足以下的约束和激励相容约束：

$$\begin{cases} (IR_1) \quad \theta_l S_l - P_l \geqslant 0 & (7-1) \\ (IR_2) \quad \theta_h S_h - P_h \geqslant 0 & (7-2) \\ (IC_1) \quad \theta_l S_l - P_l \geqslant \theta_h S_h - P_h & (7-3) \\ (IC_2) \quad \theta_h S_h - P_h \geqslant \theta_l S_l - P_l & (7-4) \end{cases}$$

即，(7－1)式和(7－2)式表示均衡条件下，消费者的效用不小于保留效用；(7－3)式和(7－4)式表示没有任何一种类型的消费者愿意购买另一种类型的消费者所设计的质量——价格包。由(7－1)式、(7－2)式、(7－3)式、(7－4)式解得：

$$\underline{\theta} = \frac{P_l}{S_l} \qquad \hat{\theta} = \frac{P_h - P_l}{S_h - S_l}$$

其中，$\underline{\theta}$为消费者面对最低质量愿意付出的价格；$\hat{\theta}$为消费者对低质量产品和高质量产品的无差异选择。对于任何消费者，若 $\theta < \underline{\theta}$，则不会购买任何产品；若 $\underline{\theta} \leqslant \theta < \hat{\theta}$，则会购买低质量产品；若 $\theta \geqslant \hat{\theta}$，则会购买高质量产品。因此，

消费者的需求函数为： $\begin{cases} D_1 = \hat{\theta} - \underline{\theta} \\ D_2 = 1 - \hat{\theta} \end{cases}$

令
$$\frac{P_h}{S_h} = \bar{\theta}, \ \frac{S_h}{S_l} = r,$$

得出
$$\hat{\theta} = \frac{r\bar{\theta} - \underline{\theta}}{r-1} \qquad (7-5)$$

（二）政府没有设置技术壁垒的纳什均衡

在没有政府干预的情况下，垄断企业通常在两个阶段作出产品质量和价格的决定。第一阶段，企业同时决定产品质量 S；第二阶段，在得知竞争对手产品质量的情况下进行价格 P 的竞争。这样做是因为企业能很容易改变产品的价格，而改变产品的质量则需要很长时间。市场均衡时得到纳什均衡，A 国企业的质量是 S_h^*，B 国企业的质量是 S_l^*。在此时 A 国企业和 B 国企业都达到了最优状态。因此，任何企业都没有动机去改变质量，因为如果一方提高或降低质量，那么改变方将偏离均衡状态，主动改变的一方必将受损。因此，技术落后的企业一般都不会主动去提高质量，而是按照 S_l^* 进行生产。

利用逆推法，可求得纳什均衡解：

$$\begin{cases}\text{Max } R_l(P_l, P_h) = P_l(\hat{\theta} - \underline{\theta}) & (7-6)\\ \text{Max } R_h(P_l, P_h) = P_h(1 - \hat{\theta}) & (7-7)\end{cases}$$

对(7－6)式、(7－7)式一阶求导后与(7－5)式连立，得：

$$\underline{\theta} = \frac{r-1}{4r-1}, \quad \hat{\theta} = \frac{2r-1}{4r-1}, \quad \bar{\theta} = \frac{2(r-1)}{4r-1}$$

则：
$$\begin{cases}R_l(S_l, S_h) = \dfrac{r(r-1)}{(4r-1)^2}S_l & (7-8)\\ R_h(S_l, S_h) = \dfrac{4r(r-1)}{(4r-1)^2}S_h & (7-9)\end{cases}$$

现在，每个企业都会在对方产品质量给定的情况下选择使利润最大化的质量，则：

$$\begin{cases}\text{Max } \Pi_l(S_l, S_h) = \underset{S_l}{\text{Max}}[R_l(S_l, S_h) - C(S_l)] & (7-10)\\ \text{Max } \Pi_h(S_l, S_h) = \underset{S_h}{\text{Max}}[R_h(S_l, S_h) - C(S_h)] & (7-11)\end{cases}$$

对(7－10)式和(7－11)式一阶求导：

$$g(r) - C'(S_l) = 0 \quad (7-12a)$$

$$f(r) - C'(S_h) = 0 \quad (7-12b)$$

其中，

$$g(r) = \mathrm{d}R_l(S_l, S_q)/\mathrm{d}S_l = r^2(4r-7)/(4r-1)^3 \quad (7-13a)$$

$$f(r) = \mathrm{d}R_h(S_l, S_q)/\mathrm{d}S_h = 4r(4r^2-3r+2)/(4r-1)^3 \quad (7-13b)$$

可以求得 S_h^* 和 S_l^*。

由(7－13b)式可以得， $f'(r) = -\dfrac{8\times(5r+1)}{(4r-1)^4}$

根据全微分公式，

$$f(r) = f'_r\mathrm{d}r = f'(r_{S_h}\mathrm{d}s_h + r_{S_l}\mathrm{d}S_l) \quad (7-14)$$

$$F'(S_h) = F''(S_h)\mathrm{d}S_h \quad (7-15)$$

∴ 由(7－14)式，(7－15)式得

$$\frac{\mathrm{d}S_h}{\mathrm{d}S_l} = \frac{\dfrac{8\times(5r+1)}{(4r-1)^4}S_h}{\dfrac{8\times(5r+1)}{(4r-1)^4}S_l + S_lF''(S_h)} > 0 \quad (7-16)$$

(7-16)式表示，一方质量提高会导致另一方质量也随之提高。因为发展中国家提高产品质量后，两种产品的质量更为接近，从而竞争也更激烈。为了减少竞争，保持差异，发达国家企业因此也要提高产品质量，增加消费者剩余，从而提高发达国家的福利水平。反过来，如果发达国家提高了产品质量，将会使产品差异化加剧，发展中国家有机会提高质量以高价来获得更多的利润。

（三）政府设置技术壁垒后的斯坦克尔伯格均衡

如果A国政府对B国企业设置了技术壁垒，这时的情况就由政府没有干预的纳什均衡点M变成了斯坦克尔伯格均衡点N（见图7-1）。A国政府设立技术壁垒后，企业通常是在三个阶段作出产品质量和价格的决定。第一阶段，B国的企业给定质量S_l；第二阶段，在知道B国企业的质量后，A国企业选择质量S_h；第三阶段，企业在知道S_l和S_h的基础上同时定价。A国政府对B国企业设置了技术壁垒后，B国企业成了领导者，而A国企业成了追随者。在斯坦克尔伯格均衡解中，领导者是把追随者的反应函数纳入自己的利润函数，然后再找出最大利润的质量，所以，领导者的最优质量点肯定是通过追随者的反应线与领导者的某一条利润线相切点来确定，即图7-1中的N点。此时N点的利润肯定是优于纳什均衡M点的利润的。即，设置技术壁垒后，B国企业的利润Π_B是增加的。而对追随者A国企业来说，利润Π_A是减少的。

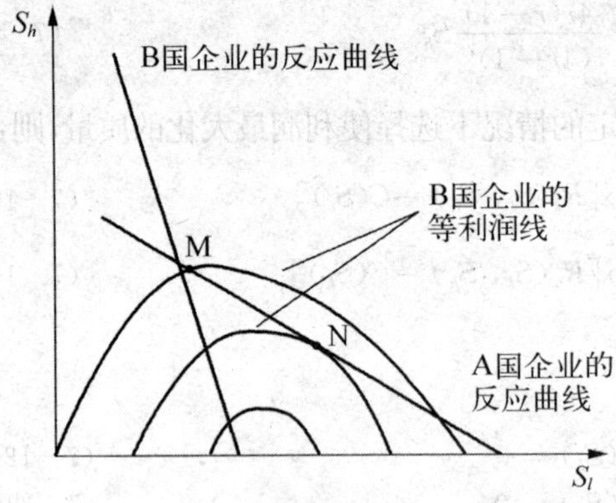

图7-1 两国企业的反应曲线

由于A国的福利由消费者剩余CS和企业利润Π_A共同组成，虽然设置壁垒后，企业利润是减少的，但只要消费者剩余CS的增加幅度大于企业利润Π_A的减少幅度，则对A国来说，整个社会福利还是增加的，因此，A国政府是有动机去设置技术壁垒的。

$$W_h = CS + \Pi_h = \left[\int_{\underline{\theta}}^{\hat{\theta}} \theta S_l \mathrm{d}\theta - P_l D_l + \int_{\hat{\theta}}^{1} \theta S_h \mathrm{d}\theta - P_h D_h\right] + P_h D_h - C(S_h)$$

$$= \frac{r^2 S_l}{2(4r-1)^2} + \frac{(6r^2-2r)S_h}{(4r-1)^2} - C(S_h) \quad (7-17)$$

$$\frac{\mathrm{d}W_h}{\mathrm{d}S_l} = \frac{\partial W_h}{\partial S_l} + \frac{\partial W_h}{\partial S_h}\frac{\mathrm{d}S_h}{\mathrm{d}S_l} = \frac{3r^2}{2(4r-1)^2} + \frac{(8r^2-6r-5)}{(4r-1)^3} \cdot \frac{\mathrm{d}S_h}{\mathrm{d}S_l} > 0 \quad (7-18)$$

$$\frac{dW_l}{dS_l}=\frac{d\Pi_l}{dS_l}=\frac{\partial \Pi_l}{\partial S_l}+\frac{\partial \Pi_l}{\partial S_h}\frac{dS_h}{dS_l}=\frac{2r+1}{(4r-1)^3}\cdot\frac{dS_h}{dS_l}>0 \tag{7-19}$$

$$\frac{d\Pi_h}{dS_l}=-\frac{4r^2(2r+1)}{(4r-1)^3}\cdot\frac{dS_h}{dS_l}<0 \tag{7-20}$$

由(7-18)式、(7-19)式、(7-20)式可知，A国政府设置技术壁垒后，使A国企业利润减少，A国福利水平上升；B国企业利润增加，福利水平上升。

（四）结论

(1) 在没有政府干预的情况下，质量水平低的企业一般不会主动提高质量，因为任何违背纳什均衡的行为都不是最佳的选择。

(2) 外国政府设置技术壁垒，使低质量企业在斯坦克尔伯格均衡中处于领先者地位，因此质量的提高增加了其利润和福利水平。

(3) 发达国家设置技术壁垒后虽然生产者利润减少，但因消费者剩余的增加幅度大于利润减少的幅度，整体福利水平增加。

综上所述，设置技术壁垒会提高两国的福利水平，因此对双方都是有利的。

三、技术壁垒对国际贸易的影响

技术法规和标准是因技术贸易的需要而产生的，生产企业必须正确认识和看待技术壁垒，主动学习和熟悉 WTO/TBT 条款和规则，推动国际贸易良性发展。

（一）技术壁垒对国际贸易发展的有利影响

1. 推动了技术法规的制定和实施，提高商品品质

随着社会技术经济进步，人们对商品质量的要求越来越高。从最基本的产品性能、检验、包装要求，发展到对产品生产过程及工艺方法、产品的安全特性和环境特性、产品认证和体系认证、标志、标签、条码等多项要求。这些技术约束条件确实是对贸易的限制，但限制的是贸易中的混乱。通过限制，建立秩序，有利于培养国际贸易蓬勃发展的环境。

《TBT 协议》的根本目的是：让技术法规、标准和合格评定为提高生产效率和便利国际贸易服务，同时又不让它们给国际贸易制造不必要的障碍。因此，这种技术约束或限制条件的产生和发展从根本上说是正当的、合理的和必然的。通过实施技术性贸易措施，起到限制国外达不到国内相关标准的有关商品进入国内市场的作用，从而规范一国进出口市场，保护消费者的合法权益。

2. 促进科技进步，实现产业结构的调整和优化

技术壁垒本质上反映的是国与国之间技术上的差距。当今世界，发达国家凭借其先进的科技水平、生产力水平和世界上最强大的经济实力，在世界经济发展中一直处于主导和制约地位。表现在技术方面，它们拥有绝对的优势，同发展中国家

形成了一条巨大的技术鸿沟，而且还有不断扩大的趋势。发达国家必然会不断通过制订和修改各种标准、技术法规与合格性评定程序等技术性贸易措施，利用国与国之间在技术政策方面的差异与科技发展水平上的差距，作为竞争的手段和贸易保护的措施。严格的技术标准，细化的技术要求，再加上持续不断的升级，会对出口国贸易产品顺利通关形成强烈的压力，从而迫使其既要不断研制新品，又要对原有产品的生产流程、工艺和方法进行革新，实现产品的更新换代，并通过产品结构的调整带动和实现产业结构的调整和优化。

(二) 技术壁垒对国际贸易发展的不利影响

成为贸易障碍的技术壁垒扭曲了技术规则的本来面目，使原本有利于国际贸易发展的技术标准变成阻碍国际贸易正常进行的有效手段。技术壁垒的泛滥甚至会对世界公平贸易带来极大危害，打乱世界贸易秩序。

1. 增加贸易成本

发达国家利用经济和技术优势，制定了严格的产品质量标准和安全标准，并有先进的检测手段和设备作为技术支撑，这对众多技术水平低、经济条件落后的发展中国家来讲是难以达到的。技术壁垒导致技术标准不断提高，企业为满足要求而进行设备、人力的投入以及不菲的检测费增加了企业的出口成本。根据美国商务部 1998 年的报告和欧盟的研究，仅受技术法规影响的出口产品就占世界出口总额的 25%，全世界出口因此减少15%～25%，因标准和认证减少的出口相当于出口总额的 3.75%～6.25%。联合国贸发会议的一个研究报告指出，海关程序和相关活动所需的成本占贸易总额的 7%～10%，对这些程序进行协调并简化可以降低 25%的成本，相当于贸易总额的 1.75%～2.50%。

2. 引发贸易争端

目前技术壁垒已成为贸易争端的重要领域。由于发达国家的技术性贸易壁垒具有隐蔽性、歧视性、广泛性等特点且相互混杂，致使各贸易国之间难以协调，争端不断，严重影响了各国的贸易关系。在世贸组织争端解决案例中，有 28 个是与技术壁垒有关的。双边贸易中的技术壁垒争端更是层出不穷。1995—2003 年各国提交给 WTO 的农产品争端中，涉及 TBT/SPS 的 48 起，约占 WTO 所有争端的 15.9%，占所有 TBT/SPS 争端的 81.4%。

四、跨越技术壁垒的方式

技术壁垒本质上是国家间技术差距的具体体现。提高技术水平，缩小技术差距是企业跨越技术壁垒的根本出路。

(一) 直接进行技术引进

根据熊彼得的理论，通过技术引进可以缩小技术差距。进口国通过国际贸易使得进口国大量购入并使用外国的中间产品和设备,从而提高本国生产率;同时可以促进本国学习他国的生产技术,进行跨国界的模仿和复制,迅速提高开发新技术或对外模仿的生产率。技术引进可以产生技术溢出效应,主要表现在以下四个方面。

(1) 引进新产品的同时,会带来模仿生产的动机,而模仿生产的本质就是一种学习新技术、新工艺的过程,在这个过程中,技术溢出开始发生,输入国的技术创新水平有所增强。

(2) 由于输入商品的竞争力会影响到当地厂商的市场份额,也会间接地刺激当地厂商的技术创新活动,以期达到抗衡的目的。

(3) 如果输入商品本身拥有相当的技术含量或技术诀窍,那么它往往伴随着各种形式的技术指导,由此技术创新会在不同程度上扩散到输入国。

(4) 国际技术贸易是技术创新扩散最为直接的方式,由于技术引进国的市场需求状况、人力资本、生产设备等诸方面与输出国存在着较大差距,因此会刺激引进国的"二次创新"或适应性创新。

(二) 利用国外直接投资

由于先进的高新技术往往掌握在跨国公司手中,通过技术引进有时很难得到这些技术,利用外国直接投资可以突破这一局限。利用 FDI 跨越技术壁垒也就是东道国产业与跨国公司的合作,可以取得双赢的结果,双方的技术溢出主要是通过以下三个渠道:市场竞争和技术示范、企业间的前向和后向联系以及人力资本的流动。通过外国直接投资可以学习外国的先进技术、管理经验,还可以利用外国公司的营销和品牌渠道,扩大产品的国际市场。在引进外资的同时要注意调整外商投资的导向,避免发达国家向引进国出口业已淘汰的有害于环境保护的技术;引进的技术和生产的产品要与最新的技术壁垒紧密相连。

(三) 利用国际标准

国际标准是世界各国协调的产物,它反映了国际上普遍达到的先进的科学技术水平,代表着一定的质量水平,得到各国的普遍认同,成为国际级别上的协调标准和处理贸易纠纷的重要基础,因此,采用国际标准已经成为国际贸易重要条件。另外积极推广采用国际标准,能够及时了解国际先进技术,提供技术改造的方向和目标,推动相关技术的进步,从而达到改善商品质量的目的。企业应该积极参与国际标准化活动,尽力争取将已经具有的优势项目标准纳入到国际标准中去。我们不能只满足于紧随其后采用,应该积极参加国际标准化活动,使国际标准尽量反映我国的意见和要求,特别是争取把具有中国国情特点的文化、传统工艺品、名品等纳入国际标准。将我国在国际上处于领先地位的科研成果及重大的技术变化及时转化为技术标准,并推荐制定为国际标准,在国际贸易中采用。

(四) 提高自主创新的能力

引进先进技术无疑是加快缩短同发达国家技术水平差距的有效措施。但一味靠技术引进,也很难摆脱技术落后的局面,因为科学技术的背后是经济效益,国际间的合作交流充满严密的封锁和激烈的竞争。经验证明,世界上最先进的技术是买不来的,特别是创新难度高的核心技术。因此,企业必须提高创新能力,尤其是自主创新能力。没有独占性技术的企业在市场上是很难生存的,更谈不上缩短技术差距。只有把自主开发创新同模仿引进创新有机结合起来,在学习借鉴的同时提高创新能力,占领技术制高点,才有可能跨越技术壁垒。企业通过技术改造和开发新产品,可以突破发达国家对引进国产品的数量限制,进入发达国家市场。

总之,技术进步和技术壁垒的提高都是一个动态的过程,对于一个国家的整体技术水平而言,只有技术进步的速度快于技术壁垒升高的速度,才能提高贸易利益。因此,对于引进国企业来讲,不仅要加快对引进技术的吸收,还要加快对于技术的应用,在跨越技术壁垒的过程中提高技术。同时还要重视技术创新,加强本国的自主开发能力,实现出口产品从比较劣势向比较优势和竞争优势转变,进而提升产品的国际竞争力。

第四节 知识产权平行进口

一、平行进口概述

(一) 平行进口的概念

平行进口(Parallel Imports)又称为灰色市场(Grey Market),一般指未经相关知识产权权利人授权的进口商,将由权利人自己或经其同意在其他国家或地区投放市场的产品,向知识产权人或独占被许可人所在国或地区的进口。平行进口看似是知识产权问题,但它是以国际贸易的方式表现出来,并大大地冲击了进口国的经济和贸易,被列入贸易政策的管辖范围。

平行进口早在19世纪中叶就出现在工业发达国家。但在历史上,平行进口案件比较少,只是偶尔发生。随着不同国家和地区之间国际贸易交往的日益频繁以及知识产权国际保护进程的不断推进,关于知识产权产品平行进口的争端也越来越多。发达国家已经习惯把禁止平行进口作为知识产权保护口号下的一种非关税贸易壁垒措施。现在,平行进口的范围和规模越来越大,小到电池、玩具,大到汽车、飞机,平行进口无处不在。平行进口产生的原因主要有:

其一,相同商品在不同国家之间存在较大的价格差异。由于一国生产成本低,某项知识产权产品在进口国本国的价格高于其在另一国同种产品的价格。另外,进口国国内的独占许可人往往为产品投入大量的宣传费用，这些费用的投入必然决定了国内独占许可人的商品经销价格会相对较高。因此平行进口商进口那些在国外生产并在国外市场上出售的商品，然后按低于本国正常物价的价格销售于本国市场，从其差价中谋取利润。

其二，市场存在不完全性。消费者信息不完全以及国家之间存在的贸易堡垒，使销售商能够对不同的购买者索取不同的价格。

其三，现代传播技术的发展。平行进口商能够迅速、廉价地获得全球的商品价格信息，从而可以对产地、销售地的选择等作出决策。

（二）平行进口的特征

平行进口具有其他贸易活动所不具有的异常复杂性，具体表现为以下四个方面。

1. 被进口的产品与特定的知识产权相关

平行进口产品在进口国和出口国都是受到本国知识产权法保护的产品。知识产权法的显著特征就是地域性和时间性，超过法律规定的保护期限及特定的地域，知识产权即进入公有领域。

2. 被进口的产品有着合法的来源

一方面，平行进口产品是由权利人或经其同意人投放于出口国或地区的市场，因此，这类商品又被称为“真品”。另一方面，进口商取得平行进口产品的行为方式是合法的。进口商是通过购买等合法手段而不是走私等非法手段取得了平行进口产品的所有权。

3. 平行进口产品的价格低

平行进口以低价与进口国或地区市场上原有的同一知识产权产品展开竞争。平行进口产品的价格在进口国与出口国之间存在差异，平行进口商就是利用同一商品在不同国家的价格差赚取利润，这是平行进口行为得以大量存在的最根本原因。

4. 平行进口行为存在两层法律关系

一是知识产权人和出口商之间通过授权许可合同建立起来的许可和被许可的关系；二是进口商与出口商之间通过商品买卖合同建立起来的买卖关系。

（三）平行进口问题的影响

根据平行进口理论，第三人未经知识产权人或者独占许可证持有人许可从第三国获得知识产品并在进口国进行销售的行为，必然加剧了同一产品在一国国内的竞争，促使知识产品在全世界范围内流转，这有利于提高产品质量，最终是有利于全社会经济发展的，符合国际贸易自由化的时代要求。对出口国而言，平行进口扩大了本国产品的出口，增加了外汇收入。因此，出口国一般不阻止平行进口行为。对进口国而言,情况较为复杂。一方面,原材料、半成品的平行进口降低了进口国的生产成本,提高了本国产品的竞争力。同时平行进口能够有效控制权利人滥用权力,促进先进技术、知识产品的自由流通,防止市场垄断;另一方面,平行进口不利于保护国内产业,进口产品挤压了本地权利人销售份额,造成利润下降,影响了进口国税收收入和就业水平。因此,从宏观经济利益和社会效益角度分析,商品平行进口对进口国的经济发展有利有弊。

1. 对知识产权人的影响

平行进口可以促进知识产权人改进生产技术,提高产品质量,制定更加合理的价格策略,迎接平行进口带来的挑战。但是大量廉价的知识产权商品冲击国内市场,对知识产权人的销售市场、价格制定也带来非常不利的影响,损害其经济利益。允许平行进口实际上形成对知识产权人进口权的限制,因此将会有一部分知识产权产品通过国际贸易的形式进入进口国市场,而知识产权人不能在进口国对其要求权利(实际上该利权人在出口国对该知识产权产品进行许可时已经要求过权利了),即知识产权人的权利范围受到了压缩。

2. 对消费者的影响

对消费者而言,平行进口既使得消费者可以享受低价,又可以因为销售渠道的增加而更加便利地购买。另外平行进口还赋予了消费者对同一品牌产品更大的选择余地。在禁止平行进口的情况下,国外知识产权产品经缴纳许可费到一国市场销售时,其售价就包含在国外制造的许可费和进口时缴纳的许可费这两种许可费用,使得国内消费者在消费该产品时面临双重收费。这也是广大消费者不能享受售价居高不下的高新技术产品的一个重要原因。允许平行进口使得消费者可以确确实实地享受低价。所以对消费者而言,平行进口是有益的。

3. 平行进口对授权经销商的影响

在国际贸易中,平行进口的商品与进口国的相同品牌商品不可避免地产生激烈竞争。作为授权经销商的甲公司原有的市场份额、产品销售量和利润水平都会因为平行进口商乙公司转口进来的商品而受到冲击。对于进口国的授权经销商来说,不希望市场上有同牌商品与自己竞争,他们力图采取各种手段阻止第三人的进口转销行为。特别是在他们投入了大量的广告费用,经过多种努力艰难地开辟了市场后,那些平行进口商却坐享其成。因此,授权经销商成为平行进口的最大受害者。

二、平行进口的分类

(一)按平行进口产品购买国和销售国分类

1. 正向平行进口

正向平行进口是指甲国的知识产权人授权乙国代理商在乙国独家销售,第三者从甲国或其他渠道将有关知识产权产品进口到乙国，形成同一厂家同一品牌的商品在同一市场相互竞争的局面。这种平行进口的商品流动方向与知识产权人投放商品的方向是相同的。

2. 反向平行进口

反向平行进口是指甲国知识产权人将其在乙国的知识产权许可乙国的制造商或销售商使用，第三者从乙国或其他渠道将有关的知识产权产品进口到甲国。这种平行进口的商品流动方向与知识产权人投放商品的方向是相反的。

3. 迂回平行进口

迂回平行进口交易至少涉及三个国家，知识产权人的同一知识产权分别在甲国和乙国获得注册并将其在该国的知识产权许可该国的制造商或销售商使用，如果在这两个进口国家同种品牌的商品售价不一样，并且两国价差大于有关的运输费用和其他费用，那么平行进口商从甲国或乙国将有关知识产权产品进口到对方国家。

（二）按照知识产权的种类分类

1. 专利平行进口

专利平行进口是指在国际贸易中，当同一权利人的某一专利同时获得两个以上国家的保护时，进口人在其中一国购得合法投放在该国市场上的专利产品后，未经实际与该国专利权人相同的他国专利权利持有人或者他国独占许可证持有人的许可而将专利产品进口至他国的行为。

专利平行进口有两种形式：一是存在资本控制的平行进口，指知识产权人同时在A、B两国取得产品的知识产权，通过有控制关系的公司（子公司或分公司）分别在A、B两国进行生产销售。若A国为高价位国家，第三国进口商在B国购买该产品后再将其进口至A国，构成的平行进口；二是不存在控制的平行进口，指生产该产品的公司之间不存在任何控制关系。

2. 商标平行进口

商标的平行进口是指未经本国商标注册权人或商标使用权人的许可，从其他国家以合法渠道进口相同商标商品并在本国销售的行为。

一般来说，商标平行进口主要有以下情形：某种商标标识的商品出口到国外后被国内进口商重新进口；专有权人许可经销商在某国或某地区的独家经销权后，第三者通过其他途径进口商品到该国或地区；第三者从一国独家经销商处进口某商标标识商品后，再销售到另一独家经销商所在国或地区；商标专有权人在国外或某地区设立海外投资企业的情形下，该投资企业生产的商标标识产品被进口到专有权人所在国或地区，或者专有权人的产品被进口到投资企业所在国或地区等。

3. 版权平行进口

版权产品的平行进口是指在某一版权产品受到一国版权保护的情况下，进口商未经授权将权利人或经权利人许可在国外制造、销售的该产品进口到该国的行为。

版权产品的平行进口是以作品使用权为标的的版权贸易与以承载无形作品的有形载体物的货物贸易之间的性质、内容、产生的后果及法律依据的不同所造成的。版权贸易主要是版权所有人通过签订版权转让或版权许可使用合同的方式，授予某家代理商在某一地区有独家利用自己版权中的一项或多项权利，如复制、发行原作品的特权，但该地区的贸易商自原产地或第三国进口并予以公开销售该版权产品，那么该版权代理商和该贸易商之间即产生了平行进口的问题。

4. 集成电路布图设计的平行进口

集成电路布图设计的平行进口是指在某一集成电路布图设计产品受到一国相关知识产权法律保护的情况下，进口商未经授权将权利人或经权利人许可在国外制造、销售的该产品进口到该国的行为。

对于集成电路布图设计的平行进口各国规定不一。以我国为例，根据《集成电路布图设计保护条例》第 24 条规定，"受保护的布图设计、含有该布图设计的集成电路或者含有该集成电路的物品，由布图设计权利人或者经其许可投放市场后，他人再次商业利用的，可以不经布图设计权利人许可，并不向其支付报酬"。从而可以推定我国境内的集成电路布图设计平行进口的合法性。

三、知识产权的相关原则对平行进口的影响

(一) 平行进口的适用原则

1. 权利用尽原则对平行进口的影响

知识产权作为一种绝对权并不意味着其行使时不受任何的限制。任何国家都会在赋予知识产权人权利的同时对其规定相应的限制，"权利用尽"就是其中的一种。权利用尽原则(The Exhaustion Doctrine)又称"权利耗尽"、"权利穷竭"原则，是指经知识产权人或其授权人许可而生产的知识产权产品，在第一次投放市场后，其权利被认为用尽，权利人即丧失了对它的控制权。该理论被用来支持平行进口的合法性。

依据权利用尽原则，知识产权产品经权利人以销售、转让、交付等合法方式进行处分后，知识产权人就通过相关的知识产权制度达到了获取经济利益的目的，其所享有的知识产权权利就认为已经实现。知识产权产品一经首次售出，知识产权人不仅在该知识产权保护区内，而且在整个世界范围内实现和用尽了其知识产权，产品的销售商可以不受限制的对产品进行销售，不仅可以将知识产权产品销售到该知识产权保护区域之外，也可以从该知识产权保护区域之外进口该知识产权产品。凡合法地取得该产品的人，在不侵犯知识产权人专用权的情况下，可以自由地

使用、转卖、处置该知识产权产品。这就意味着,知识产权所有人或许可使用人一旦将知识产品合法置于流通领域,原知识产权权利人所有的一些或全部排他权因此而用尽。知识产权人自己售出的产品或者经知识产权人许可的被许可人售出产品之后,应当享有自由处置该产品的权利。此后,无论该购买者以何种方式使用该产品,或者进一步转卖、出让、捐赠该产品,均不应当构成侵犯该项知识产权的行为。

平行进口的合法性理论存在的基础在于这种商品与当地已存在商品之间的价格差,其中前者比后者一般要便宜40%左右,因此平行进口将使消费者拥有更大、更廉价的消费选择,可以很好地防止市场的垄断与割据。而且知识产权人在商品的生产销售中已经行使了一次权利,获得了一次必要的报酬,知识产权人不能在同一商品的流通过程中重复获取利益。由此知识产权产品的平行进口不构成侵权。

2. 地域性原则对平行进口的影响

地域性原则(The Territory Doctrine)是知识产权保护制度又一个重要的原则。因为,各国对知识产权的保护彼此都是独立的,不受他国的影响。传统知识产权的版权、商标权、专利权等是依一定国家的法律而产生,并在该国受到保护,超出该国范围则不具有法律效力。因此,该原则也被称之为"独立性"原则。《巴黎公约》将这一原则确定为知识产权保护的一个基本原则。据此,同一主题的知识产权,可能在某个国家可以获得保护,但在另外一个国家可能无法得到保护。都提供保护的国家中保护程度也可能会不尽相同,即使相同,也可能在不同国家由不同的权利人所拥有。这便使得平行知识产权的存在成为可能。

主张知识产权应当适用地域性原则者认为,知识产权仅在其产生的地域内有效,未经进口国所有人或被许可人同意的知识产权产品的平行进口是对知识产权人权利的侵犯。知识产权的取得和行使均受到地域性限制,知识产权在一国权利用尽并不意味着知识产权在另一国当然用尽,平行进口是非法的。

(二) 两个原则的适用

世界各国中,平行进口主要发生在发达国家。因为发达国家经济发展水平、劳动力成本、消费水平都较高,商品价格高,商品进入障碍也较小,有利于平行进口商将商品进口至发达国家并销售获利。相应地,发达国家针对平行进口的立法也较为完善,并形成了规制平行进口的各自独特的法律制度。其中以美国、欧盟和日本的立法和司法判例最具有代表性。

1. 专利领域的平行进口

专利是直接赋予发明创造人或其被许可人在一定时期内独占使用该发明并获得经济收益的权利,以得到创造性劳动的回报,并由此激励发明创造活动。专利制度对知识产权人经济利益的保障更具直接性。此外,专利权的获得往往要花费更多成本，付出更多的智利和劳动，需要保障专利权人的垄断利润以使之回收成本，获得收益，从而鼓励其他人员从事专利的开发和研究，以促进社会进步。因此，在专利权领域，一般是禁止平行进口的。

1）美国

美国对专利权的平行进口问题一直比较严厉，坚守“地域性原则理论”。凡是有效的美国专利持有人都有权请求美国海关禁止侵犯其专利权的商品进口。未经美国专利权人许可，提供出售专利产品，进口专利产品，提供出售由专利方法所制造的产品均属于侵权行为。但是以专利权阻止平行进口的前提条件是：产品受到美国专利的保护并且在专利许可证或产品销售协议中已经明确并合法地规定了进口的销售区域范围。这源于美国是世界上最大的知识产权国，其要维护本国知识产权人的垄断地位，进而维护本国在知识、技术上的垄断地位。

2）欧盟

欧盟成立的目标之一，就是想通过加强成员国之间的谈判与协调，打破成员国之间一切不利于商品自由流通的经济障碍，在各成员国之间形成一个统一的大市场。如果在成员国之间过度地强调各自的独立性，则很容易妨碍到商品的自由流通。因此，欧盟对专利平行进口问题进行了区分，分为欧盟内部的平行进口和来自欧盟之外的平行进口，对不同来源的平行进口适用不同的规则。欧盟实行体内权利用尽原则，欧盟内部是允许平行进口的，权利人不得以其进口权来阻止产品的平行进口。但欧盟外平行进口问题则无明确规定。

第一，专利产品的首次销售是将专利产品在欧盟成员国以外的其他国家的市场，然后进口商将这些专利产品再输入欧盟内专利权人已取得该项专利权的国家，根据欧盟立法以及欧盟大多数成员国国内法的规定，此类专利产品平行进口一般被禁止，专利产品的首次销售如果是发生在欧盟以外的国家，这并不会导致此项专利权在欧盟内部的穷竭，只要专利权人在欧盟的国家中取得专利权利，该国专利权人就有权禁止欧盟以外国家向欧盟内的国家输入产品。

第二，专利产品的首次销售发生在欧盟成员国国家时，平行进口商将该专利产品进口到另一个欧盟内专利权人已取得专利的国家，这种平行进口是被允许的。如果专利权人在对专利产品进行首次销售时，并没有对该产品的销售范围进行明文规定，那么可以视为购买人对产品进行再销售或做其他处置，是获得了专利权人的同意的。欧洲法院对此所持的意见是：专利法对于专利权人的保护，最主要是专利权人对专利产品的首次销售享有独占权，权利人在首次销售中通过行使独占权，他所付出的创造性劳动因此而有机会获得相应的回报，但对于专利权人是否在任何情况下都一定能够获得这一回报，却是没有给予保证的。根据欧盟的规定，权利人在作出将产品投放市场的决定时，他就应接受产品将在欧盟市场内自由流通这个后果。权利人在决定行使其独占权的方式时，应当考虑到这个基本原则。

3）日本

日本在不同时期对专利产品平行进口的态度不尽相同。在1965年以前，日本严格遵循专利权地域性原则，禁止专利产品平行进口。但1997年后，日本却有条件地允许专利产品平行进口。究竟采取哪种措施，出发点主要是基于日本国民的利益，哪种理论符合本国人的利益，就采取哪一种理论。

1997年以前，日本采取地域性原则，禁止专利的平行进口。随着日本制造的商品相对比较物美价廉，在国际市场上具有很强的竞争力，允许平行进口并不会对其国内产业造成太大的冲击；而且从打破垄断、消除贸易壁垒、使消费者享有更多的进口产品选择权的方面来考虑，日本对于平行进口的限制逐渐放宽。从1997年BBS诉Japanto Products案（BBS铝制车轮案）开始，日本开始有条件地允许专利产品平行进口。明确允许专利权人或其被许可人在首次出售其专利产品时保留提出限制性条件的权利。日本最高法院认为，考虑到公共利益和专利权人利益的平衡，买方在得到产品后即获得了自由使用和再销售产品的权利，这种权利不受专利权的限制；而专利权人在国外出售专利产品时应当预见到买方或其后的分销者可能将专利产品输入日本使用或再销售，除非合同中明文规定并在产品中注明了限制销售地区，否则，应视为专利权人默示授予买主在日本自由处置专利产品的权利。

2. 商标领域的平行进口

由于平行进口的货物是真实商标产品的进口，与假冒伪劣无关，因此，虽然各国都明确规定了假冒伪劣的违法性，但对平行进口是否为侵权，却众说纷纭，没有一个统一的意见。

1）美国

美国在商标平行进口问题上采取了“有条件的权利国际用尽原则”，即美国只在特定条件下才允许平行进口的商品被进口至美国并销售。19世纪末，美国需要进口大量商品，便极力鼓吹自由贸易，美国法院在1923年以前允许商标平行进口。而20世纪20年代中后期，为扶持国内产业发展，美国开始抵制进口。在1923年的“Java牌粉脂”申诉案后，美国最高法院采用了商标地域原则主义，强调平行进口可能会损害美国商标权人及该商标的声誉，因而禁止商标平行进口。此后，许多法院都开始禁止商标平行进口。

美国最早关于商标平行进口问题的规定出现在1930年美国《关税法》中。《关税法》第526条款绝对禁止外国厂商制造的，带有美国公民经美国专利商标局注册而拥有的注册商标的商品进口到美国。这项规定意味着，美国商标权人无须证明存在产生消费者混淆的可能性，即可以凭借自己的注册商标阻止外国制造的正宗商品进入到美国境内销售。美国《关税法》第337条款规定，“凡外国所有人、进口商、委托人或代理人对其输入美国的产品于进口或境内销售时采取不公平竞争方法或行为，而导致或足以导致摧毁或严重损害美国境内有效而健全经营中的产业，或妨碍此类产业的建立，或限制、独占了美国交易，该不公正的竞争方式和行为将被视为违法。美国可以采取适当措施，以维持公平竞争，使得美国国内制造的产品和进口产品处于平等的竞争地位”。该条款自立法以来经历了多次修订。经1988年《综合贸易法》修订后的337条款成为美国阻止外国侵犯美国知识产权的产品进入美国，以防止其对美国产业造成不正当损害的贸易保护主义措施。

美国《海关条例》第133.23条款规定了两种例外情形：

一是如果平行进口的同商标商品是由美国商标权人或其母公司或子公司或其关联企业制造的，并且在该进口商品上按规定的条件加贴适当的标签，即使该商品与被授权在国内销售的商品之间存在实质性差别，也不能被禁止进口。

二是平行进口的商品与美国国内授权经销的同商标商品之间不存在实质性差别，如果其产品是在美国制造，被出口后返销进口，或者国外的商品是由美国商标权人（出口国商标权人与美国商标权人是同一人）在国外投放市场，或者是由与美国商标权人有联营关系的企业投放市场，适用商标权国际穷竭原则，平行进口将被允许。

其中第一条是为了保护消费者，防止消费者对商标产品发生误认，误购了不符合其期望的产品；而第二条则在于保护美国商标权人的独立商誉。由此可见，在商标许可的背景下，美国实际上是不禁止商标平行进口的，因为被授权方与平行进口的商品一般都是由母子公司或关联企业制造或授权制造的。

2）欧盟

在欧共体成立之初，为了协调商品自由流动和保护知识产权的矛盾，《罗马条约》第30条和第36条明确规定，在共同市场的所有国家中，无论是商标权人还是他的子公司所生产的商品，只要经他本人或他的被许可人同意而投入某个共同市场成员国，他就无权阻止带有其商标的同样商品继续流向任何其他成员国（包括商标权人所在国）。其实就是商标权“权利区域穷尽原则”。1988年12月21日，为了进一步统一欧盟各国在平行进口与商标权问题上的不同态度，欧盟从建立共同市场高度出发，制定了《协调成员国商标立法欧共体理事会第一号指令》（简称《一号指令》），肯定了该商标权“权利区域穷尽原则”。1993年12月通过的《欧共体商标条例》作出了与《一号指令》同样的规定：“商标权人本人或经其同意将带有商标的商品在共同体内投放市场后，商标赋予其所有人的权利不得用来禁止在该商品上使用该商标。”这一规定将权利用尽原则的适用范围仅限于欧盟内，即在欧盟范围内，商标的平行进口被认为是合法的。

然而，《一号指令》对于来自欧盟外部的平行进口一直没有明确的规定。直到

1998 年，欧盟法院才在著名的 Silhouette 诉 Hartlauer 案对这一问题作出回应。原告 Silhouette 是一家使用“Silhouette”商标生产高档眼镜的奥地利公司。被告 Hartlauer 是奥地利一家眼镜销售商，主要以低价来吸引顾客。原告把一批镜框卖给一家保加利亚公司，随后被告通过一定渠道购得这批镜框并进口到奥地利销售。原告认为被告在擅自在奥地利销售其镜框构成侵权。案件因涉及对《一号指令》的解释，被提交到欧洲法院。围绕此案和对《一号指令》第 7 条第 1 款的解释，存在“应承认商标权利国际用尽”和“不应承认商标权利共同体外用尽”两种截然不同的观点，欧洲法院于 1998 年 7 月 16 日作出判决，最终采纳了后一种观点，不过判决最后补充到：允许共同体通过国际协议的方式与第三国在互惠的情况下实行商标权利国际用尽。这意味着在欧盟内部，商标持有人销售或经商标持有人同意销售注册商标的产品，商标权在欧盟内用尽，除非在特殊情况下，其不能反对其他人在欧盟内随后的交易中对商标的使用。

3) 日本

日本在对待平行进口问题上。避开了“地域原则”和“权利穷竭”原则之争，而是适用刑法理论中的“实质违法”原则。在 20 世纪 60 年代以前，日本海关曾经颁布禁令严格禁止平行进口。70 年代初的“派克”笔一案成为日本对平行进口态度的转折点。该案的起因是一个日本的非代理商从香港进口“派克”钢笔，日本的“派克”钢笔代理商以商标侵权为由向日本大阪法院起诉。法院认为，由于被平行进口的“派克”钢笔是美国的正宗钢笔而非冒牌货，因此消费者不会受到损害。法院作出判决，非代理商的平行进口不构成对代理商的商标侵权。法院对平行进口是否违法提出了下列参考因素：

(1) 商标是否指明了产品产地的厂商。

(2) 平行进口货物的质量。

(3) 国内商标权人是否建立了独立的商誉。

(4) 平行进口人是否利用了该商誉。

(5) 国内商标权人是否促进了商品价格和服务上的公平和自由竞争。

(6) 有无不公平的做法。

此案的判决对日本的立法产生了重大影响。此后日本财政部海关署根据《关税法》发出一项新通告，通告规定，“如果国内外的商标所有人为同一人或者因某种特殊关系(例如母子公司)被视为同一实体时，第三者的平行进口不得被禁止。”此外该通告明确规定：“以个人使用为目的的真货平行进口不构成侵犯商标权”。与此同时，日本负责执行反垄断法的公平贸易委员会颁布了《独家进口经销协议指南》，其中规定独家经销权理应受到保护，但这种权利不得被滥用，不适当地阻止平行进口是一种不公平的商业行为，构成不正当竞争。

四、中国关于知识产权平行进口的立法

中国总体上来讲属于低价位市场，允许平行进口符合中国的贸易利益。因为平行进口的商品是从低价位市场流向高价位市场，平行进口合法化将使中国劳动力低廉的这种比较优势真正地转化为竞争优势。由于我国科研力量相对薄弱，是个技术引进大国，产业发展在相当程度上仍依赖对国外技术的引进，准许平行进口有利于提高技术引进的效果。

（一）专利平行进口

我国现行《专利法》自1985年4月1日起施行，分别于1992年、2000年和2009年进行了三次修订。最新修改是在总结我国专利制度施行20多年的实践经验和顺应国际形势发展变化的基础上进行的，于2009年10月1日起生效实施。新《专利法》在第69条中加入了平行进口条款："有下列情形之一的，不视为侵犯专利权：专利产品或者依照专利方法直接获得的产品，由专利权人或者经其许可的单位、个人售出后，使用、许诺销售、销售、进口该产品的……"根据平行进口理论，专利产品或者依照专利方法直接获得的产品在国外由专利权人或者经其许可的单位、个人售出后，再进口到中国，可以不视为侵犯专利权，这也是"国际权利穷则"原则。

（二）商标平行进口

对商标领域的平行进口是中国贸易领域和法律界的一个新问题，无明确立法。这主要有两方面的原因，一方面，我国劳动力成本相对低廉，目前属于低价位市场，大多数同品牌国外制造的商品与国产商品相比一般不具有价格优势，对中国的商标产品平行进口尚很少见；另一方面，平行进口行为从根本上对广大消费者来说是有益的，消费者可以购买到物美价廉的物品，进而活跃和繁荣消费市场。

当然我们不能忽视商标权人的合法利益和平行进口的负面影响，在获得商标平行进口带来的好处的同时，我们也应该将不利降到最低。如要求平行进口商诚实信用地披露其销售商品与真正授权经销的商品之间在质量、服务、维修、保证上的差别；不得诋毁、影射有关的商标；不得利用授权经销已经建立之商标信誉等。

（三）版权平行进口

中国原《著作权法》没有对版权平行进口作出规定，2001年中国对《著作权法》进行了修订，发生了许多变化，但是对于"平行进口"问题仍未做任何明确规定。新修订的著作权法中并没有涉及权利耗尽的相关条款，也没有授予版权人以进口权，只是就发行权、出租权、展览权和网络传播权分别做了规定。因此，可以说中国著作权法对于平行进口问题的规定是一片空白，新修改的《著作权法》也对平行进口

采取了回避态度。

随着科学技术的发展,互联网的出现给平行进口带来了巨大的冲击,版权产品尤为明显。在这种条件下,禁止平行进口的措施很难发生效力,互联网使得平行进口商更加有条件去规避禁止平行进口的法律,禁止网络上的电子版权产品交易是难以实现的。在这种情况下,完全禁止版权领域的平行进口也是有名无实。但是,大量的或者过于低价的版权产品的平行进口可能不利于我国相关产业的生存和发展。因此可以采取进行反倾销调查和实施反倾销措施的方式对版权领域的平行进口进行一定的限制。

思 考 题

1. 为什么说知识产权壁垒目前是困扰发展中国家企业的主要贸易障碍?
2. 技术贸易壁垒有哪些形式?
3. 跨越技术贸易壁垒有哪些方式?
4. 什么是平行进口?
5. 专利平行进口对进口国的消费者、专利权人、国内被许可企业以及授权经销商会产生什么影响?
6. 禁止平行进口遵循什么法律原则?

案 例 分 析

案例1

通领科技海外打赢知识产权案,国内却一审败诉

通领科技集团有限公司是一家具有高新专利技术的外向型出口企业。公司专业生产GFCI(接地、故障、漏电、保护的英文缩写)系列产品、LCDI系列产品、RCCB系列产品、TIMER(定时器)系列产品、DIMMER(调光器)系列产品、开关插座系列产品等六个产品系列,均已通过美国UL认证、ETL认证和加拿大CUL认证,并且获得美国发明专利4项,国内各类专利29项。

打赢中美知识产权第一案

2004年1月份起通领科技的产品“登陆”美国不久,在5个月内取得了销售量每月翻番的良好业绩,引起了竞争对手美国莱伏顿公司恐慌。2004年4月,莱伏顿公司以侵犯其美国专利权为由,分别在美国新墨西哥州、佛罗里达州、加州等地方法院起诉4家通领科技的重要经销商,企图用知识产权保护的手段,实施对竞争

对手的排挤和打压,设置贸易壁垒。

莱伏顿公司的“诉讼策略”是海外大公司普遍采用的利用自身资本优势、“以狼对羊”的战术:其一,先后在多个联邦地方法院起诉,人为抬高诉讼成本,使中国企业难以承受美国打官司的诉讼费用,迫使竞争对手退出美国市场;其二,“围而不打”,极端地利用美国三审制的法律体系和没有规定庭审时限的司法程序,以种种借口拖延审判期限,让竞争对手一直围绕着官司诉讼慢慢地将财力消耗殆尽。

通领科技主动以制造商身份加入诉讼案,聘请美国亚特兰大著名的美瑞律师事务所为其进行诉讼代理,并为全部被告承担诉讼费用和侵权担保,同时选择新墨西哥州联邦分区法院作为主审法庭,请求把全部案件移送统一审理。

3年来,通领科技义无反顾地坚持走完了美国法律规定的应诉的所有程序,并最终取得胜利。

胜诉的结果不仅标志着通领科技集团具有自主知识产权和自主品牌的短路器产品,可以顺畅地进出美国的市场,而且对于中国坚持走自主创新发展道路的企业树立了榜样。更是有力地回击了国际上中国滥用知识产权,诋毁中国产品形象的不良图谋。

国内却一审败诉

通领科技集团2009年在与美国企业莱伏顿在中国本土的法律较量中却一审败诉。如果判决生效、专利权被撤销的话,中国企业将不再具备优势竞争力打入美国市场。这对于整个中国安全电器行业链来说,无异于雪上加霜。

国际官司完胜,为何在国内失败?通领科技集团董事长陈伍胜介绍,此前与美国500强企业莱伏顿公司在美国有一次长达3年的诉讼,最后通领科技凭借多项经过审查确认的核心专利技术成果而取得了完胜。“然而,事情并没有这样结束。就在莱伏顿将通领科技告上美国法院的同时,通领科技在美国市场发现了与通领产品非常类似的产品。该产品是由美国莱伏顿公司其在华全资子公司立维腾电子(东莞)有限公司生产。”陈伍胜说。于是,这场跨国官司一下转移到了国内。

国内这场官司在通领科技集团和立维腾公司之间进行。首先,通领科技将立维腾公司告上了广州市中级人民法院,要求停止侵权并索赔1000万元,广州中院查封了部分涉嫌侵权产品。紧接着,立维腾公司向国家知识产权局专利复审委员会提出了专利权无效宣告请求,而复审委最后宣告维持该项专利权有效。随后,立维腾又将复审委员会告上北京市中级人民法院。2008年,北京市一中院判定专利复审委的裁定无效,认定通领集团具有的专利权无效。目前,此案已经上诉至北京市高级人民法院。

如果北京市一中院判定的结果生效,将有什么后果?通领科技集团高级工程师叶祥发说,“判决生效后将使该项技术成为‘公知技术’,市场准入的门槛极大降低，造成国内市场混乱，鱼龙混杂。国内的企业在有限的市场份额下，为了抢占出口额，彼此之间的恶意竞争将加剧，造成互相降价的现象，将利润极大压低，到最后陷于低成本、低利润运作的怪圈。”

这场知识产权的官司围绕“专利权”展开，有一个从“有效”到“无效”的过程，这其中有什么“玄机”吗？通领科技到底输在什么地方？陈伍胜则认为，“相对于美国知识产权滥诉的现状，国内知识产权案件则门槛高、举证难、时间长，使得企业在准备案件时力不从心、难以为继。案件久拖不下，当事人无法尽快维护权利，而侵权者则难于受到处罚。”

据了解，国内类似案件的原告企业在立案前要完成四个必要的条件，才会在法院具备立案资格：企业首先收集证据；委托国家知识产权局相关部门进行专利查新，并出具这项专利是否具有三性的结论报告；委托有资质的权威机构组织专家对该项专利作侵权鉴定；最后由经法院审核是否达到立案的条件后，方可正式受理。

“由于企业在信息和法律上的局限性，导致在还没有开庭审理前，原告就已经付出了大量的时间、精力，以及高昂的费用。而案件的审理过程漫长而神秘，使得被侵权企业眼睁睁看着侵权企业逍遥法外、赚得钵满盆满却无可奈何，自己的市场也在进一步萎缩。”陈伍胜说。

据了解，自主创新的知识产权已经成为当前各国贸易中博弈的重要核心。而利用知识产权维权的漏洞对我国企业进行围剿的国际案例并不少见，由此导致我国企业在国外的官司中节节败退。

资料来源

1. 温州民企打赢“中美知识产权第一案”，载自经济参考报，2007 年 9 月 11 日。

2. 海外打赢“中美知识产权第一案”国内却一审败诉，载自人民政协网，2009 年 3 月 17 日。

案例讨论

1. 国外公司往往采用哪些方式对中国公司设置专利壁垒？

2. 外国企业设置知识产权壁垒的目的是什么？中国企业应该如何应对？

3. 这场围绕“专利权”展开的案子为什么在国外和国内有两种结局？

案例 2

2009 年 4 月 24 日，湖南省长沙市中级人民法院当庭审理宣判了一起特殊的知识产权案件。原告是以生产轮胎闻名的世界 500 强企业——法国米其林集团，被告是长沙市销售轮胎的两个个体工商户。法院一审判决被告停止侵权并赔偿原告经济损失5 000元人民币。这是我国法院对商标平行进口作出的首例判决。

原告米其林集团总公司诉称，原告是一家成立于1863年的法国企业，是世界著名的轮胎生产商和全球500强企业之一。早在19世纪末、20世纪初，原告就已在相关商品上使用“轮胎人图形”与“MICHELIN”系列商标。原告的“轮胎人图形”与“MICHELIN”系列商标在中国很早便在轮胎与车辆等产品上取得注册。2008年4月，原告发现两被告运营销售侵犯原告注册商标专用权的产品。原告以为，两被告应当对其侵权行为承当相应法律责任，特向法院提起诉讼，请求判令：

1. 两被告停止全部侵权行为，销毁待售与库存的一切侵权产品；

2. 两被告共同赔偿经济损失10万元，其中包括原告为制止侵权行为所支付的合理开支；

3. 两被告在覆盖全国的媒体上发表声明，就其侵权行为公开消除影响。原告当庭表示放弃要求“销毁待售与库存的一切侵权产品”这一诉讼恳求，两被告无异议。

被告谈国强、欧灿共同辩称：

1. 被告销售的轮胎为原告在日本的工厂生产的正品，并没有侵犯原告的商标专用权。

2. 即使认定被告销售的轮胎为侵权产品，该产品系被告合法获得，并能说明提供者，被告依法不承担赔偿责任。

3. 即便被告应承担赔偿责任，原告要求赔偿经济损失10万元和要求在全国媒体上发表声明明显超出法律规定的限度。综上，请求法院驳回原告的诉讼请求。

经审理查明，原告米其林集团总公司系第1922872号注册商标“MICHELIN（轮胎人图形及MICHELIN文字组合）”、第136402号注册商标“MICHELIN（文字）”、第604554号注册商标“轮胎人图形”、第1294488号注册商标“轮胎人图形”的商标注册人。第1922872号注册商标“MICHELIN（轮胎人图形及MICHELIN文字组合）”的注册有效期自2002年10月14日至2012年10月13日，核定使用商品为：车辆实心轮胎；车轮内胎；创新轮胎用胎面；车轮；车轮胎；汽车（车辆）；陆、空、水或铁路用机动运载器；车轮轮缘；车胎充气阀；充气外胎（轮胎）。第136402号注册商标“MICHELIN（文字）”的注册有效期自2000年4月15日至2010年4月14日，核定使用商品为：轮胎；内胎；打气阀；防滑钉；车轮；轮缘；打气筒。第604554号注册商标“轮胎人图形”的注册有效期自2002年7月30日至2012年7月29日，核定使用商品为：车辆；陆地；空中或水上机动运载器。第1294488号注册商标“轮胎人图形”的注册有效期自1999年7月14日至2009年7月13日，核定使用商品为：车辆；陆用机动运载器；空用机动运载器；水用机动运载器；车胎；车内胎；创新轮胎用胎面；车轮；车轮轮缘；轮胎充气阀。

被告谈国强与欧灿系夫妻关系，谈国强系集体工商户长沙市芙蓉区大强汽配运营部的运营者,运营地址为湘汽配城五区D栋1、2号。欧灿系集体工商户长沙市芙蓉区强大轮胎运营部的运营者,运营地址为三湘汽配城五区B栋27、28号。

原告委托北京万慧达知识产权代理有限公司于2008年4月29日在长沙市三湘汽配城五区B栋27、28号门面以普通消费者身份购置了215/55R16型米其林轮胎一个,并获得"三湘轮胎大世界"收据一张,收据上盖有"长沙市芙蓉区强大轮胎运营部"的印章,还获得"长沙市芙蓉区大强汽配运营部"出具的机打发票一张,发票号码02765047。以轮胎上购置及封存进程经长沙市雨花区公证处公证。经当庭拆封,该轮胎上标注了与第1922872号注册商标相同的轮胎人图形及MICHELIN文字组合,并在多处标识"MICHELIN"文字;标注"215/55R16"、"93W"等技术目标;标注产地为日本;该轮胎上没有3C认证标志。经原告当庭确认,该胎产自原告的日本工厂。与两被告从原告销售网络中购置的正品米其林195/65R15型轮胎、225/60R16型轮胎相比,上述215/55R16轮胎,没有3C认证标志。

原告为本案已支付的合理费用为4 338元。

另查明,我国国度监视检验检疫总局和国度认证认可监视管理委员会于2001年12月3日一同对外发布了《强迫性产品认证管理规则》(即3C认证),对列入目录的19类132种产品实行"统一目录、统一标准与评定程序、统一标志和统一收费"的强制性认证管理。依据《第一批施行强迫性产品认证的产品目录》,汽车轮胎包括轿车轮胎(轿车子午线轮胎、轿车斜交轮胎)、载重汽车轮胎(微型载重汽车轮胎、轻型载重汽车轮胎、中型/重型样式重汽车轮胎)等被列入第十三类。依据《中国国度强迫性产品认证证书》,215/55R16型轿车轮胎属于需求强迫3C认证的产品。

上述事实,有原告提交的国家工商行政管理总局商标局第1922872号、第136402号、第604554号、第1294488号商标注册证明;长沙市雨花区公证处[2008]长雨民证字第1199号公证书(原告提交的证据1～5)、原告的费用开支票据及两被告提交的米其林集团总公司湖南代理商的195/65R15型轮胎销售清单、轮胎实物;米其林集团总公司湖南代理商的225/60R16型轮胎销售清单、实物(被告证据3～6)等证据及《中华人民共和国认证认可条例》、《强迫性产品认证管理规则》和《第一批施行强迫性产品认证的产品目录》、《中国国度强迫性产品认证证书》等标准性文件予以证明,各方当事人亦无异议,本院予以确认。

双方当事人关于本案所触及的被控侵权行为在以下内容上无争议:

1. 所销售的轮胎并非冒充原告米其林集团总公司的产品;

2. 该轮胎没有3C认证。双方存在争议之处在于对这种销售行为的定性和责任的承担。

因而,本院将双方的争议焦点概括为以下两方面:

(一)两被告的销售行为是否构成对原告注册商标专用权的损害、是否侵犯原告的注册商标专用权

原告以为,该产品是未经原告许可在国内销售的产品,但该产品上标注了原告的商标,因而这种销售行为构成了对原告商标权的侵犯。

两被告则以为,其销售的轮胎是原告在日本生产的正品,并没有侵犯原告的商标权。

本院以为,原告在本院中主张的4个商标均在我国取得注册。判断两被告的销售行为是否侵犯了原告注册标专用权,以确定两被告的行为是否损害了原告注册商标专用权的利益为前提。本案所触及之被控侵权轮胎产品在我国属于强迫3C认证的产品,必须经国家指定的认证机构认证合格、获得指定性认证机构颁发的认证证书、并标注认证标志后,方可出厂销售、出口和在运营性活动中使用。本案中,未经3C认证这一现实具有以下法律意义:

1. 该轮胎不是经海关合法进口的产品;

2. 该轮胎是禁止在中国市场上流通的产品。而依据本案被告提交的进货证据,被控侵权产品也不是从原告的中国销售网络中进货,被告亦无证据证明其销售行为取得了原告的其他许可。由此可以认定,该产品是未经原告许可在国内销售的产品,由于这些产品并未经我国3C认证,故无法确定是否适用于中国,是否符合中国安全规范。从安全性角度来看,轮胎的质量直接关乎驾驶员和乘客的人身财产安全,因而轮胎的生产商针对各种不同的速度要求、地理和气候特性及销售国的强制性认证标准生产和销售轮胎,这些依法应当进行3C认证而未履行认证的汽车轮胎产品,可能存在安全隐患,违反我国的强制性规定。无论这些产品由谁生产,销售该类产品的行为均属于违法行为,依法应予制止。因而,本案的关键不在于这些产品由谁生产,而在于这种未经许可的销售行为,是否可能损害商标注册人的利益。

最高人民法院在2002年7月11日作出法释[2002]22号《关于产品侵权案件的受害人是否以产品的商标所有人为被告提起民事诉讼的批复》中明确表示,任何将自己的姓名、称号、商标或可资识别的其他标识体现在产品上,表示其为产品制造者的企业或个人,均属于《中华人民共和国民法通则》第122条规定的"产品制造者"和《中华人民共和国产品质量法》规定的"生产者"。因而,从原告的利益而言,未经原告许可在我国销售、标注原告商标而无安全性保障的轮胎,虽然这种销售行为本身并未经原告许可,但由此引发的交通事故或其他民事纠纷,其法律后果和对产品的否定性评价均会通过标注在产品上的"MICHELIN"系列商标而指向作为商标权人的原告。同时,关于必需强制认证的轮胎产品,无3C标志而标注了

"MICHELIN"系列商标的轮胎流入市场，也同样会损害原告商标的声誉，原告可以以商标权人的身份进行维权。

本院因此认为，商标是区分商品不同来源的标志，具有保证商品质量和标明商品提供者信誉的作用。对于上述功能和作用的损害，即构成商标侵权。本案中，虽然原告承认被控侵权产品是由其日本工厂生产，产品上标注的"MICHELIN"系列商标也是在日本标注，但该产品未经原告许可和质量认证即在中国境内销售。由于这种产品我国境内的销售已属违法，且可能存在功能和安全隐患，破坏了原告商标保证商品质量和商品提供者信誉的作用，对原告注册商标专用权已造成实际损害，两被告的销售行为，属于侵犯原告注册商标专用权的行为，两被告有关不构成商标侵权的争辩意见，不予采信。但考虑到侵权产品上所标注的主要商标与原告主张的第 1922872 号组合商标相同，另外单独使用的"MICHELIN"文字也与该组合商标的文字部分相同，故适用该注册商标的保护即足以维护原告的权利，根据本案的具体情况，不需要再使用其他商标来保护。

（二）关于被告销售侵权产品的行为是否符合法定的免责条件

两被告以长沙市雨花区欢乐轮胎运营部的送货单及送货员谈宪的书面证词，证明该轮胎系被告 2008 年 4 月 29 日从长沙市雨花区欢乐轮胎运营部购入；以 2008 年 4 月 22 日广州天河区港达轮胎销售中心的送货单及中运物流的货运单据证明被控侵权轮胎的最终来源地为广州天河区港达轮胎销售中心。两被告因此认为，即便其行为构成侵权，两被告也系合法获得，并能说明提供者，依法不承担赔偿责任。

原告则以为，由于两被告销售的轮胎未经 3C 认证，这种进销行为本身就不具合法性，不符合商标法关于免责的规定。两被告理应承担停止侵权、赔偿损失的民事责任。

本院认为，根据《商标法》第 56 条第三款规定，销售不知道是侵犯注册商标专用权的商品，能证明该商品是本人合法获得并说明提供者的，不承担赔偿责任。该规则的适用条件除能说明提供者外，还需要具备合法获得和不知道是侵权商品两个条件。本案中，两被告作为汽车轮胎的销售商，应当知道在《第一批实施强制性产品认证的产品目录》列明的轿车轮胎均必须经 3C 认证。但是两被告应当知道该 215/55R16 型号无 3C 认证的轮胎不具备销售条件而依然进、销，其行为不具合法性，主观上也具有过错，故不符合适用该免除赔偿责任条款的条件，两被告提交的证据不能实现其证明目的，其争辩意见不予采信。两被告应承担停止侵权、赔偿损失的民事责任。

综上所述，原告作为第 1922872 号注册商标的商标注册人，其注册商标专用权受法律维护。被告欧灿在其运营场所销售未经原告许可而标有"MICHELIN"系列商标的轮胎产品，被告谈国强为上述销售行为出具发票，两被告的行为已构成侵犯原告注册商标专用权的行为，应当承当停止侵权、赔偿损失的民事责任。赔偿数额上，本案的原告因侵权所受的损失和被告的侵权获利均难以确定，符合适用定额赔偿的条件。本案中，两被告销售侵权产品的行为虽已构成商标侵权，但考虑该产品毕竟仍是原告的产品，故两被告的销售行为并未影响原告本身的销售利润，与冒充、仿冒、傍名牌等商标侵权行为相比，有其特殊性，本院依据侵权行为的性质、期间、后果，商标的声誉及制止侵权行为的合理开支等要素综合确定本案的赔偿数据。

本案中，没有证据证明两被告长时间、大批量收购和销售涉案侵权产品，故原告索赔10万元金额过高，本院酌情调整。原告还要求两被告在覆盖全国的媒体上发表声明，就其侵权行为公开消除影响，考虑到两被告并非涉案轮胎的批发商，原告的该项请求与两被告造成的侵权后果不相适应，对原告的该项诉讼请求，本院不予支持。据此，根据《中华人民共和国商标法》第52条第(二)项、第(五)项、第56条，最高人民法院《关于审理商标民事纠纷案件适用法律若干问题的解释》第16条、第17条、第21条之规定，判决如下：

(1) 被告谈国强、欧灿立刻停止销售侵犯原告米其林集团总公司第1922872号注册商标的注册商标专用权的产品。

(2) 被告谈国强、欧灿在本判决发生法律效力之日起十日内连带赔偿原告米其林集团总公司经济损失5 000元(已包括原告为制止侵权行为所支付的合理费用)。

(3) 驳回原告的其他诉讼请求。

如果未按本判决指定的期间履行给付金钱义务，该当按照《中华人民共和国民事诉讼法》第229条之规定，加倍支付迟延履行期间的债务利息。

本案受理费3 100元，由原告米其林集团总公司负担1 100元，被告谈国强、欧灿负担2 000元。上述款项已由原告预交，由被告谈国强、欧灿直接给付原告。

如不服本案判决，原告米其林集团总公司可在判决书送达之日起30日内、被告谈国强、欧灿可在判决书送达之日起15日内，通过本院或直接向湖南省初级人民法院递交上诉状，并按对方当事人的人数提出副本，上诉于湖南省高级人民法院。

资料来源 原告米其林集团总公司与被告谈国强、欧灿侵犯商标专用权纠纷一案，湖南省长沙市中级人民法院，民事判决书，2009年5月31日。

案例讨论

1. 两个个体工商户销售的是真正的米其林轮胎，还是进口轮胎？为什么说他们商标侵权？

2. 3C认证与商标专有权有什么关系？

3. 由于我国没有对平行进口的法律规定，本案是采用何种方式加以限制的？还有哪些手段？

4. 找找在中国发生的平行进口的案例，分析其原因。

第八章　技术交易市场

随着对技术商品属性认识的不断加深，作为生产要素市场重要组成部分的技术市场越来越为社会各界所关注和研究。技术市场是将科技成果作为商品进行交易，并使之变为现实生产力的交换关系的总和，涵盖了技术开发、技术转让、技术咨询、技术培训、技术成果评估、技术鉴定与服务等领域。在建设创新型国家和创新型地区的发展战略中，一个专业的技术交易市场是其中非常重要的环节。中共中央关于十一五规划建议中明确提出要"建立以企业为主体、市场为导向、产学研相结合的技术创新体系"。技术市场是连接产学研的纽带和桥梁，对于促进产学研合作，实施自主创新，调整产业结构、转变增长方式具有重要意义。

第一节　技　术　市　场

技术市场泛指技术商品交换的市场，是连接科研和生产的桥梁和纽带，属于市场体系中的生产要素市场。技术市场又是技术商品交换关系的总和，包含了从技术商品的开发到应用的全过程，涉及技术开发、技术咨询、技术转让、技术服务相关的技术交易活动及相关主体之间的关系。作为技术交易的中介，技术市场为买卖双方提供了可选择的技术信息，在交易的过程中买卖双方各取所需，不仅优化了技术资源的配置，降低了技术双方的交易成本，同时也可以有效地分散技术产品在研究、开发、中试、生产过程中的风险。

一、技术市场的主体

技术市场要发挥其应有的作用，有赖于在各自的领域内发挥着不同作用的参与主体(见图 8-1)。技术市场的主体包括政府、企业、大学和研究机构、中介机构和自然人(技术发明人)，客体是包括科技成果内的一切技术商品，以知识形态出现。一般而言，在技术市场体系中，企业处于科技活动研究和需求的主体地位；科研院所、高校和个人是技术市场的供给方；政府作为技术创新的主导者、支持者；技术中介机构是技术从实验室走向市场的桥梁。

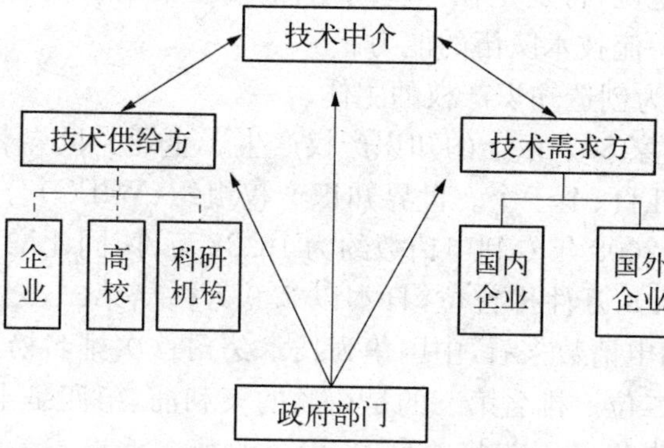

图 8－1　技术市场结构图

（一）企业

企业作为科技知识的应用者和科技成果的转化者，既是技术创新活动的主体，也是社会物质产品的最终提供者。追求经济利益的最大化是企业在市场经济活动中首要考量的目标。但是，经济效益有短期和长远之别。面对激烈的市场竞争，企业绝不应只顾短期的利益，而应该打造自己的核心竞争力。为此，不断提升企业的技术创新能力是任何现代企业不可忽视的必然选择。技术创新活动本质上是一个经济过程，只有以企业为主体，才真正可能坚持市场导向，反映市场需求。

1. 企业应该成为研究开发的主体

欧美等发达国家主要的科技力量大多集中在企业。全球跨国公司的科研开发费用占世界研发经费的 2/3。英国贸工部对全球 1 000 家公司的研发投入进行了排行和分析，2005 年 1 000 家企业总研发投入高达 2 200 亿英镑，比上年增加了 5％（2004 年增加 2％）。公司的研发强度直接影响到销售额的增长、财富创造效率和资本市场总值：在财富创造效率高于平均水平的企业中，81％的企业研发和资本方面的投入高于平均水平；在公司市值与销售额的比值高于平均水平的企业中，84％至 96％的企业研发强度高于平均水平；最高研发强度的产业显示出最高的公司市值/销售额比值。

2. 企业应该成为凝聚人才的主体

人才是知识的主要载体，是创新的决定因素。韩国企业研发人数占全国研发人员总数的 60％以上，每千名企业职工中拥有研究人员 87 人；日本企业科研人员占日本科研人员总数的 70％；我国的华为集团拥有 1 万多人的专业研究队伍，占员工总数的 46％。华为的技术人才从纵向划分，分为高级技术战略专家、技术研发专家和辅助技术人才。从横向划分，分为技术战略人才、技术研发人才、技术推广人才和技术销售人才。这样一套研发队伍有效地解决了技术研发的战略定位、市场定位和技术等级定位，特别是在一些高端、前端技术的研发上，华为已具备在第一时间组建国内超一流技术队伍的能力。

3. 企业应该成为创造知识产权的主体

目前，创新型国家80%以上的知识产权产生于企业。世界著名公司每年产生的专利量一般都在几百、上千个。世界知识产权组织（WIPO）公布的2008年国际专利申请状况显示，2008年专利申请数约为16.38万件，同比增加2.4%。从申请国家来看，美国以5.3万件排首位，日本以2.9万件居第二，之后依次为德国、韩国、法国。从企业的申请数来看，中国华为技术公司首次排名榜首，2007年排首位的日本松下降至第二位。排名第三的是荷兰的飞利浦，第四是丰田汽车。2007年度中国国家科技进步奖通用获奖项目中，由企业独立承担或参与完成的占57%，获奖企业共获得发明专利189项。

4. 企业应该成为科技投入的主体

世界市场的新产品技术主要是由企业推出的，微波炉的发明者是美国雷神公司，MP3主要的专利属于飞利浦和汤姆逊，IBM首先推出兼容机，Apple最先推出家用电脑。企业强大的创新能力和技术实力来自其雄厚的研究开发力量和高额的研发投入。企业的科技投入主要分三个方面：基础研究、产品的实验开发研究和前瞻性战略高技术研究。其中，基础研究和前瞻性高技术研究对企业成为科技创新主体至关重要。现在企业的竞争正越来越表现为创新能力的竞争，企业如果不能迅速走向科技创新的前台，将最终形成过度的对外技术依赖，这远比资金依赖、市场依赖所带来的影响更加深刻和难以摆脱。

5. 企业应该成为管理创新的主体

企业管理创新不仅关系到单个企业的兴衰成败，更是行业、产业乃至整个工业竞争力的集中体现。先进的技术只有与先进的管理相结合，才能迅速形成强大的生产力，推动一国经济实现跨越式发展。从泰勒、福特式的管理到现代科学管理、创新管理等，世界几次重大管理革命都产生于企业。20世纪中叶日本的崛起与管理创新密不可分。日本在技术上采取跟随战略，但在管理方面却创造出了全面质量管理、精益生产、准时生产制等一系列重大创新成果，日本一跃成为世界第二经济大国。

（二）科研机构和高校

科研机构和高校是创新知识的源泉和人才的主要输出者，是科学技术转化为生产力的创造者。作为基础性研究和应用研究活动的主体，高校在技术市场中一方面为企业和社会提供人才支持，另一方面与科研机构一起又可以提供知识贡献和科研成果。高校和科研机构相对于企业的优势主要体现在以下几个方面。

1. 高素质人才相对比较集中

高校和科研机构拥有多个专业领域的教授和专家学者，他们密切关注本专业的变化发展与前进方向，掌握自己研究领域的前沿信息，并拥有大量的科研成果。

2. 学科专业较为齐全

高等院校的学科专业门类通常都较为齐全，易于形成多学科交叉、渗透、综合的优势，培养复合型创新人才。2009 年 6 月，我国国内高校首家多学科交叉融合的生物医药研究院在华中科技大学成立，生物医药研究院整合了该校药学院、基础医学院、生命学院、化学化工学院、附属协和医院、附属同济医院等院系生物医药研发的优势资源，将研究院建设成为新药研究高层次人才的聚集地和培养基地、新药集成与原始创新的孵化器，最终将研究院建成为国内一流的新药创制研究平台。

3. 科研力量雄厚

高校和科研机构科研学术气氛活跃，科研力量雄厚，实验设备齐全，仪器较为先进。汇集了一大批尖端的科技成果。据统计，我国国家自然科学基金的 55%来自高校，国家技术发明奖的 64%来自高校，国家科技进步奖的 53%来自高校。全国 63%的国家重点实验室和 35%的国家工程研究中心建在高校，近 40%的两院院士工作在高校。

4. 具有人才培养和人员培训方面的系统经验

高校通过灵活的课程教学，培养学生的创新能力；通过实践性教学环节，培养学生独立解决问题的能力；通过开展丰富多彩的校园活动，为学生营造一个提高综合素质与能力的良好环境；通过鼓励和组织学生参与科研工作，使他们尽早得到从事科研的训练，了解和初步掌握科学研究的方法。

5. 掌握各学科前沿的动态信息

高校和科研机构积极开展国内和国际学术交流活动，掌握各学科前沿的动态信息。学术交流活动的数量与质量往往客观地反映了一所高校的教学及科研学术能力。学术交流活动是学校活跃学术氛围、开展学术交流、进行学术环境建设的重要方法和形式，可以推动专家、学者之间的互动，加速科技信息的传播。

高校和科研机构在技术市场中起到了"知识库"、"思想库"和"人才库"的作用，能够为企业提供源源不断的知识、技术和高素质人才，成为推动科技成果向现实生产力转化的关键力量。美国工商界和政府部门以著名的研究型大学为依托，把从事高新技术研究与开发的实验室设在研究性大学周围，利用大学的科技资源与人才优势创建高科技园区。目前美国著名的科技园区如硅谷科技园、波士顿 128 号公路高新技术开发区以及北卡罗来纳州的金三角科技园都建在高校密集的地区，其主要功能就是在大学、研究机构与企业之间建立联系及沟通技术转让、技术交流的渠道，加快大学高技术成果向产品转化过程。

(三) 政府

政府既是国家整体和综合社会利益的代表者,又是国家创新系统中具有特殊地位和作用的活动主体。一方面,为保证国家意志的贯彻,它要运用法律和行政的强制手段对科技创新活动的目标、路线、方针等进行直接干预;另一方面,它要通过提供合理的政策支持、完善的基础设施和良好的社会环境氛围,对科技创新活动进行引导。政府的角色主要有以下四类。

(1) 引导者,政府通过舆论宣传倡导,运用经济、法律、政策手段引导产学研合作。

(2) 推动者,运用政策法规影响,利用财政资助,设立科研基金,对一些科研项目重点资助。

(3) 协调者,主要提供数据咨询、政策咨询。

(4) 弥补者,把市场失灵和系统失灵中的技术转移作为公共政策来制定和实施,使技术转移通道畅通。政府通过角色转换,利用行政手段打破地区垄断、部门分割,实现市场、企业、金融机构、科研院所及高校的集体整合,其目的为设立专门计划或项目直接支持产学研相结合。

从世界范围看,各国政府为促进技术转让、研究成果商业化以及扶植企业发展而制定的相关立法、政策和计划都对技术市场的发展发挥了强大的支持和推动作用。而且,一些国家的政府还在其相关工作中充分利用、借助甚至扮演科技中介组织,很大程度上刺激了技术要素市场,特别是科技中介服务业的发展。法国政府将原来的"研究与技术部"改为"研究与高教部",并建立"国家科技推广署",以便于对全国科技机构、高校统一管理,促使其与工业界结合。英国、奥地利、澳大利亚、瑞士、荷兰等国,通过科技体制改革,建立专门机构,专管产学研结合工作。美国政府下设的国家科学基金会(NSF)是联邦政府的一个独立机构,其组织形式极为特殊。基金会的最高决策机构是由 25 人组成的国家科学委员会,主任由总统任命,是唯一的政府官员,另外 24 个成员选举产生,经参议院同意报总统任命。这种独特的组织性质使得基金会具有两种职能:一方面,代表政府向科研项目提供资助,表现出行政上的权威性;另一方面,代表学术界对科研水平进行专家同行审定,表现出学术上的权威性,从而发挥财政上的支持和学术上的肯定双重功效。

(四) 技术中介机构

技术中介机构实际上是市场中介分类细化后的具体延伸,它以技术为商品,以推动技术转移和开发为目的,利用自身拥有的知识、人才、资金、信息等资源,遵循公平、公正、公开和独立的原则,为技术创新与转移的成功实现起到沟通、联系、组织和协调等作用,为参与技术创新与转移的各方提供技术扩散、成果转化、技术评估、创新资源配置、创新决策和管理咨询等专业化服务。在技术市场中,技术中介机构是以协调者、中间人、沟通者、信息的收集、提供和传播者的角色出现的，属于知识密集型服务业。它比政府更了解大学、科研院所和企业在技术创新中的需求和动态，又比大学、科研院所和企业更熟悉有关技术创新方面的法律、法规和政策，而且还对相关行业内技术创新的现状、发展趋势和人才分布有一个较全面的把握。

生产力促进中心、科技企业孵化器、科技咨询和评估机构、技术交易机构、创业投资服务机构等是技术中介机构的主要形式。发达国家如美、日、德、英等均已建立起了智力雄厚、实力强大，集软科学研究、技术中介等于一体的大型综合中介咨询机构，其作用和影响力渗透和涉及全球经济及当今社会的各个领域。例如遍布德国的370家史太白基金会技术转让中心，为中小企业技术创新提供持续支持，使德国各类科研单位的科研成果能够迅速推向企业。法国在全国22个大区建立了技术推广网，为中小企业提供技术信息服务，专职从事服务工作的人员近2 000人。为加速技术转让，由法国科研中心、国家创新署和7家全国性科研机构共同出资，创建了股份制技术转让公司，主要从事科研机构的科技成果转让服务。英国贸工部近年来也加大了对企业孵化器的支持，重点是生物技术企业孵化器。当前活跃在我国技术市场上的是以生产力促进中心、科技企业孵化器、科技咨询与评估机构、技术交易机构、创业投资服务机构为代表的科技中介机构。实践表明，没有科技中介机构的发展，新科技革命带来的巨大成果就不可能迅速转化；没有科技中介的发展，将会大大延缓新经济在各个国家的兴起。

二、发达国家技术市场

技术市场作为一种服务于技术创新的要素市场，其发展有赖于多方面的条件。主要发达国家基本形成了比较有利于技术要素市场发展的政策和体制环境以及非常完善的科技中介机构。

(一) 完善的法规和制度体系

世界上的创新型国家，如美国、日本、韩国等，它们都把技术转移作为国家创新战略的重要组成部分，建立了比较完善的法律体系使国家的技术转移制度化，并且得到快速发展。美国、英国等发达国家长期以来制定的一系列政策、法律为技术要素市场的健康发展奠定了稳固坚实的制度环境基础。这些政策法规包括关于知识产权的法案、《反垄断法》、《破产法》、《劳工法》、《资本市场规范法》以及研究开发和技术转让政策等。政府制定《反垄断法》，保证企业有一个公平竞争的竞技场；制定《资本市场规范法》，保证风险投资者等的权益得到维护；制定知识产权保护法规，保证创新者和技术购买者能有收回投资和获取合理垄断利润的时间。

1. 美国

20世纪80年代至今，通过不断制定和修改完善，美国已经形成较为完整的技术转移法律体系，相对完善的法律保障使美国很快形成了强大的创新能力。1980年颁布了第一部技术转移法《史蒂文森·威德勒技术创新法》，明确了联邦政府有关部门和机构的技术转移职能，使技术转移成为国家实验室的重要使命，将技术转移作为考核国家实验室雇员业绩的一项重要指标。另外，1980年颁布的《拜杜法案》也是美国科技发展史上一部非常重要的法律，允许非营利性科研机构、大学和小企业保留联邦资助的科研发明所有权，鼓励小企业参与研发活动。美国政府还出资设立各项计划，以支持和鼓励技术创新和成果转化，例如《小企业创新研究计划(SBIR)》、《小企业技术转移计划(STTR)》、先进技术计划(ATP)和《制造业发展合作计划(MEP)》等。此外，美国政府还通过税收、金融和政府优先采购等政策和措施鼓励技术创新和转移。这些法律、法规的颁布为美国技术的流动营造了良好的环境，促进了美国的技术创新和技术扩散。

2. 英国

英国政府也致力于营造有利于技术转移的法律环境，从1948年至1986年间多次修订《发明开发法》，1972年、1978年和1980年分别颁布了《应用研究合同法》、《不公正合同条款法》和《竞争法》，其目的都在于通畅技术转移的渠道，维护研究开发合同的秩序，限制非法垄断技术。

3. 日本

日本长期以来推行“科技立国”战略，十分重视知识转化，日本也重视科技立法。尤其是国会于1995年通过的《科学技术基本法》赋予了政府促进科技进步的法律权能。1998年又通过了《技术许可组织法》，旨在加强技术从大学向产业的转移。1999年的《产业振兴法》被誉为“日本的《巴赫-多尔法》”，根据这部法律，国家(包括特殊法人)资助的委托研究所产生的知识财产属于受委托研究机构所有。2000年颁布的《加强产业技术法》允许经批准成立的技术许可组织免费使用国立大学内的设施。2003年生效的《知识财产基本法》明确了知识财产创造、保护和使用的基本方针。此外，日本还通过了其他有关知识财产使用和保护的法案。

(二)直接资助建立科技中介机构

技术变革并不是以一个完美的线性方式出现，而是系统内部各要素之间的作用和反馈的结果。这一系统的核心是企业，是企业组织生产和创新。外部知识和主要来源是别的企业、公共或私营的研究机构、大学和转让机构。因此，企业、研究机构、大学和致力于技术及知识转移的中介机构是创新体系中的主要构成。在美德等市场经济发达、法制健全完善、社会理性化程度高的国家，科技中介机构受到市场竞争、法律约束和行业自律三方面的共同制约，促使它们必须守信誉、重质量，在规范下运作。

科技中介服务是一种非常专业的工作，往往需要具有技术、营销、法律专长和良好的产业关系的人组成的团队才能胜任。发达国家的科技中介机构对人员的要求是贵在专精，而不在多。比如规模比较大的英国技术集团(BTG)，其人员也只有198人(2001年)，历史悠久的RCT公司也只有33人，专门提供信息服务的知识快递公司(KE)也只有10多人。各种科技中介服务由于功能和性质的不同，经营主体可能不一样。有的科技中介服务适合私人公司进行商业化运作，有的适合政府、大学及研究机构以非营利机构和形式来经营，还有的是谁都可以做，属混合型。

1. 美国

美国的技术转让市场中，国家设立的科技中介机构数量较少但规模和作用较大。大多数的科技中介机构都是民间设立的非营利综合性的中介机构，只有少量的比较专业的非盈利中介机构。其中最典型的例子包括国家技术转让中心(National Technology Transfer Center, NTTC)和联邦实验室技术转让联合体(Federal Laboratory Consortium, FLC)等。

美国国家技术转移中心(NTTC)成立于1989年，是美国技术转移及技术成果产业化领域的先驱者。为了使技术的供应与需求联网以促进经济的发展，NTTC提供了一整套的项目与服务，帮助美国商业界利用已成熟的技术、设备，通过与世界一流的联邦实验室研究人员的合作，来实现科技成果产业化。NTTC提供技术成果转让服务的主要方式有：技术转让"入门服务"；"商业黄金"网络信息服务；专场培训服务；发行技术转让出版物服务。美国国家技术转移中心的客户有美国航空航天局、美国环保署、美国国防部及退伍军人事务部。除此之外，美国NTTC还成立了一个企业所需技术库，并提供获取赞助的合作机会。美国国家技术转移中心通过帮助实现技术转移和发展电子商务推动美国的经济发展。

联邦实验室技术转移联合体(FLC)成立于1974年，隶属于美国国防部，是联邦政府推动联邦政府支持的研究成果向地方政府和企业转移的主要措施之一。FLC的宗旨是：推广促进联邦实验室将研究成果转移到企业界，并满足FLC实验室会员、机构及其技术转移过程中潜在合作伙伴的技术转移支援需求。FLC采用网络服务方式，将政府实验室研究成果与各级政府和企业相连，发布联邦实验室的技术转移与合作项目，同时将地方政府和企业的需求反馈到相关的实验室。FLC的运转经费来源于政府拨款，各部门划拨联邦实验室研究与开发经费的0.008%用于联合体。

2. 英国

英国的科技中介机构，主要分公立科技咨询机构和私立科技中介公司。其中公立科技中介咨询机构是英国最核心的科技咨询群体。如英国皇家学会、皇家工程院、研究理事会和大学科技政策研究机构等都具有科技咨询的职能。各大学科技成果转化中心、科技园、全国性的专业协会、慈善科技中介组织等，属于典型的公共层面上的科技中介机构。而私人中介公司是以盈利为目的独立的科技中介机构，是英国科技中介机构的主体。

英国科技开发中心(The Center for Science and Technology Studies, CEST)于1987年注册为慈善机构。CEST的使命是寻找和实现科学技术转化为生产力的新商业机会，社会价值和环境责任是其工作的出发点。它有两个显著的特点，一是保持中立性，它既不附属任何其他机构与组织，也不局限于某一特定行业或学科领域。二是它没有股东，没有知识产权，也不对具体工作收取费用(除收取会员费外)。CEST主要是通过联合伙伴型中介机构(Pan Industry Consortia)的形式来实现。所谓联合伙伴，就是通过不同的热点并具有潜力的主题把相关的部门和公司等组织起来定期交流和讨论，寻找和开发新的科技商业机会，使各组织间达成共识，并探讨实现的可能性。联合伙伴主题一旦明确了未来方向和机会，CEST就完成了自己的使命，并解散此联合伙伴主题，下一步的目标就是再去开辟新的联合主题和寻找新的参加者。

英国技术集团(British Technology Group, BTG)原来是国家所有的科技中介机构，于1949年建立，主要负责政府资助的科研成果的市场化工作。1991年被私有化，卖给了英格兰银行和英国风险投资公司。该公司有180名职员，多半是科学家、工程师、专利代理、律师和会计师。BTG主要是一个专门以高效风险投资支持技术创新和技术转移的机构，享有国家授权的保护专利和颁发技术许可证的职能权利；有权对政府投资的研究成果和它认为需要的研究成果提出索要、掌握、处理以及颁发许可证；在国家需要的领域和它认为可能导致用户实际应用的研究领域，可以对有关研究项目给予资金条件支持。BTG主要是通过专利授权方式使其成为一个经营成功的英国科技中介公司。其通常的做法是在世界大型公司中寻找与这些公司主要业务方向不紧密相关的专利技术(BTG把这些专利称为非核心专利)，经过对这些非核心专利的评估，筛选出具有潜在市场前景的专利，然后采取专利授权的办法帮助实现这些所谓非核心专利的市场价值。

3. 日本

20世纪80年代后，在美国《拜杜法案》的影响下，日本开始重视促进大学研究成果向企业的技术转移。日本的技术中介机构从总体上也分为国立公立中介机构和民营私营中介机构。国立公立机构的典型代表是日本科学技术振兴事业团(Japan Science and Technology Agency, JST)和中小企业综合事业团(Japan Small and Medium Enterprise Corporation, JASMEC)。

1996年10月1日，在原日本新技术开发事业团和日本科学技术情报中心的基础上，成立了日本科学技术振兴事业团(JST)。主要职能：一是集中产、学、官各方的力量，大力推进基础研究、高技术研究和应用开发研究；二是建立牢固的科研基础设施和信息网；三是招聘国内外有识之青年学者到国立研究机构工作；四是推进技术转移和开展研究支援活动。在推进技术转移活动中，致力于将大学或研究所的优秀成果产业化，培育和创造出新的产业。同时，积极推进与提高当地人们生活水平密切相关的科学技术的实用化，积极支持和参与新技术的委托开发和技术斡旋。在研究支援活动中，首先将国立实验研究等机构的研究成果归纳整理，建立数据库。然后，向有关研究者公开，以促进这些研究人员的研究开发活动。

日本中小企业综合事业团(JASME)成立于20世纪80年代初。其目的是作为国家中小企业政策的主要实施机构，在促进中小企业现代化和技术高度化、加强人才培养、信息交换和国际化、加强企业技术进步以及建立企业共济互助制度方面，提供必要的帮助。JASME的主要工作有5项：对企业现代化发展的投融资；人才培养；对企业进行技术指导和信息指导；中小企业业主的退休保障；促进中小企业稳定经营防止企业破产等。其中最引人注目的要数风险投资和支持向企业的技术转移和技术交流活动。为了促进中小企业开拓新领域、开发新产品、提供新服务和开发新技术，JASME组织跨行业、跨领域、跨地区的交流活动，开办技术市场，派遣技术专家，提供交流咨询。

三、我国技术市场发展历程

改革开放以来，技术市场作为重要的要素市场，在我国经济社会发展过程中发挥了重要的作用。经过30年积累和发展，我国已经进入依靠技术进步和创新促进经济可持续发展的阶段，到了建设创新型国家的关键时期，技术市场变得更为重要。

在计划经济时期，科技和经济是两个独立的体系，科研机构负责科技活动，企业负责生产。在这种情况下，科研机构没有生产任务，技术成果需要转移给合适的企业，企业没有科研能力，需要得到外部技术成果。但是，科研机构与企业之间没有横向联系，只能各自逐级通过主管部门取得间接联系，效率很低。科研与生产联系不紧密，研究成果与社会需求脱节，难以转化为直接生产力，技术转移和成果转化数量很少，并且是在行政命令下进行的。有了技术市场后，技术成果直接以市场方式流向企业，建立了经济部门和科技部门之间的直接联系，提高了效率。我国技术市场随着改革开放的步伐，逐渐萌芽、形成和发展，大致经历了以下阶段：

(一) 起步阶段(1978—1984年)

20世纪80年代初期，我国开始科技体制改革探索，主要方向是建立符合科技发展规律和适应社会主义市场经济体制的科技要素流通制度。1980年国务院颁布的《关于开展和维护社会主义竞争的暂行规定》，首次肯定了技术的商品属性，指出“对创造发明的重要技术成果要实行有偿转让”。1985年《中共中央关于科学技术体制改革的决定》明确指出，要以市场经济体制为基础，开拓技术市场。从此，技术市场历史性地成为推动我国科技与经济社会发展的重要动力。

20世纪70年代末和80年代初，国内一些科研单位试行了经费的“预算包干”和科研经济合同制，面向社会以有偿方式转让科技成果和承接委托科研项目，以获得部分经费收入。技术成果不再以“礼品”、“展品”、“样品”的形式出现，“技术是商品”的观念开始深入人心，科技成果开始有偿转让，意味着技术市场的萌芽。1981年和1982年，根据五届人大四次会议提出的“科学技术由实验室向生产转移、单纯军用向军民兼用转移、沿海向内地转移、国内向国外转移”的四个转移精神，上海先后举办了轻工业和手工业科技协作交流会以及全市综合性的科技协作交流会，为科研机构和企业提供技术洽谈及成交机会。1983年5月，上海成立了第一家从事技术市场方面的工作机构——上海科学技术开发交流中心，并带动了上海科技咨询服务中心、上海工业技术发展基金会等一批技术市场相关机构的成立。到1984年年底，这些单位先后举办了激光、微电子、节能、信息等专业性和全市科技交流或交易会10余次，参加人数达15万人次，当年全市技术贸易达1.8亿元，初步形成技术市场。

（二）形成阶段（1985—1993年）

从1985—1990年，《中华人民共和国专利法》、《中华人民共和国技术合同法》、《中华人民共和国技术合同法实施条例》、《技术合同认定规则》和技术合同示范文本以及《技术合同认定登记管理办法》陆续颁布实施，技术开发、技术转让、技术服务和技术咨询成为法定的技术交易形式。从此，我国技术市场开始迈出了快速发展的步伐。科技部门同时负责监督管理和有形市场创建，在全国各地建设了一批技术市场管理机构和带有一定政府色彩的常设技术交易市场。常设技术交易市场是三个平台的集合体：

(1) 技术转移信息平台，即把科研机构的技术信息传递给相关企业，并将企业提供的技术需求反馈给相关科研机构，为科研机构和企业的供需结合创造条件。

(2) 科技计划成果转移平台，受各级科技计划支持所产生的技术成果大多数被要求进入技术市场，以市场化的方式流向企业。

(3) 技术交易支持平台，在技术交易市场交易、登记的技术合同可获得税收优惠。

1993年12月30日，经过几个月的筹建工作，由国家科委和上海市人民政府共同批准成立了全国第一家国家级常设技术市场——上海技术交易所。作为技术市场的龙头，其宗旨是致力于促进跨地域、跨行业、跨组织规模间的技术交易和高新技术产品贸易，为加速科技成果产业化和商品化提供全方位服务。

（三）完善阶段（1994年至今）

在政府的引导和政策鼓励下，技术转移日益活跃，技术市场的内涵和外延不断扩大。除了体制内的监督管理机构和常设技术交易市场外，还出现了企业下属技术转移机构、大学下属技术转移办公室、科研机构下属技术转移办公室、民营技术转移机构、开放实验室、联合实验室、科技企业孵化器等技术市场主体。技术商品供应方不再限于科研机构，技术商品购买方也实现了多元化。1996 年，上海产权交易所成立，意味着全国促进资本在高新技术领域进入和退出的有形产权市场的形成。建立上海技术产权交易市场，目的是促进对科技企业的股权投资和产权交易，进一步推动高新技术成果转化和产业化的进程。2009 年 8 月，中国技术交易所挂牌成立。中技所将充分发挥技术市场配置科技资源的基础性作用，通过整合积聚技术资源、创新技术交易机制、完善技术交易制度来提高技术交易效率，促进科技成果的转化。中技所未来的业务将主要循着"技术、产权、交易"这三个维度展开，即以科技资源整合建中国最大最全的技术资源平台；以技术产权化推动技术要素的价值确定；以技术交易实现技术资源的流动与价值升值。

目前，我国已经形成了一套技术市场的基本运行架构，成为社会主义市场经济体系和国家创新体系不可缺少的重要组成部分。技术市场的交易内容不断丰富，从单一的技术开发、转让、咨询和服务，不断向工程设备、技术投融资、企业并购等多样化和集成化方向发展。技术市场的交易手段也不断升级，信息化程度不断提高，网上技术市场以方便快捷的方式正逐步取代传统的交易平台。

四、我国技术市场交易的特点

20 多年来，技术市场一直受到社会各界的高度关注，市场规模迅速扩大，技术交易日趋活跃，交易形式不断创新，服务水平逐步提高，为我国经济社会发展作出了重要的贡献。我国技术市场呈现出以下特点。

（一）高新技术成为技术交易的主要标的

高新技术是以计算机、信息技术为核心，涉及生物、新材料、自动化、航天、海洋科学等前沿科学技术，是人类最尖端的技术。以电子信息技术、先进制造技术、新能源与高效节能为主的高新技术成为 21 世纪技术交易的主要标的。近年来，航空航天技术和生物、医药和医疗器械技术增幅显著。在国家重点推动软件产业发展相关优惠政策的推动下，涉及计算机软件的电子信息技术合同继续位居各领域成交金额之首，其次为先进制造技术和新能源及高效节能技术领域。

（二）涉及软件著作权和技术秘密的技术交易活跃，专利技术交易日益活跃

涉及各类知识产权的技术合同逐年增加，其中涉及专利的技术合同增长迅猛。2008 年专利技术交易日益活跃，成交金额 244.0 亿元，同比增长 99.6%，占全国成交总金额的比例较上年上升了 4 个百分点，达到 9.2%。技术秘密合同成交金额 1 046.1亿元，增长 3.77%，占全国成交总金额的 39.25%。软件产业基地建设进一步深入，一大批软件骨干企业应运而生，涉及计算机软件著作权的技术交易增长

明显，达到 329.8 亿元，同比增长 29.2%，占全国成交金额的 12.37%。

（三）透过技术市场交易的科技计划项目成果有所增长

我国已登记的技术合同成交总金额从 1996 年的 300 亿元增长到了 2008 年的 2 665 亿元，占 GDP 的比例从 2001 年的 0.71%增长到了 2008 年的 0.89%，技术市场已经成了名副其实的技术成果转化主渠道。每年有 20 余万项科技成果通过技术市场流向企业，产生了大量的高新技术产品，催生了我国的高新技术产业。2008 年共有26 179项各级政府科技计划项目成果通过技术市场转移、转化，占总项目数的 11.6%；成交金额 488 亿元，占全国成交总金额 18.3%。随着国家不断加大对科技计划项目的投入，政府公共财政支持的科技成果项目的转移、转化成为社会广泛关注的焦点。

（四）产学研各类主体间的技术交易增多

2007 年国家技术转移促进行动正式启动，技术转让优惠政策发布实施。经过一年的贯彻落实，效果日益凸显。统计数据显示，技术开发、技术转让、技术咨询和技术服务四类合同中，技术开发合同成交金额居首位，为 1 075.5 亿元，增幅 22.8%。其中，产学研合作的技术开发明显增加，成交金额 990 亿元，占技术开发合同成交金额的 92.1%和全国成交总金额的 37.1%。技术的流动性进一步加快，技术转让合同增长达 532.6 亿元，增幅居首位，为 26.7%。技术咨询和技术服务合同较上年也有不同程度的增长。

企业的技术创新主体地位在技术市场中得到了充分体现。2007 年全国共有各类技术卖方机构 19 614 家，其中各类企业性质的卖方机构为 16 902 家，占全国卖方机构的 86%；企业输出技术 135 922 项，技术交易额1 923亿元，占全国的 86%；吸纳技术 169 289 项，成交金额 1 829 亿元，占全国的 82%。内资企业是技术市场交易的主导力量，共成交技术合同 126 502 项，占合同总数的 57%，成交额为 1 426亿元，占成交总额的 64%。外资企业、港澳台和外商投资企业共成交合同数 8 721项，成交金额 492 亿元。

（五）涉外技术交易发展迅速

在技术进口方面，传统的以关键设备、成套设备为主的技术引进格局已被打破，取而代之的是专有技术许可或转让、技术咨询、技术服务等多种技术引进方式相互交织的新局面。在技术出口方面，技术出口额不断增加，呈现加速发展的趋势。其中，高技术产品出口成为我国外贸出口的主要带动力量。计算机与通信技术、电子技术、光电技术和生命科学技术是 2008 年我国高技术产品出口最多的四类技术领域。这四类技术领域的出口总额占高技术产品出口总额的比重高达 96.69%。我国计算机与通信技术和光电技术产品的主要需求市场为美国、欧盟和香港；电子技术产品主要出口到香港、欧盟和韩国；生命科学技术产品的主要出口市场为欧盟、美国、印度和阿根廷。

与出口市场高度集中不同，我国高技术产品进口来源更加多元化和分散化。20 世纪 90 年代初期，我国高技术产品进口主要被美欧等发达国家所垄断，但 90 年代中期开始，由于亚洲国家和地区在电子技术领域高技术产品竞争力的提升，欧美等发达国家在我国高技术产品进口额中的份额逐步下降，中国台湾、日本和韩国逐步成为我国内地高技术产品最大的进口市场，但美国和欧盟在航空航天技术、生物技术和生命科学上仍然具有较大的优势。

外商独资企业在我国高技术产品进出口中的份额最大，国有企业进出口额在我国高技术产品进出口中的份额较小。私营企业在高技术产品进出口中的表现良好，出口额和进口额在高技术产品出口和进口的比重一路攀升。外商独资企业主要集中在计算机与通讯技术、电子技术、材料技术和光电技术四大领域，与进料加工贸易的技术领域分布基本一致，说明外商独资企业基本是通过进料加工作为高技术产品的主要生产形式。内资企业主要集中在生物技术和生命科学技术领域，与一般贸易出口的高技术产品的技术领域相同。国有企业和私营企业已经成为我国生物技术和生命科学技术的主要出口企业，同时以一般贸易作为出口主要方式也说明内资企业出口以自主创新为主，已成为高技术产业化的中坚力量。

（六）高技术服务和科技中介等新兴产业迅速发展，功能日益多样化

1980 年年末，沈阳市和武汉市科委在国内率先成立了技术市场中介服务机构。截至 2008 年年底，我国大中城市共有各类科技中介机构（包括技术贸易机构）6 万多家，从业人员约 110 余万人。生产力促进中心已发展至 850 余家，从业人员 1 万多人，服务企业 6 万家，通过各种服务使企业增加销售额 310 多亿元、增加利税 32 亿元，为社会增加就业 23 万多人。各类科技企业孵化器已经发展到 460 多家，其中国家级创业服务中心 72 家，大学科技园 22 家，在孵企业近 15 000 家，累计育成企业近 4 000 多家，已有 32 家企业成为上市公司。各类科技咨询机构有 13 000 多家，从业人员近 30 万人。各种技术市场、技术产权交易所、科技条件市场、人才市场等已成为转移、扩散科技成果和有效配置科技资源的重要渠道。科技情报信息机构已经发展到 4 000 多家，2 万多名职工和一批优秀的专业人才在传统的科技信息收集与整理业务基础上，面向市场需求积极开展情报分析研究、科技咨询评估等业务。此外，还有相当数量的科技风险投资中心，科技评估机构、专利代理机构、科技招投标机构，各类行业协会、专业技术协会等都取得了快速发展，技术流动和技术依赖程度显著提高，原来以单个企业为主的技术创新模式逐步转变为多个企业的协同创新和集群创新。北京的技术转移联盟、环渤海技术转移联盟、东北技术转移联盟、长三角技术转移联盟的建立，更是有力地推动了区域内经济技术的合作，为构建区域产业链提供了重要的科技支撑。一批以市场为导向、以解决企业需求

为出发点、产学研合作的新型技术转移机构正在蓬勃兴起。

(七) 网上技术市场的兴起

长期以来,技术商品主要是利用展板、实物、项目汇编、磁盘及光碟等有形载体,并通过传统的技术商品展览会、交易会及固定的交易场所(常设技术市场)等有形场所进行交易。传统的技术商品交易受到时间和空间的限制,交易双方只能在有限的范围内寻找交易对象,其交易价格及成交率受到影响。由于技术商品交易双方必须直接见面洽谈,因而产生了大量为参会和参展支出的差旅费及交际费,使其交易成本居高不下。

网络与现代通讯技术的发展为技术交易带来了巨大的市场机遇。原先技术供求市场上的信息不对称,多数技术交易机构定位于简单的信息收集平台。现在技术转移机构之间秉承多赢理念,形成优势互补、资源共享的网络联盟,技术商品交易的方式也发生了巨大的变化。现代技术交易方式是将电子商务的模式应用于技术商品交易,使技术商品的买卖双方通过架设在互联网上的无形技术市场——网上技术市场上建立的虚拟展览会、交易会,帮助技术商品的交易双方在前所未有的范围内,以高效和经济的形式使信息在世界范围内传播并寻找合适的交易对象。20世纪90年代后期,国外一些企业开始在互联网上进行知识产权交易的活动。一些技术转移机构建立其网站后,为提高网站的访问量,就允许技术供应者在网站上发布技术信息,以供那些需要这类信息的用户进行查找;随后,为了推动这些技术进行交易,网站开始提供一些创新性的在线服务。

网上技术市场是一种在线市场,公司、大学、研究机构及个人通过它可以实现技术商品的购买、销售或拍卖。一般来说,网上技术市场能为技术的买方或卖方提供一站式的服务。由于网上技术交易市场在提高市场交易效率,减少市场交易双方的信息不对称,降低交易成本等方面比传统交易方式有着明显的优势。因此,网上技术交易在美国初建以来在世界主要国家迅速发展。美国的 yet2. com 是全球首次利用网络进行虚拟技术交易的先驱,也是目前全球最大的网络技术交易市场平台。1992年2月,由3M、福特、霍尼韦尔等十余家国际知名企业投资成立,业务主要涉及技术转让、知识产权和专利交易以及知识产权许可。技术供给者可以在 yet2. com 上发布技术信息,并能实现对市场中已发布的技术难题信息进行查询。当查询到技术供给者专长领域内的技术难题信息时,技术供给者可以将对难题的解决构想按照规定的格式发送给技术需求者,以供需求者对其进行评估和选择。在供给者发送解决构想后,需求者即可获得供给方的联系方式并可与之协商。同样,技术需求者也可以发布难题信息,并对市场中已发布的技术成果信息进行查询。如果需求者对某一项技术成果感兴趣,则可以将自己对该技术的具体应用说明按照规定的格式发送给供给者,供给者可以对该应用说明进行评估以决定是否进行许可或转让。在需求者发送应用说明后，供给者即可获得需求者的联系方式并可与之联系或协商。

随着互联网技术的普及，我国已有的技术市场纷纷建立起自己的技术交易网站，为网上常设技术市场的实现提供了可能。据不完全统计，目前国内技术交易网站不下 30 家，有国家有关部门主办的“国家科技成果信息网”、“中国技术市场信息港”、“中国技术交易网”等，还有省市政府部门主办的“北京技术市场”、“上海技术交易网”、“浙江网上技术市场”等。

【资料】

中国浙江网上技术市场简介

中国浙江网上技术市场是经科技部批准的全国首家网上技术市场，由浙江省人民政府、科技部和国家知识产权局共同举办，浙江省科技厅和全省各市县人民政府共同承办，浙江省电信公司协办。

中国浙江网上技术市场是建立在互联网上，运用现代信息技术手段，充分发挥互联网信息量大，驻留时间长、扩散面广、不受时空限制、交流成本低、平等开放等优势，综合文字、图像、视频、声音等多种传播手段，实现网上信息发布、网上视频直播、网上多媒体洽谈与交流、网上中介服务、网上招投标等功能，构造方便快捷的产学研联系的桥梁和纽带，被誉为“永不落幕的市场”。

中国浙江网上技术市场是传统有形技术市场的市场组织系统和信息技术网络系统的结合与创新。通过互联网连接全省 11 个市级市场、90 个县级和高新技术开发区分市场，连接省内数万家企业，连接省内外数万家高校、科研院所、风险投资、技术中介机构等众多交易网点，具备信息平台、交流平台、交易平台、服务平台和管理平台的各项功能，形成覆盖全省、联系全国的市场组织网络系统和信息技术网络系统。

网上技术市场的结构

中国浙江网上技术市场完全建立在分布式网络基础上。为了保证信息交流的可靠性及实时性，网上技术市场结合了高速内网及互联网的优势。网络由省、地市、县网络及电信网络组成。其中省管理中心由 40 台多媒体计算机(配备耳机、摄像头等)，为供需双方网上在线洽谈和咨询，提供实时的集文字、声音、图像为一体的技术手段，配备 2 台大屏幕投影仪，用于演示网上技术市场开幕式、在线洽谈、咨询、成果交易、专家论坛、成交情况(包括地域、次数和金额等统计情况)等，并通过视频系统在网上即时报道；市级市场不少于 20 台多媒体计算机(配备耳机、摄像头等),配备1台大屏幕投影仪;县级分市场不少于5台以上多媒体计算机(配备耳机、摄像头等)。

网上技术市场交易系统

网上技术市场交易系统是由三部分组成:

一是网上技术市场应用,包括交互会议、交互展览、网上咨询、网上洽谈、网上招标、网上签约和信息查询。

二是应用平台,提供独立于应用的核心接口。包括网上展览子平台、网上交易子平台、网上直播子平台和网上办公子平台。

三是系统平台,提供分布式网络运行环境。包括各类硬件设施和网络环境基础上的数据库、网页及应用服务器和网上会议系统。

网上技术市场是对传统有形技术市场的整合与提升,不仅涵盖了传统有形技术市场的所有功能,而且在技术、组织和功能上有创新,是今后技术交易的主流平台。

网上技术市场的信息交流功能

由于技术交易是建立在大量的、多次的信息交流基础上的,因此网上技术市场要为技术交易提供强大的信息交互交流功能,包括信息发布功能、信息查询和浏览功能、点对点洽谈功能(文字、语音和视频)、多媒体网络会议功能和咨询功能(政策咨询、中介服务咨询等)。

信息发布功能是作为网上技术市场会员的供需双方包括会员本身信息、技术难题信息、技术供应信息、科技成果信息、人才交流信息、中介服务信息等输入系统,系统即时在网上分地区分类别进行展示。

信息查询和浏览功能。主要实现两方面的功能:一是可以对会员发布的信息进行查询和浏览;二是系统具有丰富的数字信息资源,会员可以在此查询和浏览有关期刊、专利、标准和企业名录等数字化的文献信息,为技术交易提供其他信息帮助。

点对点洽谈功能。在线供需双方在此可以直接调用系统提供的文字、语音和视频技术进行即时的点对点洽谈。双方在洽谈时可以对某一项目或产品进行在线演示,也可以预留电话、E-mail或预约洽谈时间等。

多媒体网络会议功能。实际上这是一个在点对点功能基础上扩展的多方洽谈功能,但更加突出会议特点,包括会议预约举办,在线提问等。

咨询功能主要是指系统提供的中介服务。在系统界面上会专设一个“咨询台”,技术供需双方可以通过访问咨询台获得各种咨询信息。包括技术交易政策咨询、风险投资咨询、技术评估咨询、技术合同登记咨询、法律咨询等。这些咨询既可以是即时的,也可以是预留的(BBS形式)。

截至 2008 年 9 月 30 日，中国浙江网上技术市场网上在线企业 90 105 家，在线高校、科研机构 36 961 家，在线中介机构 10 705 家，累计发布科技成果信息 142 803 项，引进共建创新载体签约数 576 家，英文网站难题信息发布数 980 项，网上技术市场签约项目达 17 225 项，合同成交金额 143.5 亿元。

资料来源——浙江省科学技术厅网站整理

五、我国技术市场存在的问题

（一）技术供给层面

国内技术市场的供给方主要有科研机构、工业企业（包括外商投资企业）、高等院校、技术贸易机构、个人及个人合伙等。在我国技术市场发展的进程中，企业、科研机构和高等院校在技术供给方面发挥了重要的作用，但仍然存在不少问题。

1. 企业技术供给存在的问题

1）研发投入总量少、强度低

中国企业长期处于国际产业链低端，究其根本原因还在于企业的技术创新能力还较弱，拥有自主知识产权的核心技术与专利较少。根据世界知识产权组织 2008 年的统计，在全球获批的专利总数当中，仅日本、韩国、美国和德国就占了 73%，其中尤以日本和韩国的增量最高。创新能力不足制约了中国企业迅速提升产品附加值和产业竞争力。造成上述问题的根本原因是中国在研发经费的投入处于世界较低水平，与发达国家相比更是相距甚远。国际上大公司的研发费用投入一般占销售收入比重在 5%左右，甚至达到 10%～15%，而我国企业中除了华为等“凤毛麟角”的企业外，绝大多数企业都达不到 5%的水准。即使是中国 500 强企业，其研发投入平均也只有 1.32%，而经济合作与发展组织（OECD）国家平均为 3.2%的水平。

我国大多数企业投入的研发资金主要用于现有产品和技术的完善，真正用于新产品开发的只有 24%，用于基础研究的费用不到 10%。而且，对于新产品的研发也更注重于短期项目，而对长期性的、有市场前瞻性的基础研究则很不够。另外，相当多的企业用于技术引进的经费支出远大于用于消化吸收费用支出，平均比例达到 6.5∶1，而二战后日本的这一数据是1∶7。我国企业新产品开发能力相对较弱。我国在机械、电子、石化和汽车等技术密集型行业方面，技术水平比工业发达国家要落后 15～20 年，并突出表现为产品的设计和制造工艺落后。

2）外企研发经费增长速度和投入强度明显高于内资企业快速的经济增长

巨大的市场潜力，丰富优质的科技人力资源，这些促使中国成为全球跨国公司 R&D 投资的焦点。近年来，大型跨国公司尤其是世界 500 强企业，在华设立研发机构的增长速度迅猛。而且，越来越多的跨国公司将在华研发机构纳入其全球研发体系并发展成全球研发中心，使跨国公司在华研发机构的战略地位得到较大的提升。外资企业的研发活动具有明显的行业和区域集聚性，在一些战略高技术领域的投入力度已接近内资企业，在一些发达地区的研发经费投入已接近甚至远高于内资企业。

跨国公司研发产业的对华大规模转移，对中国的研发产业既带来发展的机遇，也提出挑战。一方面，跨国公司在华从事研发活动，创造了大量高薪工作岗位，吸引了若干来自海内外的研发人才。伴随研发人才不断从外资研发机构流出，由此而产生的知识溢出效应非常显著。除此而外，外资在华在开展研发活动，也将世界先进的创新理念和管理经验带进我国，对国内科研管理在组织和制度上都起到了示范作用，也提升了相关领域的技术层次和技术水平。另一方面，目前在华外资研发机构的研发人员绝大多数都来自国内本土人员，大量的科技人员流向了外资研发机构，使得我国企业、大学和科研机构的人才更为缺乏。同时，跨国公司借技术优势占据了我国相当大的市场，在华研发机构进一步强化了这种优势，使得我国企业在与跨国公司的竞争中处于明显的劣势。更为严重的是，跨国公司通过大规模并购，强化了外资在一些重点行业的技术垄断。

3）技术创新能力较弱

中国企业创新及创新能力已有较大提升，但与世界先进企业相比仍有很大差距。企业专利数量是衡量一个企业的 R&D 水平和企业技术创新的能力的重要指标。2000—2008 年间，国外企业在中国申请专利数量几乎占到总申请量的一半，但是 2008 年是个分水岭，中国企业专利申请数量已经远远超过国外企业。中国华为技术公司 2008 年共提交了 1 737 件国际申请，为全球最高。从申请国家来看，中国以 6 089 件排在第六位。但是这并不意味着我国企业的创新能力也能排到第 6。首先，中国专利申请的绝对总量很多，但是如果平均到每个人或每个企业的身上，数量恐怕就不多了。其次，专利中包括发明专利、实用新型和外观专利，而发明专利的技术含金量高。但是中国专利申请中只有大约 1/3 是发明专利，其余的都是技术含量不高的实用新型和外观专利。最后还要看到，中国大多数企业从事加工生产，真正掌握核心技术的中国企业也就有 3‰。而且很多企业研发能力低，投入少，所以只能从最简单的创新做起。在一些高技术领域，关键技术的发明专利申请基本上被国外企业垄断，存在产业技术空心化的危险。

2. 科研机构和高等院校技术供给存在的问题

1）不重视技术成果转化

由于体制原因，长期来科技成果的“价值”都是单纯以专家评定、上级部门审批、所获奖励级别和数量来确定。这种评价体系根据科研发展制定了相应的研究规划，并在国家相关部门进行了立项，在研究开始之前就没有考虑市场和企业的需求，所以提供的是实验型、技术型的成果，成果不具有市场领先性，或不具备工业化生产可行性，或作为技术商品缺少必要的服务支持等等。市场价值的缺失造成科技成果的有效供给不足。同时，现行的评价体系只重视学术成果和论文的发表，使得科研人员没有动力促进成果转化。科研院所、科研机构关注价值评估和激励体系，根本没有关注企业和商品化，这从根上与市场发生偏差。

2）科学研究与企业需求脱节

高校和科研机构的研究偏重于理论性，对市场需求关注不足。大多是由科研院所和高校收集自己的科研成果和技术信息，进行编辑整理，再到市场上去卖，至于销售结果如何，是不是符合市场需求，往往不是他们最关注的。我国科研机构和高等院校进行的研发活动是在实验室中完成的，大多数的研究成果只涉及核心技术。而相关的辅助技术包含较少的科学性但涉及更多的实践因素，通常这类研究被看成具有较少的科学研究价值，因此很少有人愿意从事这种低水平的研究活动。而我国企业特别是中小企业对这些辅助技术的开发能力有限，往往由于缺少配套的辅助技术而无法实现技术成果的转化。

（二）技术需求层面

国内技术市场的主要买方有企业、科研机构、各级管理部门、技术贸易机构、个体经营者等。中国企业技术需求存在的主要问题是严重依赖对外技术。我国绝大多数企业自身技术力量薄弱，与科研方技术落差过大，因此对外部技术依赖程度非常高。表现为：一是技术完全依赖本国研发机构；二是靠引进技术。

1. 技术完全依赖本国研发机构

由于我国目前处于经济高速成长时期，众多的市场机遇和政府人为创造的低要素成本发展环境，使得企业依靠粗放式发展之路也能赢得收益，因此，大多数企业只追求短期的利润最大化，而真正靠高技术投入提升核心竞争力、实施长期发展战略的企业极少。急功近利的结果是企业宁愿花大的价格全盘买进科研机构的科技成果，要求科研方直接送到生产线上，并负责全部的技术支持和人员培训工作。这种绝对要求“交钥匙”的方式，使转化成本大大增加，将风险不合理地过多转移给科研方。

2. 盲目引进技术

企业单纯为了引进而引进，自身R&D队伍和能力没有得到发展，技术水平仍简单停留在引进水平，没有形成增值创新。世界发达国家消化吸收与引进的经费投入一般为3∶1，韩国消化吸收与引进的费用比例更是达到5∶1，而我国历年比重最高的2006年，也只有0.256。据中国科学院统计，中国数字设备进口依赖程度是：光纤设备100%，高端医疗设备95%，集成电路设备95%，石化设备85%，纺织设备80%。

尽管国内许多科技成果已经处于世界领先地位，或是虽然存在技术差距但更适合现实生产力发展水平和市场需求，但这类有转化价值的科技成果却被许多企业一般以“技术水平落后”为由加以否定，仍然不停地引进外国技术。例如，我国以煤为主的能源结构，决定了我国必须立足国情、大力发展洁净煤技术。其中，最为关键和重要的是将煤炭洁净、高效地转化为合成气($CO+H_2$)，即煤的气化技术。我国已经拥有具有完全自主知识产权的煤气化技术，并成功完成了产业化示范，但各地依然不断重复引进国外并不成熟的煤气化技术，使我国成为国外气化技术的“试验场”。目前，世界上只有我国使用如此众多种类的煤气化技术，许多盲目和不成熟的引进令我国付出了惨重代价。例如投资数亿元建于上海的世界上唯一工业化的U-gas引进气化装置，早已于2003年退出历史舞台。上海华谊集团焦化有限公司的巨额投资，如今已是一堆废铁。

（三）技术中介层面

目前，全国各地出现多种类型的技术中介机构，主要有企业孵化器、常设技术交易市场、技术贸易机构、生产力促进中心等类型。我国技术中介仍然存在一些问题，具体表现为以下几方面。

1. 技术中介专业人才匮乏

我国从事技术转移工作的专业人才十分匮乏，已成为影响我们技术市场高速发展的瓶颈。在技术市场中，技术经纪人以促进成果转化为目的，促成他人技术交易。虽然技术经纪人行当已有近10年的历史，但专业人才仍十分匮乏，取得国家科技部颁发的“技术经纪人”资格证书的人，还不到全部从业人员的10%。在目前的科技中介服务中，真正从事科技评估、法律咨询、审计、仲裁、风险投资等业务的机构太少；缺少既懂技术，又懂法律，且善经营的复合型人才。我国技术经纪人的队伍也比较年轻，总体上还存在以下困难：

(1) 科技人员和机关干部出身的较多。他们对于科研或教学工作比较熟悉，有较高的科学文化水平和一定的专业知识，但是金融、法律、财经、企业管理、商品流通等专业知识较少。

(2) 兼职的多，专职的少，真正以技术经纪为主业的更少。

(3) 从事初级、单一的中介业务较多，参与系统深入的业务较少。目前技术市场上的技术经纪活动，以简单中介为多。技术经纪人活动的空间比较狭窄，真正从头至尾参与技术转移全程的不多，有的技术经纪人长期从事单一业务。

(4) 业务渠道和经济来源不畅通，其地位作用并没有获得普遍承认，因而技术经纪人的报酬比较低廉，没有和他们付出的劳动以及创造的社会价值直接挂钩。与其他行业的经纪人横向比较，技术经纪人的生意比较清淡，业务收入比较微薄。

总之，技术市场主体之一的中介方——技术经纪人的严重缺位，使技术商品的流向缺乏调控和引导力，形成了科技成果供、需方转化信息不畅通的“瓶颈”问题。

2. 技术中介机构市场意识不强

由于我国特殊的历史原因,我国大多数技术中介组织由政府部门出面组建。这些中介组织机构挂靠在主管部门之下,成为政府部门的附属物,市场地位不明确。据科技咨询业协会对 126 家技术中介组织的调查,国有中介组织占 2/3,其中隶属政府主管部门的占 39%。由于隶属关系的存在,政府"兼做中介、控制中介、代替中介"的现象比较普遍。技术中介的很多业务不是在市场中获得,而是通过行政手段获得,机构的管理体制也是沿用了事业单位的模式,缺乏市场意识。

3. 行业规范有待提高

一些政府部门利用手中的权力,随意规定进入某一类服务市场的特许权和资格标准,致使中介资格设立过多过乱。即使在同一种中介服务业当中,资格也是多种多样,有的考试,有的考核,有的直接进入且有许多相互交叉、相互排斥,出现执业资格审查的"空位",执业秩序极为混乱。此外技术中介机构运行机制不完善,服务质量不高。主要表现在:内部激励机制不健全;信息反馈机制不灵活;与创新主体的互动机制没有形成;内部管理与决策机制不科学;利益机制不合理;缺乏介入、退出的科学机制和合理模式等。因此,亟待制定和实施行业行为规范、服务标准、执业操守、违规惩戒和对业内机构行为进行监督,提高行业信誉。

4. 地区、行业内部发展不平衡

我国技术中介机构的发展态势呈现从东到西的梯度下降特征,经济发展水平、市场化程度较高的城市和地区,其技术中介机构的发展程度远远高于经济较落后、市场化程度较低的地区。北京、上海、深圳等发达地区的技术中介机构在数量和质量上都形成了较大的规模和较高的水平,而中西部欠发达地区由于受观念、人才和经济发展水平的制约,技术中介组织发展相对滞后。2008 年全国生产力促进中心总数为 1 532 家,其中行业中心 241 家。从省份分布看,超过 100 家的有 4 个省,其中最多的是四川省,共 144 家中心;其次是黑龙江省(111 家)、浙江省(106 家)、山西省(103 家)。6 个省份的中心数低于 10 家,分别是宁夏(9 家)、上海(7 家)、云南(3 家)、西藏(3 家)、青海(3 家)和海南(1 家)。

生产力促进中心开展的服务主要分为咨询服务、信息服务、技术服务、培训服务、人才和技术中介、培育科技型企业等六大类。2008 年全国生产力促进中心服务收入主要来源于技术服务、咨询服务和培育科技型企业,这三项收入总和占到收入总额的近 80%。技术服务是生产力促进中心最主要的收入来源,近 3 年占收入总额的比重均在 30%左右。

(四) 政府层面

我国自 20 世纪 80 年代开始,经过 20 多年的艰难历程,已经初步建立起相对完整的技术转移体系。但是,这个体系已经不适应市场经济的运行,存在着诸多缺陷和不完善的地方,主要表现为:资源分散,各自为政,无法形成合力;服务功能单一,效益不高;政府主导作用不突出等。因此,国家在全面推进科技发展的知识产权、技术标准、人才三大战略的基础上,应该审时度势,制定和实施国家技术转移战略,进一步促进技术创新,全面提高国家经济竞争力。政府建立四个层面的技术转移机构:在国家层面,要建立国家技术转移中心,对国家技术转移体系的建设和发展进行全面协调和指导;在区域层面,要建立区域技术转移联盟;在专业层面,要建立一大批各行业、各专业的技术转移联盟;在自发层面上,要吸引一大批完全按照市场经济规律运作的技术中介机构,将它们作为国家层面和区域层面技术转移体系的有益补充。

第二节 产学研合作创新

随着围绕市场、技术、资源、能源的竞争日趋激烈,企业界与高等院校、科研院所为了共同的目标和利益,合作交流日益紧密,产学研合作创新能力已经成为一个国家和地区崛起的核心竞争力。加快建立以企业为主体、市场为导向、产学研相结合的技术创新体系,大力推进产学研合作创新,是健全国家创新体系的关键环节,从整体上提高自主创新能力的重要步骤。

一、产学研合作的内涵

产学研合作是企业、高校研究所和政府等三类技术创新主体,按照利益共享、风险共担、优势互补、共同发展的原则,共同开展技术创新,逐步实现科研、产品、市场和科研的良性循环的一种形式。

产学研合作的基本条件,或者说必要性是合作各方都有合作愿望和合作需求。而各方又都有为实现合作所具备的独特优势,即掌握着为达到合作目的所应具备的不同的稀缺资源。产学研合作之所以能进行下去,是合作各方互相需要、互相依赖、优势互补的结果。这种合作之间也存在着"竞争"——合作竞争,即合作各方为降低交易成本,必然选择条件最优或与之相适应的合作者参与,而排除其他。这种合作的过程满足熊彼特定义的"执行新的组合",即"创新"的解释,同时也说明产学研合作各方能够提供这种"组合"所需要的稀缺性资源。只有具备这些条件才有实现产学研合作的可能。产学研合作的实践更说明了以上创新过程。因此,产学研合作是实施技术创新活动的一种有效形式。

二、产学研合作的理论基础

(一)国家创新理论

创新思想的产生由来已久,但对国家创新理论的研究还是一个比较新的课题,基本是在国家技术创新系统理论成果的基础上，通过对技术创新过程的整体性思考，并运用系统的理论与方法发展而来。

美籍奥地利经济学家熊彼得(J. A. Schumpeter)在他1934年发表的《经济发展理论》一书中首次提出了“创新”的概念，按照熊彼特的观点，所谓“创新”，就是“建立一种新的生产函数或供应函数，是在生产体系中引进一种生产要素和生产条件的新组合”。“创新”是一个经济范畴而非技术范畴的概念，它不仅仅是指科学技术上的发明创造，更重要的是指把已发明的科学技术引入到企业中，形成一种新的生产能力，其目的是获得一种潜在的利润，从而推动社会和经济的不断发展。熊彼得的创新理论基础上衍生了两个分支，技术创新经济学派和新制度学派。此后的西方学者如曼斯菲尔德、费里曼、斯通曼等技术创新经济学派代表在熊彼特的技术创新理论基础上继续发展。

英国的弗里曼教授于1987年在他的《技术和经济运行：来自日本的经验》一书中首次提出了“国家创新体系”(National System of Innovation)这一概念，他对日本技术立国的政策和经验进行了深入研究之后得出结论，认为创新是一种国家行为，这种国家行为对提高国家的经济竞争力和科技实力起着巨大的推动作用，由中央政府引导的自上而下的创新体系对新技术的产生、引进、改造和扩散起着至关重要的作用。而同期的美国学者纳尔逊也在其著作《作为演化过程的技术变革》中也提出了国家创新系统的概念，即“其相互作用决定着一国企业的创新实绩的一整套制度”，并通过对美国国家创新系统的分析，指出美国国家创新系统主要是由市场制度、专利制度、研究与开发制度、大学和政府支持产业技术进步的计划和政策等制度安排构成的。

1997年，世界经济合作与发展组织(OECD)推出了关于国家创新体系的专题报告，在这本题为《国家创新体系》的报告中，OECD认为创新是不同的社会主体就生产、传播和应用不同类型的知识的相互作用的复杂过程，这些复杂过程决定着一个国家的创新能力。为此该报告指出，国家创新体系的实质是为了实现某种目的，政府、企业、大学、中介机构等社会组织围绕启发、引进、改造和传播新技术而形成的一种相互作用的网络机制。国家创新理论重视政府、高校、企业、中介机构等在创新体系中的作用，认为创新实际上是这些正式组织相互作用的结果，这些社会组织在新技术从创造到扩散、市场化等各个阶段起着不可替代的作用，任何一方的缺失都会影响到整个过程。按照这一理论，产学研合作作为国家创新活动的一部分，不仅仅是高校和企业两者之间的交流互动，在他们的合作当中政府的政策以及相应的中介体系也应该得到建设和发展，才能确保产学研合作的顺利进行和合作预期效果的实现。

(二) 三重螺旋模型理论

自创新理论出现以来，西方学者更多的是从经济学角度来研究创新，而1995年由埃茨科维兹(Etzkowitz)和雷德斯多夫(Leydesdorff)提出的大学—产业—政府“三重螺旋模型”(Triple Helix Model)却辅以社会学的视角来研究创新活动的实现问题，大学(研究机构)、企业、政府三方通过结构性的组织安排、制度性的组织设计等机制，以加强三者资源的共享和信息的沟通，从而提高资源运用的效率与效能。

三重螺旋模型理论最初运用在生物学领域，是用于建立基因、组织和环境之间的相互作用的关系的一个模型。该理论认为基因、生物体和环境三者之间存在着一种辩证的作用关系，生物体的发育过程不单受到自身基因的控制还受到生物体所处的环境以及分子之间随机反应的影响，同时这三种因素实际上是相互影响互为因果的，其中任何一种因素的变化都是受到其他两种因素的影响，就像三条螺旋一样缠绕在一起。

1996 年 1 月，以“大学—产业—政府关系”为主题的第一次三重螺旋国际会议在荷兰阿姆斯特丹成功召开，以后每两年一次的三螺旋国际会议的召开，会议的主题不断深化，三螺旋理论与实践研究越来越受到重视，三重螺旋模型理论也由此正式成为创新理论集群中的一个分支。三重螺旋模型理论认为，在以创新为主要竞争力的知识经济体系当中，政府、企业和大学作为创新制度环境的三要素，通过市场需求的连接将会形成交叉影响的三螺旋关系。在社会科学领域三螺旋关系的实质其实是，在以创新为主要特征的知识经济时代，政府、企业和大学构成了创新产生所需要的基本要素，他们通过市场需求结合在一起，就如同生物学中的基因、组织和环境三要素一样形成了相互缠绕交叉影响的三螺旋关系。其核心思想是某一个地区以大学、科研院所为代表的公共研究机构作为区域内主要的智力资源的源泉，将被整合到产业链中。他们的主要作用是承担基础的研究以及协助企业完成理论研究到市场应用的对接，而企业则会承担起技术推向市场的部分，从而带动整个区域的经济、科技发展。大学、研究机构被赋予了更高的社会经济价值，这将是知识经济社会的主要特点。

三螺旋理论为产学研合作促进区域经济发展提供了强有力的理论支撑，从另一种角度来思考如何提升产学研合作效果。它把大学、公共研究机构纳入了区域经济发展体系当中，强调了这些社会组织在提高地区创新能力，促进区域经济发展中的作用。产学研合作不仅仅是企业和大学之间的一种知识、物质等资源要素的交换，其中还涉及政府的作用，是政府宏观行为和企业、大学微观行为共同活动的结果，这三者任何一方的行为都会影响到产学研合作的效果。

(三) 协同理论

协同理论的创立人是著名物理学家哈肯，他在 1971 年提出协同的概念，于 1979 年对协同理论进行了系统的阐述。协同理论通对多个领域的分析研究，研究对象从微观层面逐步向宏观层面转移，通过统计学、动力学以及数学模型等研究方法，思考各种系统和现象如何从远离平衡的杂乱状态，通过与外界进行物质、能量交换以及依靠内部的协调作用，逐步过渡到时间、空间和功能上有序的共同的规律。协同理论认为,一个系统从无序向有序转化的关键在于组成该系统的各子系统在一定条件下,通过非线性的相互作用能否产生相干效应和协同作用,并通过这种作用产生出结构和功能上的有序。这种协同运动意味着系统的新的有序态的出现,在宏观上表现出系统的自组织现象。

系统自组织是指一个远离平衡的开放系统,在外界环境的变化与内部子系统及构成要素的非线性作用下,系统不断地层次化、结构化,自发地由无序状态走向有序状态或由有序状态走向更为有序状态。产学研联盟作为一种复杂的经济系统,具有开放性、非线性、突变和涨落等自组织特征,其发展演变符合自组织规律,存在着自组织现象。

首先,产学研合作联盟是个开放的系统工程,系统内各要素需要与系统外进行持续的交流与合作。系统中的企业主体需要从外界购买原材料、添置设备、获取商业信息等;系统中的科研机构、高等院校需要从外界获取已经开发的科研技术、科研设备以及人力资源。

其次,产学研联盟的子系统内部以及子系统之间存在竞争与协作,而合作与竞争本质上是非线性的。每个子系统都有自己的目标和功能,子系统的功能发挥得好,有助于体系总体目标的实现。保持各子系统之间的协调与一致其实在很大程度上是要保持与子系统有关联的政府各有关部门之间的协调与一致。

再次,产学研联盟系统中存在着调节物质循环和能量流动的负反馈与正反馈,系统内复杂的相互作用可能产生协同效应,形成良性循环,推动产学研联盟系统向有序化发展,也可能产生消极效应,互相牵制,形成恶性循环。此外,产学研联盟系统各子系统之间及其内部存在复杂的非线性相互作用,这种作用既有相互不断促进、放大正反馈的作用,也有维持稳定、抑制或制约偏离的负反馈作用。

最后,系统和环境之间的相互作用以及系统内部的相互作用可能引起系统某一变量的涨落,这种涨落在临界点经正反馈放大后,形成巨涨落,从而导致过程突变,使得系统涌现出新的结构,朝着新的方向演化。

三、我国产学研合作的模式划分

(一) 政府主导型

政府主导型模式是指政府根据地区经济和社会发展的需求,推出合作项目和规划,组织大规模产学研合作行动。该模式一般由政府搭台,财政出资,或经多渠道筹集、引进资金来提供初始经费,旨在解决科技、经济发展中的重大问题或关键问题,合作项目一般属于高风险,高投入类的公益型或尖端型的科研项目。产学研合作的实质是通过合理利用和配置产学研三方的主体优势和资源,促进技术创新所需的各种生产要素的有效结合。虽然合作是企业、高校、研究机构三方优势互补的自主行为，但是在实际合作过程中，由于三方在价值取向和社会职责上存在差异甚至冲突。因此，作为经济建设和社会管理最主要的责任主体——政府，对提倡、推动、组织、协调、激励和引导产学研合作正常、深入、有效地开展具有重要的职能和不可替代的作用。日本的产学研合作实践往往以“官产学研”的形式出现，突出了政府的作用。日本政府始终高度重视制度与机构建设，相继确立了产、学、官三位一体的科研体制和国立学校与民间企业的共同研究制度，积极鼓励产业技术综合研究所和中小企业进行产学研合作，推动产业创新。根据政府介入的程度，产学研合作模式一般分为政府指令型和政府推动型两种。

1. 政府指令型模式

政府指令型模式是指政府以指令性计划直接安排产学研合作项目，并对产学研合作实行统一、全程、彻底的管理（见图 8－2）。它强调以国家利益为目标，政府通过强制的方式和手段决定合作产生的收益分配方式、绩效评定的法则并承担风险，企业、大学和科研机构没有生产、科研及伙伴选择的自主权。在政府指令模式中，政府以当前的技术需求为背景，制定科技发展规划、计划和研发项目，然后再考虑所属企业、高校和科研院所的特点、专长和当前科研情况，用命令的方式，把研发项目和指标下达给所属的企业、高校和科研院所，并促使他们三方合作，而产学研三方必须服从政府的安排，这种服从并不出于自愿的需求，而是迫于行政的隶属和指令的权威性。我国计划经济体制下的产学研合作就属于这种类型，这种模式确实促进了经济（主要是工业经济）和社会的进步，培养了大批社会主义的建设人才，更重要的是，现在并存的多种合作模式都是在这个基础上产生和发展起来的。政府指令型模式的优点是风险完全由政府承担，缺点是企业（主要是国有企业）、高校

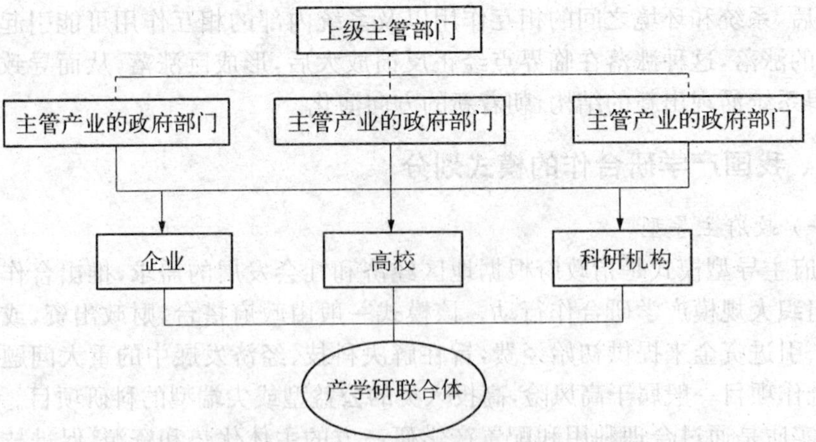

图 8－2　产学研合作的政府指令型模式

和科研院所只是任务的执行主体，没有生产和科研的自主权，对合作伙伴的选择也不自由，各主体之间相互作用的程度比较微弱。

2. 政府推动型模式

政府推动型模式是政府利用政策、土地、资金和信息优势，为了区域经济的发展和整体创新能力的提高，为企业高校和科研院所营造一个合作舞台的模式（见图 8－3）。在该模式中，各方主体的自主性和积极性开始显现，政府在其中主要承担把握方向、建设平台和营造环境的作用。政府不再以直接的命令方式安排产学研合作项目，开始以制订计划、提供优惠政策、设立专项基金等间接方式来调控产学研合作发展。政府对产学研的控制仍然占主导地位，通过制定和执行宏观政策控制产学研合作的发展方向，引导市场的产学研合作来实现控制的目标。在具体介入的手段上，政府已经越来越少行政色彩，而更多宏观、间接的控制和经济、法律手段的运用。

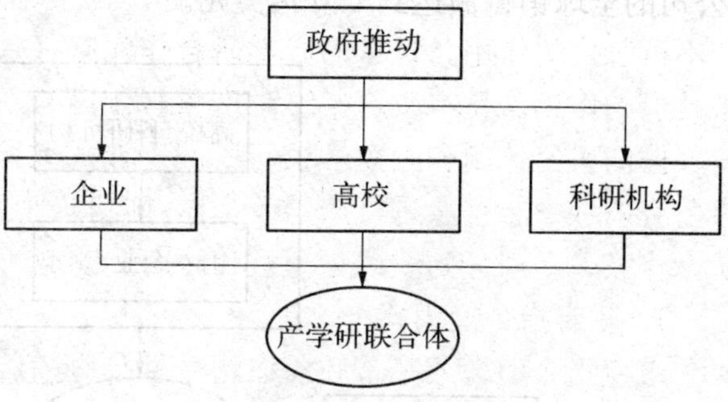

图 8－3 产学研合作的政府推动型模式

在政府推动型的合作模式下，一方面政府不再过多的干预微观主体具体的产学研合作事宜，将更多的精力放在了合作环境的维护上，符合“服务型政府”的职能定位，另外一方面政府部门从宏观的角度把握，以项目招标的方式确保了对科技发展方向必要的引导。既体现了政府宏观调控的职能，又弥补了企业、大学作为微观经济主体只关注自身利益忽视社会长远发展的弊端，比较符合我国当前的实际。例如，我国现在的“自然科学基金”、“星火计划”、“丰收计划”等就是这种类型的产学研合作。

（二）高校、科研机构主导型

高校、科研机构主导型也可以分为两类模式，即高校主导的人才培养型产学研合作和高校、科研机构主导的科学研究型产学研合作（见图 8－4）。前者指高等院校利用企业社会资源，以提高学生职业操作能力、实践动手能力以及毕业生就业率为目标，将教学与生产紧密结合，实现人才培养目标的合作模式。科学研究型合作模式是指高校和科研机构利用自身的科研优势，以获取科研资源和促进科研成果转化为目的，主动与产业界合作的模式。高校和科研院所具有雄厚的研发资源和丰富的科研成果，是科技成果的重要提供者。他们与企业合作，一方面，解决了资金方面的不足；另一方面，充分展示了自已的社会价值和经济价值。大学为了服务社会实现学校知识资源社会价值的最大化，筹措学校发展的资金，利用大学的优势，有选择的与企业在一些领域进行合作，进行技术、人才等资源方面的交流。这是随着社会发展，大学功能由最初的教学、科研功能发展为教学、科研和社会职能而来的。例如美国马萨诸塞州共有1 000家企业与麻省理工学院有合作联系，这些公司的全球销售额达到530亿美元。

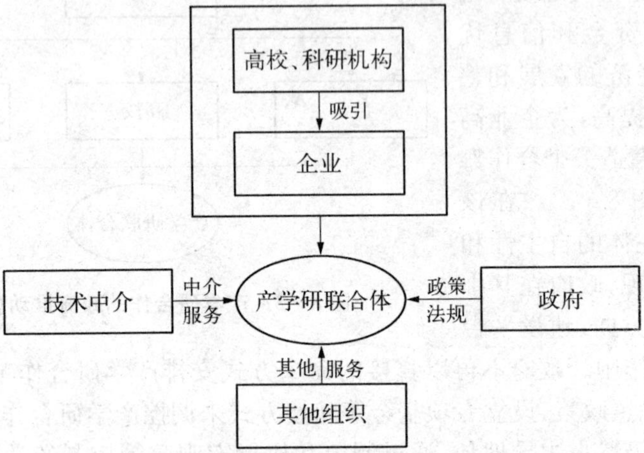

图8-4 产学研合作的高校、科研机构主导型模式

（三）企业主导型

以企业为主导的产学研合作模式的建立主要基于三个因素：一是企业对利润的不懈追求，对创新特别是技术创新的迫切期望。明确和强化企业在产学研结合中的主体地位，有利于在产学研结合中引入市场机制，实现研发工作的市场导向，从而在制度上保证持续技术创新的实现；二是由于企业最接近市场，掌握第一手的市场信息，能够较为准确地把握市场现在和未来的技术需求，从而有利于在产学研结合中正确把握研发方向，迅速把高校、科研院所和企业的科技资源整合起来，提供有市场前景的产品和服务，提高产学研结合的成功率和效益；三是如果企业以自身的项目和技术需求来引导产学研合作，必然在资金上给予充分地保障，并且企业可以通过让高新科技成果入股的途径创建产学研联合的资本纽带，为产学研提供物质保障，从而保证产学研顺利进行。企业主导型模式（见图8-5）中，企业除了提高自身的研发能力外，还吸引高校核科研院所参与自身的产品开发和市场开拓，创造利润。企业在合作对象的选择、紧密程度以及利益分配方面占主动，承担最多的风险；高校和科研院所作为积极参与的角色加入企业的研究开发；政府则主要提供政策支持，负责知识产权保护方面的政策和法律环境建设。与此同时，社会中介机构开始积极发挥作用，提供中介服务。这是我国产学研合作中科技成果转化的主要方式，企业承担了科技成果转化的主要工作，大学只是配合企业的经营活动，提供必要的研究支持以及人力支持。

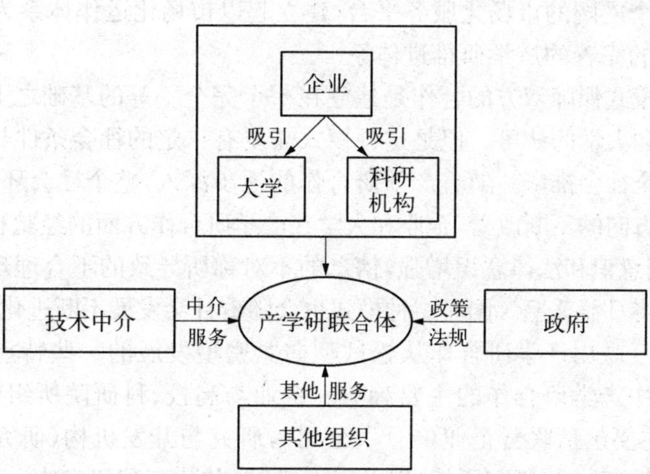

图 8-5　产学研合作的企业主导型模式

（四）和谐共建模式

和谐共建模式是产学研合作最高级、最紧密的形式，也是最有成效、最为成熟和最终希望建立的合作方式。产学研合作各方优势互补，利益共赢，并与外部政府之间相互协调、互动，共同健康发展（见图 8-6）。在这种模式中，合作各方本着长期的联系与信任参与合作开发，以契约作为合作的基础，建立共同的发展目标，实施共同经营管理。各方合作地位平等，没有哪方绝对占主导，而且各方主体要有明确的权、责、利的分配关系。在投入上，企业以资金、场地、设备、营销等入股，而高校、科研院所用科技成果、实验室及其设备、技术或部分资金入股，体现风险共担；在权益上，若由合作各方共同研究开发的成果，则由合作各方共有，若是由高校、科研院所研究开发的成果，权益则由高校或是科研院所享有；在利益分配上，一般在保证还贷和贮备企业发展基金的前提下按合作各方投入比例分配。政府则为产学

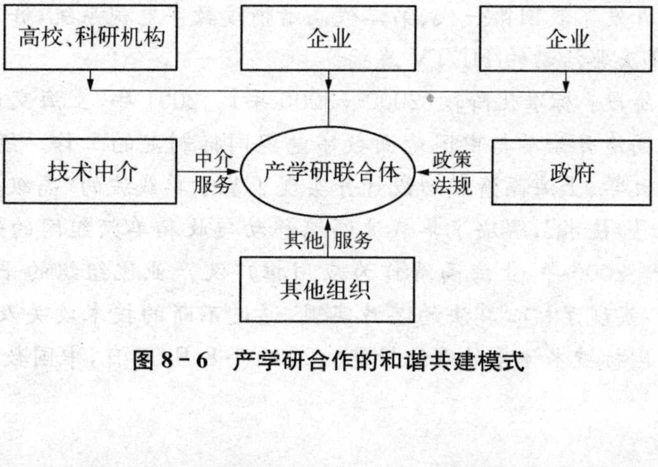

图 8-6　产学研合作的和谐共建模式

研各方搭建一个广阔的市场化服务平台，建立起以市场化运作体系为主，同时积极协调各方利益的完善的产学研推进体系。

由于这种模式保障双方的合作是建立在一个完全平等的基础之上，将会受到越来越多的企业和大学的认可。但是这种模式需要有一定的社会条件与之相配合，短时间内无法在全社会推广。随着产学研合作的逐步深入，整个社会环境向着有利于产学研合作的方向的不断改善，企业和大学在产学研合作方面的经验积累逐步增多，逐步成熟，合同意识和法律意识增强，信息的不对称所导致的不合理现象将减少，这种合作模式也将日益普遍。同时这种模式也会随着社会发展不断进化、完善。

这种模式反映出产学研合作从松散型向紧密型发展的一些特点，以及在适应市场经济过程中产学研合作的主要趋势。企业与高校、科研院所组建的不同形式的联合实体，主要包括联营企业（工厂、公司），研究与开发机构（研究开发中心、中试基地、开放性实验室、研究所等）以及联办学院、共建工程研究中心等。

【资料】

上海交大、上海高清数字电视产学研合作

从1993年上海交通大学开始启动数字电视原创技术研发到2008年中央电视台正式采用国标交大技术开播高清晰度数字电视综合频道，上海交大、上海高清作为中国数字电视领域的骨干队伍全程参与了中国数字电视的研究开发和产业化工作，并走出一条产学研成功结合的道路。纵观过去15年的数字电视起步及发展历程，上海交大、上海高清的数字电视产业发展主要经历了三个阶段：

第一阶段：总体攻关阶段（1994—2000年）。上海交通大学在“八五”期间开始了数字电视的基础研究，是国家数字电视研究开发及产业化专项的骨干力量和研发基地，是国内最早从事数字电视核心技术研究开发的队伍之一，曾参与研制开发了我国第一代、第二代高清晰度数字电视系统，并成功地实施建国50周年庆典活动的HDTV直播。

第二阶段：标准化阶段（2000—2006年）。2001年，上海交通大学及其所属的上海高清开始参与中国地面数字电视国标制定的工作。经过刻苦攻关，上海交通大学、上海高清成功设计并实现了基于单载波的“高级数字地面广播（ADTB－T）技术”，解决了单载波高速移动接收和单频组网的世界性技术难题。2004—2006年，上海高清作为应用推广及产业化组织的平台，围绕国家标准研制，实现了核心算法的芯片实现，通过不断的技术攻关及业务试验，不断改善了国标技术体系的系统性能。2006年8月30日，中国数字电视地面传

输标准 GB20600—2006(以下简称国标)颁布,ADTB-T技术成为国标重要基础、为国标方案的最终确立提供坚实的技术保障。标准在多项核心技术方面达到并超越了欧、日、美同类国际先进技术的水平。

第三阶段:产业化阶段(2007年至今)。国标颁布并强制性实施之后,上海高清等企业先后推出了多款高性能的符合国家标准的核心解调芯片,并推动国内外上百家整机、机顶盒、发射机及测试设备厂家推出了各类国标设备,率先打通了我国自主知识产权的高清晰度地面数字电视产业链。2008年1月1日,中央电视台正式采用国标单载波技术开通了央视高清综合频道,2008年7月31日之前,包括北京、天津、上海、沈阳、青岛、秦皇岛和广州、深圳共8个城市实现了央视高清综合频道的无线落地。2008年8月,举世瞩目的奥运盛会在北京召开,2008年8月8日至8月24日,9月6日至9月17日,圆满完成第29届北京奥运会和第13届北京残奥会高清转播的工作。

十年磨一剑,从1999年的国庆50周年首次采用自主系统进行地面试验转播,到2008年在奥运会上全面采用国标技术转播,我国广播电视产业迈出了一大步。这次央视奥运高清的转播是我国广播电视及消费电子产业史上的又一个里程碑式的足迹,这标志着我国正式进入了广播电视的全面数字化阶段,对于拉动我国高清晰度数字平板显示电视产业、促进我国自主知识产权的国家标准的实施及产业化均具有重要的战略意义。

资料来源——中国教育部网站

思考题

1. 技术市场有哪几个部分组成?
2. 解释企业是科技创新的主体。
3. 产学研合作创新的模式有几种?
4. 试述我国技术市场的发展历程。
5. 我国技术市场交易的特点是什么?

案例分析

案例1

让“中国制造”成为“中国创造”

也许,看到这样的数据,我们会感到自豪:世界上每生产4台电脑,就有1台出自中国的江苏！但再看看这样的数据，我们又会感到迷惑：我们生产1台电脑竟只能赚10个苹果的钱。原因是利润的大头被英特尔、微软等公司拿走了，我们赚的只是一个简单的加工费。近年来，大家都在谈论着“中国制造”的商品销往全球，中国已经成了“世界工厂”……但实际上，这样的“制造”赚取的利润很低。有一个形象的说法：我们出口8亿件衬衣才能换来一架空中客车A380！事实告诉我们：走自主创新之路，建设创新型国家，让“中国制造”尽快成为“中国创造”，是时代发展提出的迫切要求。

20年前，在中国买一台21英寸的彩电，要花4 000元人民币，相当于一个工薪人员四五年的收入；现如今，买一台同等产品，只需要不到一个月的收入。近30年来，中国家电制造业从无到有、从小到大、从弱到强；技术和产品的进步，从简单到多样、从粗放到精益、从传统到时尚；资本和市场的拓展，从区域到全国、从国外到国内、从中国到国际。目前全球超过1/3的家电产品都由中国制造，包括50%的彩电、手机，70%的空调以及几乎100%的微波炉。

家电产品在中国已经从奢侈品变成了耐用消费品、生活必需品，目前正朝着快速消费品的特征转变，家电产品的功能丰富、质量提高，而价格却在下降，中国消费者家电消费的幸福感越来越强。与此同时，中国家电制造业面向全球市场，降低了世界各地消费者的经济支出，提高了生活质量，“中国制造”造福了全球市场。

然而近年来，不少国外消费者对中国制造产生怀疑，一些西方媒体更推波助澜。中国国际贸易促进会副会长王锦珍说，中国制造业不仅有诸多本地品牌，亦有很多国外著名品牌，仅以家电产品为例，中国品牌完全是在与外国大品牌的竞争中脱颖而出的。王锦珍表示，中国很多出口商品的合格率都高于国际标准，同时有不少中国制造是根据外国公司的标准生产，如前不久美国玩具业巨头美泰就承认，产品出现质量问题的责任完全不在中方。王锦珍说，可以接受消费者对中国制造提出更高要求，但不能容忍一些别有用心的人借题发挥，打击中国制造，或者炮制新型的“中国威胁论”。王锦珍同时呼吁广大中国厂商，通过结构升级、加强环保等手段，进一步提高产品质量，实现从中国制造到中国创造的跨越。

日本韩国等国家制造业兴起的时候，其产品在西方世界也屡遭质疑，这是新兴经济国家普遍面临的问题，而中国制造业有能力更快更好地跨越这一阶段。家电品牌海尔蜚声国内外，海尔走过了一条从“中国制造”到“中国创造”再到“中国品牌”的发展之路。

2010年夏季天津达沃斯论坛上，温家宝总理对于“中国制造”和“中国创造”给出了新的注释，“我要重申，所有依照中国法律在中国注册的企业都是中国企业，它们制造的产品都是中国制造，它们研发的创新产品也都是中国创造。在中国境内注册的外资企业都享受国民待遇。同时，中国的政府采购，对外商投资企业和中资企业在中国生产的产品一视同仁、平等对待。未来的中国制造,一定是依托全球的技术标准、遵循全人类的价值理念,走中国创造之路”。

资料来源

1. 建设创新型国家:让“中国制造”成为“中国创造”,载自人民日报,2006年9月15日。

2. 从中国制造到中国创造——中国制造业寻求跨越,载自中国新闻网,2007年12月13日。

案例讨论

1. 我们给世界各国提供了如此多的产品,提升了进口国人民的生活质量,我们得到了什么?

2. 中国成为世界第三大出口国,为此我们付出了什么?

3. “中国制造”与“中国创造”仅有一字之差,但含义却截然不同,谈谈你的看法?

案例2

上海交大“微生物分子生态学与生态基因组学”实验室负责人赵立平教授,最近与一家跨国食品企业谈深入合作之事。这家企业拥有实力雄厚的风险投资基金,他们对实验室的“个体健康指标”研究很感兴趣,希望将此转化为一个商业概念。“跨国企业一旦认准了你,就会把你‘盯’得紧紧的。”赵立平说。交大这个实验室开展肠道菌群变化与疾病关系方面研究,建立起国际一流的分子分析技术平台。实验室一方面开展基础研究,一方面也希望与保健品、药品等企业进行产学研合作,因为该技术可用于精准分析产品效果、控制质量。然而,迄今为止,与实验室合作的都是跨国企业,没有一家国内企业。在寻找合作伙伴时,实验室遇到了“两张脸”,这到底是怎么回事呢?

笑脸:合作升级双方共赢

在实验室,记者与赵教授对坐而谈,言及“两张脸”,他不由感叹。“那次,我出席沪上一个生物技术研讨会并作报告。休会时,一家跨国食品企业在沪研发中心的专家找到了我,邀请我去他们的研发中心参观作报告。”去参观前,外企人士呈上一纸“保密协议”。双方承诺,在参观和交流中,如果一方向另一方透露了业务“秘密”,但最终双方未进行合作,那么另一方在两年内,不得将这一“秘密”据为己有,进行商业运作或传给他人。参观交流后,实验室与该企业又经过三四个月的探讨,合作内容、知识产权归属等问题一一明确,最后签约。

这家跨国企业在全球拥有几十个研发中心,研究实力雄厚,为何要花那么大力气,与交大实验室谈合作?企业的理由是,交大实验室的技术平台国际一流,且有独特性;食品特别是保健品,要进入一个国家和地区,如能与本地研发机构合作,将助推产品开发,使产品更适应当地消费者需求。

合作不断升级,双方获得共赢。起初,实验室帮助企业做产品质量检测和评价;之后,在企业资助下,实验室做了动物模型,分析肠道菌群与代谢营养的关系,技术的核心知识产权归实验室所有;再后来,企业加盟培养高层次人才,实验室博士生到企业研发总部学习,校企双导师带教……

目前,实验室在做人体代谢指标、菌群指标研究。该外企又一次敏锐地感觉到,这一研究成果出来后,将有助于形成个性化营养配方市场,于是有关人士再次飞到上海,与赵教授商谈。

冷脸:缺乏动力合作"泡汤"

赵教授告诉记者,这几年来,实验室也想与国内企业合作,但都没有成功。印象深的是两家:

一家是民营保健品企业,打听到实验室的研究内容,就请他去公司介绍情况。他讲了很多,还留下一叠材料。当时,企业有关人士显得很兴奋,许诺"我们准备投给你800万元研究经费,等我们企业上市后,投给你2 000万元。"然而,令人有些不解的是,随后却音信全无。赵教授找过他们几回,都说"还要考虑考虑"。最后,他们告之:"我们很忙,没时间接待你,以后不要来找我们了。"赵教授很纳闷。过了不久,听业内人士说,这家企业拿着赵教授提供的技术材料,已经自己组织人马在搞研究。"真有种上当受骗的感觉。"

还有一家是国内大型制药公司。初步交流时,企业对实验室的技术也表示有兴趣。后来,隔了一段时间,公司打电话到实验室:"合作可以,给你们5 000元,能不能把产品研究项目做下来?"当时,实验室正与一家跨国企业合作,同样的研究项目,对方在精细核算成本后,投入50万元。"投入5 000元,让人感觉真是啼笑皆非。"赵教授感到费解,为什么有的国内企业在研发方面这么不舍得投入?"我与有关企业界人士交流,人家这么告诉我:企业是宁愿把大把的钱投在广告上,没什么风险;如果花在研发机构上,万一达不到预期效果,就会遭人指责。"而且,还有的企业认为,既然现有产品可以打入市场,为何还要继续花钱研发?至于产品能占领国内市场多久,能否进军国际市场,还没想那么远。

"两张脸"的背后

与国内企业合作为啥"不顺"?

在中国工程院院士周勤之看来,其中一个很重要的问题是观念。"我们国内许多企业的体制是转变了。但大锅饭吃惯了,潜意识总是在影响着人,凑合、差不多就行了的思维,非常要命。"

"从车间走出来"的院士周勤之,从1950年起就在上海机床厂工作,2004年又到东华大学担任教授。从企业到大学，他对国内目前产学研联合的现状有些担忧："对我们搞技术科学的人来说，有了成果但没有转化，那就是零。而目前的状况是，每100个科技成果中，能成功转化10个就不错了，这样巨大的浪费让我痛心。"

上海科技发展中心曾就上海产学研合作的瓶颈问题进行调研。结果显示，最主要的瓶颈是，企业作为科技创新和产学研合作主体地位还不突出。不少企业对通过技术进步和创新来提升企业核心竞争力缺乏危机感和紧迫感。

经费不到位是产学研合作的又一大障碍。有些企业研究开发经费占销售额的比例不到1%。而在发达国家，企业研究经费在全社会科研经费中，所占比例高达60%～70%，跨国公司的研发费占年度总销售额的比例大多在5%以上。

产业竞争性情报体系尚未建立。不少企业拿不出与国际同行业相对应的"对表"指标，只能笼统说本行业或本企业与国际先进水平有很大差距，讲不出具体差距在哪里，如何赶超。产学研合作没有明确的主攻方向。

周勤之说："我们国家已经成为生产技术大国，但还不是强国。如今，我们国家的技术人员数量已经是世界第一，但效率不知道要向后推多少位。我们说要建立创新型国家，可许多最核心技术却在国外，自己的创新也不能转化，打不通产学研瓶颈，何谈迎头赶上？"

正因如此，国家部署实施《国家中长期科学和技术发展规划纲要(2006—2020年)》中，第一部分就强调要建立以企业为核心、市场为导向、产学研结合的创新体系。然而，"'产学研'的概念并不是第一天提出，但真正做到却很难。"上海于20世纪80年代就对产学研合作进行探索，其雏形是"星期日工程师"。到20世纪90年代，产学研联合就成为政府长期推动的工作。十几年的发展，尽管合作模式不断升级，从以往的技术转让、联合攻关，发展为共建研发机构、共建人才培养基地、共建技术研发基金等，但还是存在一些不尽如人意之处。

赵教授遇到的就是其中之一。周勤之也有过相似的经历：一次和一家企业合作，最后竟成了"无偿援助"，"套"走了技术，下文也就没有了。

问题也不只出在企业身上。周勤之说：一个研究者发明了可与国际最先进水平媲美的打印机墨水，几家企业都想和他合作，可他一开口就是几百万元，一个子儿都不能少。结果到现在快十年了还没有实现，可惜啊。"我们的一些研究者有些过于理想化。其实，从创新成果到最终形成产品，中间至少还有三四个环节，投入的经费甚至比研发高十倍，还很有可能失败。而有些研究者对此根本没想过。这也就是为什么提出产学研结合10多年，而像王选这样成功的例子还不多的原因。"

何日"新花一万枝"

业生于创新，而衰于循旧。

尤其是当我们走上"华山险路"之时，创新更加迫切。"我们的企业应该明白，核心技术最终只能靠企业和大学、研究机构的共同努力,才能获得。"周勤之说。

产学研联合,如何实现?在市科协召开的自主创新专家座谈会上,中国工程院院士、市能源研究会理事长翁史烈说:"需有特殊的政策来支撑它,要有强有力的政策加以引导。"

今年5月,市委市政府精心酝酿的上海中长期科技发展规划36条配套政策开始实施。作为上海建立"创新型城市"的主战略,加大对产学研联合、消化吸收和集群创新的支撑,新政一撩面纱,即好评如潮。

周勤之说:"拓展研发公共服务平台功能,提倡技术中介商、科技中介人的概念,这些都非常有必要,它能更好地为企业与研究机构牵线搭桥。虽然现在很多人不习惯,但这是大势所趋。"

翁史烈说:"产学研的重要不言而喻,但没有人专门作过深入细致的研究。如果能由国家科委、企业代表等组成一个小组,对全国的产学研现状作一次全面调查,搞一个完整的评价出来,这对全国的产学研合作都大有好处。"

其次,要有严格的监督和检查,看效果到底怎么样。此外,产学研结合要有项目,要结合重大的工程,要有资金的支撑,还要有三方共同的目标,所有这些因素缺一不可,否则即使搭起一个合作平台也是空的。

自主创新专家座谈会上,中科院院士沈文庆说:应该形成这样一种制度:企业及时把难题向大学和研究机构提出;大学、研究机构也要改变观念,深入到企业,为企业技术创新提供知识支撑。坚持若干年,到2020年的时候,我们就会进入一个新的台阶,我国的国际竞争力就会有更大的提升。

资料来源 产学研合作为何遭遇"两张脸"?——一家高校实验室的困惑,解放日报,2006年6月26日。

案例讨论

1. 就此案例,谈谈交大实验室、生产企业和国家产业发展是如何实现三赢的?

2. 为什么企业会对交大实验室的项目"冷脸"?除了案例介绍的资料外,还可能会有哪些原因?

3. 上海市政府在促进产学研合作中扮演了什么角色?

第九章　国际技术贸易政策和管理

国际技术贸易政策是一定时期内一个国家或地区为了实现特定的经济增长、国际贸易和科技发展等目标而制定并实施的一系列方针、措施和原则的总和。政府的政策在技术创新和技术贸易中起着非常关键的作用。由于发达国家在技术上拥有绝对优势，而发展中国家主要是技术贸易的受让方，因而技术贸易政策的侧重点有所不同。发展中国家主要是着眼于引导和鼓励先进技术的引进及其消化、吸收和创新，发达国家则侧重于技术的更新、开发和传播以及控制核心技术的出口。同时，很多发达国家的技术拥有者滥用知识产权的垄断地位，将大量不合法的限制性条款强加于受让方，给受让方带来沉重的负担，严重阻碍了国际技术贸易的发展。

第一节　国际技术贸易政策

国际技术贸易政策是指一国政府或有关部门对国际间的技术转移活动所作出的宏观的原则性规定。它反映出一国在一定时期内对国际技术贸易的鼓励、限制和禁止的政策内容，并对此制定一系列技术进出口法令、条例和规定等。

一、鼓励技术贸易政策

（一）发展中国家的鼓励技术贸易政策

发展中国家与发达国家之间存在着巨大的技术差距，中等收入发展中国家所采纳的技术总量仅占到发达国家的一半，而低收入发展中国家则只有发达国家的1/4。发展中国家要想追赶和跨越差距必须借助引进国外先进的技术、经验，为此他们采取一系列的政策措施，鼓励技术贸易的发展。

一是通过与国外大型企业合资、合作，使用国外的先进技术和有效的管理经验，在人力资源本土化，生产本土化，技术本土化的过程中，促进技术和管理转移的步伐。

二是对技术先进、本国急需项目引进给予政策优惠。

三是从政策扶持、加强国际合作、完善管理和服务等三方面提出政策措施，以支持企业积极出口成熟的产业化技术。

四是改善和创造良好的投资环境，包括硬环境和软环境。

五是建立健全各种知识产权制度，引导和鼓励技术贸易与本国经济、社会、环境协调发展。

实践证明，一些发展中国家在开展国际技术贸易中，制定了一些合理的政策，成功地引进了发达国家的先进设备、科学技术、管理方式，合理有效地利用了外资，带动了本国经济的腾飞。

改革开放后，我国技术引进发展迅速。1979 年以来，我国共对外签订技术引进合同近 8 万项，合同总金额 2 000 多亿美元。其中，“十五”期间，签订技术引进合同 3.5 万项，合同金额近 730 亿美元，占改革开放以来引进技术总额的 36%。技术引进为提高产业技术水平，增强企业创新能力，促进经济社会发展发挥了重要作用。同时，通过自主创新和对引进技术的消化吸收，我国已形成较为完整的工业体系，拥有大量成熟的产业化技术。20 世纪 90 年代以来，我国已成功实现电力、通讯、建材生产、石油勘探、汽车制造、化工和冶金技术出口并带动大量成套设备出口，对提高产业技术水平，推动出口结构优化，促进经济社会发展发挥了重要作用。但是，我国的科学技术总体水平仍然远远落后于发达国家。为了进一步实施科技兴贸战略，鼓励境内企业引进先进技术，增强消化吸收和再创新能力，提高企业核心竞争力，推动技术出口快速增长，提高技术出口在技术贸易中的比例，科技部、商务部等部委在 2010 年联合发文，积极引导和鼓励技术引进和技术出口，主要内容包括：

(1) 根据国家产业发展方向和要求，重点支持企业引进电子通信、生物技术、民用航空航天、机械制造、石油化工、清洁发电、新材料、节约能源、环境保护等具有市场潜力且在未来竞争中将取得优势的或对国计民生具有重大意义的技术。

(2) 建立和完善国际技术贸易公众信息服务系统。通过信息收集、政策咨询、发布技术资源和技术需求，帮助企业获取国际技术市场信息。

(3) 积极开展多双边技术合作。通过加强政府间及非政府组织、企业间交流与合作，突破发达国家的技术垄断，促进高新技术的引进；采取联合研究，合作攻关和对口交往等多种形式，扩大合作范围；拓展技术引进来源国，适应企业的技术需求引进不同层次的技术；利用多双边合作机制，为双方企业和科研机构间进行研发和技术合作牵线搭桥。

(4) 进一步鼓励跨国公司在华设立研发机构，提高我国整体研究开发水平。鼓励跨国公司和国内科研机构、学校、企业等展开技术研发合作，鼓励外资研发中心的技术成果在国内进行产业化，鼓励外商投资企业对国有企业和民营企业转让技术。

(5) 培育、扶持一批高素质中介服务组织，为企业提供技术信息、市场调研、技术评估、专利检索、法律咨询等服务，弥补企业信息和专业人才的不足，防范风险，促进企业间的沟通与协调。

(6) 健全技术引进法律法规制度。政府主管部门应对现行法律执行情况进行调查研究，根据形势发展需要完善《中华人民共和国技术进出口管理条例》，研究制定《中华人民共和国技术进出口管理条例实施细则》，指导企业保护自身合法利益。定期调整《中国禁止进口限制进口技术目录》，限制进口我国已成熟和落后的技术；禁止或限制进口高能耗、高污染和已被淘汰的技术，限制盲目重复引进。

(7) 积极鼓励成熟的产业化技术出口。支持企业通过贸易、投资或者经济技术合作的方式出口技术(指未列入《中国禁止出口限制出口目录》的技术)，包括专利权转让、专利申请权转让、专利实施许可、技术秘密许可、技术服务、技术咨询等。

(8) 鼓励和支持科技型企业通过对外投资、承包工程、技术与知识产权入股等方式开展对外合作业务，鼓励科技型企业并购境外高新技术企业、设立境外研发机构，带动我国技术及服务出口。发挥驻外经济商务、教育、科技等机构的作用，引导企业"走出去"，开展合作研发，建立海外研发基地和产业化基地。

(9) 加强技术出口服务体系建设。建立技术出口服务平台，通过信息收集、政策咨询、发布技术资源和技术供给，帮助企业获取国际技术市场信息。鼓励和支持相关中介机构的发展，为企业技术出口提供人才信息、法律咨询、翻译、报关、专利申报、展会服务、培训等综合服务。

(10) 进一步完善法律法规和管理体系，提高技术出口管理效率。适时修订《技术进出口管理条例》，完善技术出口法律法规。建立各部门密切配合的技术出口管理和服务体系，商务等相关部门加强协作，为企业技术出口提供便利。充分利用信息化手段，推行政务公开，探索网上申报、网上领证业务，方便企业在线办理登记手续，鼓励在机构、人员、信息化等方面具备条件的省(市)，进一步下放技术出口管理权限。

(二) 发达国家的鼓励技术贸易政策

发达国家的鼓励技术贸易政策表现为以下三个方面。

1. 制定战略技术发展的政府干预策略

由于战略技术发展关系到国家利益，因此以立法的形式颁布并实施国家战略技术发展计划，成为许多发达国家的政府包括部分发展中国家的政府对战略技术的发展进行直接干预的重要手段。20世纪90年代，美国政府先后制定并具体实施"高性能计算机与通信计划、生物技术研究计划、新材料技术研究计划、先进制造技术计划、全球变化计划、数学和科学教育计划”等 6 大跨部门科技计划，以及“基础性科学、国家安全、环境与自然资源、民用工业技术、信息和通讯、交通研究与开发、健康、安全和食品、国际科学、工程和技术、教育和培训”等 9 大战略计划。这些计划旨在解决国家战略需求中的重大科学问题，以及对人类认识世界将会起到重要作用的科学前沿问题，提升美国基础研究自主创新能力，为国民经济和社会可持续发展提供科学基础，为未来高新技术的形成提供源头创新。

2. 制定法规和各项优惠政策，促进科技创新

发达国家为了体现促进技术发展的重要性，更有效地支持技术创新和高新技术产业的发展，纷纷通过立法，以法律的形式对相关政策的实施给予必要的保证。发达国家的技术创新政策聚焦在六个方面：金融政策、财政政策、税收优惠政策、法律保障政策、服务支撑政策和市场拓展政策。美国政府就税收政策鼓励企业增加研究开发经费，并对其中的相当一部分从所纳所得税中抵免。

3. 重视对引进技术的消化吸收，尤其是对高科技的引进提供种种优惠条件和待遇

日本是通过技术引进促进经济高速发展的典型国家。日本大力引进软件技术并加以吸收、消化和提高，加快了企业的技术进步，并在许多领域达到或领先于世界先进水平。日本经济腾飞的主要原因之一就是政府对技术引进和出口的政策扶持。日本的技术贸易政策在 20 世纪 50 年代至 80 年代期间经历了严格审查、放宽审批标准、引进自由化、事前申报四个阶段。1950 年日本颁布了《外资法》，规定引进技术都要经政府审批。政府采取免税、贷款、审批以及各项指导措施，把技术引向最需要的部门，并由政府出面加强日本企业对外的竞争能力，提高其在国际市场中的地位。由于 20 世纪 50 年代日本经济恢复很快，日本引进技术开始实行分阶段的自由化。1972 年引进技术自由化率已达 97%，1974 年进入完全自由化。

日本对技术引进管理和控制的目的就是要突出引进的重点项目、重点产业、重点部门，并且引进技术的重点随其经济发展的不同阶段而不断升级。1950—1958 年，是日本经济的恢复时期，引进的技术大部分为一般机械技术和生产工艺，并以成套设备的引进为主要形式。1958—1967 年，是日本经济的成长时期，引进的技术包括化纤、塑料等新兴材料，以及半导体、电子等新兴工业部门的技术，此时引进技术的形成以单项技术为主。1967 年以后，日本经济进入高速发展时期，引进技术大多属于计算机、航空、通讯、原子能等方面的尖端技术，由于日本此时已经形成强大的经济技术基础，因此，在引进技术的形式上则更多地搞合作研究和共同设计。日本通过大量引进国外现成的技术，成为国外已有发明创造的继承者、应用者和受益者，使许多在欧美产生的发明创造在日本获得了最佳状态的实际应用。日本成功地推出了大量成本低、质量高、性能好的新产品用于出口，增加了国际竞争

力，从而达到引进技术的良性循环。

二、限制技术贸易政策

（一）发展中国家限制技术贸易政策

发展中国家限制技术贸易主要是在引进技术方面予以一定条件的限制，以指导本国的技术引进工作保护和促进本国经济技术的发展，减少合同中不合理的限制性条款，取得较为合理的引进条件。对外资、外国技术的严重依赖，以及跨国公司对东道国行业排头兵企业的加紧并购，对发展中国家工业发展和技术进步、国家经济安全和独立提出了严峻的挑战。因此，必须对技术引进实行控制。

长期以来我国技术引进“重数量，轻质量”、“重引进，轻消化”、“重政绩，轻创新”等现象造成我国对外技术高度依赖，我国自主创新动力不足。装备工业被称为一国工业的母机，代表了一国制造业的前沿水平。我国装备工业共有186个门类，规模以上装备制造企业5.5万家。但是在钢铁、石化、电力、纺织、建筑等15个行业，我国的装备技术水平落后世界先进水平5～10年，有的甚至落后20～30年。由于我国装备工业50年来一直采用技术引进型模仿创新的发展模式，造成重要产品和工艺技术来源主要依靠从国外引进的状况。我国装备工业多数没有自己的技术中心，即使有也水平低，行业自身的自主开发和创新能力很弱。20世纪90年代，我国装备工业虽然能够提供经济建设所需的一些重大装备和产品，但技术仍主要依靠从国外引进。发电设备、轿车、仪器仪表、数控系统等主要产品的更新换代离不开从国外引进技术。我国100％的光纤制造装备，80％以上的集成电路制造装备和石油化工装备，70％的轿车制造、纺织机械设备、数控机床都依靠进口。由于长期重硬件轻软件、重引进轻消化吸收，加之国内自主开发和创新能力弱，技术改造又往往强调技术装备的更新，而忽视引进技术的消化吸收、创新，片面追求技术的先进性和规模化，致使装备工业陷入了“引进—落后—引进”的恶性循环。当前发达国家的跨国公司正瞄准我们体制机制的弱点和竞争实力的差距，觊觎我国机械行业排头兵企业，实施并购计划。如果听任国家多年培育的骨干企业被跨国公司吞并，我国工业的核心和关键部分被外资控制，国家将失去对工业发展和技术进步的主导权，我国经济独立和政治独立的基础将被侵蚀殆尽，中央增强自主创新能力、振兴装备制造业的方针将失去前提。

因此，必须重新审视我国的技术引进战略的合理性和科学性，牢固树立“为了创新而引进”的原则性理念，有重点、有选择地大力支持技术引进后的消化吸收研发活动，变技术引进为自主创新。

（二）发达国家的限制技术贸易政策

发达国家的限制技术贸易政策主要表现在技术输出方面，特别是对尖端技术和军事技术领域的条件限制。发达国家政府保护技术商品的方法是通过行政和法律的手段实行单边出口管制或多边出口管制。

出口管制主要是指一国为达到特定的政治、军事和经济目的,所采取的限制和禁止某些物资或技术的出口。冷战时期,西方国家为了防止敏感物项和技术出口到社会主义国家,成立了"巴黎统筹委员会",对敏感物项和技术出口实行管制,以削弱这些国家的经济特别是军事实力。该组织于 1994 年 3 月正式解散,由 1996 年成立的"关于常规武器和两用品及技术出口控制的瓦森纳安排"取代,目前共有包括美国、日本,英国、俄罗斯等 33 个成员国。"瓦森纳安排"有一个控制清单,包括军品清单、军民两用产品清单及两个附录。军品清单涉及 20 类项目,军民两用产品清单包含 9 类项目,即：先进材料;材料处理;电子器件;计算机;电信与信息安全;传感器与激光器;导航与航空电子仪器;船舶与海事设备;推进系统。"瓦森纳安排"规定成员国自行决定是否发放敏感产品和技术的出口许可证。

美国是当今世界执行军事技术和武器装备出口管制最严格的国家,专门制定了《出口管理法案》、《出口管理条例》、《武器出口控制法》、《原子能法案》、《对敌贸易法》、《国际紧急状态经济权力法》等多项管制法案。美国在其国内法和国际组织的基础上建立了一套严密的技术出口管制制度,成立了一套专门的组织机构对本国技术的出口和国际技术出口事务进行监督,并经常运用技术出口限制作为制裁其他国家的工具。在出口管制的监控链条中,美国国务院、五角大楼、甚至联邦调查局等情报部门,形成一个严密网络,联手执行美国的出口管制政策,防止自身的先进武器装备和军用技术被对手国家利用或研究超越。

世界发达国家实行广泛而又严格的出口管制,对发展中国家引进技术是极其不利的。旨在防止大规模杀伤性武器的扩散而实行的出口管制,对于保持世界和平和国际安全,反对国际恐怖主义,显然是必要的。但是目前一些国家实行的出口管制,实际上不限于防止扩散和反恐,范围定得很宽,还不时地实行双重标准。在出口管制条例下,有些商品和技术是禁止对外出口的,有些商品和技术虽然能够出口,但也是在政府控制之下。在当前"瓦森纳安排"的规制下,有相当数量的高技术,发展中国家即使出大价钱也是得不到的。在发达国家实行出口管制的条件下,发展中国家应奋发图强,大力发展自己的科学技术,以打破少数国家对高技术的垄断和控制。

由此可见,一个国家,无论是发展中国家或发达国家,实行正确的技术贸易政策,就能够最大限度地利用世界先进的科学技术成果使本国资源得到合理配置和运用,从而促进本国的科技与经济的发展,否则将会蒙受巨大的损失,使本国的科技不能得到应有的发展,甚至扩大与其他国家的技术差距,在国际上处于不利地位。

第二节　国际技术贸易中的限制性商业做法

在国际技术贸易实践中，技术出口方往往凭借其技术上的优势地位而迫使引进方接受种种不公平的限制条件。这种现象在国际上逐渐被普遍化，从而使之成为国际技术贸易中限制性商业惯例，它越来越阻碍国际技术贸易的发展。为此，许多发展中国家要求联合国主持制定一项国际性的技术转让守则。1978 年 10 月，联合国大会委托联合国贸发会负责起草的《国际技术转让行动守则》出台，此后又经多次修改。

一、限制性商业做法的概念

限制性商业做法在实务中被称为限制性商业条款（Restrictive Business Clause）或限制商业惯例（Restrictive Business Practice）。一般而言，在合同中体现限制性商业做法的条款被称为限制性商业条款。而在更为广泛的范围内，无论是体现于合同之中还是体现于其他国际经济活动之中的限制竞争的做法，通常称为限制性商业做法或惯例。

国际技术贸易中的限制性商业做法一般是指在国际技术贸易中，技术出让方凭借自己的优势地位而施加给技术受让方的，对受让方造成不合理限制的商业做法。它是技术出让方对技术受让方在技术使用、技术改进、产品生产与销售等方面施加的各种限制行为。限制性商业做法一方面表现为滥用市场支配地位。例如技术输出方强行规定不公平的技术转让价格或交易条件，划分市场范围，抵制与非垄断企业成交并将其驱逐出市场，对不同贸易对象采取不同交易条件，使其在竞争中处于不利地位，以对方接受附带义务为订立技术转让合同的条件等。另一方面表现为限制竞争和贸易自由。技术输出方限制技术引进方使用竞争性技术和自行开展研究活动，不允许对引进的技术改进与革新，也就阻碍了技术竞争的发展。有时两个或两个以上的企业达成某种协议，采取一致做法，以谋取和滥用市场支配地位，既限制了竞争，而且也影响了技术贸易的正常进行。

从总体看，对限制性条款范围的认定存在着两种标准，即发达国家的竞争标准（Competition test approach）和发展中国家的发展标准（Development test approach）。发达国家作为国际技术贸易中主要的技术所有者，从技术转让方的利益角度出发，认为凡是构成或者导致市场垄断，妨碍自由竞争的行为都属于限制性商业做法。而大多数发展中国家作为主要的技术需求方，从技术受让方的利益角度出发，认为许多限制性商业做法本身也许并不一定导致垄断、削弱竞争，但显然不利于或者妨碍了技术受让方经济技术的发展，因此认为凡是不利于或者妨碍技术受让方经济、技术发展的行为即为限制性商业做法。在联合国贸发会组织拟定《国际技术转让行动守则草案》的过程中，两种标准的冲突表现得尤为突出。发达国家坚持，技术转让当事人应当避免从事对技术转让进行不合理限制并且产生不利影响的行为，在守则草案中列出的限制性商业行为是因其限制竞争而被禁止或者限制的。而发展中国家则反对认为，对该种行为进行禁止或者限制是因为这些行为或者限制了贸易，或者对技术转让产生不利影响，特别是这些行为可能会阻碍技术受国经济和技术的发展，所以只要行为本身是不公平的且对技术受国的经济和社会不利，不管其是否具有反竞争性，都应予以制止和排除。

在国际组织所作的解释中，最具有影响力的是1980年第35届联大通过的《关于控制限制性贸易做法的多边协议的公平原则合规则》，它折中了发达国家和发展中国家的观点，对限制性商业做法作出定义："凡是通过滥用或是谋取滥用市场力量的支配地位，限制进入市场或以其他方式不适当的限制竞争，对国际贸易，特别是发展中国家的国际贸易及其经济发展造成或可能造成不利影响，或者是通过企业之间的正式或非正式的，书面或非书面的协议以及其他安排造成了同样影响的一切行动都叫做限制性贸易做法。"

二、限制性商业行为的特征

(1) 国际技术转让中的限制性商业行为具有隐蔽性。与其他贸易的限制性商业行为相比，国际技术转让中的限制性商业行为更加复杂和难以识别。这主要是国际技术转让法律关系的客体是智力成果，是一种无形商品而决定的。

(2) 国际技术转让中的限制性商业行为缺乏规范性。国际技术转让中的某些限制性做法在许多国家的国内法律上并未明文禁止。因而这些依法受到保护的做法，或多或少的会在许可合同中表现为一定的带有垄断性或限制性的条款，这是基于正当权利的合法限制。因而，限制性商业行为必须是法律明文禁止的。

(3) 国际技术转让中的限制性商业行为的手段主要表现为技术转让方对技术受让方进行各种限制，如通过直接影响市场，削弱竞争或通过诸多要价过高，强加参与管理等方法来限制技术受让方。

三、限制性商业惯例的形式

随着世界经济全球化，国际技术贸易显示出越来越大的重要性，而与国际技术贸易伴生的限制性商业做法也越来越严重地阻碍了国际技术贸易的正常开展和科学技术的进步。国际上普遍认可的国际技术贸易限制性商业做法大体分为以下几种形式。

（一）技术取得方面的限制性条款

1. 搭售条款

搭售行为通常是指技术转让方利用其在市场上的独占或优势地位，在转让技术时强迫技术受让方从供方或其指定的第三方购买不需要的其他技术、原材料、设备、零部件或服务，以此并入转让技术的条件。搭售有多重的不利后果：首先，它侵害了技术受方的利益，增加技术受让方的财政负担；其次，也损害了技术引进国的利益；再次，它限制了技术转让方与第三人之间的正当竞争，使得技术受方只能从转让方处取得产品、原料；最后，搭售阻碍受让方技术的发展和替代，影响受让技术的消化。各国一般都倾向于不承认搭售条款的效力，除非该搭售是为有效实施受让技术所必需的。

2. 不竞争条款

不竞争条款指技术转让方限制技术受让方从其他来源获得相似的技术或具有同转让方相竞争的技术，或者不合理地限制受让方自由选择从不同渠道和来源购买材料、零部件、设备等。

3. 不异议条款

不异议条款指技术转让方不允许技术受让方对转让方专利或其他知识产权的有效性提出异议；也不得对转让方的其他权利提出异议或指控，或者协助任何第三方进行针对转让方的此类异议或指控。

（二）技术使用方面的限制条款

1. 回授条款

回授条款指技术转让方在合同中要求受让方将改进的技术无偿地回授给转让方，或者规定改进技术的所有权归转让方，受让方只有使用权。回授条款是否构成权利滥用，须考虑相关市场中竞争产品存在与否，单方面或非单方面，是否对竞争有不利影响，以及对被许可人发明意愿的影响等。如果双方在合同中约定，在互惠的基础上相互取得对方的技术改进成果，这是公平合理的，该约定不一定构成限制性条款。这通常有促进竞争的效果，因为这可让被许可人和许可人分担风险，并且让许可人得以再利用回授的技术进行更进一步研发。而独占回授条款则让被许可人就其改进的技术非但不得许可他人使用，连自身都无法使用，因此容易减少被许可人从事改进发明的动力，造成限制竞争的效果。回授条款可能减少被许可人发展有价值的改进专利的动力，并且可能集中和扩张许可人的垄断地位，因为许可人可以通过基础专利来控制所有的改进专利。因此，独占回授条款构成权利滥用。

2. 限制被许可方研究和发展其从许可方所取得的技术

许可方要求被许可方在取得了有关的技术后，不得对该技术进行任何研究和发展，也不得对该技术进行任何改进，或者对被许可方研究和发展其从许可方所取得的技术设定某种不适当的条件。

3. 人员使用方面的限制

除了出让方在技术转让初期，为了保证受让方尽快接受受让的技术而派遣技术人员进行指导外，如果受让方自己已具备相应能力的技术人员，仍要求受让方继续使用本方的技术人员，应视为不合理限制。这样限制的原因担心核心技术被受让方所掌握，技术出让方仍想将出让的技术为自己所独占，所以要求受让方的核心技术部门的工作人员由本方人员担任，以防关键核心技术被受让方掌握。

4. 对技术范围和生产能力的限制条款

在某些情况下，一项技术可以同时用于几个工业部门或可以用来生产几种产品，转让方在向受让方转让技术时可能要求受让方只能将转让的技术用于合同下某产品的生产，而不得用于其他领域；在限制受让方生产规模上，有时规定最高生产量。

5. 知识产权期满后的使用限制条款

知识产权期满后，技术出让方仍要求使用该技术的受让方支付相应的费用。然而，知识产权保护期限之后，该技术便进入公共领域，成为人类共同的智慧财富，任何人都可以免费使用该项技术，而技术转让方仍要求受让方支付报酬，显然是不合理的。除此之外，转让方要求受让方同意过长的合同期限或保密期限。合同期限或保密期限是否过长，要根据法律的规定来确定。转让方禁止受让方在合同期满后继续使用被转让的专有技术，或者必须继续支付费用，才允许继续使用该专有技术。

(三) 产品销售方面的限制条款

1. 产品出口限制条款

产品出口限制条款指技术出让方对受让方的产品进行出口地区、数量、渠道、价格等方面的限制。限制出口的方式主要有：禁止被许可合同产品出口；限制被许可合同产品出口的国别或地区；限制被许可合同产品的出口量；限制被许可合同产品的出口价格；限制被许可合同产品的出口渠道；规定被许可合同产品的出口必须事先取得许可方的同意。

2. 确定产品价格限制条款

确定产品价格限制条款指技术出让方要求对受让方使用转让技术制造的产品享有确定销售价格的权利，这同时也就限制了技术受让方根据市场情况确定自己产品价格的权利。常用的限制方法是许可方规定价格表、价格上限、价格下限或价格的季节浮动率等。

综上所述，限制性条款实际上是出让方企图以他们拥有的知识产权为资本，以不合理的限制性条款为手段，从而控制其知识产权或其产品的销售市场，达到获取巨额利润的目的，但是其行为却阻碍和破坏了引进方技术和经济的发展，不利于发展中国家发展民族经济，不利于国际经济秩序的建立。

第三节　国际技术贸易风险和防范

由于技术本身的特殊性和复杂性，技术贸易相当复杂，涉及技术、法律、商务等多方面问题。从谈判到达成交易要经过很长一段时间，而且合同期限较长。因此，国际技术贸易存在很多风险。对于技术的供给方来说，由于新技术的层出不穷及当代技术发展的突飞猛进，其拥有技术的价值无形损耗越来越明显；对于技术需求方来说，由于对其引进技术的了解和自身技术能力的限制，也承担着一定的引进技术的风险。

一、国际技术贸易的风险

（一）技术进口方的风险

国际技术贸易对技术进口方的影响有两个层面：一是技术引进企业，二是技术引进国。

1. 技术引进企业的风险

技术引进企业的风险主要指由于外部环境的不确定性，引进技术项目本身的难度及复杂性，企业自身消化吸收能力的有限性，从而导致技术引进所发挥的作用没有达到企业预期的效果。技术引进企业的风险主要体现在以下几个方面。

1）引进的技术缺乏先进性

由于技术引进过程中存在着信息不对称，这样技术进口方可能支付了很高的技术引进费用却引进了其他国家已淘汰过时的技术，或是买回一些质量低劣的机器设备。技术引进成为企业的一种风险投资行为。

2）引进的技术缺乏可靠性

技术的可靠性是指引进的技术必须经过生产验证具有可靠的成效，可以直接应用于生产实践的技术。企业采取引进新技术方式来弥补自身技术能力不足的缺点或缩短创新周期，可能由于技术本身不成熟或技术供给方供给能力不足而导致技术转移的失败。

3）引进的技术缺乏适用性

技术适用性是指所引进的技术要适合具体的企业环境和条件，能够最有效地满足企业与市场需要。如果引进的技术缺乏适用性，企业就要承担“引而不用”的风险：

第一，未能掌握技术。

引进技术企业由于技术人员技术能力不足，缺乏各种辅助性技术和相关技术的支持,或企业现有的整体技术水平不能完成新技术所要求的所有运作环节,导致技术应用被迫延迟或终止。

第二,引进技术不相容。

新技术与现有技术之间的落差,生产设备、生产工艺和生产能力的落后都限制了新技术的投入生产。

第三,缺乏配套材料扶持。

生产开发缺乏各种原材料和辅助材料的支持,新技术投入生产所需的原材料或零部件无法从市场上取得,供应商的供货时滞也会影响到企业的大批量生产。

4) 引进的技术缺乏经济性

广义而言,任何技术引进都是投资行为,任何投资行为都以获得收益为目的。所以技术引进项目必须讲究经济效益,既要有项目本身的财务效益,又要有经济效益和社会效益。这就要求技术引进项目既要适应市场的要求,也要符合环境保护和节约资源的要求。技术引进企业在这方面的失败率最高,承担的风险最大,这和市场中的各种不确定性因素是密切相关的。

(1) 市场调研的困难使企业很难掌握全面的市场信息,使企业无法准确预测市场需求的规模,而导致错误的生产及营销策略。

(2) 消费者需求的快速变化加剧了产品更新周期的缩短。等到企业将所引进的技术消化吸收、二次创新后,并将新产品投放市场时,飞速变化的市场恐怕早已将其淘汰出局。

(3) 企业从投放新产品或服务到收到消费者接受的信息回馈之间有一定的时滞,如果时滞过长,会影响企业收回在前期阶段投入的资金。

(4) 激烈的市场竞争充满各种不确定因素,竞争会使整个产业的获利水平下降,企业有可能在前期各阶段投入的人力、物力、财力在市场销售阶段得不到相应的补偿和回收,蒙受巨大损失而需承担债务风险。

5) 技术转让方提供虚假技术信息

技术转让方缺乏诚信,提供虚假技术信息。技术转让方为了某种自身利益,不讲诚信提供虚假的技术商品信息。例如技术转让方在某些情况下可能会提供一些关于技术等级、研发单位、原产地等方面的虚假信息;也可能会转让一些与考察谈判时的样板技术不相符的技术给受让方。

6) 延迟或不完全转交技术

有些公司为了达成交易,在签订合约时承诺在合约期内保证转交全部应交的技术。但在合约期满时,卖方未能实现承诺,寻找各种理由推迟提交部分或全部技术,甚至恶意毁约。这可能是因为技术转让方的研发后续能力出现问题,或发生了不可抗力事件,例如,技术转让国政府部门颁布法令限制技术出口,但也有可能是其为了自身利益而故意违约。

7）售后服务不合格

在合同谈判及签订之初，技术卖方承诺在转交技术给买方的同时，会提供相应的技术人员进行售后服务，指导技术买方尽快学会该技术的使用方法，从而快速投入生产。然而有些技术转让方却未能按期或者如实提供相应的售后服务，他们要么延期提供，要么不完全提供。

2. 技术引进国的风险

国际技术贸易对技术引进国来说，也存在许多技术输入的负面影响。

1）输入国引进的多是过期技术

过期技术涉及高耗能、高污染、低效益产业，导致受制于输出国并且加剧环境污染和能源耗竭。发展中国家由于外贸的拉动，而且在优惠外资政策引导下，高耗能、高污染的外资项目被大量引进国内，这些项目以跨国投资形式将大量低附加值、低技术含量的劳动密集型、环境污染密集型、能源耗费密集型产业转移到国内。这些产业都是发达国家的夕阳产业或高技术产业的低端加工环节，这使得发展中国家面临的能源不足的矛盾越来越尖锐。

2）对引进技术的依赖性过强

引进设备和技术的企业很少对引进技术进行消化、吸收、创新，国际技术成为国内研发替代品，造成输入国的创新能力减弱甚至丧失。

3）影响技术输出国的主权独立和完整

技术输入过程中，输出国往往掌握主动，技术输入国不仅要付高额的成本还往往要附带其他的条件，影响到国家主权完整和独立。

4）重复引进现象严重

由于宏观调控乏力，审批把关不严，缺乏权威性的引进规划和综合性、全局性分析论证，加之体制上条块分割以及长官意志作梗等原因，导致大型装备、高档消费品生产线和中小型机电产品的盲目进口和重复引进。重复引进不仅花费了大量的外汇，加剧了国家建设资金的紧张，更严重的是使国内的机械制造能力闲置，技术水平得不到提高，窒息了民族工业及制造科技的发展。

（二）技术出口方的风险

1. 技术优势丧失

技术具有无限扩张和再造性，国际技术转移使输入国的技术提高，削弱了输出国的技术优势，很多输入国创新能力较强，很快在技术上超越输出国。技术输出方只有持续进行技术研发，才能继续保持技术优势。

2. 技术发生无形磨损的风险

当企业完成一项技术成果，并打算将其转让或许可他人使用时，一般总是在努力寻找其需求者。每次找到一个潜在的买主，都需要一个复杂的对技术成果的介绍、谈判过程，既要花费投入又花费时间，寻找购买者的时间过长，导致技术不能及时转让、许可，而使技术因无形磨损而贬值。

3. 技术转让费或技术使用费不能回收的风险

由于技术供给方对进口方的资信情况不够了解，在技术转让、技术许可贸易中，技术进口方不按合同规定支付技术转让费或技术使用费，而使技术卖方蒙受技术使用费不能收回的风险。

4. 买方拒收卖方转让的技术

在买方向卖方咨询、谈判及签订技术转让合同时，当时的技术可能很有实用性，处在技术生命周期的成长期或成熟期。而由于技术更新换代的加速，技术生命周期缩短，当卖方提交技术时，那种技术可能已经步入衰退期。这个时候买方可能找出种种似乎合理而实际不合理的拒收要求。买方这种不诚信的毁约行为无疑将给卖方带来巨大损失。

二、国际技术贸易的风险防范

(一) 技术进口方的风险防范

进口企业作为技术引进的最大受益者，同时也是技术引进风险的最大承担者，必须要做到有效地控制风险。技术进口企业掌握的信息越多越准确，进行风险决策时承担的风险就会相对减少。

(1) 引进企业要由真正懂得经济、金融、技术的行家参与引进工作，时刻关注国际上的最新技术发展动态，收集国外资讯，随时掌握市场动态，以便及时准确地了解用户的需求，从市场需求的角度去探询技术源。在技术引进的过程中建立企业的信息中心，不断地进行动态信息的补充调整，以便在早期识别各类技术、市场、财务等风险。

(2) 引进企业应该仔细审核技术引进价格的比例构成和材料、工资、费用等明细价格指数资料，剔除报价中不属于知识产权保护范围以及为避免汇率风险而涨价的部分。在支付技术使用费时争取缩小支付预付定金比例，一般尽量避免采用一次总算方式，但也应考虑具体情况：技术可以立即转让并在生产中迅速得到；技术项目实施容易、投资较少、技术效用比较明显；技术处在成熟时期，被许可方对技术产品的市场利润有很大把握；技术被许可方希望尽快摆脱对技术许可方的依赖，从而尽可能多地享受技术产品市场愈益增长的利润；客观条件有利于总算方式，例如货币汇率动荡因素的考虑等。如果采用提成方式，就应明确具体地规定净销售价是从总销售价中减去哪些费用项目，有时考虑到核算这些具体项目的复杂性，也可简单地在总销售价基础上乘以双方均认可的系数作为净销售价。技术使用费的提成年限应该短于合同期。

(3) 建立科学高效的风险预警系统和风险控制小组。在企业内部建立一个风险预警系统,对整个技术引进过程进行实时监控,有助于企业控制风险、减少损失。在建立有关国际经济环境、政府宏观政策、技术与市场动态等方面的信息库后,企业便可借助该系统及早识别、评估风险迹象,及时发出风险警报,启动相关的风险预警措施,适时监控风险因素演进的过程,采取措施防范风险。如果企业不能对风险预警系统传递的风险信号进行适时的反应和调整,就不能有效地防范风险,因此还需设立风险控制小组。小组成员之间应相互协调配合,在维护企业利益、把风险损失降至最低的共同目标下,作出最佳解决方案,实现及时、有效地控制风险。

(4) 有效发挥国内企业作为技术进步主体的作用。技术引进是一个渐近的过程,其结果往往取决于东道国自身的技术水平。在技术引进的过程中,引进方要注重技术引进的整体性和对技术的消化吸收能力。此外,引进企业应与技术转让方建立灵活的联系机制,与其保持一种长期的供销合作关系。尤其在高科技投资项目上,应坚持由引进方参股的原则,并鼓励本企业科研人员在合作中发明创造,保证引进方参与高技术项目的建设,促进对国外技术的消化与吸收。

(二) 技术出口方的风险防范

1. 技术引进方的资信调查

对技术出口方来说,最大的风险就是技术转让费或技术使用费不能收回或不能完全收回。因此,对于技术供给方来说,关于技术引进方资信情况的了解非常重要。资信审查主要包括以下几个内容。

(1) 商业信誉调查,即技术引进方的一贯经营作风如何,外界对其信誉有何评价,是否诚实可靠。

(2) 管理、技术与财务上的能力。技术引进方要吸收消化引进的技术并使之发挥效益,必须在管理、技术与财务上有良好的基础。

(3) 产品的市场前景及该企业目前产品的市场地位。

(4) 企业的社会形象与客户关系。

2. 对转让的技术实行有效的控制

转让技术并不意味着要完全放弃对技术的控制,相反,许可方要通过各种形式进行控制。控制的方式主要有以下几种。

(1) 选择适当的转让方式,例如普通许可或者排他性许可。

(2) 在许可协议中附加某些限制性条款,例如对产品销售地区再转让、转让技术的革新与发展方面的限制与规定。

(3) 直接派人员检查和控制被许可方的生产工序与产品质量,争取握有对产品质量的否决权。

(4) 延迟某些关键技术、关键原材料、零部件加工制造工艺的技术转让。

3. 选择正确的计价支付方式

从总体上来看,对技术转让方来讲,一次总付方式是比较有利的,风险较小。而采取提成支付的方式,由于收入依赖于引进方实施引进技术所获收益的好坏,因此承担着较大的风险。不过另一方面,在一般情况下,提成支付方式下累计所获得的技术转让费要超过一次总付方式。在具体选择时,应在收益与风险之间进行权衡。

思考题

1. 发展中国家鼓励技术贸易政策有哪些?
2. 发达国家对待技术产品出口的态度是什么?
3. 限制性商业做法的形式有哪些?
4. 技术进口方有何风险?如何防范?
5. 技术出口方有何风险?如何防范?

附录1 技术引进合同（中英文对照）

前言

本合同于____年____月____日在________签订。

一方为________，以下简称甲方。

一方为________，以下简称乙方。

鉴于乙方拥有合同产品生产的专有技术，并有权和愿意向××技术有限公司转让该项技术。

鉴于××技术有限公司希望利用乙方所拥有的专有技术，以生产销售和出口合同产品。

甲方受××技术有限公司委托，由甲方同乙方经过友好协商，同意按下列条件及条款签订本专有技术合同。本合同由××技术有限公司与乙方执行。

第一章 定义

1.1 “专有技术”，原指生产合同产品，甲方所需要的乙方所拥有和提供的全部生产技术及加工工艺。该生产技术和加工工艺包括全部设计、制造、操作图纸及技术资料、制造工艺、生产程序和生产技术细节。

1.2 “合同产品”，指×和×产品，该产品符合本合同附件一所规定的技术条件和技术标准。也即甲方按照乙方提供的专有技术及设备进行制造和生产的产品。

1.3 “技术资料”，指制造合同产品所需要的全部“专有技术”，以及乙方在生产合同产品的过程中，所使用的全部有关设计和制造图纸，加工技术和工艺文件等资料。具体内容及要求详见本合同附件二。

1.4 “考核产品”，指甲方用乙方提供的专有技术和专用设备所生产和制造的合同产品。该产品经过验证符合并且达到本合同附件一所规定的技术条件和技术标准。

1.5 “工艺文件”，指生产合同产品所需要的全部加工方法、加工手段、工艺过程卡片、工艺图纸、工序卡片等全套资料。具体内容详见本合同附件二。

1.6 “工艺守则”，指生产合同产品的全部生产和加工过程所必须遵循的原则。

第二章 合同内容和范围

2.1 乙方同意向甲方转让，甲方同意从乙方取得合同产品的专有技术。甲方采用乙方的专有技术和主要设备，能够在甲方工厂生产出合格的合同产品。其产品规格、型号、产量及技术条件和技术标准详见本合同附件一。

2.2 乙方向甲方提供在甲方工厂生产合同产品的全部完整工艺文件和资料，能正确指导合同产品的生产。详见本合同附件二。

2.3 乙方在提供技术资料的同时，还要提供全部技术标准。

2.4 乙方向甲方提供用于在甲方工厂生产合同产品的全部专有技术资料必须是完整的技术资料。

2.5 乙方在向甲方提供技术的同时，并为甲方提供和选择生产合同产品所必需的关键设备。这些设备的具体要求和规格详见“设备引进合同”。设备合同的交付规定和交付办法，按设备合同的规定执行。详见“生产设备引进合同”。

2.6 为了保证合同产品的生产，乙方同意甲方采用部分中国国产设备，和乙方选择提供的设备配套共同生产合同产品。详见本合同附件三。

2.7 乙方按照本合同附件四所规定的条件和要求，在乙方工厂为甲方培训技术人员，以保证所培训的人员能够掌握这些专有技术，生产合同产品。

2.8 乙方按合同附件五所规定的条件，派遣称职的专家到甲方工厂进行技术指导、技术服务。

第三章 价 格

3.1 按第二章所规定的合同内容和范围，乙方所提供的合同产品的专有技术包括工厂设计图纸，全部制造图纸，工艺文件，技术服务和技术培训等的全部资料总价格为×美元。其中技术转让费为×美元，考察培训费为×美元。

3.2 上述合同的价格为固定价格，包括本合同第二章所规定的全部技术资料运抵××费用。该价格包括乙方在本合同中所承担的其他义务的全部费用在内。

3.3 本合同内的一切费用均以美元计算和结算。

3.4 设备引进合同的总价格为×万美元。其具体执行办法按设备合同的规定执行。

第四章 支付与支付条件

4.1 本合同项下的一切费用,用M/T信汇方式支付。甲方通过××中国银行,乙方通过指定的外国银行进行支付。凡发生在中国境内的银行费用,由甲方负担,凡发生在中国境外的一切银行费用,由乙方负担。

4.2 本合同第三章3.1款所规定的总价格×美元,由甲方按照下列比例、方式支付给乙方:

4.2.1 合同总值×美元的百分之壹拾五(15%)计×美元,甲方在收到乙方提供的下列技术文件和单据并经审核无误后三十天内由甲方以M/T方式汇付乙方:

(1) 按本合同附件二的规定,乙方应于合同生效后两个月内交付所有技术文件。技术文件交付的清单和技术文件的交付空运提单各一式四份。

(2) 乙方说明按本合同附件二规定,应于合同生效后两个月内交完所有技术文件的确认函正本一份。

(3) 即期汇票正、副本各一份。

(4) 金额×美元的商业发票四份。

4.2.2 合同总值×美元的百分之三十(30%)计×美元,甲方在收到全部技术文件及技术培训开始前15天内用M/T信汇方式支付给乙方。

4.2.3 合同总值×美元的百分之五十五(55%)计×美元,甲方在完成设备安装、调试合格、正式投入生产、生产出合格产品,双方签署了合格证书、并在收到乙方的下列单据后,经审查无误,三十天内以M/T信汇方式支付给乙方:

(1) 金额为×美元的商业发票一式四份。

(2) 由双方签署的合同产品考核验收合格证书一式两份。

(3) 即期汇票正、副本各一份。

4.3 设备合同总值×美元,其支付和支付办法,按设备合同的规定执行。

第五章 技术文件及设备的交付

5.1 乙方应按本合同附件二规定的内容和交付日期,将技术文件交付甲方。

5.2 设备和设备技术文件的交付,要严格按照设备合同的交付规定执行。

5.3 每批技术资料发运后的两个工作日内,乙方应用电话将发运日期,发运数量,包装件数和重量,空运提单号,合同号,班机号和预计抵达时间,通知甲方,并同时用航空挂号信将下列单据寄交甲方:

(1) 空运提单正本一份,副本四份。

(2) 技术文件详细清单一式三份。

5.4 全部技术文件派专人送到××甲方,以甲方签收日视为实际交付日。

5.5 如乙方交付的技术文件在途中丢失，短缺或损坏，则乙方应在最短期间内，最迟不得超过在甲方通知后二十天，免费补给甲方。

5.6 乙方发运和寄送的技术文件及资料，包装要牢固，适合于长途运输，多次装卸，防雨和防潮。在发运的每一个包装箱上面，均要用英文标志下列内容：

(1) 合同号。

(2) 收货人。

(3) 唛头号。

(4) 目的地。

(5) 发货人。

(6) 重量。

(7) 包装箱号/件号。

5.7 每一个包装箱内，均附有详细的装箱单一式两份。

第六章 技术的修改和改进

6.1 乙方提供的技术资料如有不适合于甲方生产条件的，如设计标准、材料标准及要求、工艺装备及其他生产条件等不适合于甲方生产实际，乙方有责任协助甲方进行修改，并由双方确认其修改的部分。

6.2 在本合同有效期内，双方对合同规定的技术内容和范围，如有任何改进和发展，双方都应互相将改进和发展的技术免费提供给对方。

6.3 改进和发展的技术，所有权属于改进和发展技术的一方，对方不得去申请专利，也不得将发展和改进的技术转让第三方。

第七章 产品的考核和验收

7.1 为了保证乙方提供合同产品的制造专有技术的正确性、可靠性和先进性，由甲方和乙方技术人员一起，在工厂按本合同附件六“考核和验收”的规定，共同对合同产品进行考核和验收。

7.2 按本合同第二章的规定，产品的技术条件、技术标准、生产图纸，均作为考核验收合同产品的依据。产品的技术文件及资料详见本合同附件一。

7.3 产品考核验收合格后，双方代表要签署验收合格证书一式四份，双方各执二份为凭。

7.4 如果考核验收达不到本合同的规定要求，则双方要友好协商，共同研究分析原因，采取措施，消除缺陷，进行第二次考核和验收。

7.5 如果第一次考核不合格属于乙方的责任，乙方须派遣专家参加第二或第三次考核和验收。其一切费用由乙方负担。如果属于甲方责任，其一切费用应由甲方负担。

7.6　如经过第二次考核仍达不到合格要求时,如系乙方责任,乙方必须赔偿甲方因此而遭受的直接损失。并要求采取措施消除缺陷,参加第三次考核,如系甲方责任,则其一切损失由甲方自负。

7.7　若经过第三次考核仍不合格,如属乙方责任,则乙方应承担由此而造成一切损失。甲方有权终止合同并按第八章的规定由甲方向乙方索赔。如属甲方责任,则双方应共同协商本合同的进一步执行问题。

第八章　保证和索赔

8.1　乙方保证向甲方提供的技术文件是乙方实际使用的、成熟的、可靠的和最新的技术资料和文件,并保证在合同的有效期间内及时向甲方提供任何新的发展的改进的技术资料。

8.2　乙方保证向甲方提供的技术文件是完整的、正确的、统一的、清晰的和及时的。其有关规定如下:

完整:就是乙方所提供的技术文件应该包括本合同附件二所规定的全部技术文件和资料。不得有任何遗漏。

正确:就是乙方所提供的技术文件没有任何错误。甲方按照乙方所提供的技术文件所制造出来的产品为合格产品。

统一:乙方所提供的技术资料应有统一的符号、统一的标准、统一的规范等,不得有任何矛盾。

清晰:技术文件的图纸、曲线、文字、符号等均应清晰、明确、易读、不得模糊。

及时:就是技术文件的交付日期不得晚于本合同附件二所规定的交付日期。

8.3　如果乙方所交付的技术文件有不符合8.2款规定的,在收到甲方书面通知后三十天内,乙方应按8.2款向甲方免费补寄技术文件。

8.4　乙方提供甲方的设备,由乙方负责安装,调试,最终应保证达到技术工艺要求和加工质量。

8.5　若乙方为甲方提供的设备达不到8.4款的要求,则乙方负责更换和再调试,直到达到要求为止。

8.6　若任何一批技术文件的交付晚于本合同附件二规定的交付日期,从规定交付日期的第二天算起,乙方应按下列规定向甲方支付:

迟交1～4周,每交迟1周罚款为合同总值的0.1%;

迟交6～8周,每交迟1周罚款为合同总值的0.15%;

迟交8周以上,每迟交1周罚款为合同总值的0.2%;

但上述罚款的合计不能超过合同总值的5%。

8.7 乙方在按照8.6款的规定被罚款时,将不解除乙方继续交付技术资料义务。

8.8 乙方如果迟交技术文件超过4个月则甲方有权终止合同。在这种情况下,乙方必须将甲方已经支付的全部金额并加上年利10%,尽速一并退还甲方。最迟不得超过乙方接到甲方终止合同的通知后三十天。

8.9 按本合同第七章规定,由于乙方责任,验收三次不合格,且在双方同意延长的时间内,乙方仍不能消除缺陷时,则甲方有权终止合同。乙方将甲方全部已付金额连同年利10%,在8.8款所规定的时间内,一并退还甲方,并承担由此给甲方造成的一切损失。

第九章 侵 权

9.1 乙方保证乙方能合法地并且有权向甲方转让合同产品专有技术而不受任何第三者干涉和指控。如果发生第三者干涉和指控,则由乙方负责同第三者进行交涉,并由乙方承担法律上和经济上的全部责任和损失。

9.2 在本合同终止后,甲方仍有权继续使用乙方提供的专有技术和全部技术文件进行合同产品的生产。

第十章 税 费

10.1 凡因履行本合同而发生在甲方国家以外的一切税费,均由乙方承担。

10.2 乙方因履行本合同而在中国境内所取得的收入必须按照中国税法规定"外国企业在中国境内所取得的收入,要按中国税法纳税",所纳税款由甲方在支付乙方合同货款时代乙方从其付款总额中扣除,并由中国税务当局出具原本证明,说明税款已缴纳。

第十一章 仲 裁

11.1 凡因执行合同所发生的一切争议,均由双方通过友好协商的办法解决。如果协商仍不能解决,则双方同意将争议提交仲裁。

11.2 仲裁地点在深圳中国国际贸易促进委员会仲裁机关,仲裁程序按中国贸促会仲裁机关的程序进行仲裁。

11.3 仲裁裁决是终局裁决,对双方均有约束力。双方均应遵守。

11.4 除了在仲裁进程中进行仲裁的那一部分外,不受仲裁影响的那一部分双方仍应继续执行。

第十二章　不 可 抗 力

12.1　人力不可抗力：人力不可抗力的因素，如战争、严重水灾、火灾、台风、地震，以及双方同意的其他人力不可抗力因素。

12.2　发生人力不可抗力的责任方应尽快将发生人力不可抗力事故的情况，在尽可能短的时间内，用电传或电报通知对方，并于事后十四天内，以航空挂号信将有关政府当局出具的证明文件给对方，予以认证。

12.3　因发生不可抗力而影响了合同的执行，如果事故延续二十天以上，则双方应尽快通过友好协商方式协商合同的进一步执行问题。

第十三章　合同的生效终止和其他

13.1　本合同由双方代表签订后，双方分别向各自的政府或审理机构申请批准，以最后批准一方的日期为合同生效日期。双方均应尽最大努力在六十天内获得批准，并用电传或电报通知另一方，然后用航空挂号信予以确认。

13.2　本合同用中英文书写，双方各执一份为凭。

13.3　双方同意与执行本合同有关的一切联系均使用中文或英文进行。凡属正式通知以挂号信邮寄一式二份。

13.4　本合同的有效期为甲方用乙方提供的专有技术及设备生产和制造出合格的合同产品后六十个月。合同有效期满，无须任何手续，则本合同自动失效。

13.5　本合同期满时，双方发生的债权债务，不受合同期满的影响，债务人应对债权人继续偿付未了债务。

13.6　本合同附件一至附件六是本合同不可分割的一部分，与合同正文具有同等效力。

13.7　本合同条款的任何改变，修改或增减，均需经双方协商同意后双方授权各自的代表签署书面文件，作为本合同不可分割的一部分，与合同其他条款一样具有同等的效力。

13.8　与本合同有关的所有技术文件和技术资料均用英文书就。

CONTRACT FOR TECHNOLOGY IMPORT

Forwards

No.: ________ Date: ________ Place: ________

Party A: ________

Party B: ________

This contract is signed on this date of in by and between (hereinafter referred to as Party A) and (hereinafter referred to as Party B).

Whereas Party B is in possession of the know-how to manufacture the contract products and has the right and is willing to transfer such know-how to ××Technology Co., Ltd.;

And whereas ××Technology Co., Ltd. wishes to utilize the know-how possessed by Party B to manufacture, sell and export the contract products; Party A, authorized by ××Technology Co., Ltd., held friendly discussions with Party B and have concluded under the following terms and conditions this contract.

Chapter 1 Definitions

1.1 Know-how shall mean all the manufacturing technology and process engineering to manufacture the contract products which are required by Party A and which Party B possesses. Such technology engineering shall include technical details of all designs, operation drawings, technical documentations, manufacturing engineering, procedure and techniques.

1.2 Contract products shall refer to the × and × conductive coating glass products which are in conformity with the technical specifications and standards as specified in Appendix 1 of this contract, e. g. the products manufactured by Party A with the know-how and equipment supplied by Party B.

1.3 Technical Documentations shall mean all the know-how necessary to manufacture the contract products and all the designs, drawings, processing techniques, and engineering documents, etc. that Party B uses in manufacturing the contract products. The contents and requirements of such technical documentations are set forth in Appendix 2 of this contract.

1.4 Test Products shall mean the contract products manufactured by Party A with the know × how and special equipment supplied by Party B which, when tested, shall meet the technical specifications and standards as specified in Appendix 1 of this contract.

1.5 Engineering Documents shall mean the complete set of processing methods, means of processing, engineering cards, drawings, work procedures, etc. which are necessary to manufacture the contract products. Details are set forth in Appendix 2 of the contract.

1.6 Engineering Regulations shall mean those regulations which should be followed when manufacturing and processing the contract products.

Chapter 2 Contents & Scopes of Contract

2.1 Party B agrees to transfer to Party A and Party A agrees to procure from Party B the know-how to manufacture the contract products. Party A shall, in its own factory, use the know-how and equipment supplied by Party B to manufacture qualified contract products of which the specifications, types, quantity, technical specification and standards are specified in Appendix 1 of the contract.

2.2 Party B shall provide to Party A the complete set of engineering documents and technical documentations to be used for the manufacture of contract products in Party A's factory. Such engineering documents and technical documentations shall correctly direct the manufacture. Details are set forth in Appendix 2 of the contract.

2.3 The related technical standards shall be submitted by Party B, at the same time the technical documentation is provided.

2.4 The technical documentation covering the know-how to manufacture the contract products shall be completed.

2.5 In addition to providing the know-how, Party B shall also select and provide to Party A the key equipment necessary for the manufacture of contract products. The requirements and specifications are specified in the Equipment Purchase Contract (EPC) of which the delivery and payment are subject to the provisions there-of.

2.6 To ensure the manufacture of contract products, Party B agrees to the introduction of some domestic equipment by Party A to be used with the equipment provided by Party B in the manufacture. Details of such domestic equipment are set forth in Appendix 3 of the contract.

2.7 Party B shall, according to the conditions and requirements as specified in Appendix 4, render technical training to Party A's personnel in the factory of Party B so as to ensure that the personnel can master the know × how and be able to manufacture the contract products.

2.8 Party B shall, according to the conditions as specified in Appendix 5, assign competent experts to Party A's factory to render technical supervision and technical service.

Chapter 3 Contract Price

3. 1 According to the contract contents and scopes as specified in Chapter 2, the total price of the know-how to manufacture contract products provided by Party B including the designs, drawings, engineering documents, technical service and training shall amount to US $× of which US $× shall be transfer fee and US $× shall be training fee.

3. 2 The above contract price is fixed and shall include the expenses to ship all the technical documentation to ×× as specified in Chapter 2 of the contract. Such contract price shall also include the expenses for Party B to carry out the other contract obligations of this contract.

3. 3 All the calculations and payment of expenses of this contract shall be in U/S/Dollars.

3. 4 The total price of the equipment shall be US $×. The execution shall be subject to the provisions of the EPC.

Chapter 4 Payment & Payment Conditions

4. 1 The payment of all the expenses under this contract shall be made by M/T through Bank of China, ×× Branch and the bank designated by Party B. All the bank expenses occuring inside China shall be borne by Party A and those outside China shall be borne by Party B.

4. 2 The total price of US $× under this contract shall be paid according to the following proportion by Party A to Party B.

4. 2. 1 15% of the above contract price, e. g. US $× shall be paid by Party A to Party B by M/T within 30 days after Party A has received from Party B the following technical documentations and documents and providing that they are in conformity with the contract:

(1) The technical documentations as specified in Appendix 2 of the contract to be delivered within 2 months after the contract takes effect; the detailed list of such technical documentations and the airway bill in four copies respectively.

(2) One original copy of the letter of confirmation of Party B to complete the technical documentations as specified in Appendix 2 of the contract within 2 months after the contract takes effect.

(3) Sight draft one original and one copy.

(4) Commercial invoice of US $× in four copies.

4.2.2 30% of the US $× contract price amounting to US $× shall be paid by Party A to Party B by M/T after Party A has received all the technical documentations and 15 days prior to the technical training.

4.2.3 55% of the US $× contract price amounting to US $× shall be paid by Party A to Party B by M/T after installation and testing of the equipment are completed, the equipment is put into operation and produces qualified products and both parties have signed certificate of acceptance, and within 30 days after Party A has received the following documents and proved that they are in conformity with the contract:

(1) Commercial invoice of US $× in four copies.

(2) Certificate of acceptance of contract product quality signed by both parties in two copies.

(3) Sight draft one original and one copy.

4.3 Payment and terms of payment of the EPC amounting to US $× shall be subject to the provisions of EPC.

Chapter 5 Delivery of Technical Documentations & Equipment

5.1 Party B shall deliver the technical documentations to Party A in accordance with the contents and schedule as specified in Appendix 2 of the contract.

5.2 The delivery of the equipment and equipment technical documents shall be subject to the terms of delivery of the EPC.

5.3 Within 2 working days after each lot of technical documentations is shipped, Party B shall notify Party A by telephone the date of shipment, quantity, number of cases, weight, number of airway bill, contract number, flight number and expected date of arrival and send by Registered Air Mail to Party A the following documents:

(1) Airway bill one original and four copies.

(2) Detailed list of technical documentations in three copies.

5.4 If the technical documentations are hand carried to ××, the date when Party A signs the receipt shall be taken as the date of delivery of the technical documentations.

5.5 In case of any loss, shortage of damage of the technical documentations during shipment, Party B shall, within the possible shortest time which, however, doesn't exceed 20 days from notification by Party A, make replacement to Party A free of charge.

5.6 The packing of the technical documentations should be strong, suitable for long distance transportation and repeated loading and unloading. Precautions against rain and moisture shall also be taken. Each case shall be marked in English indicating the following contents:

(1) Contract number.

(2) Consignee.

(3) Shipping Mark.

(4) Destination.

(5) Consignor.

(6) Weight.

(7) Case number.

5.7 In each case, A detailed packing list in two copies shall be inserted.

Chapter 6 Modifications & Improvement of Technology

6.1 In the event there is any part in the technical documentations not suitable for Party A's practical production conditions, such as standards of design, standards and requirements on materials, engineering and facilities, Party B shall be responsible to assist Party A to make modifications which shall then be confirmed by both parties.

6.2 During the term of contract, if either party makes any improvement and development with regard to the technology contents and scopes of the contract, such party shall provide the information of the improvement and development to the other party free of charge.

6.3 The ownership of the above improvement and development shall be retained to the providing party. The other party shall not be entitled to any application for patent, neither shall the other party transfer such improved and developed technology to any third party.

Chapter 7 Assessment & Acceptance of Products

7.1 To ensure that the know-how supplied by Party B is correct, reliable and advanced, both parties shall jointly perform in Party A's factory the assessment and acceptance of the contract products in accordance with the provisions of Appendix 6 of the contract.

7.2 According to Chapter 2, the technical requirements, standards and drawings shall be taken as evidence of the assessment and acceptance of contract products. The details are set-forth in Appendix 1 of the contract.

7.3 If the contract products are qualified, both parties shall jointly sign a certificate of acceptance in four copies, two for each party.

7.4 If the products cannot meet the requirements of the contract, both parties shall hold friendly discussions to analyse the reasons and take measures to correct any defect and prepare for the second assessment and acceptance of the contract products.

7.5 If the failure of the first assessment and acceptance is due to Party B's responsibility, Party B shall send experts to participate in the second or the third assessment and acceptance, and expenses thus occur shall be borne by Party B; if the failure is due to Party A's responsibility, the expenses shall be borne by Party A.

7.6 If after the second assessment and acceptance the products still cannot meet the requirements, if the responsibility lies in Party B, Party B shall compensate Party A for the direct economic losses thus occur, take measures to correct the defects and participate in the third assessment and acceptance; if the responsibility lies in Party A, all the losses shall be borne by Party A itself.

7.7 If the products are still not qualified after the third assessment and acceptance and the responsibility lies in Party B, Party B shall be responsible for all the losses thus caused and Party A shall have the right to terminate the contract and raise a claim against Party B according to Chapter 8; if the responsibility has in Party A, both parties shall mutually discuss the further implementations of the contract.

Chapter 8　Guarantee & Claim

8.1 Party B guarantees that technical documentations are those used by Party B and such documentations are proved reliable and of latest technology. Party B also guarantees that during the term of contract, Party B shall notify Party A on time of any development and improvement of the technology it achieves.

8. 2 Party B guarantees that the delivered technical documentations are complete, correct, uniform, clear and the delivery is on time. Detailed requirements are as follows:

Complete: The technical documentations delivered by Party B shall include all those specified in Appendix 2 of the contract without omission.

Correct: There is no error in the technical documentations delivered by Party B. When Party A strictly follows such documentations, the products manufactured are qualified.

Uniform: All the signs, standards and specifications used in the technical documentations are uniform and there is no contradiction.

Clear: All the drawings, lines, language notes, signs, etc. used in the technical documentations are clear and easy to read.

On time: The date of delivery of the technical documentations shall not be later than the delivery schedule as set forth in Appendix 2 of the contract.

8. 3 If there is any part of the technical documentations not in conformity with the requirements of 8. 2, Party B shall, within 30 days from receipt of notice from Party A, make supplements or replacements free of charge.

8. 4 The delivered equipment shall be installed and tested by Party B and shall fully comply with the technical requirements and processing quality of the contract.

8. 5 If the equipment supplied by Party B cannot meet the requirements of 8. 4, Party B shall replace and retest such equipment until it meets the requirements.

8. 6 If any portion of the technical documentations is delivered late as specified in Appendix 2 of the contract, Party B shall, from the 2nd day, pay to Party A a penalty as follows:

For late delivery of 1 to 4 weeks, the rate of penalty shall be 0. 1% of the total contract price per each delayed week;

For late delivery of 5 to 8 weeks, the rate of penalty shall be 0. 15% of the total contract price per each delayed week;

For late delivery of more than 8 weeks, the rate of penalty shall be 0. 2% of the total contract price per each delayed week.

However, the total amount of the above penalty shall not exceed 5% of the total contract price.

8.7 The payment of any penalty by Party B according to 8.6 shall not release the obligation of Party B to continue the delivery of the technical documentations.

8.8 In case the late delivery of the technical documentations exceeds 4 months, Party A shall have the right to terminate the contract. In this case, Party B shall refund to Party A the amount which Party A has paid to Party B plus the related interest at the rate of 10% per year immediately, but in no case shall such refunding by Party B exceeds 30 days from receipt from Party A of the notice to terminate the contract.

8.9 In case the acceptance of the contract products according to Chapter 7 cannot be successful after three attempts due to Party B's responsibility, and within the mutually agree-upon extended period, Party B still cannot correct the defects, Party A shall have the right to terminate the contract. In this case, Party B shall refund to Party A the amount which Party A has paid to Party B plus the related interest at the annual rate of 10% within the time specified in 8.8 and be responsible for the losses thus caused to Party A.

Chapter 9 Infringement

9.1 Party B guarantees that it can legally transfer the know-how of the contract products to Party A without any interference or charge from any third party. In case of any interference or charge from a third party, they shall be handled by Party B and the third party. The responsibility and loss, either legally or economically, shall be borne by Party B.

9.2 After termination of the contract term, Party A shall still have the right to use the know-how and technical documentations to manufacture contract products.

Chapter 10 Tax

10.1 Any tax relating to the implementation of the contract imposed by Party A's country shall be paid by Party B.

10.2 The income tax relating to the implementation of the contract imposed on Party B in China according to the Foreign Enterprise Income Tax Law of China shall be paid by Party B. The amount shall be deducted from Party A's payment to Party B. The original receipt to prove the payment of such tax shall then be issued by the China Tax Authority.

Chapter 11 Arbitration

11. 1 Any dispute arising from the implementation of the contract shall be settled through friendly consultations. If no settlement can be reached, both parties shall agree to submit the dispute for arbitration.

11. 2 The arbitration shall take place in the ×× Office of the China Council for the Promotion of International Trade according to its rules and procedures.

11. 3 The result of such arbitration shall be final and binding upon both parties.

11. 4 Both parties shall continue their respective contract obligations except those under arbitration.

Chapter 12 Force Majeure

12. 1 Force majeure shall refer to war, flood, fire, typhoon, earthquake and other accidents that both parties mutually agree as force majeure.

12. 2 In case of force majeure, the affected party shall notify by telex or cable the other party of the accident as soon as possible and send by registered air-mail to the other party the evidence issued by the local government within 14 days from the accident.

12. 3 If the implementation is affected by force majeure and the accident lasts for more than 20 days, both parties shall hold friendly discussions as soon as possible with regard to the further implementation of the contract.

Chapter 13 Effectiveness, Termination of Contract & Miscellaneous

13. 1 After this contract is signed by the duly authorized representatives of both parties, both parties shall submit the contract to their governments or Boards of Directors for approval. The date when the later party obtains the approval shall be taken as the effective date of the contract. Both parties shall attempt to get the contract approval within 60 days from signing and notify by telex or cable the other party of the approval which is confirmed by the following registered air-mail letter.

13.2　This contract is written in both Chinese and English and made out in two copies, one for each party.

13.3　Correspondence relating to the implementation of the contract between both parties shall be in either Chinese or English. Formal notice sent by registered mail shall be in duplicate.

13.4　The term of contract shall be 60 months from the date when Party A can manufacture qualified contract products with the know-how and equipment supplied by Party B. Upon expiration of such term of contract, the contract shall automatically become void and null.

13.5　The termination of the contract shall not release any party from the obligations to pay the debts between the two parties.

13.6　The six appendices shall form an integral part of the. Contract and shall bear the same force as the contract itself.

13.7　Any changes or amendments to the contract cause shall be mutually agreed upon by both parties and signed by duly authorized representatives. Such changes or amendments shall be an integral part of the contract and have the same force as the other clauses.

13.8　All the technical documentations shall be written in English.

Party A: ________　　　　Party B: ________

Legal Representative: ________　　　　Legal Representative: ________

附录2 联合国关于国际技术转让行为守则(草案)

Draft Conduct Code of International Technology Transfer

发布日期:1985-4-5

执行日期:1985-4-5

序 言

联合国关于国际技术转让行为守则的会议。

(1) 认识到科学和技术对所有国家的社会经济发展,尤其加速发展中国家的发展所起的根本作用;

(2) 确信技术是人类进步的关键,各国人民都有权享受因科技的进步和发展而带来的生活水平的提高;

(3) 铭记着联合国大会和其他机构,特别是贸易和发展委员会就技术转让和技术发展做出的有关决定;

(4) 认识到促进技术的正常转让和发展是增强所有国家,特别是发展中国家的科技能力的需要。认识到同发展中国家合作,并配合它们自身在这方面的努力,是迈向建立新的国际经济秩序的决定性步骤;

(5) 渴望为了和平、安全和民族独立以及所有国家的利益,促进国际科学技术的合作;

(6) 力求推进国际技术转让,并为所有国家提供均等参与机会,不论其社会和经济制度及其经济发展水平如何;

(7) 认识到发达国家在技术转让方面需要给予发展中国家特殊待遇;

(8) 提请注意必须扩大技术资料的交流,特别是促使关于有无代用技术的资料,以及关于如何选择符合发展中国家国情的适当技术的资料,得到最广泛、最充分的交流;

(9) 确信订立一部行动守则,帮助发展中国家选择、获取和有效利用适合其自身发展的技术,以便逐步提高其经济水平,改善其生活条件;

(10) 确信订立一部行动守则,有助于当事各方在彼此同意和互利的基础上,促进国际技术转让。

第 1 章　定义和适用范围

1.1　行动守则的目的:

(1)"当事人"指任何公法和私法意义上的自然人和法人,包括个体的或集体的,诸如公司、商号、合伙人和其他组织,不论它们是由国家、政府机构、法人或个人设立、拥有或控制;不论它们在何处经营;也不论它们是从事属于商业性质的国际技术转让的国家、政府机构、国际和地区组织。"当事人"一词除包括上述实体外,还包括具有法人资格的分公司、子公司、附属公司、联合企业或其他法律实体,不论它们之间的经济和其他关系如何。

(2)"受方"是指在一项技术转让中获得使用或利用的许可,购买或者以其他方式获得一项具有或不具有产权的技术和(或)有关权利的当事方。

(3)"供方"是指在一项技术转让中许可、出售、转让或以其他方式提供一项具有或不具有产权的技术和(或)有关权利的当事方。

1.2　在本守则中,技术转让指转让关于制造一项产品、应用一项工艺或提供一项服务的系统知识,但不包括涉及货物销售或租赁的交易。

1.3　技术转让交易指上述 1.2 段规定的当事人之间有关技术转让的安排,特别是以下各种情况:

(1) 各种形式的工业产权的转让、出售和许可,但不包括商标,服务标记和商号交易;

(2) 以可行性研究报告、计划、图表、模型、说明、手册、公式、基本或详细工程设计、培训方案和设备、技术咨询服务和管理人员服务以及人员培训等方式,提供的诀窍和技术知识;

(3) 提供工厂设备的安装、操作、运行和交钥匙工程所必需的技术知识;

(4) 提供关于取得、安装和使用以购买、租赁或其他方法取得的机器、设备、中间产品和(或)原材料所需的技术知识;

(5) 提供工业与技术合作协议的技术内容。

1.4　国际技术转让交易。

1.5　本行动守则普遍适用,既适用于技术转让交易的所有当事方,也适用于所有国家和所有国家集团,不论其经济和政治制度及其发展水平如何。

1.6　区域性国家集团。

第 2 章　目标和原则

2　行为守则基于下列目标和原则:

2.1 目标

(1) 制定普遍、公平的标准,作为技术转让交易当事人之间及有关各国政府之间联系的基础,同时考虑发展中国家的合法利益,适当地承认他们实现经济社会发展目标的特殊需要。

(2) 促进当事人之间及其政府之间的相互信任。

(3) 鼓励交易各方当事人谈判地位均等,以便达成彼此满意的协议。在技术转让交易中,任何一方不得滥用其优势地位,尤其在涉及发展中国家的技术转让交易时更应如此。

(4) 促进和增加技术资料、尤其是关于有无代用技术的资料的国际交流是所有国家、特别是发展中国家评价、选择、修改、发展和使用技术的前提条件。

(5) 促进和增加有产权和无产权的技术的国际交流,加速所有国家、特别是发展中国家的科技能力的增长,使它们更多地参与全世界的生产和贸易。

(6) 更多地利用技术去识别和解决所有国家、特别是发展中国家的社会和经济问题,包括发展它们的国民经济基本部门。

(7) 通过制定国际准则,方便国内有关技术转让的政策、法律和法规的制定、通过及履行。

(8) 提供转让技术的各种资料,例如对交易进行技术、体制和财务评价方面的资料,以便做出适当的分项转让安排,避免作出不适当或不必要的一揽子安排。

(9) 详细列明技术转让交易当事各方[应该][应当]避免采用的限制性[商业]惯例。

(10) 考虑到技术转让交易当事方的合法利益以及它们谈判地位的强弱,为它们拟订一套适当的责任和义务规定。

2.2 原则

(1) 本行为守则普遍适用于技术转让领域。

(2) 各国有权采取一切促进和规范技术转让的适当措施,其方式应符合其国际义务,并考虑到所有有关当事方的合法利益,同时鼓励按照彼此同意的、公平合理的条件进行技术转让。

(3) 促进和规范技术转让交易,承认各国的国家主权和政治独立原则(包括对外政策和国家安全的需要)以及各国主权平等原则。

(4) 各国应当就国际技术转让进行合作,以推动整个世界、尤其是发展中国家的经济增长。这种合作不应考虑政治、经济和社会制度的差异,这是维护国际和平与安全、促进国际经济稳定发展、提高各国的共同福利以及促进摈弃基于上述差异的歧视行为的国际合作的重要因素之一。本守则绝不可作与联合国宪章的规定或遵奉联合国宪章采取的行动有损害或相背离的解释。转让技术时应遵照本守则的有关规定,给予发展中国家特殊待遇。

(5) 必须明确区分技术转让交易当事人的责任与不作为当事人的国家政府的责任。

(6) 技术供方和受方必须互相得益,以便维持和促进国际技术交流。

(7) 增加在彼此同意、公平合理的条件下取得技术的机会。这是技术转让和发展过程的基本要素,对发展中国家尤为如此。

(8) 承认国家法律保护的工业产权权利。

(9) 技术供方在技术受让国从事经营活动时,应当尊重受让国的主权和法律,适当地考虑该国的发展政策和优先次序。自由履行技术转让协议应当建立在尊重上述原则和本守则的其他原则的基础上。

第3章　技术转让交易的国内法规

3.1　各国在通过技术转让交易的法律、规章和政策以及由于环境变化而进行必要的修改时,有权采取如本章第3、第4段列举的措施。这些措施应当:

(1) 承认技术流通与许可和接受流通条件之间的密切关系;

(2) 为国际技术转让创造良好有利的环境;

(3) 公平地考虑所有当事人的合法利益;

(4) 考虑到本守则的原则和目标,鼓励并促进技术转让在合意、公平合理的条件下进行;

(5) 考虑到决定交易特点的不同因素,如当地条件、技术的性质和转让的范围等;

(6) 符合各国的国际义务。

3.2　各国采取的措施,包括主管行政机构的决定,应当遵循法律程序的惯例和本守则的原则及目标,公平合理、一视同仁地适用于所有当事人。法律规章应明确、公开、易得。主管行政部门决定的有关资料,也应在适当范围内公布。

3.3　每个国家在制订保护工业产权的法规时,应考虑本国的经济和社会发展需要,并应保证有效保护依其国内法律授予的工业产权权利及其国内法律承认的其他相关权利。

3.4　规范技术转让的流通和后果,包括技术交易的财务和技术方面以及行政管理的形式和方法。具体包括:

财务问题

(1) 外汇支付和汇兑的货币法规;

(2) 国内信贷条件和融资便利条件;

(3) 可转让的支付；

(4) 税收待遇；

(5) 价格政策；

重新谈判

(6) 技术转让交易重新谈判的前提条件和客观标准；

技术问题

(7) 技术转让交易及支付部分的技术规范和标准；

(8) 对技术转让交易的分析和评价，有助于当事各方进行谈判；

(9) 使用当地的和进口的部件；

行政管理的形式和方法

(10) 技术转让交易的估价、谈判和登记；

(11) 技术转让交易的前提条件和期限；

(12) 国内受让企业的所有权和控制权的丧失；

(13) 对可能把本国企业排挤出国内市场的涉外合作协议和协定的规范；

(14) 确定外国企业的活动范围并在此范围内选择从事技术转让的途径、方法和组织形式以及规定技术转让交易的事前批准和追加批准及登记；

(15) 确定对不遵守国内有关技术转让法律规章和行政决定的交易的法律后果；

(16) 制定或加强旨在执行和适用行为守则及国内有关技术转让法律规章和政策的行政措施；

(17) 开通技术转让领域情报和经验的国际交流的适当渠道。

第4章 〔技术转让行为和安排的规则〕〔限制性商业做法〕〔排除政治歧视和限制性商业做法〕

第一节：(概述)

第二节：(限制性商业做法列举)

1. [排他的]＊＊回授条款

要求受方在排他的基础上，〔或者〕＊＊在无供方补偿或互惠的条件下，将源于受让技术的改进技术转让给或回授给供方，或供方指定的任何其他企业；或者当这种做法构成供方滥用其支配市场地位时。

2. 对有效性持异议

[不合理地]

＊＊要求受方不能对转让中包含的专利及其他形式的发明保护的有效性或者对供方声明或取得的其他这类转让标的有效性提出异议。承认任何因这样的异议

引起的涉及当事人双方权利和义务的问题,将按照有关的适用法律以及与此法律一致的协议条款来解决。

3. 排他交易

非为保证合法利益的获得,特别是非为保证转让技术的保密性或者保证尽力履行经销或推销义务所需,而限制受让方就有关相似或竞争性技术或产品签订销售、代理或制造协议或者取得竞争技术的自由。

4. 对研究的限制

[不合理地]**/***限制受方从事旨在吸收和修改转让技术以使其适于当地条件的研究和发展工作,或者制定实施与新产品、新工艺或新设备有关的研究和开发方案。

5. 对使用人员的限制

在为保证技术转让的效率及技术投入使用所必需的期限外,或者在此期限后应当培训当地人员或者在当地人员已经被培训的情况下,[不合理地]**要求受方雇用供方指派的人员。

6. 限定价格

[不公平地]**强迫受方在技术转让所及的相应市场内,就使用供方技术制造的产品或提供的服务遵守价格规则。

7. 对技术更改的限制

[不合理地]**禁止受方按当地情况更改进口技术或对进口技术加以革新的限制,或者当受方基于自己的责任并且在没有使用技术供方的名字、商标、服务标记或商名情况下进行修改时,强迫受方采用其不愿采用或不必要的设计或规格变动,除非这种修改不适当地影响到供方、供方指定的人或其他被许可人的产品或制造产品的工艺,或者被用作供应供方客户的产品的零部件。

8. 排他的销售或代理协议

要求受方授予供方或其指定的任何人以专卖权或独家代理权,除非在从合同或制造协议中当事人各方同意由供方或供方指定的任何人来分配技术转让协定下的全部或部分产品。

9. 附带条件的安排

[不正当地]**强迫受方接受其不愿要的额外技术、未来发明和改进部分、货物或服务,或[不正当地]**限制技术、货物或服务的来源,以此作为购买供方要求提供的技术的条件,而该技术并不是当受方使用供方的商标或服务标记或其他标记时,为保持产品或服务的质量所必需的,也不是当充分达到部件的规格有困难或涉及公开非包含在协议中的额外技术时,为完成某项已被担保的特殊义务所要求的。

10. 出口限制

11. 共享专利或交叉许可协定以及其他协议

以技术供方之间的共享专利或交叉许可协议或其他国际技术转让交流协议中对地域、数量、价格、客户或市场的限制,不适当地减少受方接近新的技术进步的机会,或者导致滥用某一行业或市场的支配力量,从而造成对技术转让的不利影响。附于合作协议的适当限制,如合作研究安排不在此列。

12. 对广告宣传的限制

[不合理地]**规定对受方进行广告宣传的限制。但是,当广告宣传利用了供方的名字、商标或服务标记、商名或其他标记时而为防止损害供方的商誉或信誉所必需的,或者当供方可能由其承担产品责任时基于避免此责任的合法理由所要求的,或者适当情况下为了安全的目的或为了保护消费者的利益,或者为了保证转让技术的保密性所必需的对广告宣传的限制,不在此列。

13. 工业产权权利有效期届满后的付款义务和其他义务

因继续使用业已失效、被撤销或有效期届满的工业产权而要求付款或强加其他义务。承认对任何其他问题,包括就技术的其他付款义务,应依照适当的法律以及与该法一致的协议条款来解决。

14. 协议有效期届满后的限制。

第5章 当事人的责任和义务

关于谈判阶段和合同有效期间的一般条款

5.1 双方当事人在谈判和签订技术转让协议时,应当按照本章的规定,配合当事人所在国,特别是技术受让国的经济和社会发展目标;在谈判、签订和履行技术转让协议时,应当遵循公平和诚实的商业做法,考虑到个案的特殊情况,应当考虑特定的环境,主要包括技术发展阶段、当事人的经济和技术能力以及当事人之间正在进行的或继续进行的任何技术交流。

谈判阶段

5.2 为了配合本章所述的经济和社会发展目标,各方当事人应在技术、商业实际可行的范围内,考虑包含在协议中的对方当事人的要求,在适当情况下给予充分补偿。例如供方所为的事项与受方国家政府的经济社会发展目标明显有关时,这些事项包括:

(一) 利用当地可取得的资源

(1) 订立特别条款,规定从事有关工作使用由技术受方指派和提供的受过充分培训的当地人员,包括管理人员,以及培训由技术受方指派和提供的具备适当技能的当地人员。

(2) 订立特别条款,规定利用当地可获得的材料、工艺、专门技术、咨询和管理服务以及由技术受方确认和提供的其他资源。

(二) 提供技术服务

订立特别条款,规定在转让技术的引进和操作过程中提供技术服务。

(三) 公开资料

应预约受方的请求,预约供方应当在实际可行的范围内公开有关转让技术要素的资料,例如,对预约供方的发盘进行技术、体制及财务方面估价所必需的资料。

5.3 商业谈判做法

就一个技术转让协议进行谈判时,当事人应当遵循公平诚实的商业做法,因此:

(一) 预约当事人双方

甲、公平合理的前提和条件

(1) 应当本着诚信原则进行谈判,以便达成含有公平合理的商业条款的协议,包括有关支付特许权使用费、提成费和其他报酬的协议;

(2) 要价或报酬应当公平合理,并且在实际可行的范围内加以详细说明,即受方能够将其与可能了解到的在相似条件下转让其他类似技术的价格或报酬加以比较,从而鉴定其是否公平合理。

乙、有关资料

应当考虑在适当范围内将有可能影响到预约技术转让的前手安排的内容通报对方的请求。

丙、秘密资料

应当遵守法律或合同义务,为对方当事人的秘密资料保密。只有在估价预约当事人的发盘或要求,或用于当事各方同意的其他目的时,才可以利用预约当事人的秘密资料。

丁、谈判终止

在谈判过程中,如果任何一方当事人断定不能达成令他满意的协议,可以终止谈判。

(二) 预约受方

有关资料

应当就与谈判中的特定的技术转让与利用有关的情况,包括受让国的技术条件、官方的经济和社会发展目标以及立法,及时向预约技术供方提供有效的特定资料,只要这些资料是供方履行其在本章下的义务所必需的。

(三) 预约供方

有关资料

(1) 应当及时向预约技术受方公开供方所知道的所有原因。例如,所供技术在按照拟定协议的条件使用时，不符合技术受让国有关健康、安全和环境的特别要求；公开早已为供方所知在特定个案中的相应原因或已特别引起注意的所有原因；公开为供方所知与使用的技术及利用此技术生产的产品有联系的任何严重危害健康、安全和环境的原因。

(2) 应当尽其实际所知，向预约技术受方公开供方授予权利的资格或提供拟定协议规定的协助和服务资格所需的附加限制，包括直接对被转让权利的存在或效力有不利影响的未决行政程序或诉讼程序。

提供附属设备和零部件

(3) 应当尽可能地考虑受方的请求，在规定期间内，向受方提供供方所生产的、为利用转让技术所必需的附属设备和零部件，在没有其他货源时尤应如此。

协议有效期间——概述

5.4　技术转让协议应当按照 5.1 段条款，规定可被双方接受的合同义务，包括有关付款的义务，此外，还应包括下列规定：

(1) 获得改进技术的途径

在规定期限或协议有效期内获得按协议转让技术的改进技术。

(2) 保密责任

(3) 争议解决与法律适用

(4) 技术规格

技术供方关于技术与技术转让协议中的描述相一致的担保。

(5) 适用性

技术供方担保，技术如果遵照供方按协议提供的具体说明书来使用，就适合于双方当事人商定并在协议中规定的产品制造或服务。

(6) 对转让技术的权利

技术供方声明，在协议的签订日，据其所知不存在第三方的有效专利权或对发明的类似保护，因此按协议规定使用技术将不会对受方造成损害。

(7) 质量标准和商誉

技术受方承诺，当协议包含对供方商标、商名或相似的商誉标记的使用时，遵循双方商定的质量标准，双方当事人承诺，避免采取蓄意损害对方商誉或信誉的行动。

(8) 性能担保

供方同意担保的技术性能标准，包括达到这种性能的规格条件，详细说明是否符合这种性能的具体方法以及没有达到这种性能的后果。

(9) 文件的交递

供方承诺提供的相关技术文件和其他数据资料，将按照协议准确完整地及时提供。

(10) 培训员工以及提供附属设备、零部件

当进行 5.2 段(一)之(1)和 5.3 段(三)之(3)的谈判时，应依照谈判结果适当拟定有关提供员工培训及提供附属设备和零部件的条款。

(11) 赔偿责任

对各方当事人没有完全履行技术转让协议下的义务所引起的责任包括损失、损害或侵害问题的处理。

第 6 章　对发展中国家的特别待遇

6.1　考虑到发展中国家，尤其是最不发达国家的需要和问题，发达国家政府为促进和鼓励发展中国家建立并加强其科学技术能力以协助其实现经济和社会目标，直接地或通过有关的国际组织，采取适当的具体措施，特别是：

(1) 为发展中国家有机会得到有助于实现经济社会发展目标的有效资料提供便利，这些资料包括：技术的效力、技术的具体内容、技术所在地和技术估计费用；

(2) 使发展中国家享有最自由、最充分的机会获得不需经由私人决定即可转让的技术；

(3) 在实际可行的范围内，尽量便利发展中国家获得经由私人决定方可转让的技术的机会；

(4) 协助并与发展中国家合作，尽可能为其获得科学及工业研究的有效资料提供便利，以对现有技术进行评价和修改，提高该国的技术水平；

(5) 与发展中国家合作开发其科学技术资源，包括建立和提高其创新能力；

(6) 通过创立和援建实验室、试验设施和培训及研究机构，帮助发展中国家加强技术力量，特别是国民经济基础领域内的技术力量；

(7) 合作建立或强化国家、地区和/或国际机构，包括技术转让中心，以帮助发展中国家获得和发展为形成、提高和增强其技术能力，包括工厂的设计、建造及运行，所需要的技术和技能；

(8) 鼓励修改研发内容、工程和设计，以适合发展中国家的现实条件和要素资源；

(9) 合作采取措施，在双边和多边范围进行的特定的经济和其他发展项目中进一步利用发展中国家人员和机构的管理、工程、设计和技术经验；

(10) 鼓励对发展中国家的人员进行培训。

6.2　发达国家政府在直接地或通过有关国际组织协助推动向发展中国家，尤其是最不发达国家转让技术时，应当考虑来自发展中国家的下列要求，以作为发展援助和合作计划的一部分：

(1) 在发展援助和研究交流计划下提供专家，以有助于发展中国家本国技术的发展；

(2) 对从事本国技术开发或从事转让技术的修改利用的发展中国家研究人员、工程人员、设计人员和其他人员提供培训；

(3) 就制定和实施旨在便利技术转让的法律规章方面提供协助与合作；

(4) 对发展中国家旨在发展和修改适合其特殊需要的新技术及现有技术的计划提供支持；

(5) 按照比普通商业信贷优惠的条件向发展中国家提供信贷，以资助发展中国家在实施包括技术转让交易在内的既定发展计划时获得资本和中间商品，从而减少计划的费用，提高发展中国家取得技术的质量；

(6) 在制定和实施旨在避免与技术或用此技术生产的产品危害健康、安全和环境的法律规章方面，提供协助与合作。

6.3 发达国家政府应当依照国内政策、法律和规章采取措施，鼓励并尽力推动各国的企业和组织，单独地或者与发展中国家，尤其是最不发达国家的企业和组织合作，以便：

(1) 帮助发展中国家的企业提高技术能力，包括提供受方所需的特别培训；

(2) 从事适合发展中国家需要的技术开发；

(3) 在发展中国家从事惠及该国的研究和开发活动，增进发达国家和发展中国家的企业及科学技术组织之间的合作；

(4) 协助发展中国家的企业和组织实施旨在发展和改进适于发展中国家条件和特别需要的新技术及现有技术的计划。

6.4 给予发展中国家的特别待遇应当配合针对其经济和社会发展相应阶段的经济和社会目标，并要特别注意最不发达国家的特殊问题和条件。

第7章 国 际 协 作

7.1 世界各国承认各国政府、政府间组织及联合国系统的组织和机构，包括本守则规定的国际常设机构彼此之间有必要进行适当的国际协作，旨在加强所有国家技术力量的国际间广泛交流，以及推动守则的有效实施。

7.2 双边或多边、亚地区、地区或地区间范围内的这种国际合作可以包括下列方式：

(1) 交换关于技术和技术替代品的效力和描述的有效资料；

(2) 交换关于探索解决涉及技术转让的问题，特别是技术转让中限制性[商业]＊＊做法问题的经验的有效资料；

(3) 交换与技术转让有关的国内立法发展的资料；

(4) 促进缔结平等对待技术供方和受方政府的国际协议；

(5) 进行磋商，以促使与技术转让有关的国内立法和政策在适当情况下进一步协调一致；

(6) 在适当情况下推动旨在寻求、获得和传播技术的共同计划；

(7) 推动为实现发展目标修改和改进技术的计划；

(8) 推动有利于当地技术进步的科学技术资源和能力的发展；

(9) 通过国际协定采取行动，尽可能避免对技术转让交易所产生的各项收益和付款重复征税。

第8章 国际常设机构

8.1 常规安排

接受技术转让行动守则的各国应当在国内范围采取适当步骤，履行对于守则的义务。

8.2 国际常设机构的职能

8.2.1 国际常设机构应有下列职能：

(1) 提供场所和拟定程序，以供各国之间就与守则有关的事项，特别是就守则的适用和进一步协调以及实施过程中取得的经验，进行磋商、讨论和意见交换；

(2) 从事对于守则条款的技术转让的研究和探索并定期公布，以增进经验交流，更有效地适用和执行本守则；

(3) 征求并考虑来自联合国系统内，特别是来自联合国工业发展组织和世界知识产权组织的有关研究成果、文件和报告；

(4) 对涉及本守则的问题和技术转让领域资料的问题以及要求各国提供的其他有关情报进行研究；

(5) 收集并公布有关守则及全面实现其目标等问题的情报以及涉及各国在国内范围为推动守则发挥效用，包括实现其目标和原则，而采取的适当步骤的情报；

(6) 以其权能所及向各国就包括守则的适用和实施在内的问题提供适当的报告和建议；

(7) 组织关于适用守则规定的座谈会、专题讨论会和类似会议，但是当涉及常规预算外的资金筹措时，须征得贸易和发展署的同意；

(8) 每年至少一次就其工作情况向贸易和发展署提交报告。

8.2.2 国际常设机构在履行职能时，不可充任仲裁庭的角色或者就与某个技术转让交易有联系的个别政府或当事人的活动作出判决。当某个技术转让交易中的当事人间发生争议时，国际常设机构应避免介入。

8.2.3 国际常设机构应当制定处理有关保密性问题所必需的程序。

8.3 修订程序

8.4 秘书处

国际常设机构的秘书处即联合国贸易和发展委员会的秘书处。应国际常设机构的请求,秘书处应向其提供研究报告、文件和其他情报。秘书处应当依各国,尤其是发展中国家,在国内范围适用守则过程中提出的请求,以人力物力所及,通过相应的服务机构同这些国家进行磋商并提供协助。

8.5 总则

第9章 法律适用与争议解决

9.1 技术转让交易当事各方可以一致同意,选择适用于它们的合同关系的法律。

9.2 技术转让交易当事各方应通过直接谈判或诉诸调解程序,以友好方式设法解决它们之间在交易方面可能发生的争端或分歧。

9.3 在可以根据当事各方的有关法律对争端进行仲裁时,当事各方一致同意,可诉诸仲裁以解决技术转让交易引起的争端。

9.4 应当鼓励当事各方使用国际上承认的仲裁规则,例如联合国国际贸易法委员会仲裁规则。

9.5 各国应按照其本国法规和它们已加入的有关国际协定,承认和执行仲裁裁决。

参考文献

[1] 谢富纪，董正英. 技术转移与技术交易[M]. 北京：清华大学出版社，2006.

[2] 李虹. 国际技术贸易[M]. 大连：东北财经大学出版社，2005.

[3] 饶友玲. 国际技术贸易理论与实务[M]. 天津：南开大学出版社，2006.

[4] 林珏. 国际技术贸易[M]. 上海：上海财经大学出版社，2006.

[5] 汪明星. 技术引进：理论·战略·机制[M]. 北京：中国人民大学出版社，1999.

[6] 齐俊研. 国际技术转让与知识产权保护[M]. 北京：清华大学出版社，2008.

[7] 朱远程，刘军. 非商业性国际技术转移研究[J]. 集团经济研究，2005，8S：103-104.

[8] 张敏，张菊菊. 论新形势下我国的国际技术贸易[J]. 经济前沿，2008(2)：24-26.

[9] 王璐. BOT模式及其主要形式比较研究[J]. 国际经济合作，2003(11)：43-46.

[10] 李曼. 技术因素与国际贸易学理论的发展[J]. 重庆工商大学学报(社会科学版)，2008，25(4)：52-54.

[11] 倪惠文. 企业专利战略应用研究[J]. 科学管理研究，2003，21(5)：68-75.

[12] 崔立红. 企业商标战略研究[D]. 硕士学位论文，山东大学，2006.

[13] 王庆江. 如何拟定技术引进条款[J]. 国际市场，2002(5)：22-24.

[14] 赵小兵. 技术商品定价方法研究及其应用[D]. 硕士学位论文，国防科学技术大学，2006.

[15] 郑雨. 技术商品的价格形成分析[J]. 价格月刊，2007(5)：15-16.

[16] 王珏. 美国避免国际双重征税制度：比较与借鉴[J]. 辽宁税务专科学校学报，2007，19(6)：66-70.

[17] 易玉，何颖. 浅析知识产权平行进口问题[J]. 河北法学，2006，24(9)：

68－71.

[18] 王迪.国外产学研合作的主要模式与启示[J].中国高校科技与产业化，2008(7)：32－34.

[19] 蔡新春.当前国际技术市场的特点[J].商业研究，2003(17)：95－96.

[20] 吴建军，仇怡.论国际技术扩散对我国外贸发展的影响[J].当代经济管理，2008(10)：58－60.

[21] 刘钊.技术贸易壁垒对我国出口贸易的影响及应对措施研究黑龙江对外经贸[J].2008(10)：33－34.

[22] 余涛.国际技术贸易发展趋势及我国的对策选择[J].经济师，2008(11)：55－56.

[23] 张汝根.国际贸易技术传递效应分析及启示[J].科技管理研究，2008(10)：157－159.

[24] 侯慧.国际技术贸易中知识产权保护问题及其应对[J].中共四川省委党校，2008(4)：69－70.

[25] 王春法.跨国公司与国际技术转移[J].瞭望新闻周刊，2000(16)：18－19.

[26] 张军.技术创新与国际贸易核心竞争力关系研究[J].国际商务研究，2008(5)：44－48.

[27] 秦莉.浅谈技术贸易壁垒的影响及应对措施[J].现代商业，2008(30)：123－124.

[28] Andrea Fosfuri. Patent, imitation and the mode of technology transfer[J]. International Journal of Industrial Organization，2007(6)：2－6.

[29] Katz, Led. Technology generation in latin American manufacturing industries[M]. New York：St. Martin's Press，1987.

[30] KE Maskus. Intellectual property rights in the global economy[M]. Institute for International Economics，Washington，DC，2000.

[31] Penrose E. The economics of the international patent system[M]. Baltimore：John Hopkins University Press，1951.

[32] 陈光华，黄梅波. WTO、TRIPS与我国的技术贸易[J].云南财经大学年报，2002，16(5)：25－28.

[33] 董宏伟.技术转让与知识产权保护[J].电子知识产权，2000(6)：23－25.

[34] 范在峰.论技术创新对知识产权的影响[J].知识产权，2003(1)：30－32.

[35] 龚新宇,吴宏. TRIPS 约束下的国际技术转移[J]. 国际经贸探索,2003(2):67-70.

[36] 胡国杰,张晓芬. 我国国际技术贸易发展中存在的问题[J]. 辽宁工学院学报,2005(12):26-28.

[37] 华鹰. 我国在国际技术贸易中的知识产权策略[J]. 电子知识产权,2006(11):34-36.

[38] 蒋殿春. 发展中国家在国际技术贸易中的利益、成本和技术选择[J]. 南开学报(哲学社会科学版),2001(3):19-25.

[39] 李华威. 知识产权与国际竞争力的关联效应[D]. 硕士学位论文,武汉理工大学,2005.

[40] 李顺德. 计算机软件的知识产权保护[J]. 电子知识产权,1998(6):22-24.

[41] 刘阿男. 日本技术贸易政策研究及启示[J]. 辽宁大学学报,2001(3):36-38.

[42] 汤传峰. 美国技术出口管理与中美技术贸易[J]. 国际技术贸易市场信息,2000:55-65.

[43] 沈木珠. 论 TRIPS 协议与中国知识产权保护[J]. 江海学刊,2001(3):34-36.

[44] 谢志平. 技术贸易对应的国际经济竞争格局及我国面临的形式[J]. 湖南大学学报(社会科学版),2004(1):37-41.

[45] 徐家力. 计算机软件的知识产权保护所面临的挑战及对策[J]. 信息网络安全,2006(2):21-23.

[46] 万君康,李华威. 知识产权与贸易相关性的理论与实证分析[J]. 国际经贸探索,2005(3):35-39.

[47] 王俊,胡芒谷. 技术贸易的理论支撑体系[J]. 今日科技,2002(12):38-39.

[48] 王玉清,赵乘璧. 国际技术贸易——技术贸易与知识产权[M]. 对外经济贸易大学出版社,2005.

[49] 张仁开. 当代国际技术贸易发展的新态势与新格局[J]. 对外经贸实务,2004(10):38-41.

[50] 赵瑾璐,潘志恒. 国际技术转移与我国技术进步的实证研究[J]. 北京理工大学学报(社会科学版),2007(2):61-65.

[51] 郑兰平,刘静静. 国际技术贸易风险及其防范[J]. 商场现代化,2009(13):26-27.

[52] 叶京生，董巧新. 知识产权与世界贸易[M]. 上海：立信会计出版社，2002.

[53] 吕晓青. 中国知识产权保护与国际技术贸易研究[D]. 硕士学位论文，浙江大学，2007.

[54] 李阿娇. 浅析国际技术贸易中的专利平行进口问题[J]. 知识经济，2009(5)：92-93.

[55] 余涛，翁凌峻. 国际技术贸易发展趋势及我国的对策选择[J]. 经济师，2008(11)：55-56.

[56] 刘学. 技术合约与交易费用研究[M]. 华夏出版社，2001.

[57] 徐菲. 浅析 TRIPS 协议下的国际技术贸易[J]. 西华大学学报(哲学社会科学版)，2006，25(1)：99-101.

[58] 方春子，李林. 比较优势理论——国际技术贸易理论的基础[J]. 北方经贸，2005(12)：22-23.

[59] 芮宝娟，许继琴. 国际技术贸易的特点和趋势分析[J]. 宁波大学学报(人文科学版)，2004，17(1)：23-25.

[60] 陆蓓，林纪荣. 技术贸易中的引进和创新[J]. 上海交通大学学报(社科版)，2001，21(9)：44-47.

[61] 周文建. 怎样写项目建议书，新闻与写作[J]. 2002(10)：40-41.